한국 경제 선진화를 위한

세제개혁

TAX REFORM

한국재정학회 세제개편위원회

도서출판
해남

서 문 *Preface*

우리 나라는 현재 1960년대 이후 40년간 지속된 고도성장시대를 마감하고 저성장함정에 빠질지도 모른다는 우려 속에 경제의 잠재성장능력을 확충하고 새로운 성장동력을 모색하는 것이 국가적 과제로 대두되고 있다. 특히, 최근의 국내외 경제·사회환경의 급격한 변화는 새로운 패러다임의 추구를 요구하고 있다. 우리 나라 경제가 새로운 패러다임을 구축하기 위하여 가장 필요한 것은 기업과 가계를 포함한 모든 경제주체들이 활동하는 데 준거가 되는 일종의 경기규칙(rule of the game)을 선진화하는 것이다. 그 중에서도 가장 시급하고 중요한 것이 세제의 틀을 선진화하는 것이다.

우리 나라 세제를 선진화하려면 먼저 현행 우리 나라 세제의 구조적 문제점을 파악하여야 될 것이다. 우리 나라 세제의 문제점은, 첫째 세제가 건국 이후 수없이 많이 개편되었다는 것이다. 그 결과 세목의 수가 지나치게 많고, 조세체계 역시 복잡해졌다. 둘째, 개별 세제의 구조 역시 세율과 과세구간 등이 복잡하다는 지적을 받고 있다. 주지하다시피 세제가 복잡할수록 조세에 의한 자원배분의 왜곡이 크고 그에 따라 사회후생도 감소하여 효율성 비용이 점차 증가하는 문제가 유발된다. 셋째, 여러 세목에서 비과세와 감면 등이 너무 많아 과세기반이 축소되고 세율은 높아져 납세자들의 상대적 부담이 커짐으로써 형평성 측면에서 문제를 야기하고 있다. 넷째, 우리 나라 세제가 급속하게 진전되고 있는 세계화에 아직 순응하고 있지 못한 것으로 평가되고 있다. OECD 국가들을 비롯하여 전 세계의 많은 국가들은 현재 자국의 국가경쟁력 제고를 위하여 외국과의 조세경쟁(tax competition)에 적극적으로 대처하고 있다. 법인세를 경쟁적으로 인하하고, 소득세율을 낮춤으로써 세후 자본소득과 임금소득을 높여 외국으로부터 자본을 유치하고, 고급인력을 자국으로 유치하려고 노력하고 있다. 더 나아가 다른 국가들과 FTA 체결이 많이 이루어지면서 우리 나라 세제를 국제적 기준에 맞게 개편할 필요성이 대두되고 있다. 다섯째, 지방세제도 지방화의 급속한 진전과 지방자치제의 안정적인 정착을 위해서 많은 문제점이 있다는 지적이 많다.

이상과 같은 문제점을 해결하기 위해서는 세제를 근본적으로 개편해야 한다고 많은 전문가들이 지적하고 있다. 그럼에도 불구하고 현재까지 제대로 추진되지 못한 것은 그만큼 세제개편이 현실적으로 쉽지 않다는 것을 반증하고 있다. 그 이유는 어떠한 세제개편도 모든 경제주체의 후생을 개편 전보다 개선시키는 소위 파레토우월한 것이 있을 수 없기 때문이다. 따라서 성공적인 세제개편을 위해서는 정치·경제학적으로 많은 난관을 극복하여야 될 것이다.

한국재정학회는 2007년 11월 선진국 진입을 위한 우리 나라 세제개편방안을 마련하기 위하여 세제개편위원회를 조직하였다. 세제개편위원회에서는 우리 나라가 선진국 진입을 위하여 세제를 여하히 개편할 것인가에 대해 심도 있는 연구를 하였는데, 그 결실이 바로 본 책자이다. 이 책에서는 소득세제, 소비세제, 법인세제, 부동산세제, 지방세제, 상속·증여세제 및 에너지·환경세제의 개편방안에 대하여 심도 있게 다루고 있다. '한국재정학회 세제개편위원회'에서는 우리 나라 세제개편의 기본 원칙을 '단순화', '넓은 세원과 낮은 세율' 및 '세수중립적인 세제개편'으로 설정한 뒤 개별 세제에 대하여 개편안을 준비하였다. 특히, 세제개편 후의 조세수입이 현재의 조세수입과 같아야 한다는 세수중립적인 개편안을 마련하려고 노력하였다.

본서의 내용을 소개하면 다음과 같다. 제1장은 곽태원 교수님께서 조세의 시대적 역할과 현 시대 조세정책의 방향에 대하여 집필하였으며, 제2장에서는 필자와 유일호 교수님께서 선진국 진입을 위한 우리 나라 조세제도 개편의 전반적인 방안을 세제개편의 원칙과 기본 방향을 중심으로 집필하였다. 제3장부터 제9장까지는 세제개편의 각론에 해당하는 부분이 정리되어 있다. 제3장에서는 전영준·이철인 교수님께서 소득세제 개편방안, 제4장에서는 김성순 교수님께서 소비세제 개편방안, 제5장에서는 이인실 교수님께서 법인세 개편방안, 제6장에서는 이영희 박사님과 최병호 교수님께서 재산세제를 비롯한 부동산세제 개편방안, 제7장에서는 원윤희 교수님과 임성일 박사님께서 지방세제 개편방안, 제8장에서는 유경문 교수님께서 상속세·증여세제 개편방안, 제

9장에서는 김승래·강만옥 박사님께서 에너지·환경세제 개편방안을 집필하였다.

부디 본서에서 제기되는 개편방안들이 우리 나라가 실질적으로 선진국에 진입할 수 있는 기본 틀을 설정하는 데 큰 도움이 되기를 기원한다. 세제개편은 시점이 중요한데 최적의 시기는 새로운 정부가 출범할 때라고 판단된다. 이런 시각에서 경제활성화를 최우선 국정과제로 설정한 이명박 정부에서 성공적인 국정과제 수행을 위하여 이른 시일 내에 조세제도의 개편을 적극적으로 추진할 것을 권한다. 이는 세제개편이란 시기를 놓치면 추진동력을 확보하기 어렵기 때문이다. 그 동안 정부가 추진한 세제개편이 많은 노력에도 불구하고 성공하지 못하였던 것도 적절한 시기에 추진하지 못했기 때문이라고 사료된다.

본서가 출간될 때까지 세제개편위원회의 모든 분들이 수고를 해 주셨다. 특히, 임병인 교수(충북대)께서는 직접 집필에 참여하지는 않았지만, 세제개편위원회의 궂은 일을 마다하지 않고 헌신적으로 노고를 아끼지 않았다. 이 자리를 빌어 감사의 마음을 전한다. 또한 본서의 출판을 도와 주신 도서출판 해남의 노현철 사장과 관계자 여러분께도 감사드린다.

마지막으로 본서에서 제기되는 세제개편방안들은 한국재정학회의 공식적인 견해가 아니고 한국재정학회 세제개편위원회의 견해임을 밝힌다.

2008년 4월 28일

청주 우암산 연구실에서

집필자를 대표하여

김 성 태

차 례

Contents

제 1 장

·곽 태 원·

조세의 시대적 역할과 현 시대의 조세정책방향

제 2 장

▪ 김 성 태 · 유 일 호 ▪

세제개편의 원칙과 기본 방향

제 3 장

▪ 전영준 · 이철인 ▪

소득세제 개편방안

제 4 장

김성순

소비세제 개편방안

제5장 · 이인실 ·

법인세제 개편방안

제 6 장

▪ 이영희 · 최병호 ▪

부동산세제 개편방안

제 8 장

· 유경문 ·

상속 · 증여세제 개편방안

제 9 장

• 김승래 · 강만옥 •

에너지 · 환경세제 개편방안

1

조세의 시대적 역할과 현 시대의 조세정책방향

곽 태 원

1 서 론

조세의 본질적 역할은 시대가 변해도 바뀌지 않는다. 인류의 생존양식이 사회적 특성을 가지고 있기 때문에 이른바 집합소비(collective consumption)가 요구되고, 그것을 위한 재원조달이 다양한 형태의 조세로 나타났다고 볼 수 있기 때문이다. 다시 말해, 조세의 본질적 역할이란 이른바 공공재의 공급비용을 사회구성원이 나누어 부담하게 하는 일이라고 말할 수 있다. 인류가 사회생활을 영위해 온 이래로 이러한 역할을 하는 장치가 필요하였고, 이 역할을 다양한 형태의 조세가 수행해 온 것이다.

우리가 조세의 시대적 역할이라고 말하는 것은 그 본질적 역할을 의미하는 것이 아니라는 점이 분명하다. 조세는 공공재 공급비용을 조달하는 역할 이외에 다양한 부수적 기능들을 수행한다. 조세는 누가 얼마를 어떻게 부담할 것인가를 정해 주는데, 바로 누가 얼마를 어떻게 부담하는가에 따라서 사람들의 행태가 달라지고 또 납세 후의 상태도 달라진다. 이러한 현상을 점점 더 잘 이해하게 됨에 따라 이러한 원리를 어떤 경제적·사회적 또는 정치적 목적의 달성을 위해서 정부들이 적극적으로 활용하기 시작하였고, 이러한 요소들이 오늘날 조세정책의 더 중요한 부분을 차지하고 있는 것이다. 그러므로 여기서 조세의 시대적 역할이라고 하는 것은 바로 조세의 이러한 역할, 즉 조세가 경제적·사회적 또는 정치적으로 그 시대가 바람직하게 여기는 목표들을 달성하는 것과 관련된 당위적 역할을 말하는 것이다.

우리의 현대사가 물리적 시간으로는 길지 않을지 모르지만 고도로 압축된 발전과정을 경험해 왔기 때문에 확연하게 드러나는 몇 단위의 시대구분이 가능하다고 본다. 이러한 시대구분에 따라 우리 나라의 조세가 수행해 온 역할을 평가하다 보면 우리가 직면하고 있는 이 시대에 조세가 담당해야 할 역할을 식별해 낼 수 있을 것이라고 생각된다.

이 글은 먼저 건국 이래 우리의 조세정책을 몇 단위의 시대구분에 따라 개괄적으로 평가하고 그 연장선상에 서 있는 우리의 현행 조세제도와 우리가 새롭게 직면하고 있는 이 시대의 특성 및 거기에서 연유되는 조세의 시대적 역할을 비교함으로써 우리 조세제도가 어떻게 개혁되어야 할 것인가를 논의해 보려는 것이다. 이 글의 제2절에서 과거의 조세정책을 시대별로 평가하고, 제3절에서 현 시대가 요구하는 조세의 역할과 그에 따른 개혁방안을 논의한다. 그리고 제4절에서 간단한 맺음말로 글을 맺는다.

2 우리 나라 조세정책의 시대별 역할

2.1. 시대구분

어떤 경우에도 역사를 몇 개의 시대로 구분하는 일에는 자의성이 들어갈 수밖에 없다. 우리 나라 조세제도를 앞에서 말한 것처럼 시대적 역할의 관점에서 평가하기 위해서 1948년의 건국에서부터 2007년까지의 60년을 3개의 시대로 구분하고자 한다.[1] 1940년대 말과 1950년대를 하나의 시대로, 그리고 1960년대에서 1980년대까지를 다른 한 시대로, 그리고 1980년대 말에서 2007년까지를 또 하나의 시대로 보고자 한다.

건국부터 군사정권이 들어서기 직전까지를 건국시대로 부르기로 한다. 이 시대는 처음으로 우리 나라가 현대적인 민주국가로 세워진 기간이다. 재정적으로는 우리 나라 정부에 의한 현대적 조세제도가 도입된 기간인데다가 전쟁수행과 전후복구 등 재정적 혼란과 난관이 극심하였던 기간이므로 특별하게 한 시대로 다룰 만하다고 본다.

1960년대, 1970년대 그리고 1980년대는 각각 조세정책의 내용이나 경제개발정책의 내용과 목표가 상당히 다른 기간이지만 하나로 묶어서 정부주도

[1] 물론 시대구분에 관해서는 추가적인 연구와 논의가 필요하다.

형 고도성장시대라고 부르기로 한다. 그 이전 시대에는 나라 살림이 미국의 원조에 크게 의존하고 있었지만, 이 시대에는 재정의 자립기반을 마련하였다는 특징이 있다. 경제성장을 위해 투자가 가장 중요한 변수로 부상하였고 조세정책이 투자의 재원조달과 배분에 깊숙이 개입하였던 기간이다. 이 시대 중 전두환 정권의 기간인 1980년대는 전환기 또는 완충기적인 특성을 가지고 있는 기간이다. 경제적인 자유화가 상당히 이루어졌고 개방화도 보다 과감하게 추진되었다. 물가의 안정과 경상수지의 흑자달성 등 경제성장의 질도 1970년대보다는 훨씬 고도화되었다. 그러나 기조적으로는 정부주도형 고도성장의 연장선장에 서 있던 기간이었다고 볼 수 있다.

정확하게 말하면 1988년부터 2007년까지 이르는 기간을 '민주화' 시대라고 부르기로 한다. 노태우 정권, 문민정부, 국민의 정부 그리고 참여정부 등 최근 20년 동안의 기간이다. 따옴표는 자칭 또는 소위라는 의미로 읽어도 무방할 것이다. 실제로 민주화가 매우 괄목할 만하게 이루어졌지만, 동시에 '민주'라는 말이 과도하게 사용되어 거의 좌편향적인 이념을 의미하는 상황에까지 이르렀었기 때문이다. 이 시대의 핵심적인 가치는 형평·균형·복지 등의 단어들로 표현할 수 있다고 말할 수 있다. 무엇보다 억눌려 있던 노동운동이 활성화되었고, 국민연금 그리고 국민기초생활보장제도 등 기본적인 사회보장 및 복지제도들이 새롭게 도입되거나 확충·정비되었다. 금융실명제와 토지실명제가 실시되었고, 토지공개념 실험이 지속되었다.

2.2. 건국시대의 조세정책

대한민국 헌법이 제정되고 현대적 의미의 민주국가로 우리 나라가 새롭게 태어난 것은 감격스러운 일이었다. 건국 이듬해부터 새로 제정·공포된 주요 세법이 시행되었는데, 이것도 매우 의미 있는 일이었다. 소득세나 소비세 같은 현대적 조세제도가 도입된 것은 훨씬 이전의 일이지만 식민지 치하에서 도입되어 미군정까지 이어져 왔기 때문에 납세를 강제로 수탈당하는 것으로 인식할 수 있었다. 그러므로 대한민국 정부의 이름으로 공포된 새 세법에 의해서 납세의무를 이행하는 의미는 매우 새로울 수밖에 없었을 것이다. 다시 말해, 이 시대의 조세 역할은 새로 건국된 대한민국이 국가로서 제대로 기능할 수 있도록 하는 기본적인 하부구조의 한 부분을 완성하는 것이었다. 다시 말해, 조세의 본질적 역할이 중심이 될 수밖에 없었던 시대였다고 말할 수 있다. 건국 직후 6.25남침전쟁을 겪으면서 우리 국민들은 다시 전시세제에 시달려야 하였지만, 산업기반이 거의 완전하게 붕괴되고 행정력도 와해된 상태에서 조세가 전비조달을 위한 역할을 수행하기 위해 안간힘을 썼던 것도 조세 본래의 역할에 충실하려는 것이었다고 볼 수 있다.

1953년 휴전이 이루어진 뒤에도 전후 복구를 위한 재원조달 등 재정수요는 막대하였지만, 극도로 취약해진 경제기반과 행정능력의 부족 등 조세가 제대로 기능할 수 있는 여건이 되지 못하였다. 그럼에도 불구하고 조세제도의 정비를 위한 노력이 지속되었고, 산업의 발전과 경제의 성장을 위해서 수입대체산업과 외화획득사업에 대한 파격적인 지원제도를 도입하는 등 조세유인정책을 활용하려는 시도도 이루어졌다.

2.3. 정부주도형 고도성장시대의 조세정책

1960년대 초의 우리 나라 1인당 GNP는 80달러 수준이었다. 북으로부터의 군사적 위협, 정치적 민주화의 요구 등 해결해야 할 다양한 과제들이 산적해 있었지만 정상적인 생각을 하는 정권이라면 경제문제를 해결하는 것에 우선순위를 두는 것이 당연한 것이었다. 군사정권은 "절망과 기아선상에서 허덕이는 민생고를 시급히 해결"하겠다는 혁명 당시의 약속을 충실하게 이행하려고 하였다.

경제개발을 도모하는 과정에서 첫 번째로 부딪치게 되는 난관은 투자를 위한 재원의 부족이었다. 특히, 기초적인 사회간접자본의 부족을 메우기 위한 공공부문의 투자재원 부족은 매우 심각한 것이었다. 사실 그 당시에는 정부의 조세수입으로 경상지출도 감당하기 어려웠던 시기였다. 투자재원이 절대적으로 부족하기는 민간부문도 마찬가지였다. 투자재원, 즉 저축의 부족뿐 아니라 외국으로부터 자본재를 수입하기 위한 외환의 부족도 마찬가지로 심각한 투자의 제약요인이었다. 1960년대의 조세정책은 이와 같은 당면문제의 해결에 이용되었다.

우선 정부저축을 최대한 늘리기 위해서 국가재정상 경상수지의 획기적인 개선이 요구되었고, 그것은 조세수입의 극대화를 요구하는 것이었다. 세수확보를 위해서는 조세제도의 개편보다 더 시급하였던 것이 세법을 집행하는 행정조직의 정비였다. 종래의 국세행정조직을 확대개편하여 국세청을 신설한 것은 바로 이러한 필요에 부응한 것이라고 말할 수 있다. 민간저축의 동원도 매우 중요한 과제였다. 사실, 민간저축의 증대를 위한 당시 정부의 노력은 처절한 것이었다. 1965년의 금리현실화 같은 과감한 정책은 저축증대를 위한 정부 노력의 한 단면을 보여 준다. 금융소득에 대한 세제상의 과감한 우대가 시행된 것은 두 말할 필요가 없다.

한편, 당시의 개발경제학자들 사이에 유행하던 two gap(투자-저축 갭과 외환 갭) 모델이 지적하는 것처럼 저축을 충분히 한다고 해도 투자를 위한 기자재는 주로 외국으로부터 수입해야 하는 상황이었으므로 달러의 부족은 별도로 해결해야 할 과제였다. 1964년의 환율현실화와 함께 조세면에서는 외화획득사업에 대한 과감한 지원(소득세와 법인세의 50% 감면)을 시행한 것은 바로 외환 갭의 완화를 위한 것이었다고 볼 수 있다. 이러한 정책이 파격적인 수출금융 지원과 함께 후에 '수출주도형' 또는 '대외지향형' 개발전략이라고 불리던 전략의 중심적인 정책수단들이었다.

이러한 노력과 우호적인 대외여건 등에 힘입어 우리 나라는 매우 짧은 기간 동안에 노동집약적이고 수출지향적인 산업화에 성공하면서 고도성장이 지속되는 성과를 거두게 되었다. 이러한 성과에 자신을 얻은 정부는 우리 경제의 지속적인 발전과 경제의 자립화를 위해서는 중화학공업화가 이루어져야 한다는 결론을 내리고 1973년에 이른바 '중화학공업화 선언'을 하게 되었고, 조세는 다시 중화학공업부문으로 투자재원을 몰아 주는 이른바 산업정책에 동원되었다. 각종 비과세 감면을 일괄적으로 관리하기 위해 1965년에 제정되었던 「조세감면규제법」은 중화학공업화 선언 이후에는 사실상 조세감면'촉진법'이 되어서 위력을 발휘하게 되었다. 철강·기계·조선·전자·자동차·석유화학 등 중화학산업에 대해서는 법인세와 소득세를 중심으로 투자세액공제, 신규 투자에 대한 특정 기간 조세감면(tax holidays), 특별감가상각, 각종 준비

표 1-1 중화학공업에 대한 법인세 감면

연 도	법정최고세율(%)	설비투자 1원당 순감세효과
1963	20	0.186
1968	45	0.077
1970	45	0.078
1973	40	0.116(0.156)
1976	40	0.369(0.374)
1982	38	0.096
1983	33	0.052
1985	33	0.050

주: ( ) 내는 국산 기자재를 사용할 경우.
자료: 곽태원(1986).

금 등 다양한 형태의 조세유인이 풍성하게 제공되었다. 그러나 수출에 대한 세제상의 지원은 1973년대 초부터 현저히 줄어들었다. 이 기간 동안에 중화학공업부문에 제공되었던 조세지원을 보여 주는 것이 〈표 1-1〉이다. 이와 같은 조세지원제도는 유효한계세율을 현저히 낮추어 주는 효과가 있었던 것이다.

그러나 이러한 조세상의 유인장치들이 실제로 얼마나 유효하였는가에 대해서는 확답을 하기가 매우 어렵다. 그 당시에는 실제로 자본시장이 시장원리에 따라 움직이지 못하였고, 조세제도도 엄정하게 운영되었다고 보기 어렵기 때문이다. 1980년대에 들어 정권이 바뀌면서 중화학공업화에 대한 비판과 함께 경제정책의 기조가 자율화와 개방화를 중시하는 쪽으로 바뀌기 시작하였다. 이와 함께 조세정책에서도 중화학공업에 대한 다양하고 강도 높은 조세지원조치들이 과감하게 정비되는 개혁이 단행되었다.

이와 같이 당시의 조세정책은 정부주도형 고도성장시대가 요구하던 역할을 충실하게 수행하는 모습을 보였다고 볼 수 있다. 그와 함께 조세제도의 본질적 역할을 보다 잘 수행하도록 하기 위한 중요한 세제개편도 이 시기에 이루어졌는데, 1970년대 중반의 종합소득세제 도입과 소비세제의 개혁을 들 수 있다. 소비세제의 개혁은 기왕의 소비세제도를 대폭 정비하여 부가가치세와 특별소비세·주세 등으로 정비한 것이다. 이와 같은 개혁은 경제의 상당한 발전에 바탕을 두고 사회적 목표달성에도 관심을 기울일 수 있게 되면서 추진되었던 조치였다고 말할 수 있다. 이러한 개혁으로 오늘날까지 지속되고 있는 우리 나라 국세의 기본 틀이 형성되었는데, 특히 부가가치세제의 도입은 일부 부정적인 시각에도 불구하고 우리 나라 조세의 현대화와 재정의 안정에 결정적인 기여를 한 개혁이었다고 평가할 수 있다. 다만, 방위세와 교육세 등 목적세 아닌 목적세가 도입되어 세수증대에는 기여하였지만, 우리 나라 조세제도를 왜곡시키는 하나의 요인이 되었다는 점도 특기할 필요가 있을 것 같다. 또 한 가지 특기할 만한 것은 1980년대에 세제발전심의위원회가 조직되고, 그 산하에 국내의 거의 모든 조세관련 학자들이 포함되는 세제발전연구단이 설치되어 세제발전 연구보고서가 1985년과 1988년 두 차례 작성되고, 이들 보고서에 바탕을 둔 세제개혁이 이루어졌다는 점이다. 이 개혁에서 조세제도의 구조적인 변화는 없었다고 할 수 있으나, 세제의 여러 측면들이 합리화되고 이론에 바탕을 둔 세제개혁 논의가 본격화되는 성과를 거두었다고 볼 수 있다.

2.4. '민주화' 시대의 조세정책

1987년의 직선제 개헌에 의한 대통령선거가 실시된 이래로 본격적인 민주화의 시대가 열렸다고 말할 수 있다. 새 헌법에 의해서 탄생한 4기의 정권 중 앞의 두 정권은 보수정권으로, 그리고 최근 두 정권은 흔히 진보 또는 좌파정권으로 분류되지만 최근 20년 동안 우리 나라 정부가 추구해 온 이념이나 정책의 성향은 대체로 비슷하다고 말할 수 있다. 우파인가, 좌파인가의 차이는 주로 대북한 정책의 태도나 전략에 따라서 구분되었지만, 통일의 지향이나 북한과의 평화적 관계의 추구 등의 입장은 우파나 좌파가 근본적으로 다르지 않았다고 생각된다. 이 시대는 이와 같은 정치적 환경의 대폭적인 변화 때문에 정부부문이나 민간부문 모두 새로운 환경에 적응해 가면서 많은 시행착오를 경험하였던 기간이라고 말할 수 있다. 1980년대 중반까지 지속적인 고도성장에 의한 소득수준의 획기적인 향상과 물가 및 국제수지의 안정까지 이루어져 경제적인 측면에서는 중요한 이슈(issue)들이 크게 줄어들었고, 대신 사회적 또는 정치적 이슈들이 더 중요한 당면과제들로 부각되었던 시대였다.

예를 들면, 노태우 정권에서는 노동문제와 부동산문제가 커다란 사회문제로 부각되었고, 이 과정에서 특히 부동산시장의 안정을 위한 대규모의 주택공급정책과 함께 이른바 토지공개념제도라는 실험적 부동산정책이 도입되었다. 김영삼 정권에서 추진되었던 지방자치제·금융실명제 그리고 금융소득 종합과세제도 등도 정치적 내지는 사회적 수요를 충족시키기 위한 것들이었다. 김대중 정권은 금융위기로 치명타를 당한 경제를 물려받아 위기수습을 위한 개혁과 개방에 힘을 쏟았고 작은 정부를 지향한 노력도 경주하여 상당히 친시장적인 모습을 보였으나, 대북정책에서의 스캔들과 친북적인 태도 때문에 좌파정권이라는 인식을 국민들에게 심어 주었다. 노무현 정권은 한·미 FTA의 추진 등 시장주의적인 정책을 모색하는 모습도 보였지만 기업규제의 강화, 무리한 부동산세제의 도입, 큰 정부의 지향, 무리한 균형발전의 추진 등 전반적으로 반시장적인 쪽으로 후퇴하는 경제정책 운영을 해왔다고 말할 수 있으며, 북핵문제에 대한 미온적인 대응 등 친북적인 입장도 고수되어 가장 좌파적인 성향을 나타낸 정권이었다고 말할 수 있다.

이 시기 정책의 가장 큰 특징은 다분히 대중영합주의적이라는 것이다. 이것은 대통령직선제라는 새로운 여건 속에서 다수의 지지가 정책선택의 가장 중요한 가치가 되면서 나타난 현상이라고 말할 수 있다. 모든 정권이 시장경제체제를 추구한다고 주장하면서 반시장적인 정책들을 채택하게 된 것은 바로 자유민주주의와 시장경제체제의 기본적인 가치나 원칙을 제대로 이해하지 못한 채 표의 계산에 바탕을 둔 대중영합주의에 휘말렸기 때문이라고 볼 수 있다.

이와 같은 적응과정은 많은 혼란과 시행착오를 가져왔는데, 이 과정은 우리 국민들에게 중요한 학습효과를 가져다 준 귀중한 기간이었다고 볼 수도 있지만, 다른 한편에서 보면 세계적인 호황에 편승하여 선진국으로 확실하게 진입할 수 있었던 호기를 잃고 성장잠재력을 현저히 잃어버린 아쉬운 기간이었다는 평가도 가능하다.

이 기간중 많은 중요한 조세개혁이 이루어졌지만, 오늘날 문제가 되고 있는 것들이 대부분 이 시기에 이루어진 개혁이었다는 점은 많은 것을 생각하게 한다. 우선 1980년대 말에서 1990년대 초 사이에 제안되고 제정되었던 이른바 토지공개념 3법은 시장원리를 무시한 규제적 부동산정책의 연장선상에서 도입된 조세제도 또는 유사조세제도였다. 이러한 법들의 수명은 길지 못하였다. 이들 제도보다 조금 늦게 도입된 종합토지세제도만 많은 문제에도 불구하고 존속되다가 노무현 정권하에서 종합부동산세로 강화 변형되었다. 특히, 종합부동산세는 부동산가격의 안정과 분배의 개선을 가장 중요한 목표로 삼는다. 그러나 부동산보유세를 통한 부동산가격의 안정은 사실상 주거비의 안정으로 이어지지 못하였다. 거래가격이 낮아진 만큼 보유세 부담이 늘어나기 때문이다. 만일 종합부동산세의 과세대상이 되는 고가주택의 가격이 시장가격을 선도하는 효과가 있어서 이것이 오르면 다른 주택들의 가격도 오르고, 반대로 이러한 주택들의 가격이 안정되면 다른 주택들의 가격도 안정된다면 일부 고가주택의 가격을 정책적으로 관리함으로써 전체 부동산시장의 안정을 도모할 수 있을 것이다. 그러나 이것은 단기적으로는 그러한 효과가 생길 수 있을지 모르지만 합리적인 시장에서 지속될 수 있는 현상이 아니다. 종합부동산세는 분배정책수단으로서도 바람직한 것이 못 된다. 자산을 충분히 포괄하고 있지 않을 뿐만 아니라 순계 개념이 아니기 때문에 수평적 공평을 침해할 가능성이 너무 큰 수단이다. 종합부동산세의 최고세율은 주택의 경우 4%, 그리고 토지의 경우 3%로 되어 있는데, 이것은 이러한 자산의 수익률에 비추어 볼 때 사유재산제도를 위협하는 과도하게 높은 수준이라고 볼 수 있다.

한편, 1991년 지방자치제가 실시되면서 중앙정부와 자치단체 간의 세목조정 등 세제 전반의 개편이 이루어졌다. 특히, 자치제가 실시되면서 지방세의 의미와 위상이 근본적으로 달라졌다고 할 수 있다. 명실상부한 자치가 이루어지려면 세출뿐 아니라 세입에서도 지방정부의 자치권이 확보되어야 하며, 이러한 자치권이 지방세에 구현되어야 하기 때문이다. 그러나 역사적으로 형성되어 온 기초자치단체의 규모와 경제력에 너무 커다란 격차가 있어서 중앙정부의 균등화를 위한 지원규모가 과대해지면서 의미 있는 자치가 이루어지지 못하게 되었다.[2] 특히, 소규모 군단위 자치단체의 경우 주민 1인당 기초적

[2] 원윤희 · 임성일(2008) 참조.

인 지방공공재 공급비용이 과도하게 크게 나오기 때문에 자율과 책임이 강조되는 자치를 사실상 생각하기 어려운 구조로 되어 있는 것이다. 자치단체들이 자율과 책임의 원리에 의해서 자치적으로 운영될 수 있도록 하기 위한 최소한의 자주재원 확보가 현행 지방세 개혁의 가장 중요한 과제라고 할 수 있지만 현재와 같은 자치행정의 물리적 구조하에서는 해결되기 어려운 상황이다.

1993년에 금융실명제가 실시되고 나서 3년 뒤에 금융소득 종합과세가 실시되었다. 이것도 자본소득은 불로소득이라는 오해와 자본소득에 대한 중과세가 분배의 공평을 가져올 것이라는 일반의 인식에 기인한 것이라고 할 수 있다. 물론 이자와 배당소득이 종합합산과세되지 않고 원천분리과세되던 것을 '정상화'한다는 의미도 가진 것이었다. 그러나 이것도 의욕이 앞선 것이었다. 점점 더 치열해지는 조세경쟁 속에서 자본소득과세를 강화하는 것은 세계적인 조류에 역행하는 것이었기 때문이다. 실제로 바로 이듬해에 일어난 금융위기가 금융소득 종합과세의 시행을 정지하지 않을 수 없게 만들었으며, 2001년에 부활되기는 하였지만 부부합산과세가 위헌판결을 받으면서 그 영향력은 상당히 위축되었다고 할 수 있다.

상속증여세의 강화도 비슷한 문제를 가지고 있다. 완전포괄주의 도입이라든지 대주주 지분의 평가액 할증 등은 세계적인 추세에도 역행하는 것이다.

또한 전반적으로 특히 지난 정권기간 중 사회개발분야를 중심으로 정부규모가 빠르게 증가하면서 조세부담률이 빠르게 상승하게 된 것도 중요한 문제가 될 수 있다고 본다.

그러나 이 기간중 합리적인 방향으로의 조세개혁도 많이 이루어졌다. 우선 소득세와 법인세의 세율이 꾸준히 하향조정되었는데, 이것은 경쟁의 개방화에 따른 피할 수 없는 세제개혁의 방향이다. 다만, 그 조정속도가 너무 완만하여 조세경쟁에서 유리한 자리를 차지하지 못하였다는 문제는 남아 있다.

요약하면, 이 시대 전체에 걸쳐서 전반적으로 방향을 제대로 잡지 못한 조세정책을 운영해 왔다고 평가할 수 있으며, 실험적인 정책운영이 결국 많은 시행착오와 비효율 그리고 불공평을 초래해 왔다고 말할 수 있다.

3 현 시대의 조세의 역할과 제도개혁의 방향

3.1. 현 시대의 재정적 특성과 그 함의

현 시대를 향후 20년 정도의 기간이라고 생각하고 논의를 전개한다. 이 시대는 어떤 특성을 가지고 있으며, 우리에게 어떤 의미를 갖는 기간인가?

이 시대가 이전 시대들과 구분되는 가장 두드러진 특성은 무엇보다도 높아진 소득수준 및 이와 관련된 국민의식의 변화와 인구구조의 급변이라고 할 수 있다. 이 시대에 우리 나라는 고령사회로 진입할 것이고, 곧바로 초고령사회로 들어갈 것으로 추정되고 있다.[3] 고령사회로의 진입에 따라 경제와 사회의 역동성이 둔화되는 것은 당연하다. 한국개발연구원 등 우리 나라 주요 국책연구원들의 공동연구에서 우리 경제의 잠재성장률이 21세기 중반까지 빠르게 하락할 것이라는 전망이 제시되었다.[4] 높은 소득수준과 고령화 그리고 저성장은 우리 경제사회에 매우 어려운 숙제를 던져 준다. 높아진 소득수준과 그 동안 민주화 과정에서 한껏 고양된 평등의식 등으로 정부에 의한 재분배 기능의 강화와 복지 및 사회보장관련 지출의 증대를 요구하는 목소리가 점점 더 커지고 있다. 한편, 급속한 고령화는 고령화와 관련된 복지관련 재정지출의 급속한 증대를 의미한다. 노인복지지출에 영향을 주는 어떤 제도적 변화도 없다고 가정하더라도 단순히 고령화 추세에 따라 GDP 대비 노인복지지출의 비중은 2004년을 기점으로 생각할 때 2020년대 초반까지 두 배로 늘어나고, 이 수준에서 2040년대 중반이 되면 다시 두 배가 된다는 시뮬레이션(simulation) 결과가 발표되었다.[5] 다시 말해, 현재 시행되고 있는 노인관련 복지제도

[3] 통계청은 우리 사회가 2018년에 고령사회로 진입하게 되고 2026년에는 초고령사회로 들어가게 될 것으로 추계하고 있다(2006년 11월 추계).

[4] 문형표 외(2004).

[5] 문형표 외(2004).

를 그대로 유지한다고 할 때 GDP 대비 노인관련 복지지출의 비중이 앞으로 약 40년 동안에 현재의 4배 정도로 증가할 것이라는 전망이다.

한편, 지난 1990년대 말의 금융위기 대응과정에서 급격하게 늘어난 국가채무는 그 뒤 10년 동안 줄어들지 않고 오히려 지속적으로 늘어나서 우리 나라도 재정건전성 문제로부터 자유롭지 않은 나라가 되었다는 점에 유의할 필요가 있다. 그 동안 정부는 우리 나라 국가채무의 대GDP 비율이 OECD 국가들의 평균치보다 현저히 낮기 때문에 심각하게 우려할 문제는 아니라고 일관되게 주장해 왔다. 그러나 우리 나라의 국가채무비율이 지나치게 빠르게 늘고 있으며, 중장기적 관점에서 볼 때 안정된 OECD의 선진국들보다 재정의 위험요인이 훨씬 더 크기 때문에 국가채무문제는 매우 심각하게 인식해야 한다. 성장잠재력의 둔화로 조세베이스는 상대적으로 빠르게 위축될 것인데, 복지관련 재정지출수요는 고령화 등과 함께 급격하게 늘어날 것으로 전망되고 있다. 복지관련 지출뿐 아니라 안보와 통일관련 불확실성은 바로 우리 재정에 대한 불확실요인으로 연결된다. 현재의 우리 재정상태가 매우 건전한 상태에 있어도 앞으로 닥쳐올 재정재원 수급불균형의 가능성을 걱정해야 할 상황인데, 이미 상당한 수준에 도달한 국가채무를 가볍게 생각하는 것은 매우 무책임한 자세라고 볼 수 있다.

앞으로 20년의 기간을 특징짓는 또 하나의 중요한 현상은 광범위한 세계화와 그에 수반된 조세경쟁의 격화라고 할 수 있다. 조세경쟁의 역사는 매우 길다고 할 수 있지만 생산요소를 유치하기 위한 조세경쟁은 대체로 1980년대부터 서구 선진국들을 중심으로 시작되었다고 할 수 있다. 그 후 1990년대에 들어서면서 이 경쟁은 더욱 격화되었는데, 우리 나라는 금융위기 이후 자본시장의 본격적인 개방이 이루어지면서 조세경쟁에 본격적으로 휘말리게 되었다고 할 수 있다. 자본과 고급인력 등의 생산요소를 유치하려는 경쟁의 수단은 조세에 국한되지 않는다. 노동시장의 유연성과 안정성, 국가의 정치적 안정성과 규제의 합리성, 교육문화적 환경, 사회간접자본의 수준 등 수많은 변수들이 기업의 입지나 개인의 주거지 선택에 영향을 준다. 조세는 그러한 여러 변수들 중 하나이지만 상대적으로 다른 요인들보다 쉽게 바꿀 수 있기 때문에 더 직접적인 경쟁수단으로 활용되어 왔다고 할 수 있다. 조세정책의 선택에서 이와 같은 경쟁적인 측면을 고려해야 한다는 것은 조세정책의 선택에서 더 많은 제약을 받게 된다는 것을 의미한다.

재정수요의 증대와 재정위험의 상존, 성장잠재력의 둔화 그리고 조세경쟁의 격화 등은 서로 상충하는 재정문제를 제기한다. 성장잠재력이 둔화되어 조세베이스(base)가 상대적으로 위축되는 상황에서 증가하는 재정수요를 채우고 재정을 건전하게 유지하기 위해서는 조세부담률을 높이는 것이 논리적인 해결방법이다. 더구나 양극화 해소와 분배개선의 요구에 부응하기 위해서는 소득세의 누진도를 높이고 자본소득과 재산보유 등에 중과세하는 방안들이 채택되어야 할 것이다. 그런데 문제는 조세경쟁 여건하에서 이러한 수단들은 유효하지 못하다는 데 있다. 조세부담률을 높이는 것, 누진도를 강화하는 것, 자본이나 자산에 대한 중과세 등은 모두 조세경쟁에서 불리한 결과를 초래하는 수단들이다. 다른 조건이 동일한 상황에서 이와 같은 조치가 취해졌다고 하면 우리 나라로부터 자본과 고급인력이 유출되는 결과가 나타날 것이다. 이것은 성장률의 둔화와 중저소득 근로자들의 고용감소 또는 임금저하 등의 결과를 초래하게 된다. 조세베이스의 감소를 가져올 뿐 아니라 분배면에서도 오히려 부정적인 결과가 초래될 가능성이 높아지는 것이다. 특히, 성장의 둔화가 고용의 감소로 이어져 빈곤층이 확대되는 결과를 초래하게 되면, 이것은 복지수요를 증대시키는 결과를 초래하여 재정적인 악순환으로 발전할 가능성이 높아진다. 성장률의 저하는 조세베이스의 상대적 위축을 가져올 뿐 아니라 복지재정수요의 증대를 가져와 재정건전성을 수요·공급 양면에서 악화시키는 요인이 된다는 것이다. 거기에다가 경제가 건강하지 못하면 재정위기가 발생하였을 때 효과적으로 대처할 수 없게 된다.

그러므로 새롭게 전개되는 21세기에는 조세정책의 역할이 매우 달라질 수밖에 없을 것이라고 생각된다.

3.2. 조세가 담당해야 할 역할

전통적인 조세정책의 역할은 충분한 재정수입을 올려 정부가 제대로 기능할 수 있도록 해 주면서 공평하게 부담을 나눔으로써 소득과 부의 분배가 개선되도록 하는 것이었다. 물론 이 과정에서 자원배분의 왜곡을 극소화하도록 해야 한다는 것은 기본적인 전제가 된다. 그러나 앞에서 잠시 생각해 본 것처럼 조세경쟁시대에는 이러한 목표들을 달성하는 수단들의 유효성이 크게 영향을 받는다는 문제가 제기된다. 특히, 조세의 직접적인 소득재분배기능은 거의 무력화된다고 보는 것이 타당하다.[6]

그렇다면 조세정책에 어떤 역할을 부여하여야 할 것인가? 다시 말해, 상충하는 재정문제를 해결하기 위하여 어떻게 접근해야 할 것인가? 무엇보다 조세정책이 주어진 목표들을 달성하는 데 적극적으로 활용되기 어려운 형편이라는 것을 인정하고 시작하는 것이 중요하다고 본다. 특히, 앞에서 설명한 것처럼 조세부담률을 높여서 요구되는 복지재정수요를 넉넉하게 채워 주고 조세정책을 통한 재분배로 양극화와 분배격차를 완화하는 역할을 기대하기 어렵다는 것이다. 그러나 이러한 목표들을 간접적으로 달성할 수 있는 방안이 없는 것은 아니다. 경제성장을 통한 조세베이스의 확대와 빈곤의 축소가 그 대답이라고 본다. 좀더 시간이 걸리는 우회전략이지만 현 여건하에서 선택할 수 있는 유일한 대안이라고 판단한다. 그리고 이 대안은 우리 모두의 인내를 요구하지만 중장기적으로 매우 바람직한 결과를 가져올 것이다. 성장률을 상대적으로 더 높이는 것은 무엇보다 선진국 진입을 가능하게 하거나 앞당길 수 있다. 재정의 건전성을 강화하고 위기대응능력을 제고한다. 빈곤층의 축소를 통해 앞에서 말한 재정의 악순환을 방지하거나 선순환을 가져온다.

결론적으로 앞으로 20년의 기간 동안 조세는 성장친화적 역할을 담당해야 한다는 것이다. 물론 이것은 적극적이기보다는 소극적인 기능이다. 조세 자체의 효율성을 높여서 성장저해적인 요인을 극소화해야 할 것이고, 국제적인 생산요소 유치경쟁에서 조세가 긍정적인 역할을 하도록 조세정책을 운영해 가야 할 것이다. 이것은 조세정책의 직접적인 목표에서 소득재분배적인 요

[6] 예를 들면, 자본소득에 중과하면 그것이 궁극적으로는 이동성이 낮은 국내의 노동에 귀착된다는 이론 등이 타당하다는 것이다(Harberger, 1995). 이러한 주장에 의문을 제기하거나 반대로 이러한 주장을 뒷받침하는 실증적 연구들이 있으나 통계자료의 제약과 관련된 변수의 다수성 등으로 이러한 주장의 진위를 실증적으로 검증하기는 매우 어렵다고 본다. 여하튼 생산요소의 국가 간 이동성이 높아질수록 이러한 주장이 논리적으로 타당하다는 사실은 부인할 수 없다.

소는 가능한 한 자제되어야 한다는 것을 의미한다. 아울러 재정지출에서도 최대한의 절제가 있어야 함을 의미한다. 성장잠재력이 너무 떨어지기 전에 우리의 소득수준을 선진국 수준으로 끌어올리고 경제·사회기반을 안정시키는 것이 필요하다. 그래서 우리는 조세정책을 성장친화적인 모습으로 바꾸는 일을 서둘러야 하는 것이다.

3.3. 현행 조세정책의 평가

민주화 시대 동안 우리 나라의 조세정책은 매우 반성장적인 쪽으로 변형되어 왔다고 할 수 있다. 물론 소득세와 법인세율의 지속적인 인하 등 세계적인 추세를 따른 측면이 있기는 하지만 자본소득과세의 강화, 재산과세의 강화 및 누진도 강화, 상속과세의 강화 등 소득재분배에 더 무게를 둔 조세정책기조를 일관되게 유지해 왔다고 볼 수 있다. 좀더 구체적으로 우리 나라 현행 조세정책의 반성장적인 모습을 정리해 보기로 한다.

(1) 자본과 고급인력의 유출을 초래하는 조세정책

1) 조세(국민)부담률의 문제

첫째로 조세부담률 또는 국민부담률의 문제를 생각할 수 있다. 주지하는 것처럼 선진국들에 비해 우리 나라의 조세부담률 수준은 상당히 낮은 편이다. OECD 자료에 의하면, 2005년 현재 우리 나라의 조세부담률은 OECD 평균에 비해 약 8.5%p 정도 낮고 국민부담률은 10%p 이상 낮다. 그러나 선진국들 중에서 조세부담률이 낮은 미국 및 일본과의 비교에서는 조세부담률이나 국민부담률에서 큰 차이가 나지 않는다.

이러한 통계수치의 비교는 우리 나라가 아직도 조세부담률이나 국민부담률을 상당히 높일 여지가 있다는 주장의 근거로 자주 사용되어 왔다. 참여정부가 발표한 『비전 2030』은 복지지출의 현저한 확대를 비전으로 제시하면서 이러한 프로그램의 재원을 조세부담의 증가를 통해서 조달할 것인가, 또는 부채의 증가를 통해서 조달할 것인가는 국민들의 합의에 의해서 결정할 문제라고 애매한 태도를 취한 바 있지만, 이러한 주장의 기저에는 아직도 우리 나라

의 조세 또는 국민부담률이 낮으며 또 국가채무비율도 높지 않다는 단순한 판단이 깔려 있다고 짐작된다.[7]

조세(국민)부담률과 관련하여 무엇보다도 중요한 문제로 부각되는 것은 바로 조세(국민)부담률이 아직도 낮다는 정책당국의 인식이라고 본다. 이러한 인식이 최근 10년 동안의 조세부담률과 국민부담률의 빠른 상승을 초래하였다고 말할 수 있다. 1995~2005년 사이에 우리 나라는 OECD 국가들 중에서 아이슬란드와 터키에 이어 세 번째로 조세(국민)부담률이 가장 많이 오른 나라인 것으로 나타나고 있다.[8] 대부분의 선진국에서는 이 기간 동안 이들 비율이 하락하거나, 적어도 안정기조가 유지되어 왔다. 이와 같은 선진국들의 조세정책 운용방향은 대체로 과다한 복지지출에 의한 경제활력의 저하를 경험하면서 시도되어 온 재정개혁과 세계화의 급진전에 따르는 자본유치경쟁의 격화를 반영하는 것이라고 볼 수 있다.

아직도 조세부담률이 낮다는 인식하에서 조세부담률을 높이는 정책을 선택하게 되면, 그것은 바로 자본의 국외유출을 야기하는 요인이 된다. 현재의 상태가 국가 간의 자본이동을 결정하는 여러 가지 변수들이 국가 간 자본이동의 균형을 가져다 주고 있는 상태라고 할 수 있다면, 이러한 상태에서 자본이동에 영향을 주는 어떤 변수라도 움직이면 균형이 깨어지고 자본은 움직이게 된다. 다시 말해, 우리 나라의 조세부담률이 선진국들에 비해서 낮다고 해도 기업의 규제수준이나 노사관계, 땅값 등 불리한 조건들이 많기 때문에 외국자본이 더 들어오지 못하고 있다는 것이다. 그러므로 만일 현 상태에서 조세부담률만을 높이는 조치가 이루어지면 우리 나라를 떠나는 자본이 늘어나는 것은 당연한 것이다. 정부규제의 개혁, 노사관계의 합리화 등 다른 변수들의 개선이 이루어진다면 조세부담률을 높일 여지가 생길 수 있다고 할 수 있지만, 우리 나라의 현재 조세부담률이 선진국 평균에 비해서 낮기 때문에 조세부담률을 높일 여지가 있다는 인식이나 주장은 옳지 않은 것이다.

조세부담률의 절대 수준을 비교한다고 해도 그것을 OECD 평균처럼 어떤 국가그룹의 평균치와 비교해서 정책을 선택할 수는 없다. 우리 나라와 직접

[7] 기획예산처(2006) 참조.

[8] OECD, *Revenue Statistics 2007*.

경쟁하는 개별 국가들의 수준이 더 중요한 문제가 될 수 있기 때문이다. 미국·일본·중국 등 우리와 가장 활발한 거래관계를 가지고 있는 국가들, 그리고 아시아 지역 경쟁국들의 조세부담률 수준이 OECD 평균치보다 훨씬 더 중요한 변수들이라고 할 수 있다. 그렇게 본다면 우리 나라의 조세부담률이 낮다고 볼 수 없다는 점은 더욱 확실해진다.

조세부담률을 국가 간에 비교할 때 또 한 가지 주의해야 할 것은 각국의 조세구조 차이에 주의해야 한다는 것이다. 자본이나 고급인력에 더 직접적인 영향을 주는 법인세나 소득세의 비중, 그리고 그러한 세목들의 한계세율이 어떠한가를 살펴보지 않고 단순히 전체적인 조세부담률만 비교하는 것은 정책판단을 오도할 수 있다. 또한 조세부담률의 비교에 있어서 각국의 제도차이 때문에도 왜곡이 생길 수 있다. 예를 들면, 정식 조세는 아니지만 조세와 비슷한 부담을 주는 이른바 준조세의 부담수준이 고려되어야 한다. 특히, 기업들에게 부과되는 여러 가지 형태의 공식적 또는 비공식적 부담은 조세와 유사한 영향을 미칠 것이다. 우리 나라의 병역제도는 남성들에 대한 일종의 인두세이며, 이를 금액으로 환산하여 포함시키면 조세부담률을 상당히 높이는 효과가 나타날 것이다. 그리고 조세부담률과 함께 정부의 서비스수준과 질도 비교되어야 한다. 예를 들어, 조세부담률은 낮지만 생산활동과 관련된 정부의 서비스의 질과 수준이 낮으면 생산요소를 유치하기 어려울 것이다. 우리 나라의 경우 기업들에 대한 불필요한 간섭은 많으나 기업들이 불법적인 집단행동으로부터 적절한 보호를 받지 못하는 경우가 흔하다. 그리고 공교육 서비스의 질이 낮아 자녀를 가진 고급인력의 유치에 어려움을 겪는 경우들이 흔히 나타나고 있다.

2) 소득세율과 그 비중

자본이나 고급인력의 국가 간 이동에 더 강한 영향을 주는 것은 당연히 자본이나 고급인력에 대한 세금이라고 할 수 있다.[9]

[9] D. Hajkova, etc.(2006)은 법인세율의 차이가 국가 간 자본이동에 중요한 영향을 미침을 실증적으로 보이고 있다. 그러나 법인세율뿐 아니라 노동시장·규제 등 다른 요인들도 중요한 영향을 미치고 있음을 보이고 있다.

우리 나라의 법인세율이나 소득세 한계세율이 선진국들에 비해서 높다고는 할 수 없다. 물론 아시아의 경쟁국들과 비교하면 우리의 세율이 상당히 높다는 주장도 할 수 있다. 그러나 이 경우에도 더 중요한 것은 자본소득세가 강화되는 추세를 보여 왔고, 그 비중도 늘어 왔다는 것이다. 특히, 양극화 문제를 정치적 이슈로 부각시키면서 이의 해소를 위해 자본소득세를 더욱 강화하고 소득세의 한계세율을 더 높여야 한다는 주장들도 제기되고 있다.

이러한 경향은 선진국들이 법인세의 비중을 꾸준히 낮추어 오고 또 일부 국가에서는 자본소득세의 세율을 파격적으로 낮추는 조치를 채택하고 있는 것과 뚜렷한 대조를 이룬다.[10]

OECD 평균으로 명목법인세 최고세율은 1997~2002년 사이에 11.1%p 하락하였으나 우리 나라는 이 기간중 4%p만 하락하였다.[11]

〈표 1-2〉에서 보면 우리 나라는 법인세의 비중이 OECD 주요 선진국들에 비해 매우 높은 것을 알 수 있다. 법인세 최고세율은 OECD 평균과 거의 같으나 총조세에서 법인세가 차지하는 비중은 현저히 높다. 이러한 현상은 1980년대부터 시작되었던 선진국들 간의 자본유치경쟁을 위한 파격적인 조세 유인의 제공 등과도 관련이 있다.[12]

이 표에서 또 한 가지 확인할 수 있는 것은 개인소득세 비중에서는 우리 나라가 OECD 평균보다 현저히 낮다는 것이다. 우리 나라가 선진국들에 비해 소득세율이 이처럼 현저히 낮은 것은 아닌데도 세수비중이 낮은 것은 과도하게 높은 면세점과 관련이 있다. 소득세 부담이 낮은 것이 고급인력 유치에 도움을 주지 못하면서 세수비중만 낮은 비효율적 구조를 가지고 있는 것이다. 물론 일부 유럽 국가에서 채택하고 있는 DIT(Dual Income Tax)가 개인소득세의 비중을 높이는 데 기여하였다고 할 수 있을 것이다. 선진국에서도 아직은 고급인력의 유치보다는 자본의 유치가 일자리 창출이라는 관점에서 더 중요한 이슈가 되고 있다는 점을 생각하면 근로소득세의 높은 부담문제는 아직은 덜 중요하다고 할 수 있을지 모른다. 그러나 근로장려세제(EITC)의 시행이 본

---

[10] 예를 들면, 북구 국가들이 도입하고 있는 이른바 DIT(Dual Income tax)를 들 수 있다.

[11] 이영(2006), p. 185.

[12] 김득갑(2004) 참조.

표 1-2 주요 OECD 국가의 법인세구조 비교(2004)

단위: %(총조세수입 대비 비율)

국 가	법 인 세	법인세 최고세율
OECD 평균	9.6	29.8
한 국	14.3	29.7
캐 나 다	10.3	36.1
미 국	8.1	39.3
일 본	14.2	39.5
프 랑 스	6.3	35.4
독 일	4.5	38.9
영 국	8.1	30.0

자료: OECD(2007).

격화되면 이것은 결국 고소득층의 소득세 부담을 높이는 쪽으로의 세제개편을 강요할 것이며, 따라서 개인소득세도 중요한 반성장적 요소를 가지고 있다는 지적을 할 수 있다고 본다.

3) 부동산세 및 상속·증여세의 과도한 부담

모든 세목이 국가 간 자본의 이동에 영향을 준다고 볼 수 있지만 앞에서 말한 자본소득세는 국가 간 자본이동에 매우 직접적인 영향을 준다. 그리고 자산에 대한 세금도 결국 자본소득에 대한 세금과 유사한 효과를 갖는다. 자산에 대한 세금의 전형적인 것이 부동산에 대한 조세이다. 물론 일부 유럽 국가에서처럼 순부(net wealth)에 대해서 세금을 부과하는 경우도 있다. 그리고 상속이나 증여에 대한 세금도 자산에 대한 중요한 세금이라고 할 수 있다. 이러한 세금이 과도할 경우 자본유출이 일어나거나 저축 또는 자본형성의 의욕이 약화될 수 있다.

참여정부는 이른바 양극화의 시정이라는 명분을 내걸고 부동산에 대한 조세를 대폭 강화하는 세제개혁을 실시하였다. 모든 부동산세의 과세표준을 시가로 한다는 목표 아래 부동산세 과세표준의 빠른 인상을 추진하였고, 양도소득세를 크게 강화하였으며, 이에 더하여 이른바 종합부동산세를 국세로 신설하였다.

우리 나라 부동산세의 전반적인 문제점은 부동산세 부담률이 소득에 비해 무리하게 높다는 것이다. 우리 나라의 부동산세 수입이 GDP에서 차지하는 비중은 부동산세의 강화 이전에 이미 OECD 국가들과 비교할 때 최상위 그룹에 속하는 것으로 나타나고 있었다.[13] 우리 나라 자산과세에서 거래세는 지나치게 높고 보유세는 상당히 낮다고 주장하는 사람들이 많이 있어서 그것이 사실인 것처럼 알고 있는 사람들이 많이 있으나 보유세만 따져도 OECD 국가들 중에서 중상위권을 차지한다. 물론 이러한 자료는 최근의 부동산세 강화가 반영되지 않은 것이다. 그러므로 최근의 재산세 과표현실화와 종합부동산세의 도입결과를 반영한다면 보유세 비중도 거의 대부분의 선진국들보다 높은 현상이 나타날 것이다.

이처럼 재산보유자들의 세부담이 높아지면 이들의 재산 중 일부 또는 전부가 보다 세부담이 적은 국가로 이동할 수 있다. 유럽 여러 나라에서 도입하였던 순자산세(또는 부유세, net wealth tax)를 다시 완화하거나 폐지하는 경향이 나타나고 있는데, 그 중요한 이유는 바로 그것이 자본의 유출을 초래하기 때문인 것이다.[14]

우리 나라의 보유세 중 특히 종합부동산세는 더 많은 문제점들을 내포하고 있다.[15] 무엇보다 이 세금의 최고세율이 너무 높아서 재산권을 위협하는 수준까지 이를 수 있다는 점이다. 재산권이 충분히 보장되지 않는 사회가 자본을 유치하는 데는 매우 부적절한 사회라는 것은 두 말할 필요가 없을 것이다.

---

13 OECD(2004) 참조.

14 최근에는 스웨덴과 프랑스가 부유세의 폐지를 추진하고 있다.

15 최고세율이 지나치게 높을 뿐 아니라 도심의 주택가격 급등에 따라 주택을 소유하고 있는 대도시와 수도권의 중산층 주민들에게 보유세 부담 급등으로 주거비가 지나치게 상승하는 문제도 나타나고 있다. 그리고 이 세금은 기초자치단체의 기본 세원이라고 할 수 있는 부동산 보유세원의 중요한 부분을 중앙정부가 차지함으로써 앞으로 진정한 의미의 자율적인 지방자치로 나아가는 것을 방해하는 중요한 요인이 될 수 있다는 점이다. 종합부동산세는 가구별 부동산보유액을 합산하여 누진세율로 과세하는 제도로서 가구 간의 부의 불균등배분을 시정한다는 취지도 가지고 있는데 부동산 보유와 여타 자산의 보유를 차별하고 부채를 차감한 순자산이 아닌 조보유액(粗保有額)을 과세대상으로 한다는 점에서 수평적 및 수직적 불공평의 문제를 내포하고 있는 세금이다. 아울러 세대합산과세는 법률적으로 문제가 될 소지가 있다.

상속·증여세도 선진국들에 비해 매우 높다. 우리 나라의 상속·증여세 부담비율은 OECD 평균보다 매우 높으며, 주요 선진국들과의 비교에서도 일본을 제외하면 우리 나라가 단연 최상위를 차지하고 있다.[16]

앞에서 여러 번 강조하였던 것처럼 국가 간의 자본이동성이 급격하게 높아지고 있는 현 상황에서 폐쇄경제시절에나 통하던 정책수단을 고수하게 되면 자본의 유출 등에 의한 성장의 둔화가 초래되고, 이에 수반되는 고용의 위축 등을 통해 중저소득의 근로자들이 가장 현저한 피해를 보게 될 가능성이 매우 크다.

(2) 자원배분의 왜곡과 경쟁력 하락을 초래하는 조세정책

조세가 경제성장에 부담을 주는 가장 전통적인 경로는 자원배분의 왜곡이다. 위에서 말한 국가 간 생산요소의 이동도 넓은 의미에서 자원배분의 왜곡으로 파악할 수 있지만 국내적으로도 다양한 형태의 자원배분 왜곡이 조세를 통해서 나타난다. 이것을 경제학에서 보통 조세의 초과부담(excess burden)이라고 부르는데, 이것은 세금을 거두는 과정에서 발생하는 중요한 사회적 비용이며 그 규모가 작지 않은 것으로 평가되고 있다.[17] 조세의 초과부담은 조세의 형태, 세율구조, 그리고 과세대상 등에 따라 다양하게 나타난다. 여기에서는 우리 나라 조세가 어떤 면에서 초과부담이 클 수밖에 없는가를 논의한다.

1) 법인세 비중의 과다

우리 나라는 상대적으로 법인세 의존도가 매우 높은 나라이다. 그런데 법인세는 국가 간 자본이동을 통해서 성장잠재력에 매우 부정적인 영향을 미칠 수 있을 뿐 아니라 국내적으로도 자원배분을 가장 심하게 왜곡시키는 조세이다. 법인세가 자원배분을 심하게 왜곡시키는 세목인 이유는 그것이 특정한 부문에 투입되는 특정한 생산요소에만 부과되는 이른바 부분요소세(partial factor tax)이기 때문이다. 다시 말해, 법인부문의 자기자본에만 과세되기 때문에 법인부문과 비법인부문 간의 자본배분을 왜곡하는 효과를 갖는다. 또 자본에만

[16] 최명근(2006) 참조.

[17] 초과부담의 실측에 관한 연구들은 곽태원(2005)에 정리되어 있다.

과세되므로 자본과 노동의 결합비율을 왜곡하는 효과도 갖는다. 자본소득에 대한 과세라는 관점에서 본다면 저축과 투자를 왜곡하는 요인이 된다고 말할 수 있다. 또 자기자본에만 과세되기 때문에 기업의 재무행태를 왜곡하는 효과도 있다. 무엇보다 중요한 것은 대형 세목 중에서 과세베이스가 작은 세목이기 때문에 한계세율이 높을 수밖에 없다. 조세의 초과부담은 한계세율에 비례하므로 이것만으로도 법인세의 세수 1원당 초과부담은 부가가치세나 소득세보다 훨씬 더 높을 수밖에 없다는 사실을 알 수 있다.[18]

그러므로 법인세의 비중이 다른 나라보다 높은 조세구조를 가지고 있다는 것은 우리 나라 조세의 초과부담이 다른 나라보다 높을 것이라는 추정을 가능하게 한다.

2) 무리한 기업상속세제도

우리 나라 상속세의 상대적 비중이 OECD 국가평균에 비해 현저히 높다는 점을 언급한 바 있다. 상속세의 내용이나 이 제도의 변화추이 등을 살펴보아도 우리 나라는 서구 선진국들이 추구하는 방향과 반대의 길을 가고 있다. 최근 많은 선진국들이 상속세를 폐지하거나 폐지 또는 완화를 추진하고 있는데 비해서 우리 나라는 상속세의 완전포괄주의 도입 등 상속세를 강화하는 방향을 추구해 왔다.

부자들의 축재과정이나 기업들의 행태에 투명성이 낮다는 점 때문에 반부자 정서와 반기업 정서가 팽배하게 되고, 이러한 정서가 자본소득의 강화나 부동산 및 상속·증여세의 강화를 법제화하는 데 기여하였다고 할 수 있다. 그러나 기업의 투명성을 높이는 수단으로서 상속세는 상책이라고 할 수 없으며 정당하지 못한 축재에 대한 징벌 또는 보상수단으로서도 상속세는 효과적인 것이 되지 못한다. 왜냐하면, 높은 상속세가 교활한 축재가에게는 큰 위협이 되지 못하면서 정직한 부자에게는 큰 부담이 될 수 있기 때문이다.

---

[18] Jorgenson and Yun(1993)은 1986년 세제개편 이전의 미국의 총조세에 대한 한계초과부담은 47.2%였음에 비해 법인세의 한계초과부담은 84.2%였던 것으로 추정한 바 있다. 이 연구는 또한 법인세의 한계세율을 대폭 인하한 1986년 세제개편 이후 법인세의 한계초과부담은 44.8%로 줄어들었고, 전체 조세에 대한 초과부담은 39.1%로 내려갔다고 추정하고 있다.

무리한 상속세는 부의 추구와 이의 축적에 대한 유인을 현저히 줄이는 효과가 있는데, 이러한 효과는 특히 중소기업가들의 사업의욕을 저하시킨다. 기업을 성장시키고 가치를 높이는 노력의 열매가 상속되는 과정에서 과도한 세금으로 흡수되어 버린다면 이러한 노력이 현저히 줄어들 것이라는 점은 부인하기 어려울 것이다. 중소기업의 의욕저하는 특히 고용에 부정적인 영향을 줄 수 있고, 이는 경제의 성장잠재력을 떨어뜨리는 요인이 됨은 두 말할 필요가 없다.

3) 비과세 감면제도의 문제

정부의 발표에 의하면 우리 나라의 조세지출비율은 최근 수년간 14%를 다소 상회하는 것으로 나타나고 있다.[19] 금액으로는 2006년 기준으로 21조 2,000여억 원에 달한다. 비과세 감면은 개발연대기간에는 주로 산업정책적인 목적으로 활용되었다. 수출의 지원과 중화학공업에 대한 지원이 매우 중요한 비중을 차지하고 있었다. 그러나 지금은 경제적인 약자에 대한 지원이 대종을 이루고 있다. 〈표 1-3〉에서 볼 수 있는 것처럼 근로자·농어민·중소기업·사

표 1-3 조세지출의 주요 기능별 구성(2006)

기 능 별	구성비(%)
근로자 지원	22.8
농어민 지원	17.2
저축지원	5.8
설비투자 및 R&D 지원	18.7
중소기업 추가지원	9.4
SOC, 구조조정 및 지역균형개발 지원	8.2
사회보장분야 지원	10.6
기 타	7.3

자료: 재정경제부(2007).

[19] 재정경제부 보도자료(2007), 「2006년도 조세지출보고서」. 조세지출비율=조세지출액/(조세지출액+관련국세수입액).

회보장분야 등에 대한 지원이 가장 중요한 부분을 차지하고 있다는 것이다.

비과세 감면, 즉 조세지출은 자원배분을 사회적으로 바람직하다고 생각하는 쪽으로 유도하기 위한 유인으로 사용할 경우 직접적인 재정지출에 의한 지원보다 효율적일 수 있다. 그러나 조세지출은 법령에 정해지면 그 법령의 효력이 없어지기 전에는 자동적으로 지원이 이루어지기 때문에, 지속적인 실효성의 판단과 그 결과의 피드백이 이루어지지 못하는 것이 보통이며 또 쉽게 기득권화하는 경향이 생긴다. 지원대상을 선정하고 관리하거나 또는 지원을 받기 위한 요건을 충족시키기 위해 많은 자원이 의미 없이 사용될 수 있다. 또 유인구조를 왜곡하는 문제가 생길 수 있고, 조세지출의 재원을 확보하기 위해 한계세율을 더 높여야 하는 문제 때문에 조세의 초과부담을 높이는 역할까지 하게 된다.

제한된 자원을 취약계층 지원에 많이 투입하면 정작 성장잠재력 확충에 도움을 줄 수 있는 연구개발 지원은 충분히 이루어지지 못할 가능성이 많다.

(3) 재정낭비를 부추기는 조세정책

세입정책이 정부지출에 영향을 미치는 경로는 다양하다. 세입규모가 지출에 영향을 줄 수 있고, 또 반대로 지출규모가 세입에 영향을 줄 수도 있다.[20] 그러나 세입정책이 구조적으로 공공선택을 왜곡하여 재정의 낭비를 초래할 수 있다. 우리 나라의 조세정책은 이와 같은 몇 가지 중요한 요소를 가지고 있다.

목적세·지방세의 구조, 낮은 소득세 납세비율과 재산세의 문제 등이 이러한 요소들이다.

1) 목적세의 문제

우리 나라는 지방세와 국세에 모두 여러 개의 목적세 또는 목적세적 특징을 가진 조세를 가지고 있고, 이들이 적지 않은 비중을 차지하고 있다. 먼저 국세 중에서 이러한 성격을 가진 조세로 교통세·교육세·농어촌특별세·종

[20] 김우철(2007) 참조.

표 1-4 국세 중 목적세 현황(2006년 실적)

세 목	2006년 세수규모(억 원)	국세 대비 비중(%)
교 통 세	95,938	6.9
교 육 세	34,245	2.5
농어촌특별세	29,597	2.1
종합부동산세	13,275	1.0
주 세	24,092	1.7
합 계	197,147	14.2

자료: 재정경제부.

합부동산세 등은 목적세라고 할 수 있는 세목들이고, 주세는 농어촌특별세와 함께 균형발전특별회계에 포함되어 있어 사실상 목적세의 역할을 하고 있다. 2006년 세수기준으로 이러한 세목들의 세수규모는 전체 국세의 14.2%(〈표 1-4〉 참조)를 차지한다.

여기에다 지방세에는 공동시설세와 도시계획세라는 목적세가 있고, 지방교육세가 목적세로 설치되어 있다. 특히, 지방교육세는 국세 중 교육세규모를 능가하는 규모를 가지고 있다.

이와 같이 상당히 커다란 세입이 처음부터 용도가 정해진 상태로 들어오기 때문에 재정자원 배분을 경직화시키고 또 이러한 자금을 자동적으로 배정받는 부문은 이 돈을 쓰기 위한 사업을 경우에 따라서는 억지로라도 만들어내야 하는 상황이 될 수 있다. 적어도 예산을 얻기 위해서는 어떠한 사업이 돈을 투입할 만한 가치가 있다는 것을 여러 번의 검증단계를 통과하면서 보여 주어야 한다. 그러나 처음부터 예산이 자동적으로 배정되면 그러한 검증과정이 생략되거나 형식화되어 재정낭비가 이루어질 여지가 커지게 된다.

더구나 우리 나라의 목적세는 대부분 본세에 부가과세되는 방식으로 과세되기 때문에 본세의 한계세율을 높여 초과부담이 커지게 하는 결과를 가져올 수 있다.

2) 지방세와 재정구조의 문제

지방자치의 가장 중요한 경제적 의의는 각 자치단체의 주민들이 자신들이 원하는 내용과 수준의 지방공공서비스를 소비할 수 있게 한다는 것이다. 물론 이와 같은 자율은 책임, 즉 경비를 스스로 부담한다는 책임을 전제로 주어지는 것이다. 다시 말해, 자율과 책임을 통해서 지방재정 운용의 효율화를 달성하게 한다는 것이다.

그런데 우리 나라의 지방자치는 이러한 지방자치제의 의의를 살리지 못하는 구조를 가지고 있다. 자치단체가 자율적으로 운영할 수 있는 세원의 제약으로 자율과 책임의 원리가 작동할 수 있는 여지가 없어졌기 때문이다. 우리 나라의 지방정부는 전체 국가재정의 거의 60%를 지출한다. 그러나 지방세의 비중은 약 20%에 불과하다. 이것은 지방자치단체의 재원이 중앙정부에 매우 심하게 의존하고 있음을 보여 준다. 이와 같은 의존구조의 명분은 자치단체 간의 재정력 격차 축소에서 찾고 있다. 우리 나라 기초지방자치단체의 편성은 그 규모나 평균소득수준 등으로 볼 때 심한 불균형을 보이고 있다. 이러한 구조하에서 재정력의 평준화를 도모하려면 중앙정부의 매우 큰 개입은 불가피하다. 다시 말해, 이른바 자주재원을 운영하게 할 수 있는 여지가 원천적으로 제한을 받고 있는 것이다.

이러한 상황에서 거의 유일하게 자주재원의 기능을 수행할 것으로 기대하였던 재산세마저 자주재원으로서의 기능에 치명적인 타격을 입게 되었다. 기초자치단체의 자율적 세원으로 가장 적합한 것은 재산의 보유에 대한 세금이라고 알려져 있다. 대부분의 선진국들이 재산세를 지방자치단체의 중심 세목으로 하고 있는 이유도 이러한 인식에 근거하고 있다. 다른 세목에 비해 자치단체 간의 세율차이가 경제 전체의 자원배분을 왜곡하는 효과가 작다고 인정되기 때문이다. 그런데 우리 나라에서는 재산보유에 대한 세원 중 상당 부분이 종합부동산세의 도입과 함께 국세로 편입되었고, 재산세 운영에 제한적으로 부여되던 자율권이라고 할 수 있는 탄력세율제도마저 제한하는 규정을 제정하였다.

이러한 지방재정구조로는 자치단체장들의 정치적 역량이 중앙정부에 대한 로비능력에 의하여 평가된다. 자치단체장들이 중앙정부로부터 지원금을 많이 얻어 올수록 유능하고 일을 많이 한 것으로 인식되며, 이렇게 확보된 재원은 주민들의 필요보다는 과시적인 사업에 투입되는 경향이 나타난다. 주민들 역시 자신들의 주머니에서 부담한 돈이 아니기 때문에 그러한 지출행태에 대해서 묵인하거나 지지하게 된다.

3) 지나치게 낮은 소득세의 납세자 비율 등

우리 나라의 소득세는 면세점이 지나치게 높아 소득이 있는 근로자와 자영자 중에서 약 절반 정도만 세금을 낸다. 선진국들은 대체로 이 비율이 80% 정도에 달하고 있다. 이와 같은 현상은 투표자들의 재정에 대한 책임성을 떨어뜨리고 포퓰리즘적인 재정확대 또는 재정낭비를 초래할 가능성을 크게 한다. 소득세의 증가를 통해 새로운 재정사업을 추진하는 경우 소득세를 부담하지 않는 사람들은 아무런 부담이 없이 혜택만 받을 수 있기 때문이다.

비슷한 효과를 나타내는 조세정책이 종합부동산세이다. 이 세목은 부동산을 많이 가진 소수의 가계에 무거운 세금을 부과하여 그것을 지방재정 균등화의 목적 등으로 사용하도록 하고 있다.

(4) 징세비와 납세비의 증대를 유발하는 조세정책

조세가 가져오는 사회적 비용 중에서 조세제도의 운영과 관련된 비용도 무시할 수 없다.[21] 조세제도를 운영하기 위해서 지불하는 행정적 비용과 조세제도에 순응하기 위해서 민간부문이 부담하는 여러 가지 비용을 합하면 무시할 수 없는 비용이 되는 것으로 추정되고 있다.

이 문제에 대해서 우리 나라에서는 아직 충분한 연구가 이루어지지 못하였지만, 우리 나라의 조세정책이 이 비용과 관련하여 효율적이지 못한 측면이 매우 크다는 것을 지적하지 않을 수 없다.[22]

우선 세목이 많고 복잡한 조세체계를 지적할 수 있다. 세목을 줄이고 체계를 정비하면 납세나 징세와 관련된 비용이 줄어들 여지가 크다는 것이다.

---

21 예를 들면, Slemrod and Sorum(1984)은 미국의 소득세 납세자의 순응비용이 소득세 수입의 5~7%에 달하는 것으로 추정하고 있다.

22 곽태원(1994) 참조.

앞에서 조세지출의 규모를 논의한 바 있는데, 조세지출은 그 관리를 위해서 지원을 받을 자격 여부를 엄격하게 검증하지 않으면 안 된다. 그러나 이러한 절차는 조세제도를 복잡하게 하여 납세자나 징세당국에 많은 행정적인 비용을 유발하며 사후적인 분쟁발생의 여지를 높임으로 인해 추가적인 사회적 비용의 증대요인이 될 수 있다. 특히, 복잡한 조세제도하에서는 민간기업들이 우수한 인력을 조세대책(tax planning)에 투입하게 할 유인을 제공하여 자원의 낭비를 부추긴다.

우리 나라의 지방세는 세수입은 크지 않으면서 세목은 매우 많다는 특징을 가지고 있다. 지방세의 세목수는 국세보다도 많은데, 그 중에는 세수규모가 매우 미미한 세목들도 많이 있다. 대부분의 지방세는 자치단체가 징수조직을 운영하고 있기 때문에 행정비용의 증대를 초래할 뿐 아니라 자치단체 징세원들의 비전문성 때문에 세원관리가 효율적으로 이루어지지 못하는 경향도 나타날 수 있다. 요컨대, 지방세제와 지방세 운영방식의 개선을 통해서 사회적 비용을 현저히 줄일 여지가 상존해 있다는 것이다.

최근에 도입된 근로장려세제(EITC)는 그 자체로서 경제적인 자원배분 왜곡의 중요한 요인이 될 뿐 아니라 국세청 조직의 커다란 팽창을 전제로 하는 것이어서 다중적으로 비효율의 요인이 된다고 할 수 있다.

어렵고 복잡한 세법도 우리 나라 조세제도의 운영비를 높이는 중요한 요인이 되고 있다. 물론 이것은 제도 자체의 단순성 및 투명성 여부와 밀접하게 관련되어 있지만 용어의 일관성 부족, 난해하고 애매한 표현, 빈번한 개정에 의한 친숙성의 저하 등 많은 문제들이 지적되고 있다.

제도의 운영비용을 줄이기 위한 노력은 제도의 단순화와 투명성 제고 등에 초점을 맞추게 되는데, 이것은 조세제도 운영과 관련된 부패와 비리가 서식할 수 있는 부분들을 없앤다는 의미도 갖는다.

3.4. 개혁의 방향

앞 절의 논의를 통해 우리 나라 조세정책이 가지고 있는 여러 가지 문제들이 상당히 부각되었다고 판단된다. 우리 나라 조세정책 중에서 가장 강력한 반성장적 요소는 성장에 필요한 가장 중요한 생산요소들을 국외로 몰아내는 높은 부담률과 자본 및 고급인력 등에 대한 과도한 세금이라고 할 수 있다. 이러한 조세구조는 국내적으로도 자원배분의 왜곡을 가져옴으로써 경제적 비효율을 야기하는 요인이 된다. 나아가서 일부 세목에서 정치적인 공공선택의 왜곡을 초래하는 측면이 있다는 점도 발견할 수 있다. 이러한 요인은 포퓰리즘적인 재정의 확대 또는 낭비를 초래할 수 있고, 궁극적으로 성장의 둔화와 재정건전성의 훼손을 초래할 수 있다. 포퓰리스트 정권을 선택하였던 국가들이 걸어갔던 길을 생각한다면 이러한 요인들이 얼마나 커다란 해독을 가져올 수 있는가를 짐작할 수 있다. 제도의 단순화와 투명화를 통해서도 조세와 관련된 사회적인 비용을 줄일 여지가 있다는 점도 지적하였다.

이러한 문제들을 해소하기 위해서는 우리 나라 조세제도의 매우 근본적인 개혁이 불가피하다고 판단된다. 다양한 이해집단의 요구에 크게 영향을 받는 부분적이고 빈번한 개편으로는 현재의 우리 경제 및 재정상황에 효과적으로 대응할 수 없다는 것이다. 조세뿐 아니라 공공부문 전반의 운용전략 개선과 재정지출의 강력한 구조조정이 수반되어야 한다고 본다.

앞에서 논의한 것처럼 우리가 선택할 수 있는 대안의 폭은 그렇게 넓지 않다. 재정수요의 팽창요인은 매우 강하지만 이를 최대한 억제하면서 성장잠재력의 확충과 세원의 보호를 통해서 중장기적으로 재정을 안정시키는 보수적인 전략을 선택할 수밖에 없다는 점을 이미 강조하였다. 이러한 전략을 조세정책부문에서 실현할 수 있는 기본적인 방향을 아래와 같이 정리한다.

(1) 조세(국민)부담률 상승의 억제

첫째로 조세부담률과 국민부담률을 적정 수준에서 유지하는 것이 중요하다. 설사 부담률을 상당히 높이는 것에 국민들로부터 정치적인 동의를 얻을 수 있다고 해도, 그것은 우리 경제와 재정의 위험을 급격하게 증대시킬 수 있는 것이기 때문에 선택해서는 안 되는 대안이다. 조세부담률의 인상은 주로 고소득층의 부담증대를 통해서 이루어질 수밖에 없다. 이러한 부담률의 인상은 자본과 생산성이 높은 인력의 해외유출이나 효율저하를 초래한다. 좀더 장기적인 관점에서 보면 인적자본과 물적 자본의 형성 자체에 부정적인 영향을 줄 수 있다. 요컨대, 조세부담률의 인상은 성장잠재력의 하락을 가속화시키는 결과를 가져올 수밖에 없다는 것이다. 부담률을 낮게 유지하려면 재정지출의 팽창이 억제되어야 함은 두 말할 필요가 없다. 재정지출의 과감한 구조조정과 효율화가 선행되지 않는다면 친성장적인 방향으로의 세제개혁은 의미를 갖기 어렵다. 차입의 증대를 통한 지출재원의 확보는 장기계획에서는 생각해서는 안 되는 대안이다.

(2) 성장잠재력 유지를 위한 생산요소 공급확보

두 번째로 성장잠재력의 유지에 절대적으로 필요한 생산요소의 확보를 가능하게 하는 조세정책이 필요하다. 앞에서도 언급한 것처럼 이것은 조세부담률이 높지 않게 유지되어야 가능하다. 그러나 거기에서 더 나아가서 전략적으로 이동성이 높은 생산요소의 조세부담을 가능한 한 완화하는 방향이 필요하다는 것이다. 무엇보다도 자본소득에 대한 중과세가 지양되어야 한다. 일반적으로 고소득자의 소득에서 자본소득의 비중이 더 크고 전통적인 소득의 기능적 분배의 관점에서 보더라도 자본소득이 근로소득에 비해 중과세되는 것이 공평하다는 인식이 지배적이었다. 그러나 자본이동이 완전히 자유화된 상황에서 자본소득에 대한 중과세는 결국 근로자 등 이동성이 낮은 생산요소의 부담으로 전가되어 의도하였던 소득재분배효과는 무산된다.[23] 자본소득뿐 아니라 고소득을 얻는 고급인력에 대한 조세도 유사한 효과를 나타낸다. 앞으로 생산요소로서의 가치가 자본보다도 고급인력에 더 부여될 것이라고 보면 과도한 누진소득세구조에 의한 고급인력의 중과세도 마찬가지로 바람직하지 않은 결과를 가져옴을 알 수 있다.

과도한 세금은 자본이나 고급인력 같은 중요한 생산요소의 이동뿐 아니라 이러한 생산요소들의 국내형성, 즉 인적자본투자나 저축 등에도 부정적인 영향을 미쳐 장기적인 성장잠재력 확충을 저해하는 결과를 가져온다.

부에 대한 조세도 자본소득이나 고급인력에 대한 조세와 비슷한 효과를 가져온다. 부동산에 대한 무리한 과세나 강력한 상속·증여세가 저축이나 자

[23] Bradford(1978); Harberger(1995) 등 참조.

본형성에 부정적인 영향을 미친다.

(3) 조세의 효율극대화

세 번째로 조세를 통한 재정재원의 조달비용을 극소화할 수 있는 조세정책이 추진되어야 한다. 다시 말해, 조세제도와 그 운영시스템의 효율성이 극대화되어야 한다는 것이다. 이것을 위한 가장 원론적인 방향은 과세기반(tax base)을 넓히고 한계세율을 낮게 하는 것이다. 과세기반을 넓힌다는 것은 기존 세목의 비과세 감면을 줄인다든지 탈루를 줄이는 노력을 통해서도 달성할 수 있지만, 더 효과적인 방안은 과세기반이 넓고 일반적인 세목의 비중을 크게 하고 과세기반이 좁은 비효율적 세목의 비중은 줄이는 것이다. 예를 들면, 법인세의 비중을 줄이고 부가가치세의 비중을 크게 하는 것이 이러한 방향으로의 개선이라고 할 수 있다. 과세기반을 넓힘으로써 한계세율을 낮게 하는 것이 가능하지만 주어진 과세기반의 세금에서 누진세율구조를 완화하는 것도 한계세율을 낮추어서 효율성을 높이는 중요한 방향이 될 수 있다.

조세의 효율을 높이는 또 하나의 방법은 조세지출을 합리화하는 것이다. 주지하는 것처럼 우리 나라의 조세지출은 매우 큰 비중을 차지하고 있다. 특히, 소득세와 법인세 등의 조세지출이 매우 커서 이러한 세목들의 한계세율과 평균세율의 격차도 크게 나타나고 있다. 조세지출의 규모를 줄이는 것은 바로 위에서 언급한 것처럼 과세기반을 넓히고 한계세율을 낮추는 것을 가능하게 한다. 그러나 그것뿐 아니라 조세지출의 내용을 보면 자원배분을 개선하기보다는 악화시킬 여지가 있는 항목들이 적지 않다고 판단되며, 이러한 것들을 정비하는 것은 조세의 효율을 높이고 재정을 건전화하는 데 현저히 기여할 것이다. 한편, 성장잠재력 확충에 도움이 될 수 있는 지원분야가 있다면 이러한 분야의 조세지원은 확대하는 것이 바람직할 수 있다.

비과세 감면 등 조세지출의 정비는 납세자의 비용이나 징세당국의 비용을 줄이는 결과도 가져온다. 그리고 비과세 감면의 정비 이외에도 제도의 단순화와 투명화를 통해서 조세제도의 운영비를 줄일 수 있는 여지도 적지 않다고 본다.

조세제도의 효율성과 관련해서 또 한 가지 생각해야 할 분야는 공공선택의 효율성을 가져올 수 있는 조세제도여야 한다는 것이다. 예컨대, 지방자치단체들이 자율성과 책임성을 가지고 재정을 운영하게 되면 훨씬 더 효율적으로 재정이 운영될 것인데, 이것을 가능하게 하는 지방세구조가 부재한 상태에서는 이러한 지방재정 운용을 기대하기 어려울 것이다. 아울러 소득세 과세자 비율이 지나치게 낮은 것도 정부의 정책결정이 지출확대쪽으로 편의(bias)를 갖게 하는 공공선택의 왜곡요인이 될 수 있다.

4 맺음말

앞에서 우리는 우리 나라의 여러 가지 여건상 미래 시대의 조세정책은 친성장적인 것일 수밖에 없다는 점을 논의하였다. 그러나 우리 나라의 현행 조세정책은 거의 모든 면에서 반성장적 요인을 가지고 있다. 선진국들은 치열한 자본유치경쟁을 벌이고 있는데, 우리의 조세정책은 자본과 고급인력을 국외로 밀어내는 역할을 하고 있다. 조세구조가 자원배분의 왜곡을 더 크게 하는 특성을 가지고 있으며, 공공선택을 왜곡하여 재정낭비를 부추기는 특성도 나타나고 있다. 행정적인 측면에서도 개선할 여지를 많이 가지고 있다. 물론 반성장적·반기업적 특성이 조세정책에만 있는 것은 아니다. 각종 규제나 노동정책 등이 더 심각한 문제를 야기하고 있다고 할 수 있다. 그러나 역설적으로 그런 현상들 때문에 조세정책에서 더 친성장적인 방향을 추구할 것이 요구되는 것이다.

그러므로 우리 조세정책에서 가장 강조되어야 할 방향은 성장잠재력 유지를 위한 생산요소 확보에 최선을 다해야 한다는 것이다. 급속한 세계화 추세와 함께 자본과 고급인력의 유치경쟁에서 조세정책이 담당할 수 있는 역할이 점점 더 중요해지고 있다. 국제적인 생산요소의 유치뿐 아니라 국내적으로 저축의 증대를 통한 자본형성이 꾸준히 이루어지고 인적자본에도 충분한 투자가 이루어지도록 최선의 정책적 노력을 투입해야 한다.

이와 함께 조세의 효율극대화를 강조해야 하는 것은 너무도 당연하다. 조세가 공정해야 하고, 가능하면 분배를 개선하는 효과가 있도록 하는 것도 중요하지만 세계화된 경제에서 조세를 통한 소득분배 개선의 시도가 성공을 거두기 어렵다는 점을 감안할 때 효율면에 더 역점을 둠으로써 성장의 촉진을 통한 빈곤해소를 도모하는 것이 옳은 방향이라고 말할 수 있다. 효율개선을 위해서 우선적으로 할 수 있는 일은 더 효율적인 세목의 비중을 늘리고 비효율적인 세목의 비중을 줄이는 것이다. 비과세 감면의 정비, 세제와 세법의 단순화와 투명화, 그리고 공공선택의 비효율을 초래할 수 있는 포퓰리즘적인 제도의 개선 등이 과감하게 이루어져야 할 것이다.

참고문헌

곽태원, 「산업정책에 있어서 조세제도의 역할」, 『한국개발연구』 제8권 제1호, 1986, pp. 77~97.

______, 『우리 나라 조세제도 운영비 추정에 관한 연구』, 한구조세연구원, 1994.

______, 『법인소득과세의 이론과 현실』, 한국조세연구원, 2005.

기획예산처, 『함께 가는 희망 한국 Vision 2030』, 2006.

김득갑, 「EU회원국들의 법인세율 인하경쟁과 정책적 시사점」, 삼성경제연구소 Issue Paper, 2004.

김우철, 「세입과 세출의 인과관계에 관한 분석」, 한국재정학회 2007 추계학술대회 발표논문, 2007.

문형표 외, 『인구구조 고령화의 경제·사회적 파급효과와 대응과제』, 한국개발연구원, 2004.

원윤희·임성일, 「지방세제 개편방안」, 『선진국 진입을 위한 우리 나라 세제개편 방안』, 2008년 한국재정학회 세제개편 정책세미나, 한국재정학회, 2008, pp. 187~214.

이 영, 「개방경제하의 법인세율과 법인세수」, 곽태원 외, 『저성장 시대의 조세정책 방향에 관한 연구』, 한국경제연구원, 2006, pp. 179~205.

재정경제부, 『조세개요』, 2007.

최명근, 「주요 선진국의 상속·증여세 개폐 동향과 우리의 중단기 과제」, 곽태원 외, 『저성장 시대의 조세정책 방향에 관한 연구』, 한국경제연구원, 2006, pp. 289~330.

Bradford, David F., "Factor Prices May Be Constant, But Factor Returns Are Not," *Economic Letters*, 1, 1978, pp. 199~203.

Hajkova, D., G. Nicoletti, L. Varitia, and K. Yoo, "Taxation, Business Environment and FDI Location in OECD Countries," Economics Department Working

Paper No. 502, OECD, 2006.

Harberger, Arnold C., "The ABCs of Corporate Tax Incidence: Insight into the Open Economy Case," in *Tax Policy and Economic Growth*, Center for Policy Research, American Council for Capital Formation, 1995.

Jorgenson, Dale W. and Kun-Young Yun, "The Excess Burden of Taxation in the US," in Anthonie Knoester, ed., *Taxation in the United States and Europe*, New York: St. Martin's Press, 1993, pp. 117~136.

OECD, *Recent Tax Policy Trends and Reforms in OECD Countries*, OECD Tax Policy Studies, OECD, 2004.

______, *Revenue Statistics 2007*, OECD, 2007.

Slemrod, J. R. and N. Sorum, "The Compliance Cost of U.S. Individual Income Tax System," *National Tax Journal*, Vol. 37, No. 4, 1984, pp. 461~474.

2

세제개편의 원칙과 기본 방향

김성태 · 유일호

1. 서　　론
2. 주요 선진국의 세제개편 동향
3. 세제개편의 원칙과 기본 방향
4. 개별 세제개편의 방향

1 서 론

우리 나라가 현재 처해 있는 경제·사회환경은 매우 어렵다고 해야 할 것이다. 우선 지난 10년간 우리에게 매우 유리하였던 세계경제환경은 최근의 서브프라임 모기지 사태와 고유가의 지속 등으로 미국에서 시작된 불황이 전 세계로 파급되어 나가는 양상을 띠고 있어 비록 1920년대의 공황과 같은 위기는 아닐지라도 상당히 심각한 정도의 전 세계적 불황이 당분간 지속될 가능성이 높다. 소비의 중심인 미국의 불황은 제조업 등 공급의 중심인 중국, 독일로 대표되는 EU, 그리고 일본의 판로를 좁히는 결과를 가져오며, 이는 다시 이들 나라의 소비위축으로 이어져 세계경제 전체의 불황이라는 악순환을 가져올 가능성이 크다. 물론 경제중심국으로서 미국의 위상이 많이 내려간 상태이므로, 미국발 불황이 과거와 같은 파괴력을 가지지는 않는다 해도 매우 심각한 결과를 초래하는 것은 틀림없다는 결론을 내릴 수 있다.

이러한 불리한 여건을 헤쳐 나가야 하는 우리 나라의 현실은 어떠한가? 잘 알려진 바와 같이 우리 나라의 성장잠재력은 매우 낮아져 있는 상태이다. 특히, 최근 지속적으로 낮았던 투자가 가장 심각한 문제라 할 것이다. 이와 아울러 저출산·고령화의 급격한 진전 역시 장기적 성장잠재력을 훼손하는 중대한 문제인 것은 분명하다. 이와 같이 성장잠재력이 잠식당한 상태에서 세계적 불황이 우리 나라에 미치는 문제점은 더욱 커질 수밖에 없다.

이와 같은 상황에서 우리 나라의 세제는 성장잠재력을 제고하는 방향으로 개편되어야 할 것이다. 세계화의 진전, 자본의 완전에 가까운 자유로운 이동 등에 의해 외국과의 무한경쟁에 내몰리게 되는 현실에서는 자국의 실력을 키우는 수밖에 다른 방도가 없기 때문이다.

이와 같이 우리 나라 세제를 대대적으로 개편하여야 될 필요성이 있다는 점에 대해서는 많은 전문가들 사이에 공감대가 형성되고 있다. 그럼에도 불구하고 현재까지 세제개편이 제대로 추진되지 못한 것은 그만큼 세제개편이 현실적으로 쉽지 않다는 것을 반증하고 있는 것으로도 해석할 수 있다. 그 이유는 어떠한 세제개편도 모든 경제주체의 후생을 개편 전보다 개선시키는 이른바 파레토 우월한 것이 있을 수 없기 때문이다. 따라서 성공적인 세제개편을 위해서는 정치·경제학적으로 많은 난관을 극복하여야 할 것이다.

이 글의 구성은 다음과 같다. 본 절의 서론에 이어 제2절에서는 주요 선진국의 최근 세제개편의 방향과 흐름에 대하여 살펴본 다음, 제3절에서는 세제개편의 원칙에 대하여 정리하고, 제4절에서는 우리 나라 주요 세제인 소득세제, 법인세제, 재산세제, 상속 및 증여세제, 소비세제와 에너지·환경세제의 주요 개편방향에 대하여 정리한다.

2 주요 선진국의 세제개편 동향

2.1. 선진국의 세제개편 방향

1980년대 이후 세계 각국의 세제개혁의 근본방향이 이른바 '넓은 세원 낮은 세율'의 원칙이라는 데에는 이론의 여지가 없다. 이러한 경향이 현실적으로 구현된 것은 1986년의 이른바 레이건 미국 대통령의 세제개혁이며, 이후 대부분의 선진국들이 이러한 방향으로 개혁을 하기 시작하였다고 할 수 있다. 이에 따라 소득세와 법인세의 최고한계세율이 대폭 하락하는 대신 각종 조세지원이 축소되는 등 과세베이스는 넓어지게 되었다.

이와 같은 원칙의 이론적 배경은 조세원칙 중에서도 효율성을 중시한 점이라 할 수 있다. 우선 조세에 의한 자원배분 왜곡은 하버거 삼각형(Harberger triangle)으로 대표되는 초과부담(excess burden)[1]에 의해 계측될 수 있는데, 이는 한계세율에 비례한다는 것은 잘 알려진 사실이다. 따라서 세목에 관계없이

[1] 조세에 의한 국민경제의 초과부담이란 조세에 의한 사회후생의 감소분을 의미한다.

한계세율을 낮추는 것은 자원배분의 왜곡을 줄여 주는 것이 된다. 반면 넓은 세원의 원칙에 의해 사회적으로 합의된 공공재 공급에 필요한 재원확보가 가능하게 되었다.

물론 효율성만이 주요한 조세원칙은 아닌바, 이 원칙은 세제의 단순성을 추구하는 데에도 적합하다. 한계세율의 하락과 함께 과세구간의 수도 줄어드는 것이 그 예이다. 아울러 넓은 세원의 원칙에 따른 각종 감면제도의 축소와 폐지 역시 세제의 단순화에 기여하게 되었다.

'넓은 세원 낮은 세율'의 원칙은 전통적 의미의 수직적 공평성을 저해하는 것으로 판단되기 쉽다. 확실히 낮은 한계세율과 과세구간의 축소는 명목상 누진도를 축소시키는 측면이 있다. 그러나 대부분의 누진세제가 실질적으로 의미 있는 누진성을 가지지 못한다는 것이 많은 실증연구를 통해 입증된 바 있다. 아울러 고세율과 복잡성이 초래하는 조세회피의 증대가능성은 누진세제를 통한 수직적 형평성의 추구가 용이하지 않게 되는 또 하나의 요인이라는 것이 자각되었다.[2] 아울러 많은 조세감면의 존재는 오히려 수평적 불공평요인으로 작용하는 것도 사실이다. 이와 같이 조세의 소득재분배기능이 본질적으로 미약할 수밖에 없다는 것이 사실인 이상, 소득재분배라는 국가정책목표의 달성은 재정지출을 중심으로 하고 조세는 효율성의 추구에 의해 과세기반을 확충하는 것이 효과적이라는 인식이 이러한 세제개혁의 기저에 있다고 할 수 있다.

이러한 원칙은 전술한 바와 같은 자본의 완전에 가까운 이동이라는 상황변화와 맞물려 새로운 변화를 겪게 되는데, 그 대표적인 것이 자본소득세율의 인하이다. 이는 두 가지 양상을 띠고 진행되었는데, 하나는 낮은 세율의 원칙에 걸맞게 소득원천에 관계없이 한계세율을 낮추는 것이고, 다른 하나는 자본소득세율을 더욱 낮추는 것이 된다. 후자의 대표적인 것이 바로 이원적 소득세제(Dual Income Tax: DIT)의 도입이다.

전반적인 자본소득세율의 인하와 아울러 또 하나의 자본에 대한 세금인

[2] 형평성(equity)에는 수평적 형평성과 수직적 형평성이 있다. 수평적 형평성(horizontal equity)은 동일한 개인에 대해 동일한 대우를 하여야 된다는 것이며, 수직적 형평성(vertical equity)은 개인 간 서로 다른 여건을 고려하여 대우하여야 된다는 것이다.

상속·증여세제의 개편논의도 활발하게 이루어지고 있다. 이에 따라 캐나다 등 일부 국가는 상속·증여세를 아예 폐지하였고, 미국은 한시적 비과세 등의 조치를 취한 바 있으며, 많은 국가들이 세율을 내린 바 있다. 다만 상속·증여세의 개편은 단순히 자본에 대한 과세를 경감한다는 차원을 넘어 조세회피의 축소, 수평적 형평성 제고 등 여러 다른 요인이 복합되어 추진되어 온 것이 사실이다.

1980년대 조세개혁에 대한 이론적 탐구에서 각광을 받은 것은 개인지출세(personal expenditure tax)와 뒤이은 평률세(flat tax)[3]의 도입에 대한 이론이라고 할 수 있다. 이는 이른바 근원적 세제개편(fundamental tax reform)의 이론적 근거라고 할 수 있다. 전자는 기본적으로 현행 소득세제의 과세베이스가 본질적으로 소비지출과 다르지 않으며, 지출에 대한 과세가 이론적으로 더 타당하다는 데에서 출발한다. 사실 소득의 처분은 소비와 저축인데, 현행 소득세제에서도 저축의 감소를 축소하기 위해 저축에 대한 공제가 허용되고 있다. 이를 극단적으로 추구한다면 결국 이는 개인의 소비에 대한 과세가 될 것이기 때문에 소득세와 개인지출세의 과세베이스는 동일하게 되며, 아울러 저축에 미치는 영향이 없으므로 효율성의 제고도 기할 수 있다는 논리이다. 이러한 이론적 장점에도 불구하고 개인지출세가 제도로 정착되지 못한 이유는 바로 형평성에 약점이 있기 때문이다.

평률세는 이름과 같이 소득에 단일세율을 적용하는 것인데, 동일 세율로 기업에 과세하고 분배된 근로소득에 역시 동일 세율로 과세하면 이는 개인지출세와 동일하게 된다.[4] 그런데 이 세금은 개인지출세와는 달리 공제수준의 조정에 의해 누진성도 확보할 수 있다는 장점이 있다. 이에 따라 평률세는 개인지출세에 비하면 정치적으로 도입이 용이하다는 장점이 있어 많은 선진국에서 도입에 대한 논의가 활발하게 진행되고 있으며, 실제 동유럽 국가 중에는 이를 도입한 나라들도 있다.

지금까지 주로 소득과세를 중심으로 세계 각국의 세제개혁의 개요와 그 이론적 배경을 간략히 살펴보았다. 이하에서는 세목별로 세제개혁이 어떻게

[3] Robert E. Hall and Alan Rabushka(1995) 이후 이에 대한 많은 논의가 이루어져 왔다.
[4] 이의 자세한 이론적 배경, 장·단점에 대해서는 전영준·이철인(2008) 참조.

진행되고 있는지를 좀더 구체적으로 살펴보기로 한다.

2.2. 소득세제 개편동향

전술한 바와 같이, 1980년대 이후 세제개혁의 기본 방향이라고 할 수 있는 '넓은 세원 낮은 세율'의 원칙은 각국의 소득세제 개편에 있어 가장 두드러지게 나타난다. 우선 조세의 소득재분배기능을 특히 강조하였던 1970년대까지는 대부분 국가의 소득세 최고세율이 70%대인 경우가 많았고 80%를 넘는 경우도 있었다. 이는 비단 고세율·고복지(고지출)를 추구하는 노르딕 국가들이나 독일 등 중부유럽 국가들에만 국한된 것이 아니라 미국 역시 예외가 아니게 높은 한계세율을 유지하고 있었다.

그러나 미국의 레이건 세제개혁 이후 각국의 소득세율은 큰 폭으로 인하되기 시작하였다. 이에 따라 가장 높은 한계세율도 50%를 약간 상회하는 정도이며, 대부분의 국가에서는 40% 또는 그 이하의 수준을 유지하고 있는 실정이다. 우리 나라 역시 과거 70%를 넘던 최고세율이 현재 35%까지 낮추어져 있는 상태이다.

이원적 소득세는 덴마크를 시작으로 모든 노르딕 국가에서 시행되고 있으며, 다른 국가들도 명시적이지는 않으나 실질적으로 시행되고 있다고 할 수 있다. 실제 우리 나라의 경우 4,000만 원 이하의 금융소득은 저율로 분리과세되고 있어 명시적이지는 않으나 이원적 소득세제를 운영하고 있는 셈이다.

이 제도의 도입배경은 이미 지적한 바와 같이 자본의 이동성이 매우 높아졌다는 사실에 있다. 전통적으로 소득재분배에 우선순위를 두고 있던 노르딕 국가들도 높은 세율에 의한 자본의 해외이동은 결국 노동부문에 전가되어 성장과 재분배 양자에 다 실패할 가능성이 있다는 것을 인정한 셈이다. 자본이 노동보다 이동성이 훨씬 높은 현상이 계속되는 한 이러한 추세는 세계 각국으로 확산된다고 보아야 할 것이다. 다만 노동의 이동성 역시 높아지는 상황에서 장기적으로 어떤 균형을 이룰지를 지켜보는 것은 흥미로운 일이 될 것이다.

평률세는 전술한 바와 같은 장점 때문에 그 도입이 활발하게 논의되고 있으나 실제 도입된 곳은 에스토니아를 시작으로 구 동구권 국가들에 국한되어 있다. 이의 도입이 용이하지 않은 것은 형평성 문제에 대한 우려와 현재의 소득세·소비세·법인세를 한 번에 대체하는 하나의 세목을 신설하는 데 따른 부담감 때문이다. 그러나 사실 전자의 문제는 공제수준의 적절한 설정에 의해 해결될 수 있다는 것은 이미 잘 알려진 바 있다.[5] 아울러 Hall & Rabushka에 의하면, 미국의 경우 19.5% 정도의 세율로 후자의 문제를 해결할 수 있는 것으로 계산되어 있어 이 역시 생각처럼 큰 문제는 아닐 수 있다.

이렇게 볼 때, 이 세의 도입은 진정한 현실적 어려움보다는 막연한 불안감 같은 것에 근거한 것이라고 볼 수도 있다. 물론 이러한 심리적 요인(특히, 유권자의)이 정치경제학적 의미에서 무시할 수 없는 현실적 요소인 것도 사실이다. 이러한 문제점에도 불구하고 향후 평률세로의 전환은 각국에서 상당히 진전될 것으로 판단된다. 그 이유는 현재 이 세제가 도입된 국가들에서 세수 감소 같은 문제가 발생하지 않았다는 점 때문이다.

2.3. 소비세제 개편동향[6]

전 세계적으로 부가가치세가 소비세제의 주종을 이루고 있으므로 부가가치세의 동향에 대하여 살펴보자. 현재 OECD 국가 30개국 중 미국을 제외한 29개국이 부가가치세제를 채택하고 있다. OECD 국가 부가가치세 표준세율의 단순평균은 1976년에 15.6%, 1990년에 16.5%, 2005년에는 17.8%로 일부 국가를 제외하고 점진적으로 증가해 오고 있다. 2005년 현재 OECD 국가들의 부가가치세율은 5~25% 수준이며, 일본이 5%로 가장 낮고, 노르웨이·스웨덴·덴마크 및 헝가리는 25%로 가장 높다. 단일세율을 유지하는 국가는 우리 나라를 포함한 7개국으로, 대부분의 OECD 국가들이 경감세율을 포함하여 복수세율의 부가가치세 구조를 가지고 있는 것이 또 하나의 특징이다. 또한 단일세율을 유지하는 국가들의 세율이 대체로 낮다.

[5] 그러나 이 경우 평률세의 장점 역시 일부 포기해야 하는바, 이에 대한 상세한 설명은 전영준·이철인(2008) 참조.

[6] 소비세제 개편에 관한 외국의 동향은 김성순(2008)을 참조하여 기술되었다.

우리 나라는 일본·캐나다·스위스 다음으로 낮은 세율을 가지고 있다.

2.4. 법인세제 개편동향

이미 지적한 바와 같이, 세계화의 급속한 진전에 의해 자본의 국가 간 이동은 완벽에 가깝게 자유화되어 자본소득에 대한 과세에 큰 변화가 불가피하게 되었다. 이에 따라 대표적인 자본과세인 법인세에도 근본적인 변화가 불가피하게 되었다.

이러한 법인세 개편은 조세경쟁을 통해 각국이 앞다투어 세율을 인하하는 방향으로 전개되고 있다.[7] 미국의 경우 소득세, 상속·증여세와 함께 법인세율을 인하하였으며, 영국에서는 대처 정부에서 법인세율을 대폭 인하한 이후 현재의 노동당 정부에서도 지속적으로 법인세율을 인하하고 있다. 아울러 독일·네덜란드 등 서유럽 국가, 스칸디나비아 국가, 동유럽 국가, 일본 등이 모두 법인세율을 경쟁적으로 인하하고 있으며, 아시아에서도 싱가포르·홍콩·말레이시아 등이 최근 법인세율을 인하하였거나 인하를 계획중이다.

이와 같은 법인세율 인하경쟁은 결국 법인세의 존폐 여부라는 법인세에 관한 오래된 논쟁의 부활로까지 연결될 전망이다. 법인세가 부분요소세로서 자원배분을 왜곡하는 한편, 법인이 본질적으로 별도의 과세주체가 될 수 있는가 하는 점, 아울러 소득세와의 세원중복문제 등의 전통적 논쟁점을 고려할 때 법인세 존폐논의는 당연한 귀결이라 할 수 있으며, 작금의 법인세율 인하경쟁은 궁극적으로 이 문제로 연결될 것이다.

법인세 개편동향에서는 세율인하뿐 아니라 조세피난처에 대한 국가 간 공동대응 및 협력, 이른바 유해한 조세경쟁을 막기 위한 국가 간 협조의 모색, 연결납세제도 등 법인세구조의 개편 등도 주목할 부분이다.

---

[7] 이에 관한 자세한 내용은 이인실(2008) 참조.

2.5. 부동산세제 개편동향[8]

부동산세제는 부동산 보유세제와 거래세제로 구분된다. 먼저 부동산 보유세제의 주축인 재산세에 대한 외국의 최근 개편동향을 보면 재산세의 과세대상은 대부분의 나라에서 토지와 건물을 모두 포함한 통합재산세를 부과하는 것이 일반적이나 일본·대만·덴마크 등과 같이 과거 우리 나라와 유사하게 토지와 건물을 분리하여 과세하는 경우도 있다. 건물분 재산세 과세표준 및 평가에 있어 일반적으로 시장가치 또는 임대가치를 기준으로 하고 있으며, 건물평가에 있어 한 가지 방식에 의해 가치를 평가하기보다는 해당 건물의 시장가치를 보다 정확히 반영할 수 있는 다양한 평가방법을 채택하고 있다. 평가주기는 일반적으로 3년 또는 그 이상이며, 평가가치는 대체로 시가보다 낮은 수준이라고 할 수 있다.

재산세의 세율은 통상 자치단체의 재량에 의해 결정되나 중앙정부가 표준세율이나 세율의 상한을 제한하는 경우가 많다. 세율은 대부분 비례세율을 적용하고 있으며, 우리 나라의 재산세 또는 종합부동산세와 같이 누진세율을 적용하는 경우는 매우 드물다.

우리 나라의 총조세수입에서 차지하는 재산과세수입의 비중은 OECD 국가와 비교하였을 때 매우 높은 수준에 속한다. 2004년 현재 우리 나라의 재산과세 비중은 OECD 평균의 약 2배가 된다.

최근 담세능력에 따른 공평과세의 실현이라는 관점에서 볼 때, 부동산 보유과세의 역할은 매우 제한적인 것으로 평가되고 있다. 따라서 대부분의 국가에서는 소득과세를 부담능력에 따른 과세로 보고 부동산에 대한 과세는 소득과세의 보완적 기능을 담당하도록 한다. OECD 국가 중에서 부동산 보유를 개인의 경제적 능력으로 간주하는 국가는 거의 없다. 반면에 우리 나라의 경우 조세의 소득재분배 차원에서 부동산관련 보유과세의 역할을 점점 더 중요시하고 있다.

재산의 거래단계에 부과되는 과세는 일반적으로 부동산거래세라고 불리

[8] 부동산 보유세제의 외국의 개편동향은 이영희·최병호(2008)를 참조하여 기술되었다.

는데, 과세행위의 포착이 용이하다는 이유로 인해 많은 나라에서 사용하고 있으며, 판매가격의 일정 비율로 과세하는 경우가 대부분이다. 일본을 비롯한 미국·영국의 경우와 같이 최근 부동산거래세는 점차 세부담이 경감되고 있는 추세에 있다.

2.6. 지방세제 개편동향[9]

OECD 국가의 경우 재산과세의 축소경향을 보이고 있다. 1965~2002년 기간 동안 총조세 중 재산과세가 차지하는 비중이 8%(1965)에서 6%(1975), 그리고 5%(1980년대 이후 최근)로 축소되는 추이를 보이고 있다. 따라서 향후 많은 국가의 조세체계는 재산과세의 상대적 축소경향과 소득 및 소비과세의 확대경향으로 이어질 가능성이 높다. 이와 같은 전망에 입각하면 우리 나라의 경우 지방세부문에 소득과세와 소비과세 두 유형을 현재보다 강화시킬 필요성이 크게 될 것이다.

2.7. 상속·증여세제 개편동향

상속·증여세제 역시 자본과세의 성격이 있기 때문에 최근 각국의 세제개편에 있어 많은 주목의 대상이 되고 있다. 그런데 상속·증여세제 개편에서는 단순히 자본에 대한 과세의 개선이라는 측면 외에도, 이 세금의 본질에 대한 논의에 의해 그 개편의 논의가 시작되었다는 특징이 있다. 즉, 부의 세습에 의한 형평성의 동태적 악화를 축소하겠다는 상속·증여세의 목표가 과연 제대로 달성될 수 있느냐 하는 것이 원래 상속·증여세 개편논의의 시발이라고 할 수 있다.

사실 Gale *et al.*(2001)에 제시된 바와 같이 이 세금은 각종 조세회피행위의 조장, 검소한 기풍 확산의 저해, 중소규모 가업승계의 어려움 초래 등 다른 부작용에 대한 문제제기에 의해서도 그 개폐논의가 이루어지고 있는 것이

[9] 지방세제 개편에 관한 외국의 동향은 원윤희·임성일(2008)을 참조하여 기술되었다.

사실이다.

3 세제개편의 원칙과 기본 방향

3.1. 세제개편의 원칙

(1) 넓은 세원, 낮은 세율

앞서 살펴보았듯이 우리 나라 세제개편의 제1원칙은 넓은 세원과 낮은 세율이 될 것이다. 넓은 세원과 낮은 세율은 우리 나라의 경쟁국인 주요 선진국들이 세제를 개편하는 중심원리가 되고 있어, 우리 나라 역시 그들 국가와의 조세경쟁에서 뒤처지지 않기 위하여 넓은 세원과 낮은 세율을 세제개편의 원칙으로 정립하여야 될 것이다.

넓은 세원과 낮은 세율은 동전의 양면과 같이 서로 밀접하게 관련되어 있다. 세원이 확대되면 동일한 목표세수를 낮은 세율로 거두어들일 수 있다. 또한 세율이 낮아지면 세후 임금이 증가하고 자본의 세후 수익률 역시 증가하여 노동과 자본의 증가가 독려되어 세원이 확대될 것이다.

넓은 세원과 낮은 세율을 조세의 효율성 측면에서 보면 너무나 당연히 지켜야 할 원칙이 됨을 알 수 있다. 모든 조세는 재화의 생산자가격과 소비자가격의 차이를 만들어 그에 따라 경제적 의사결정이 왜곡되고 자원배분이 왜곡된다. 자원배분의 왜곡은 결국 사회의 총후생을 감소시키게 되는데, 이는 조세에 의한 국민경제의 초과부담이라 한다. 조세에 의한 초과부담의 크기는 세율에 의해 결정되므로, 세율이 낮을수록 조세에 의한 초과부담과 효율성 비용(efficiency cost)이 작아지게 된다. 따라서 낮은 세율은 조세의 효율성 측면에서 추구하여야 할 기본 원칙이 된다.

다음으로 조세의 형평성 측면에서 넓은 세원과 낮은 세율은 바람직한 원칙이 된다. 형평성에는 수평적 형평성과 수직적 형평성이 있다. 조세를 통하여 수직적 형평성을 달성하는 것은 현실적으로 상당히 어려우므로, 수직적 형평성은 지출제도를 통하여 달성하는 것이 효과적이다. 따라서 조세를 통해서는 동일한 여건의 개인들에 대하여 동일한 대우를 하여야 한다는 수평적 형평성을 달성하는 것이 더욱 효과적일 수 있으므로, 조세의 감면과 비과세를 최대한 줄여 세원을 넓히는 것이 수평적 형평성의 달성에 도움이 될 것이다.

조세행정의 측면에서 '넓은 세원과 낮은 세율' 원칙을 평가하면 다음과 같다. 주어진 목표세수를 최소한의 징세비용을 들여 징수하는 것이 바람직한데, 세율이 낮을수록 탈세의 확률이 낮아지고 세원이 넓어지는 것은 효율적인 조세행정의 필요조건이 된다. 그러므로 조세행정의 관점에서도 넓은 세원과 낮은 세율은 조세개편의 원칙으로 타당한 것으로 평가할 수 있다.

(2) 세제의 단순화·간소화

조세개편의 두 번째 기본 원칙은 세제의 단순화와 간소화가 될 것이다. 세제의 단순화와 간소화가 필요한 이유는 다음과 같은 우리 나라 조세체계의 구조적 문제점을 해결하기 위해서이다.

첫째로, 우리 나라 세제는 건국 이후 수없이 많은 개편이 이루어져 왔다. 그러나 모든 세제가 필요에 따라 부분적으로 개편이 되어 왔다. 그 결과 세목의 수가 너무 많아지고, 조세체계가 너무 복잡하게 되었다.

둘째로, 개별 세제의 구조 역시 세율과 과세구간 등이 복잡한 문제점을 갖고 있다. 주지하다시피 세제가 복잡할수록 조세에 의한 자원배분의 왜곡이 크고, 그에 따라 사회후생의 감소도 커져 효율성 비용이 심대하게 소요되는 문제점을 갖게 된다.

셋째로, 많은 세목의 경우 비과세와 감면 등이 너무 많아 과세기반이 축소되고, 그에 따라 세율은 높아지고 세금을 부담하는 납세자들의 상대적 부담이 커져 형평성 측면에서도 문제점이 있다.

이와 같은 세제의 구조적 문제점을 해결하기 위한 세제의 간소화와 단순화는, 우선 세목의 수를 줄이고 조세의 세율체계를 간소화하고 과세구간을 줄이는 것으로부터 출발하여야 될 것이다. 또한 납세과정에서 납세자 편의를 위하여 최대한 배려하여야 할 것이다.

(3) 세수중립적인 세제개편

세제개편은 이에 따른 세수의 변화에 따라 세 가지 유형으로 구분할 수 있다. 첫째는 증세지향적인 세제개편이며, 둘째는 감세지향적인 세제개편이며, 셋째는 세수중립적인 세제개편이다. 증세지향적인 세제개편은 세제개편에 의해 총세수가 증가하는 것을 의미하며, 감세지향적인 세제개편은 세제개편에 의해 총세수가 감소하는 것을 의미한다. 세수중립적인 세제개편이란 새로운 세제개편이 어떠한 방향으로 전개되든 상관없이 현행 시스템에서 징수되는 세수를 그대로 유지할 수 있어야 된다는 것을 의미한다.

세제개편의 세 번째 원칙은 세수중립적인 세제개편이다. 세수중립적인 세제개편을 추구한다는 것은 곧 세제개편에 의해 세수가 증가하거나 감소하는 것이 바람직하지 않기 때문이다. 세제개편에 의해 세수가 감소하는 것은 현재 우리 나라의 여건으로 보아 별로 적절하지 않다. 왜냐하면, 우리 나라의 경우 아직 사회보장성 지출의 수준이 선진국에 비해 낮고, 또한 국방비나 교육분야의 지출과 같은 고정성 지출의 증가가 전망되기 때문이다. 다른 한편 세제개편에 의해 총세수가 현재보다 증가하는 것도 역시 바람직하지 않다. 그 이유는 최근 우리 나라 재정의 규모가 빠른 속도로 증가하여 세부담이 현재보다 더 증가하는 것이 결코 바람직하지 않기 때문이다.

너무 당연한 것이지만 세수를 유지하기 위해서는, 만약 특정 조세의 세율을 인하하는 방안이 검토된다면 이는 여타 조세수입이 증가하여야 된다는 것을 의미한다. 전체적인 세제개편 방향으로 볼 때, 상대적으로 소득세와 법인세의 수입은 감소하고 대신 소비세 수입의 비중은 증대할 것으로 전망된다.[10]

3.2. 세제개편의 기본 방향

(1) 소득세 비중 감소와 소비세 비중 증가

세계화의 진전이 가속화되고 국가 간 자본과 노동의 이동이 자유로워짐

[10] 전체 세제개편안이 현재의 세수를 유지시키는 것을 입증하기 위해서는 정교한 세수모형의 설정과 그에 기초한 세수추계가 필요하나 현재 여건으로는 불가능하다.

에 따라 각국은 유수한 인적자본과 자본을 자국에 유치하기 위하여 소득세 세율을 경쟁적으로 인하하고 있다. 우리 나라 역시 경쟁국과의 조세경쟁에서 뒤처지지 않기 위하여 소득세의 부담을 감소시키는 방안을 선택하지 않을 수 없다. 소득세뿐만 아니라 법인세 세율의 인하도 불가피할 것으로 보인다. 따라서 향후 소득세와 법인세의 세율인하에 따라 양 조세의 세수가 전체에서 차지하는 상대적 비중은 감소할 수밖에 없다.

따라서 여타 조세에서 수입을 증가시킬 수밖에 없는데, 최선의 선택은 소비세 수입을 증가시키는 것이다. 소비세는 소득세에 비하여 조세의 효율성 측면에서 많은 장점을 갖고 있는 세목이다. 첫째로 소득세가 노동의 대가인 근로소득에 부과될 뿐만 아니라 자본공급의 대가인 저축소득도 부과되므로 노동시장과 자본시장을 모두 왜곡시킨다. 반면에 소비세는 저축에 대해 부과되지 않으므로 단지 노동시장을 왜곡시키게 된다. 따라서 동일한 세율에 대해서는 소득세에 의한 초과부담보다 소비세에 의한 초과부담이 작으므로 효율성 측면에서 소비세가 소득세보다 우월하다. 둘째로 소득세가 저축소득에 대한 이중과세(double taxation)인 반면, 소비세는 저축에 대해 부과되지 않으므로 장기적으로 소비세제가 소득세제보다 경제의 총저축을 증가시키고 궁극적으로 자본축적을 증가시켜 경제성장에 도움을 줄 것이다.

소득세에 비하여 소비세가 갖는 약점이 있다면 형평성에 있다. 형평성 측면에서 소득세 옹호론자들은 소득이 소비보다 더 나은 납세자의 담세능력을 나타내는 지표라는 것이다. 또한 소득세는 누진세구조를 갖게 되어 고소득계층이 더 많은 세부담을 지게 만들 수 있는 반면, 소비세는 근본적으로 누진세구조를 갖지 못하므로 소득세가 형평성 측면에서 소비세보다 우월하다. 그러나 소비세 옹호론자들은 소비가 소득보다 납세자의 담세능력을 나타내는 지표라고 주장한다. 또한 평생소득이 동일한 두 개인의 경우 저축행태에 관계없이 일생 동안 동일한 세를 부담하게 되므로, 소비가 수평적 형평성을 더 잘 나타내는 지표라고 주장한다. 양측의 주장은 모두 나름대로 설득력을 갖고 있지만 전반적으로 형평성 측면에서 소득세가 소비세보다 우월하다고 볼 수 있다.

문제는 형평성 측면에서 갖는 소비세의 약점을 어떻게 보완하느냐이다.

앞서 설명하였듯이 보통 사람들이 기대하는 조세의 소득재분배기능은 현실적으로 별로 큰 효과를 갖지 못하는 것으로 밝혀지고 있다. 정부의 재정정책 중 소득분배에 영향을 미칠 수 있는 것은 조세정책보다는 오히려 지출정책이다. 따라서 이전지출제도와 여타 정부지출제도를 이용하여 소비세의 약점을 보완하여야 될 것이다.

(2) 법인세 인하를 통한 기업의 국제경쟁력 강화

세제개편에서 중요한 점은 법인세를 현재 수준보다 인하하는 것이다. 세율인하의 폭과 시기는 우리의 경제상황을 보아 가며 결정하면 되나, 법인세를 인하하여야 한다는 방향은 견지하여야 될 것이다. 법인세 인하의 필요성은 다음과 같다.

첫째, 우리의 경쟁국들이 법인세를 경쟁적으로 인하하고 있는 반면에, 우리 나라 법인세 수입의 부담은 상대적으로 증가하고 있어 경쟁국과의 조세경쟁에서 뒤처지고 있는 실정이다. 따라서 우리 나라의 법인세를 인하하여야 경쟁국과의 조세경쟁에서 열위를 벗어날 수 있다.

둘째, 최근 우리 나라 기업의 투자가 부진하여 점차 경제의 잠재성장능력을 감퇴시키고 있으므로, 우리 나라의 잠재성장능력 확충을 위하여 법인세 인하는 필요하다.

(3) 비과세 감면의 축소를 통한 세원의 확대

넓은 세원의 목표를 달성하기 위해서는 모든 세목에 대해 비과세 감면을 과감하게 추진하여야 될 것이다. 소득세의 경우 이원적 소득세제(DIT)로의 개편은 비과세 감면의 적절한 정비를 전제로 한다. 이원적 소득세제 체제하에서 세제의 단순화와 조세수입 확보를 위해 비과세 감면저축이 상당 수준 정리되어야 할 것이다.

소비세의 경우 현재 부가가치세제도에 간이과세제·영세율·면세율 등 그 대상에 많은 예외를 두고 있으며, 그 면세범위도 1976년 부가가치세제가 도입된 이후 계속 확대되어 가는 추세를 보이고 있다. 그러므로 비과세 감면의 축소를 통한 베이스의 확대 여지가 크며 이러한 조정이 필요하다.[11]

(4) 지속가능한 경제발전 달성을 위한 에너지·환경세제의 개편

지속가능한 경제발전이란 환경친화적인 경제성장을 토대로 가능하다. 따라서 에너지·환경세제는 우리의 경제구조가 환경친화적으로 변화하는 것을 고무시키고, 에너지 절약적인 경제구조가 될 수 있도록 개편되어야 한다.

(5) 성장잠재력 확충을 위한 세제개편

21세기 한국 경제는 1960년대 이후 40년간 지속된 고도성장시대를 마감하고 저성장함정에 빠질지도 모른다는 우려 속에 경제의 잠재성장능력을 확충하고 새로운 성장동력을 모색하는 것이 국가적 과제로 대두되고 있다. 따라서 세제개편의 중요한 목적 중 하나가 성장잠재력 확충이다.

이와 같은 목적을 달성하기 위해서는 무엇보다도 전반적으로 조세체계의 효율성 제고가 필요하다. 다음으로 투자는 장기적으로 자본축적과 직결되므로 기업의 투자를 활성화할 수 있는 법인세의 인하가 불가피하다. 이와 함께 국가 간 이동이 자유로운 자본과 노동을 우리 나라에 유치하기 위한 소득세의 인하도 필요하다.

(6) 지방세 비중의 확대를 통한 국세 대 지방세의 비중 조정

지방화의 급속한 진전과 지방자치제가 안정적으로 뿌리내리게 하려면 지방세 비중이 확대되어야 할 것이다. 특히, 현행 세원유형별 구조를 볼 때, 지방세 강화를 위해서는 재산과세 중심의 지방세 세원을 소득과 소비세원으로 확대시키는 접근이 불가피해 보인다.

[11] 자세한 부가가치세의 비과세와 감면 축소방안에 대해서는 김성순(2008)을 참조할 수 있다.

4 개별 세제개편의 방향

4.1. 소득세제의 개편방향

소득세제의 개편방향은 다음과 같다. 현재까지 세수 측면에서 소득세의 부담이 상대적으로 그다지 크지 않아 소득세에 의한 자원배분의 왜곡과 국민경제의 초과부담이 문제가 되지는 않는 것으로 보인다. 따라서 현재 세제개편에서 급격한 변화보다는 장기적 관점에서, 단일세율세제 및 이원적 소득세제의 장점을 기존 세제에 적절히 조합해 가는 방향으로 개편하는 것이 바람직하다.

소득세제 개편의 초점은 급속히 진전되는 경제의 세계화에 대비하여야 된다는 것이다. 세계화의 진전에 따라 생산요소의 국가 간·지역 간 자유로운 이동으로 각국은 노동과 자본을 자국에 유치하기 위한 전략을 세우고 있다.

구체적 방안으로, 첫째 노동공급을 증대시키고 자본축적을 촉진시키기 위하여 소득세율 구간을 간소화하고 세율을 적절히 인하시키는 방안을 강구하여야 한다.

둘째, 노동 대비 자본과세의 과도한 부분을 완화하는 방안을 모색하여야 한다.

셋째, 단지 세율을 인하하고 소득세 구간을 간소화함에 따른 세수감소를 막기 위해 공제 및 비과세부분을 줄여 나가야 한다.[12]

넷째, 소득세의 단순화에 따라 우려되는 것은 소득세의 소득재분배기능이 약화되는 점일 것이다. 이러한 문제점을 보완하기 위해서는 이전지출제도와 소득세제를 적절히 조화시켜 나가는 방안을 강구하여야 한다.

우리 나라 소득세제의 구체적인 개편방안은 우선 세수중립적 기조하에서

[12] 특히, 현재까지 소득세의 각종 공제와 비과세부분의 확대는 정치적으로 이용되어 온 경향을 무시할 수 없는데, 앞으로는 공제와 비과세부분을 점차 줄여 가야 할 것이다.

단기적으로 세율구간을 좀더 줄이고 각종 비과세 감면제도를 간소화하여야 한다. 단, 소득세 본연의 적절한 누진성을 확보한다는 차원에서 비용공제적 공제를 좀더 허용하는 조정방안을 강구하여야 될 것이다.

최근 제기되고 있는 물가연동제는 수요 및 공급부문에서의 충격을 모두 고려하여 부분적으로 도입하는 것이 타당할 것으로 보인다.

4.2. 소비세제의 개편방향

다음으로 소비세제의 개편에 대해 살펴보자. 세제개편의 중요한 방향의 하나가 소득세 중심에서 소비세 중심으로 전반적인 조세체계를 구성하는 것이다. 이러한 의미에서 이미 부가가치세를 중심으로 우리 나라 세수에서 중요한 위상을 점하고 있는 소비세제 개편의 기본 방향은 세제를 간소화·단순화하고 비과세 감면을 과감히 축소하여 세원을 확대하는 것이 될 것이다.

우선 소비세제의 간소화·단순화는 다음과 같은 방향으로 추진되어야 한다. 우리 나라의 현행 소비세체계는 불필요한 세목이 많으므로, 실효성 없는 세목을 정비할 필요성이 있다. 단순화의 첫째 과제는 재원의 칸막이식 운용 등으로 비신축적이고 낭비적인 목적세의 남용이 이루어지고 있으므로 목적세를 폐지하여 본세로 흡수통합하는 것이다. 즉, 부가세(surtax)방식체계를 시정하여 이를 본세로 통폐합하여야 될 것이다.

우리 나라 소비세제의 중요한 기능의 하나는 일정한 세수를 확보하고, 만약 여타 세목에서 세수가 감소되면 감소분을 보전하여야 되는 것이다. 이를 위하여 소비세 세원의 확대가 필요하다. 단기적으로 세원확대를 위하여 소비세제의 개편은 간이과세제도를 폐지하여 모든 과표를 양성화하고, 면세율 및 국내영세율제도를 대폭 줄여야 한다. 구체적으로 영세상인들의 편의를 도모하기 위한 간이과세제도를 폐지하여 탈세방지와 조세왜곡을 시정하고 세정의 효율화를 도모할 필요가 있다. 이때 영세사업자에 대해서는 비용처리 등 공제폭을 확대하여 주는 보완조치가 필요하다. 아울러 부가가치세 세원확대를 위해 카드사용에 대한 소득세 산정시에 소득공제에 대한 추가적인 인센티브 확대도 필요하다.

부가가치세에서 면세를 대폭적으로 축소정비해야 한다. 현재 면세폭만을 대폭 줄이는 경우에도 부가가치세수가 크게 증가하는 효과를 가지는 것으로 추정된다.

장기적으로는 복지수요 등 세수확보를 위해 부가가치세의 인상가능성을 고려할 수도 있겠으나 이로 인한 소비의 둔화와 경기침체 가능성, 세부담의 역진성 등을 감안하여 경제가 호황국면일 때, 부가가치세 인상을 실시하여 소득증가로 상쇄될 수 있도록 인상실시 시기를 신중히 고려하여야 한다.

부가가치세 세율의 개편은 단기적으로는 간이과세제도를 폐지하여 모든 과표를 양성화하고 면세율 및 국내영세율제도를 대폭 줄이는 조치로도 세율 인상 없이 상당한 추가세수 확보가 가능하다. 그러므로 현행대로 부가가치세율을 10%로 유지하는 것이 바람직하나 장기적으로는 필요에 따라 세율인상도 검토할 수 있다.

특별소비세의 경우 개편은 조세의 형평성 관점에서 추진되어야 한다. 형평성을 고려하여 사치품에 적용되는 특별소비세는 분배개선 목적이 아닌 외부성(externality)[13]을 교정하는 수단으로 활용하도록 해야 한다.

술과 담배의 소비는 개인의 건강에 해롭고 중독성이 있으며, 의료비 증가 등 사회보험료를 증가시키므로 이를 억제하는 것이 바람직하다. 따라서 국민건강 등을 위해 주세와 담배소비세 세율은 지속적인 인상이 불가피하다.

한편, 지방재정의 분권을 실질적으로 촉진시키기 위한 방안의 하나로 지방소비세를 도입하는 것이 신중하게 검토되고 있다. 지방화의 진전과 사회구조의 변화하는 측면에서 보면 부가가치세의 일부를 지방소비세로 하여 국가와 지방이 함께 활용하는 방법이 기본적으로 바람직한 방향이라고 보며, 이때 지방소비세는 소비의 이동성 등을 고려하여 광역자치단체세로 하는 것이 바람직하다.

---

[13] 외부성이란 특정 경제주체의 경제활동(생산과 소비)이 자신의 후생뿐만 아니라 여타 경제주체의 후생에도 영향을 미치는 것을 의미한다. 경제활동이 생산의 경우 생산외부성이라 하고, 소비의 경우 소비외부성이라 한다.

4.3. 법인세제의 개편방향

다음으로 법인세제의 개편에 대해 살펴보자. 법인세제 개편의 쟁점은 세계화의 진전에 따라 우리 기업이 국제시장에서 외국기업과 경쟁할 수 있는 여건을 여하히 마련하여 줄 수 있는가이다. 최근 우리의 경쟁상대인 주요국들은 생산요소의 세부담을 완화함과 동시에 자본 및 노동의 유치 및 생산의 효율성 제고를 통해 국가경쟁력 제고를 도모하기 위한 조세경쟁(tax competition)을 하고 있다.

OECD 국가의 GDP 대비 법인세 수입의 평균비중은 2000년 3.7%에서 2004년 3.4%로 축소되었는 데 반해, 우리 나라의 경우 GDP 대비 법인세 수입의 비중이 2000년 3.4%에서 2004년 현재 3.5%로 점차 증가하는 추세에 있다. 또한 OECD 국가의 법인세 평균세율이 2000년 33.6%에서 2006년 28.4%로 5.2%p나 인하되었다. OECD 국가 내에서도 규모가 작은 국가일수록 법인세 인하가 더 큰 폭으로 이루어지고 있어, 2006년까지 대규모 국가는 법인세 인하규모가 3.6%p인 반면 중규모 국가와 소규모 국가는 각각 4.5%p, 6.0%p나 인하되었다.

법인세 부담의 경감은 우리 기업이 경쟁국 기업과 동일한 여건하에서 활동하게 함으로써 우리 기업의 국제경쟁력을 제고하며, 또한 최근 10년 동안 부진을 면치 못하였던 투자를 활성화하는 데 목적을 두고 추진되어야 한다. 따라서 법인세 개편의 방향은 단기적으로는 법인세율을 경쟁국과 비슷한 수준인 20% 수준까지 세수추이를 보아 가면서 단계적으로 인하하고, 장기적으로는 세제개편과 더불어 법인세와 소득세를 통합하는 안을 포함한 종합적인 세제개편방안을 고려해야 할 것이다.

그러나 우려되는 것은 법인세율 인하가 세수의 급격한 감소를 초래할 수 있다는 점이다. 법인세율 인하가 세수의 감소를 유발하지 않고 오히려 세수의 증대를 유발하도록 하기 위해서는 내외국인의 투자활성화를 위한 각종 규제완화, 신규 투자 인센티브 확대, 경제특구 활성화를 위한 제도개편, 노동관련 제도정비 등 다각적이고 종합적인 개혁조치가 요구된다.

법인세 수입의 감소를 상쇄하기 위한 조치로 다음과 같은 조치가 추진되어야 한다. 2007년부터 시행되고 있는 국가재정법은 국세 대비 조세감면비율의 한도를 설정하고 있으나, 각 부처의 감면요구와 의원입법안은 증가일로에 있으므로 국가재정법 시행령 제41조에서 국세수준의 10% 수준으로 국세감면율을 제한할 필요가 있다.

그 밖에도 이미 OECD 국가를 중심으로 21개 국가가 시행하고 있는 연결납세제도의 도입을 빨리 추진해야 한다. 또한 결손금에 대한 이월공제기간을 현행 5년에서 10년으로 확대하고 대기업에 대해서도 소급공제제도를 도입(1년간)할 필요가 있다.

한편, 경기활성화를 위한 법인세제 개편을 한다면 익금불산입률을 확대하는 방안을 고려할 필요가 있다.

끝으로 최근 도입된 종합부동산세의 부담이 도입취지와는 달리 기업에 과중한 부담이 되고 있는 실정이다. 법인의 사업용 토지에 대한 종합부동산세는 2006년 1,295개 법인에 9,508억 원 규모로 종합부동산세 세수의 55.3%를 부담하고 있다. 따라서 기업의 종합부동산세 경감대책이 필요하다. 고용창출 등을 감안하면 서비스업의 발전을 위해 서비스업종 등에 대해서는 종합부동산세 과세특례 적용대상을 확대할 필요가 있으며, 업무용 토지뿐만 아니라 비업무용 토지에 대한 종합부동산세 경감대책이 필요할 것이다.

4.4. 재산세제의 개편방향

다음으로 재산세제의 개편에 대해 살펴보자. 우리 나라 재산세제 개편의 기본 방향은 사실상 보유세 강화와 거래세 인하로 요약될 수 있다. 이는 참여정부의 정책기조로 채택되기 전부터 오랜 기간 동안 학계에서 주장되어 왔던 것이다. 재산세는 지방자치단체가 공급하는 지방공공재의 조세가격(tax price)으로서의 기능을 담당하는 유력한 세제이므로, 재산세가 지방정부의 중심 세원이 되는 것은 재정분권의 원칙에도 적합한 것으로 평가할 수 있다.

현재 재산세는 지방세 중 가장 큰 수입원으로 자리잡고 있어 일견 나름대로의 역할을 하는 것으로도 볼 수 있다. 그러나 현재 우리 나라의 재산세제는 부동산투기 억제라는 정책목표를 달성하기 위해 오·남용되고 있는 심각한 문제점을 갖고 있다. 구체적으로 우리 나라 재산세제의 첫 번째 문제는 부동산에 대한 투기억제를 통한 부동산시장 안정이라는 정책목표의 달성을 위해 재산세제를 개편하는 과정에서 재산보유세를 국세와 지방세로 이원화시켰다는 점이다. 두 번째 문제는 재산세에서 누진세율체계를 유지하고 있다는 점이다. 특히, 종합부동산세의 경우 지나치게 높은 최고세율, 급격한 누진세율체계, 세대별 합산과세 등의 과세방식을 일률적으로 적용하고 있다는 점이다.

한편, 취득세와 등록세 등 부동산거래세의 경우 세율이 상당한 수준으로 인하되었음에도 불구하고 과표의 급격한 상승으로 인해 실효세율은 거의 영향을 받지 않았으며, 부동산 거래라는 사실상 동일한 과세대상 행위에 대해 취득세와 등록세를 중복과세하고 있다는 문제를 안고 있다.

이에 더하여 양도소득세에서는 다주택 보유자에 대한 중과세를 목적으로 세부담을 대폭 강화하였기 때문에 취득세와 등록세의 부분적 경감에도 불구하고 부동산 거래에 따른 전체적인 세부담이 커짐으로써 부동산의 원활한 거래를 위축시키는 동결효과(lock-in effect)를 초래할 우려가 높다.[14]

향후 부동산세제 개편의 기본 방향을 정리하면 보유세는 그 존재의의를 회복하는 방향으로 개편해 나가며, 거래세는 완화한다는 원칙을 유지하는 것이 옳을 것으로 판단된다.

우선 보유세의 경우에는 기초자치단체의 기본적인 지방세로서 조세가격 기능을 담당하도록 유도하기 위하여 중장기적으로 국세인 종합부동산세를 지방세로 복귀시키면서 누진세율구조를 완화시켜 나갈 필요가 있다. 보유세의 완화가 단기적으로 부동산시장에 미치게 될 심리적인 영향도 배제할 수 없으므로 보유세의 경우에 단기적으로는 세율조정과 함께 과세방식을 개선함으로써 문제를 해결해 나가는 것이 필요하다.

한편, 취득세와 등록세 등 부동산거래세의 경우에는 세율을 점진적으로 인하해 나가는 것이 필요하다. 또한 부동산의 취득 자체가 사실상 과세대상 행위라는 점에서 취득세와 등록세는 중복과세의 문제가 발생하지만, 취득세는 특히 소유권의 이전·취득을, 그리고 등록세는 재산권의 등기 또는 등록과 취

14 부동산거래세의 동결효과란 흔히 족쇄효과라고도 하는데, 부동산 거래시 세부담이 커짐에 따라 부동산 거래를 위축시켜 결과적으로 부동산 거래를 동결시키는 효과를 의미한다.

득·이전·변경 또는 소멸 등 이동사항을 등기 또는 등록하는 행위 자체에 대한 과세이므로 두 조세를 분리할 필요도 있다. 따라서 취득세는 지방세로, 등록세는 국세로 이관시키는 것도 고려할 수 있다.

4.5. 지방세제의 개편방향

다음으로 지방세제의 개편방향에 대하여 살펴보면 다음과 같다. 우리 나라 지방재정의 문제점은 지방자치단체의 중앙정부에 대한 의존성이 더욱 심화되고 있으며, 이러한 의존적인 재정구조로 인하여 지방재정 운영의 자율성과 책임성이 저해된다는 점이다. 따라서 지방세 개편의 최우선과제는 국세와 지방세 비중을 조정하여 현행 국세 대비 지방세 수입의 비중을 점차 확대하여 가는 것이다.

지방세를 강화하기 위해서는 우선 전체 조세수입 중 지방세 수입의 비율을 현재의 약 20% 수준에서 단기적으로는 25%, 그리고 더 적극적인 관점에서는 30% 수준까지 확대한다는 목표치를 제시하여 추진할 필요가 있다. 이와 함께 중앙정부에 대한 지방자치단체의 의존성을 낮추고 국가와 지방 간 재정의 중립성을 유지하기 위해서 의존재원인 지방교부세나 국고보조금 등을 축소할 필요가 있다.

우리 나라의 지방재정은 중앙과 지방 간, 광역자치단체와 기초자치단체 간, 그리고 수도권과 비수도권은 물론 재정상황이 매우 다른 240여 개 자치단체들 간의 복잡한 연계하에서 지방세와 지방교부세·국고보조금 등 다양한 재정제도들이 시스템을 구성하고 있기 때문에 제시되는 대안들도 이러한 상호연계성을 종합적으로 고려하여 제시되어야 한다.

지방세를 강화하는 데 있어 가장 큰 걸림돌은 자치단체 간 수평적 재정불균형문제이다. 물론 이는 우리 나라뿐 아니라 세계 각국이 직면하는 문제이며, 지방교부세와 같은 형평화 보조금을 보다 정치하게 개편하여 해소할 필요가 있지만, 동시에 지방세 차원에서도 가급적 불균형을 완화할 수 있는 방안이 모색되어야 한다.

한편, 자치단체 간 수평적 재정불균형은 지방세의 불균형보다는 오히려 세출 측면에서의 불균형이 더욱 중요한 원인으로 분석되고 있는데, 지방공공서비스 공급에 있어 규모의 경제가 실현될 수 있도록 자치단체 통폐합이나 서비스 공급구역의 광역화 등이 적극적으로 추진될 필요가 있다.

지방세 개편의 구체적인 대안으로는 지방소비세의 도입과 함께 국가서비스인 등기 등에 대한 등록세의 국세이관, 레저세와 특별소비세 간 과세대상의 조정, 주세개편 등의 세원조정과 함께, 지방세의 조세가격기능을 강화하기 위하여 자치단체의 세출과 재산세나 주민세 등 일부 핵심 세목의 세율과 연계하는 방안, 그리고 자치단체의 지역경제 활성화 노력 등을 지원하기 위하여 지역개발세를 활용하는 방안 등이 고려될 수 있다.

4.6. 상속·증여세제의 개편방향

다음으로 상속세와 증여세제의 개편에 대해 살펴보자. 상속세와 증여세의 개편에서 가장 중요한 과제는 효율성보다는 형평성의 관점에서 찾아야 할 것이다. 특히, 우리 나라의 조세체계가 소득세 중심에서 소비세 중심으로 점차 강화되는 추세에서 조세의 형평성 측면에서 소득재분배기능이 약화되는 문제점을 갖고 있다. 따라서 상속세와 증여세는 중산층 서민의 보호가 개편목표가 되므로, 상속세와 증여세의 개편방향은 다음과 같다.

첫째, 경제양극화와 중산층 서민들의 생활안정을 위하여 상속세 및 증여세의 일부 과세표준구간 조정과 일부 공제항목의 상향조정이 필요하다.

둘째, 상속과세 유형에 관한 논쟁에서 유산취득과세방식보다 현행대로 유산세방식이 더 바람직하므로 현행 체제의 골격을 그대로 유지하여야 한다.

셋째, 중산층의 생활안정과 재산증식을 통한 중산층을 두텁게 만들기 위하여 상속세의 공제항목 중 일부 항목에서 공제한도를 과감하게 확대할 필요성이 있다.

넷째, 주요 상속·증여재산의 평가문제와 관련하여 재산평가를 객관적이며 공정하게 전담하는 행정기관이 필요하다.

다섯째, 상속세·증여세와 경영권 승계문제의 개편방안과 관련하여 가업상속이나 영농상속의 실효성을 높이기 위하여 상속공제 한도를 대폭 상향조정하도록 개편됨이 바람직하다. 우리 나라 중소기업의 평균연령이 10.6년 정도임에 비추어 볼 때, 가업승계(기업)상속의 경우 '10년 이상' 계속하여 영위한 사업을 대상으로 하되, 그 대신 가업상속공제 한도를 '10억 원'으로 하여 실질적 도움이 되도록 함이 바람직하다고 판단된다.

여섯째, 현행 상속세제도와 증여세제도는 과세대상 자산을 평가하면서 아직도 상당 부분이 시가와는 거리가 있는 원가주의에 근거하고 있으므로 과세형평상 문제가 있다. 예를 들어, 고가로 평가되는 미술품과 골동품 등 금전적 평가가 가능한 재산의 경우 상속 및 증여시점에서 신고 및 포착되지 않아 상속세나 증여세를 부과하지 못한 경우, 소멸시효기간을 두지 말고 상속 및 증여재산으로 포착 또는 인지된 시점에서 평가하여 상속세나 증여세를 과세하는 법적 장치의 마련이 필요하다.

일곱째, 상속·증여세제의 개혁을 위한 완전포괄주의의 도입에 따른 위헌논쟁이 없도록 법개정이 요구된다. 또한 변칙적 상속·증여에 의한 세대 간 부의 세습화를 차단하고, 부의 재분배기능을 강화하여 사회계층 간의 심각한 빈부격차 해소는 단순히 상속·증여세제를 강화한다고 해결될 문제가 아니므로, 보다 근본적인 사회계층 간의 빈부격차문제를 줄이기 위해서는 상속세 및 증여세제와 밀접하게 연관된 다른 경제제도의 개혁이 함께 이루어져야 한다. 예로서 유명무실화된 금융실명제의 문제점을 보완 및 수정하여야 할 것이다.

4.7. 에너지·환경세제의 개편방향

이번에는 에너지세제와 환경세제의 개편에 대하여 살펴보자. 우리 나라 에너지요금 및 세제정책의 개선방향은 환경, 경제와 사회통합을 통한 지속가능 발전의 달성을 위하여, 기존 에너지세제의 환경세적 기능의 강화를 통한 효율성 향상(에너지세제의 외부비용 반영비율 강화)과 저소득층 에너지 복지의 형평성 제고(취약계층 직접지원 강화)라는 크게 두 가지 측면에서 단순화되어 일관되게 추진될 필요가 있다.

원칙적으로 국제유가 변동에 따른 단기적 경기부양이나 기타 특정 요인들에 의거하여 환경관련세(에너지나 교통관련 세제)를 일정 기간 완화하는 것은 일시적 미봉책에 불과하며, 세계적 추세에 발맞추어 시장기능과 외부성 교정기능에 충실하게 조세정책을 일관되게 추진하여 우리 경제 내 생산기술구조 및 소비패턴의 친환경화를 유도함이 바람직하다. 이 경우 유럽 국가들과 같이 환경관련 과세 강화를 세수중립적 차원에서 소득세·사회보장기여금·법인세 등의 기타 일반세제의 세부담 완화와 연계하는 방안을 검토하는 것이 필요하다. 특히, 기후변화협약을 대비하여 중장기적으로 기존 에너지세제를 보다 합리적으로 운용하면서 온실가스 저감을 위한 신규 탄소세 도입을 대대적인 에너지세제 개편과 기후변화 종합대책 재원마련 차원에서 종합적으로 검토하는 것이 필요하다.

에너지관련 세율은 정책적 필요에 따라 한시적으로 탄력세율이 적용될 수 있겠지만, 에너지소비 절약 및 국제환경규제에 따라 중장기적으로 기본 세율의 점진적인 인상이 불가피하다. 에너지관련 세율은 환경적 외부비용을 중심으로 결정되는 것이 바람직하지만, 특정 산업의 국제경쟁력 보전 및 취약계층의 에너지 복지대책의 마련이 필요하다. 이 경우 유류세의 일시적 완화를 통한 대책은 그 혜택의 대중적인 귀착이나 정책적 실효성(세율인하의 유통마진으로 흡수)에 대한 검증은 불확실하므로, 유류세의 수익자 부담원칙의 강화와 세출부문의 용도 등에 대한 투명성을 강화하고, 소득재분배 및 사회적 형평성의 제고를 위해서는 세율조정보다 징수된 에너지세수를 활용하여 에너지 바우처제도, 생계형 사업자 유가보조금 지급 등 세출부문의 효과적 직접지원대책을 마련하는 것이 더욱 중요한 문제가 된다.

국제환경규제의 강화에 따른 효율적이고 안정적 환경투자재원 확보를 위한 각종 부담금·부과금제도 및 세제에 대한 개선이 필요하다. 그리고 오염자부담원칙 강화와 각종 부담금에 대해 부과대상·범위·요율·용도 등을 재정비하여 세입과 세출의 연계를 강화하여야 된다.

예로서 2009년 만료되는 교통·에너지·환경세수로부터 교통시설투자의 비중을 감소시키고 환경보호분야(환경개선특별회계) 재원활용의 비중을 강화하여야 한다. 최근 일본의 환경세의 구체안과 같이 신규 탄소세 도입을 통하여 정부의 제4차 기후변화대책 종합대책(2008-12) 사업의 환경보호분야(CO_2 배출저감 및 대기분야)의 투자재원 마련을 검토하여야 될 것이다.

참고문헌

곽태원, 「산업정책에 있어서 조세제도의 역할」, 『한국개발연구』 제8권 제1호, 1986, pp. 77~97.

______, 『우리나라 조세제도 운영비 추정에 관한 연구』, 한국조세연구원, 1994.

______, 『법인소득과세의 이론과 현실』, 한국조세연구원, 2005.

기획예산처, 『함께 가는 희망 한국 Vision 2030』, 2006.

김득갑, 「EU 회원국들의 법인세율 인하경쟁과 정책적 시사점」, 삼성경제연구소 Issue Paper, 2004.

김성순, 「소비세제 개편방안」, 『선진국 진입을 위한 우리나라 세제개편 방안』, 2008년 한국재정학회 세제개편 정책세미나, 한국재정학회, 2008, pp.151~186.

김승래·강만옥, 「에너지·환경세제 개편방안」, 『선진국 진입을 위한 우리나라 세제개편 방안』, 2008년 한국재정학회 세제개편 정책세미나, 한국재정학회, 2008, pp. 217~252.

문형표 외, 『인구구조 고령화의 경제·사회적 파급효과와 대응과제』, 한국개발연구원, 2004.

원윤희·임성일, 「지방세제 개편방안」, 『선진국 진입을 위한 우리나라 세제개편 방안』, 2008년 한국재정학회 세제개편 정책세미나, 한국재정학회, 2008, pp. 187~214.

이 영, 「개방경제하의 법인세율과 법인세수」, 곽태원 외, 『저성장 시대의 조세정책 방향에 관한 연구』, 한국경제연구원, 2006, pp. 179~205.

이영희·최병호, 「재산세제 개편방안」, 『선진국 진입을 위한 우리나라 세제개편 방안』, 2008년 한국재정학회 세제개편 정책세미나, 한국재정학회, 2008, pp. 61~90.

이인실, 「법인세제 개편방안」, 『선진국 진입을 위한 우리나라 세제개편 방안』, 2008년 한국재정학회 세제개편 정책세미나, 한국재정학회, 2008, pp. 29~59.

재정경제부, 『조세개요』, 각 연도.

전영준·이철인, 「소득과세 개편방향」, 『선진국 진입을 위한 우리나라 세제 개편 방안』, 2008년 한국재정학회 세제개편 정책세미나, 한국재정학회, 2008, pp. 3~28.

최명근, 「주요 선진국의 상속·증여세 개폐 동향과 우리의 중단기 과제」, 곽태원 외, 『저성장 시대의 조세정책 방향에 관한 연구』, 한국경제연구원, 2006, pp. 289~330.

Gale, William G., James R. Hines, Jr., and Joel Slemrod, eds., *Rethinking Estate and Gift Taxation*, Brookings Institution Press, 2001.

Hall, Robert E. and Alan Rabushka, *The Flat Tax*, Stanford: Hoover Institute Press, 1995.

Harberger, Arnold C., "The ABCs of Corporate Tax Incidence: Insight into the Open Economy Case," in *Tax Policy and Economic Growth*, Center for Policy Research, American Council for Capital Formation, 1995.

Jorgenson, Dale W. and Kun-Young Yun, "The Excess Burden of Taxation in the US," in Anthonie Knoester, ed., *Taxation in the United States and Europe*, New York: St. Martin's Press, 1993, pp. 117~136.

OECD, *Recent Tax Policy Trends and Reforms in OECD Countries*, OECD Tax Policy Studies, OECD, 2004.

______, *Revenue Statistics 2007*, OECD, 2007.

3

소득세제 개편방안

전영준 · 이철인

1. 소득세제의 변천 · 현황 및 문제점
2. 주요국의 세제개편 방향
3. 소득과세 개편방향
4. 결 론

1 소득세제의 변천·현황 및 문제점

1.1. 우리 나라 소득세제 변천요약(1980년대 이래)

(1) 소득세 세율구간의 간소화 및 세율의 인하경향

1980년대 이후 한국 소득세제도의 특징 중 하나로 소득세 세율구간의 간소화 및 세율의 인하경향을 들 수 있다. 1975년 16개 구간의 소득세 세율구간을 시작으로 1980년에서 1983년까지 17개 구간으로 늘어난 경우를 제외하고는 계속해서 소득구간의 숫자가 줄어드는 경향을 보이고 있다.[1]

세율의 경우는 1975년 최저 8%에서 최고 70%로 시작된 후, 2007년 현재는 최저 8%에서 최고 35%로 최고세율은 계속해서 인하되는 과정을 거쳤다. 반면에 최저세율은 1975년 이후 1995년까지 인하되다가, 1996년부터는 10%로 상향조정된 후 다시 1%씩 인하되는 과정을 거쳐 현재는 8%를 적용하고 있다.[2]

(2) 여전히 낮은 비중을 차지하는 소득세 수입[3]

우리 나라 소득세제의 또 하나의 특징으로, 세율면에서 결코 낮은 수준이 아니지만, 전체 세수에서 소득세 수입이 차지하는 비중은 그리 높지 않은 편이다. 2005년도 소득세 수입은 24조 6,000억 원으로 2005년 전체 국세 수입인 127조 5,000억 원의 19.3%, 내국세 수입인 101조 8,000억 원의 24.2%를 차지하고 있다. 여기에다가 최근에 이루어진 일련의 소득세제 개편은 사회안

---

[1] 이와 같은 세율구간의 간소화는 실질적으로 중간계층에 대한 조세의 누진성을 완화하도록 작용함으로써 중산층 이하의 조세부담 경감이 더욱 커지도록 하였다는 해석도 가능하다.

[2] 1996년 이래로 4개의 세율구간을 채택하여 현재까지 그대로 유지되고 있다. 본 견해에 대해 안종범·임병인(2002)의 연구인 「물가상승을 고려한 소득세누진도의 측정과 세제개편의 평가」를 참조.

[3] 김승래·김우철(2007)의 연구 참조.

표 3-1 소득세 세율구간과 세율추이

단위: %

연 도	종합소득세 세율		
	구 간 수	최저세율	최고세율
1975	16	8	70
1976	16	8	70
1977	16	8	70
1978	16	8	70
1979	16	8	70
1980	17	6	62
1981	17	6	62
1982	17	6	60
1983	16	6	55
1984	16	6	55
1985	16	6	55
1986	16	6	55
1987	16	6	55
1988	16	6	55
1989	8	5	50
1990	8	5	50
1991	5	5	50
1992	5	5	50
1993	6	5	50
1994	6	5	45
1995	6	5	45
1996	4	10	40
1997	4	10	40
1998	4	10	40
1999	4	10	40
2000	4	10	40
2001	4	10	40
2002	4	9	36
2003	4	9	36
2004	4	9	36
2005	4	8	35

주: 재무부(1979); 재정경제원 내부자료; 국세청, 『국세통계연보』, 각 연도; 김승래·김우철(2007)의 연구 참조.

전망 구축 및 소득재분배를 이유로 다양한 공제항목을 추가시킴으로써 세원의 확대노력에도 불구하고 소득세의 비중은 쉽게 상승하지 못하고 있다. 한편, 과세표준구간은 1996년에 설정된 기준금액을 계속 유지하다가 2008년부터 물가상승을 고려하여 기준금액을 상향조정하는 개편을 시행하기로 하였다. 이러한 기준금액의 확대로 소득세 수입은 소폭 감소할 것이 예측되어 소득세제의 강화를 어렵게 만드는 복잡한 이유 중의 하나로 작용할 것이다.[4]

2004년 귀속소득기준 자영업자의 경우 46.1%, 근로자의 경우 47.5%가 과세미달로 추정되는바, 이는 소득세 납세대상자의 절반 정도가 과세미달자에 해당하는 수준이다. 이는 부분적으로 사업소득에 대한 소득파악이 제대로 이루어지지 못하고 있고, 이에 따른 근로소득의 과도한 공제허용으로 중간소득 이하의 대부분이 면세되는 문제가 복합적으로 작용하는 데에서 기인하는 것으로 보고 있다.

(3) 중간계층 이하의 세부담 완화를 위한 근로소득공제제도

우리 나라 소득세제에서 주요 선진국들에 비해 많은 차이를 보이는 요소로서 근로소득공제제도를 들 수 있다. 근로소득공제제도는 1975년에는 18만 원, 1976년에서 1977년은 30만 원, 1978년에는 40만 원, 1979년에는 48만 원, 1980년에는 54만 원으로 공제금액을 인상하였다. 1982년까지는 정액공제였던 근로소득공제와 상여특별공제를 통합하여 체감식 정률공제로 전환하면서 공제액의 한도를 최고 170만 원까지 인정하도록 하였다. 이것은 이전의 공제수준과 비교하면 최고한도가 크게 늘어난 것일 뿐만 아니라 소득세의 최고세율을 중심으로 소득세 세율을 전반적으로 인하하여 전체 소득자의 조세부담을 경감시키고 있다. 이러한 점을 감안하여 고소득층에게 더 많은 공제혜택이 가게 될 우려가 있는바, 상위계층의 근로소득 공제율과 최고한도는 종전수준대로 유지하면서 최저단계의 공제액만을 상향조정하는 방향으로 변화가 유지되고 있다. 위에서 언급하였듯이, 이러한 공제제도의 운용은 결국 절반가량의 납세자가 소득세를 내지 않게 되는 아이러니한 상황을 창출하게 된다.

---

[4] 물론 본 정책으로 납세자들의 소득세 부담은 감소할 수 있겠지만, 여전히 OECD 국가에 비해 소득세 수입의 비중은 낮다.

표 3-2 근로소득공제제도의 변화

단위: 만 원, %

연 도	근로소득 공제율	공제한도액
1980	정액공제 54만 원	54
1983	94 이하: 전액, 94~300 이하: 20%, 300 초과: 10%	170
1989	140 이하: 전액, 140~400 이하: 25%, 400 초과: 15%	230
1991	230 이하: 전액, 230 초과: 30%	490
1993	250 이하: 전액, 250 초과: 30%	600
1994	270 이하: 전액, 270 초과: 30%	620
1995	310 이하: 전액, 310 초과: 30%	690
1996	400 이하: 전액, 400 초과: 30%	800
1997	500 이하: 전액, 500 초과: 30%	900
1999	270 이하: 전액, 500~1,500: 40%, 1,500 초과: 10%	1,200
2001	500 이하: 전액, 500~1,500: 40%, 1,500~4,500: 10%, 4,500 초과: 5%	없음
2002	500 이하: 전액, 500~1,500: 40%, 1,500~3,000: 15%, 3,000~4,500: 10%, 4,500 초과: 5%	없음
2003	500 이하: 전액, 500~1,500: 50%, 1,500~3,000: 15%, 3,000~4,500: 10%, 4,500 초과: 5%	없음

주: 안종범·임병인(2000)에서 발췌하여 추가함.

2000년 이전에는 공제한도 규정에 따라 소득금액에서 일정액까지만 공제를 허용하였으며, 복잡했던 세율체계에 비해 비교적 단순한 소득구간 구분에 따라 공제가 이루어졌다. 반면, 2000년 이후는 보다 세분화하여 공제가 이루어졌다. 실제로 2001년 이후에는 4,500만 원을 초과하는 소득에 대해서는 5%의 공제율을 유지하면서 아래 계층에 대해서는 공제율과 공제범위를 확대하는 방향으로 변화하였다.

(4) 확대경향의 인적공제와 특별공제

경제성장에 따라 분배문제에 대한 관심이 고조되면서 점차 공제항목에 다양성을 추구하게 되는 동시에, 외환위기 이후 사회안전망 강화 추세와 맞물려 지출제도의 미비를 보완하는 차원에서 계속하여 공제제도가 확대경향을 보이고 있다. 또한 최근 여성인력의 활용 및 경제활동인구의 안정적 확보를 위한 세제의 역할이 요구되면서 공제제도의 확대가 더욱 추진되고 있다.

현재 종합소득공제는 인적공제와 특별공제로 구성되어 있으며, 인적공제는 모든 종합소득자를 대상으로 이루어지는 반면, 특별공제는 일정한 요건을 갖추어야만 적용받을 수 있다. 특별공제를 적용받지 못할 경우에는 표준공제를 적용받을 수 있다. 1975~1996년까지의 인적공제는 기초공제·배우자공제·부양가족공제로 분류되어 있었다. 주목할 것은 1996년 이후 소득공제항목을 기본공제·추가공제·특별공제의 세 가지로 분류하여 공제체계를 단순화하고 가급적 공제금액도 항목별로 통일하여 간단하게 정리하였다는 점이다. 1996년에는 기본공제 1인당 100만 원, 추가공제는 사유당 50만 원이었다. 여성인력의 산업인력화를 유도하기 위하여 여성이 취업시 자녀를 돌보지 못함으로 인하여 발생하는 추가적인 비용을 공제해 주기 위하여 자녀양육비공제를 도입하고, 중산층 근로자의 세부담을 덜어 주기 위하여 자녀의 유치원 및 대학 교육비를 특별공제대상에 포함하였다. 1996년 후반부터는 소수공제자 추가공제를 신설하여 1인공제자의 경우에는 연 100만 원을 추가로 공제하였고, 2인공제자의 경우 연 50만 원을 추가로 공제하였다. 이는 1996년부터 시행된 소득세법의 경우 독신자·2인가족 등의 일부 급여구간에서 인적공제가 적어 동일 급여수준에서 종전보다 세금이 늘어나는 문제가 있었으므로 세금부담이 늘어나는 부양가족이 적은 근로자 및 저소득계층을 중심으로 세부담을 경감해 주기 위한 조치였다.

최근에는 저출산상황을 극복하기 위하여 다자녀가구에 불리한 공제제도를 조정하여 근로소득자 및 사업자를 대상으로 기본공제 대상자인 자녀가 2인인 경우 50만 원, 3인 이상인 경우 50만 원과 2인을 초과하는 자녀 1인당 100만 원 합한 금액을 공제하도록 하고 있다.[5]

[5] 이상의 내용에 대한 참고자료로서 김승래·김우철(2007)의 p. 32의 표를 참조.

1.2. 우리 나라 소득세제의 현황 및 문제점

현행 우리 나라의 소득세제는 모든 소득을 종합합산하여 과세하는 종합과세체계를 기본으로 하고 양도소득·퇴직소득·산림소득 등 장기형성소득에 대해서는 분류 과세한다. 종합과세되는 소득은 근로소득·사업소득·연금소득·부동산임대소득·이자소득·배당소득·일시재산소득·기타소득으로 구체적인 소득유형은 법률로 정해져 있으며, 이자소득·배당소득·기타소득 등에 대해서는 일정 규모 이하의 경우 원천징수에 의한 분리과세도 시행하고 있다.

따라서 소득세제는 형식상 종합과세제도를 채택하고 있으나, 실질적으로는 광범위한 비과세·분리과세가 시행되고 있어, 실질적으로 근로소득과 자본소득을 구분하여 과세하는 일종의 '이원적 소득세제'(Dual Income Tax: DIT)와 매우 가까운 체제이다.[6] 대부분의 이자·배당소득이 분리과세되고 있으며, 대부분의 근로소득자는 근로소득세 연말정산으로 납세의무가 종결되어 근로소득은 실질적으로 분리과세되고 있는 상태이다. 2000년 세제개편시 연금소득에 대한 과세체계 개편 등 과세대상 확대가 진전되고 있으나, 아직도 상당 부분의 유가증권 양도차익과 부가급여에 대해 비과세되고 있는 실정이다.

세율구조면에서 우리 나라의 소득세는 4단계 구조로서 한계세율이 8~35%로 구성되어 있다. 이러한 구조는 주요 외국에 비하여 세율구조가 단순하며 세율이 높은 편은 아니나, 최근 미국·독일 등의 감세조치에서 볼 수 있듯이 향후 세계적으로 감세조치가 확산될 가능성이 있으므로 외국의 동향에 따라 조정·변경할 필요가 있다. 또한 세율구간이 물가에 연동되어 조정되지 않고 비정기적으로 조정되고 있어, 결과적으로 물가상승에 따른 세부담 증가속도가 빠르고(즉, 한계세율의 급격한 인상), 투자 및 노동공급에 왜곡을 초래하게 되는 문제점을 안고 있다.

소득세 부담이 최근 증가하는 추세에 있으나 아직도 소득세의 실효부담률이 선진국들에 비해 전반적으로 높지 않은 수준이며, 보다 문제가 될 만한 사항으로서 소득종류별로 세부담은 상당한 차이를 보이고 있다는 점이다. 즉,

[6] 물론 나중에 다시 살펴보겠지만, 자본에 대해 저율 분리과세하는 DIT의 기본 취지와 부합하는 것은 아니고, 분리하여 과세한다는 측면에서 유사하다.

그림 3-1 주요 국가의 법인세율 추이

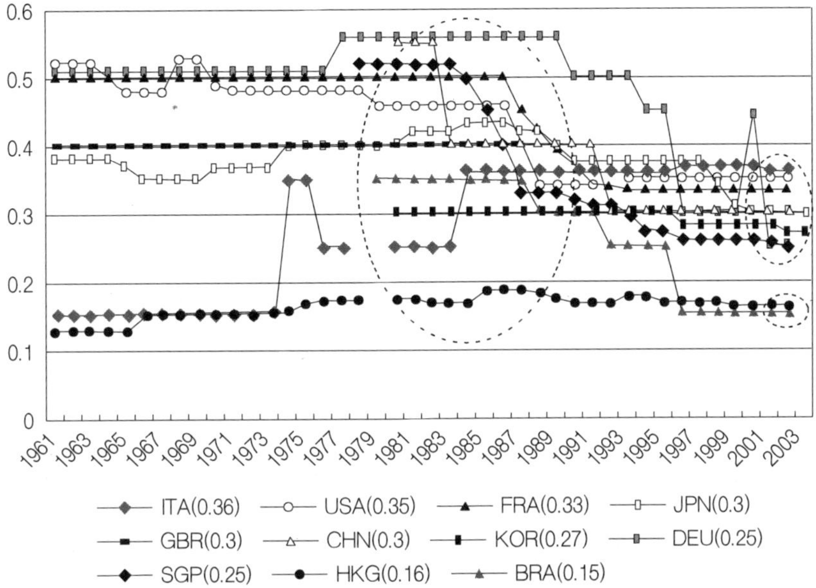

주: 세계은행 표시 약어로 표시된 국가명 뒤 괄호 안의 숫자는 2003년의 법인세 세율임.
자료: OTPR(2005), 이영(2006)에서 재인용.

근로소득에 비하여 자본소득세의 수준이 매우 높은 수준으로서 개방화에 따른 자본의 국제 간 이동성 증대에 매우 취약한 구조를 지니고 있다. 또 다른 측면에서 보면, 전반적으로 세부담이 낮음에도 불구하고 누진도가 상당히 높아 비효율적인 체제를 유지하고 있으며, 특히 근로소득의 경우 면세자 비율이 매우 높은 반면, 소득이 면세점을 상회하여 높아짐에 따라 (한계)세부담이 빠르게 높아지는 그다지 바람직하지 않은 누진성을 시현하고 있는 상태이다.

〈그림 3-1〉에서 보듯이 법인세는 곧 자본에 대한 부분요소세로 보는 것이 일반적인데, 국제적으로 자본과세가 약화되는 추세로 우리 나라가 결코 법인세율이 낮은 국가들의 부류에 속하지 않다는 것을 알 수 있다.

또 다른 측면에서 볼 경우, 〈그림 3-2〉와 〈그림 3-3〉은 생애주기에서의 노동과 자본에 대한 세부담을 보여 주고 있는데, 여전히 〈그림 3-1〉과 일관

그림 3-2 노동에 대한 총세부담을 고려한 평균세율

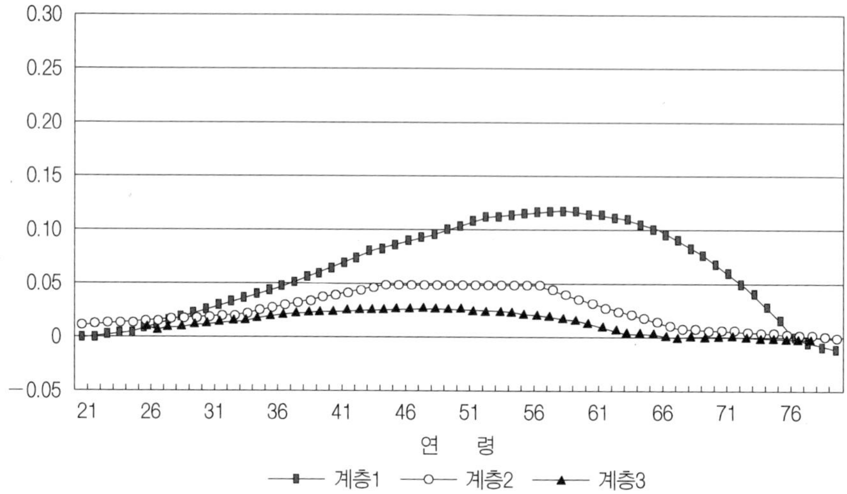

그림 3-3 자본에 대한 총세부담을 고려한 평균세율

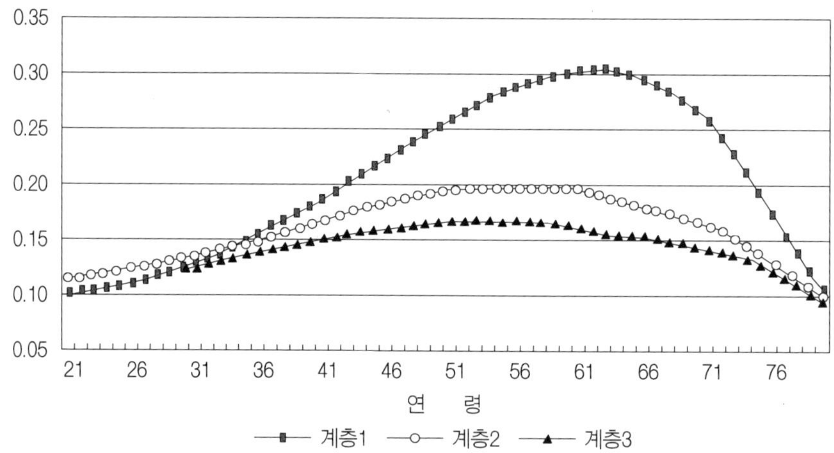

된 맥락에서 자본에 대한 총한계세율이 노동에 비해 높게 나타나고 있음을 곽태원·전영준(2006)의 연구는 제시하고 있다.

다음으로, 소득세 과세기반의 충실성을 나타내는 소득파악률은 상당히 낮

표 3-3 국민계정 대비 소득파악비율, 2004년 귀속

구 분	국민계정(A)	신고소득(B)	비율(B/A)	비고(소득차이 원인)
근로소득(피용자보수)	305조 원	260조 원	85%	일용근로소득 미파악
사업소득(영업잉여)	77조 원	44조 원	57%	현금거래분 미파악

자료: 국세청, 『국세통계연보』, 2005; 한국은행, 「경제통계시스템」; 조세연구원(2006), 조세연구원 자료 인용. 단, 본 자료는 소득파악비율에 대한 추계치이므로 사용시 주의를 요함.

은 수준으로 평가되고 있다. 국민계정과 국세청 신고소득의 비율로 정의한 소득파악비율은 근로소득의 경우 85%, 사업소득은 57%로 사업소득의 소득파악 노력이 보다 필요함을 시사한다.

결과적으로 우리 나라의 소득세제는 오랜 기간 동안 형평성·효율성 등의 여러 가지 정책적 고려를 몇 안 되는 정책도구(즉, 세율구간 및 세율개수, 공제제도 등)를 사용하여 모두 달성하려는 계속된 시도로 인해 아이러니하게도 소득세의 소득재분배효과가 다른 선진국에 비해 낮은 수준인 것으로 평가되고 있다. 이러한 결과는 세율의 누진도가 낮아서라기보다 높은 면세점 등으로 실효세율이 낮기 때문으로 보는 것이 정확할 것이다.

생산직 평균임금근로자의 평균소득세 실효세율은 2005년 1인가구를 기준으로 하였을 때 우리 나라가 2.7%로, 영국의 17.4%, 미국 15.7%, 독일 20.9%, 일본 6.6%보다 월등히 낮은 수준에 있다. 물론 이러한 수치는 소비세가 실질적으로 구매력을 감소시킴으로써 소득세와 동일하게 작용하는 점을 고려하면 단편적으로 받아들여서는 곤란하다. 이보다는 중간소득계층조차도 소득세 부담을 지지 않는다는 점, 그리고 이에 따라 근로의욕을 저해하는 조세구조가 보다 문제시된다고 보이며, 동시에 정작 지원이 필요한 계층에 지원이 돌아가지 않고 불필요한 계층에 지원이 집중되는 가능성을 갖고 있다는 점이 보다 문제로 판단된다. 예를 들어, 가구규모에 따른 세부담을 보면 개인단위 소득과세 및 높은 소득공제의 특성으로 인해 다자녀가구가 소수자녀가구에 비해 상대적으로 많은 소득세를 부담하고 있는 것으로 파악된다. 또한 최저생계비 대비 면세소득수준이 1인가구의 경우 2배가 넘는 데 비해 4인가구는 1.1배인 것으로 나타나고 있다.

표 3-4 가구원수별 최저생계비 대비 면세점 비율

구 분	1인가구	4인가구	5인가구
한국(2006)	2.40	1.13	1.05
미국(2004)	0.84	1.15	1.12

자료: 조세연구원(2006), 김승래·김우철(2007)의 연구 참조.

종합적으로 보면, 우리 나라 소득세제는 여러 가지 정책목표를 소득세제에 내재된 소수의 정책도구를 활용하여 달성하려는 지속적 시도로 인해, 결과적으로 소득세제의 위상이 높지 않게 유지되었으나, 그렇다고 해서 누진성이 낮은 세제는 결코 아니므로 효율성 측면에서 개선의 여지가 있으며, 동시에 정작 지원이 필요한 계층에 지원이 돌아가지 않고 불필요한 계층에 지원이 집중될 가능성을 갖고 있다는 점에서 개선의 여지가 있다고 판단된다.

2 주요국의 세제개편 방향

2.1. 1980년대 이래 세제개편의 경향

1980년대의 세제개혁의 대체적인 경향은 세율의 인하와 조세기반의 확충(low tax rate and tax base broadening)으로 요약될 수 있다. 이 당시에는 개인소득세와 법인소득세의 최고한계세율이 1970년대에 비하여 대폭 하락하였으며, 소득세 과세계급 구간수도 대폭 감소하였다. 반면, 자본이득세 관련 조세지원 축소, 조세피난투자 폐지, 부가급여에 대한 과세 강화, 주택보유에 대한 조세지원 축소, 자본이득세의 개인소득세제로 이관 등을 통해 조세기반을 확충한 사례가 다수 있었다.

이러한 세제개편의 필요성은 조세제도가 추구하는 세 가지 중요 가치인 효율성·공평성·세제단순화 측면에서 찾을 수 있다. 1970년대의 70~80%에

육박하는 최고한계세율은 경제활동을 위축시킬 뿐만 아니라 조세회피를 조장하였으며, 이에 수반되는 문제로 인하여 실질적으로 조세체계의 소득재분배기능이 강하지 않다는 측면에서 높은 한계세율의 필요성이 약화된 상태였다. 다시 말해, 법정한계세율은 높게 규정되어 있으나, 각종 공제와 감면으로 인해 실질적으로 세부담의 누진성이 높지 않았다는 것을 의미한다. 다수의 공제와 감면제도의 존재는 세제를 복잡하게 만들었으며, 이로 인해 조세회피의 증가 등 납세순응비용의 증가가 야기되는 현상이 발생하였다. 동시에 광범위한 비과세 감면제도의 유지는 점진적으로 상승하지 않고 소득구간에 따라 급격하게 상승 또는 하락하는 비정상적 누진도(progressivity)를 세제에 부과하는 셈이 되어 세제를 비효율적으로 운용하게끔 하였다.

이러한 배경하에서 세율은 낮추고 세원은 넓히는 방향으로의 세제개편은 1990년대에 가속화되었다. 이 시기 세제개혁의 가장 중요한 요인으로 자본의 국제 간 이동의 증대에서 찾을 수 있으며, 이와 함께 민간저축 증대의 필요성, 수평적 공평성의 제고, 그리고 세제단순화의 필요성 등이 설득력을 얻게 되었다. 민간저축 증대를 위하여 세율인하가 단행되었는데, 세율인하의 형태는 전반적인 세율의 인하와 특정 상품에 대한 조세지원 등 다양한 형태로 이루어졌다. 또한 수평적 공평성 제고를 위하여 이전에 비하여 이자소득과 배당소득 등에 상이하게 적용되었던 제도가 동질화되는 경향이 나타나게 되었다.

또한 1990년대 세제개혁은 다음과 같은 두 가지 방향으로 추진되었다. 첫째, 다수의 EU 국가와 미국과 같이 자본이득을 포함하여 자본관련 소득을 개인소득세제에 통합하고 세율을 인하하였다. 즉, 단순화 및 세율인하의 방향이 여기에 해당한다. 반면, 이원적 소득세제(Dual Income Tax: DIT) 등과 같이 자본소득과 임금소득에 대한 분리과세를 시행하는 등의 또 다른 양상을 확인할 수 있는데, 특별히 관리할 생산요소에 대해서 세제상 달리 취급하는 제도에 해당한다.

〈표 3-5〉는 주요 선진국들에서의 개인소득세를 포함하여 법인소득세를 망라한 소득세율 인하 추이를 요약해 주고 있다. 그리고 〈표 3-6〉은 1980년대에서 주요 선진국들에서의 조세기반 확충사례를 보여 주고 있는데, 세율감축과 과세기반의 확대가 병행되고 있음을 요약해 주고 있다.

표 3-5 세율변화 추이

단위: %

국 가	개인소득세 최고세율(소득구간수)			법인소득세 최고세율		
	1970년대	1989년	2001년	1970년대	1989년	2002년
미 국	70 (14)	28 (2)	38.6(5)	46	34	40
덴마크	56 (4)	54.5 (4)	48.5(4)	56	50	38.4
영 국	83 (11)	40 (3)	40 (3)	52	35	30
프랑스	64.7(13)	56.8(13)	53.3(6)	50	34	34.3
이탈리아	72 (32)	50 (6)	45 (5)	25	36	40.3
네덜란드	72 (9)	72 (3)	52 (3)	46	35	34.5

자료: Anthonie Knoester(1993).

표 3-6 조세기반 확충사례(1980년대)

국 가	개인소득세	법인소득세
미 국	· 자본이득세 관련 조세지원 축소 · 조세피난투자 폐지 · special business reduction 폐지	· 투자세액공제 폐지 · R&D투자에 공제축소
영 국	· 부가급여에 대한 과세 강화 · 주택보유에 대한 조세지원 축소 · 자본이득세를 개인소득세제로 이관	· 건물 및 기계 투자에 대한 즉시공제제도 (100% first-year allowance) 폐지 · 감가상각 허용을 경제적 감가상각수준으로 근접 노력
프랑스		· 투자세액공제 폐지 · 초과감가상각제도 완화
네덜란드	· Taxable compensation allowance · 사회보장세 공제 폐지 · 인적공제 축소	

자료: Anthonie Knoester(1993).

2.2. 이원적 소득세제

자본의 국가 간 이동성이 증가하면서 전통적인 누진과세가 유지되기 어려운 상황이 도래하게 되었다. 이렇게 변화하자 자본에 대해 저율 단일과세함으로써 자본유출을 방지하기 위한 방식을 채택하게 되었다. 이는 대체로 노르딕(Nordic) 국가로 분류되는 덴마크(1987)·핀란드(1992)·노르웨이(1992)·스웨

표 3-7 DIT 실시 사례

구 분	덴마크	핀란드	노르웨이	스웨덴
도입연도	1987	1992	1992	1991
자본소득세(%)				
법 인	32	28	28	28
비법인	39.7~59	28	28	30
개인소득세	39.7~59	22.5~54.5	28~41.5	31~56
법인이윤 중과세 방지 여부				
배 당	Yes	Yes	Yes	No
사내유보	No	No	Yes	No
비거주자에 대한 원천징수				
배 당	Yes	Yes	Yes	Yes
이 자	No	No	No	No
로열티	Yes	Yes	No	No

덴(1991)에서 1980년대 말 또는 1990년대 초에 도입되어 운영되고 있는 상황이다.

2001년에 네덜란드에 DIT와 유사한 제도인 Box제도가 도입되어 자본소득세 대신 자산세(wealth tax)를 도입하였다. 또한 2003년에는 아직 시행에 이르지 못하고 있으나, 독일에서 DIT와 유사한 제도의 도입을 논의한 적이 있다.

DIT제도의 일반적인 형태는 모든 소득을 두 가지 소득으로 분류한다는 것이다. 이 중에서 자본소득(capital income)은 사업이윤(주식수익)·배당금·자본이득(capital gain)·이자소득·임대료 등을 포함하고 있으며 비례세로 과세된다. 반면에 근로소득(wage and salary)·부가급여·연금소득·사회보장급여 등을 포함하는 개인소득은 통상적으로 누진과세하는 형태이다.

전통적으로 공평성에 대해 높은 가치를 두고 있는 노르딕 국가에서 자본에 대한 누진과세를 포기하고 분리과세를 실시하는 DIT가 도입된 것은 아이러니한 것으로서, 현실과의 불가피한 타협으로 볼 수밖에 없다. 보다 구체적으로 노르딕 국가들은 개방경제에 매우 가까운 경제구조를 가지고 있어, 자본과세가 과중할 경우 자본의 국외유출에 취약하다는 것이다. 결국 누진과세의 왜곡을 줄일 필요성이 증대하고 민간저축의 증대가 필요해졌다. 또한 각종 비과세·공제 등을 줄여 조세체계를 간소화하고 조세회피(tax arbitrage)를 줄일 필요성이 제기되었기 때문이다.

2.3. 단일세율체계(또는 평률세)

DIT와 함께 많은 각광을 받고 있는 소득세제로서 평률세(flat tax)를 들 수 있는데, 미국을 포함하여 이행기 국가들에서 이미 실행되거나 심각히 고려되고 있는 대안적 세제라 할 수 있다.

(1) 미국의 단일세율체계에 대한 논의

1) 논의배경

많은 나라에서 그러하듯이, 미국 조세체계의 문제점으로 조세체계가 복잡하고 일반인들이 조세체계에 대한 이해가 부족하다는 것이다. 이는 각종 비과세 감면, 소득공제, 세액공제, 여타 예외규정이 존재하지만 이를 일반인들이 충분히 이해하고 실제 경제활동에 적용하기는 어려운 것이 사실이다. 결국 세제단순화의 필요성이 제기되었는데, 평률세는 이러한 관점에서 매력적인 수단으로 거론되고 있다. 둘째로는 조세징수비용이 지나치게 높다는 점이다. 납세자의 장부정리, 조세제도에 대한 학습, 납세신고서(tax return form) 작성, 인쇄 및 배포, 세무감사, 범칙금 징수 및 조세관련 소송비용이 지나치게 소요되는 경향이 있다. 예를 들어, Slemrod & Rorum의 연구에 따르면, 납세비는 주(州) 및 연방정부 소득세의 5~7%를 차지할 정도로 높다고 보고되고 있다. 셋째, 조세제도의 효율성이 저해되고 있다는 점이다. 이는 노동공급 감소, 저축률 하락, 부문 간 비효율적 자원배분, 신규 산업 등장의 저해를 야기할 수 있다. 예를 들어, 법인세제에서 법인세와 개인소득세 이중과세문제, 자기자본이 아닌 차입에 대한 조세지원, 투자세액공제는 주로 설비와 구조물과 같은 유형자본에 국한된 조세지원이 되고 있다. 마지막으로 탈세(tax evasion)와 조세회피(tax avoidance)가 만연한 상태라는 인식이 평률세의 논의를 확산시키게 되는 것이다.

2) 도입방안

평률세의 실시를 위해서는 세입기반의 이전이 필요하다. 즉, 사실상 소득세 중심에서 소비세 중심으로 이전이 필요하며, 이중과세 방지를 위해 1세원 1조세 원칙에 가까운 방식으로 이전해야 할 필요가 있다. 실제로 Haig-Simon이 주창하고 있는 포괄주의 소득과세제도(comprehensive income tax)에서는 1세원에 대한 1조세 부과가 원칙적으로 가능하나, 실제로 본 원칙의 실시가 현실적으로 불가능하므로 세원별로 상이한 과세가 적용되는 셈이며, 이는 곧 수평적 형평성 및 효율성을 저해하게 된다. 그러므로 이러한 문제점을 시정하자는 차원에서 소비세로의 전환이 필요하다는 것이다.

$$t_C(\text{sales}-\text{input})=t_C(\text{sales}-\text{input}-\text{wage})+t_C\ \text{wage}$$

여기서 좌변은 VAT 형태의 소비세에 해당하는 반면, 우변은 부가가치세 세원에서 임금을 공제한 VAT 형태에서 동일 세율 t_C로 기업에 대해서 과세하고 그 다음 분배된 근로소득에 대해서도 동일한 단일세율 t_C로 과세하는 제도로서, 본 단계에서 누진성은 없으나 소득공제 후 단일세율을 적용하는 평률세의 경우 누진성 확보도 가능하다. 또 하나의 대안으로서 X-Tax가 있는데, 이는 언급한 평률세에 누진세율을 적용하는 제도라 할 수 있다.

3) 기대효과

이러한 평률세의 장점으로서 무엇보다, 첫째 징세비용의 절감을 기대할 수 있다. 조세체계가 단순화되고, 납세자의 조세체계에 대한 이해가 증진됨으로써, 세무행정의 효율성이 제고될 수 있을 것이다. 예를 들어, Postcard Tax Return Form에서 예시되듯이, 매우 간단한 형태로 납세의무가 종결됨에 따라 납세순응비용의 대폭 절감이 이루어진다. 물론 이에 대해서 버논(Vernon)은 행정비용 절감효과가 크지 않을 것이라고 반론을 제기하기도 한다. 납세자의 장부정리는 어떠한 조세제도하에서건 간에 필요하다는 것이고, 결국 이행기간 동안 납세자비용이 더 들지 모른다는 것이다.

둘째, 효율성이 제고되는 효과도 기대할 수 있다. 과세표준 확대에 따른 단일한계세율의 하락은 노동공급 증가 등 경제적 효율성을 증진시키고, 평률세가 가져오는 저축에 대한 비과세는 자본축적에 당연히 도움이 된다. 물론 대표적 생산요소인 노동과 자본의 조세에 대한 반응도가 일반적으로 매우 민감한 것이 아닐지라도 무시할 수 없는 규모의 적지 않은 반응이 존재함을 실증분석 결과들은 보여 주고 있다. 특히, 동일 범주의 생산요소 내에서 조세혜택을 받는 요소와 그렇지 않은 요소 간에 발생하는 대체효과는 매우 높은 것으로 나타나고 있는바, 이러한 조세에 의한 행위의 변화가 경제적으로 매우 중요함을 알 수 있다. 또한 자본과세의 문제점을 완화하여 이중과세문제를 해결하고, 투자재원의 유형에 따른 차등과세문제, 법인과 비법인 소득의 차등과세문제, 자산종류별로 차등적인 투자유인문제를 시정할 경우, 궁극적으로 자본소득에 대한 한계세율이 현행보다 낮아질 것으로 기대된다.

마지막으로 평률세제가 시행될 경우, 새로운 기업의 설립 및 진입에도 도움이 될 수 있다. 예를 들어, 현행 제도하에서 차입자금의 이자지급금에 대한 공제는 기존 기업의 조세부담이 경감되는 것으로서, 실질적으로 금융기관으로부터 대출받기 힘든 신규 기업보다는 기존 기업의 지원이 보다 쉬웠던 것이다. 따라서 법인기업이 사용하는 자본에 대한 과세가 사라짐으로써 기존 세제에서 발생하는 여러 가지 복잡다기한 문제가 시정될 수 있다.

4) 문 제 점

평률세 이행에 따른 문제점으로 다음 두 가지를 생각할 수 있다. 우선, 기존 감가상각의 문제이다. 신규 투자의 경우 100% 즉시 상각이 가능하나, 기존에 투자된 자산에 대해서는 기존 감가상각제도를 유지할 수밖에 없다. 또한 이자지급액에 대한 소득공제 불인정도 해결해야 할 문제가 될 것이다. 기존 기업부채에 대해 현행 법인세제에서와 같이 소득공제가 허용될 필요가 있다. 하지만, 기존 부채와 신규 부채 간의 구분이 용이하지 않다는 문제가 추가로 발생할 수 있다.

다음으로, 본 제도 자체의 문제점을 지적하자면 다음 내용을 고려할 만하다. 중산층의 세부담은 증가하고, 고소득층의 세부담은 경감될 수 있다. 저소득층에 대해서는 소득공제가 대폭 허용될 가능성이 높으므로 세부담이 거의 불변인 상태가 되기 쉽다. 하지만, 중산층은 주택담보대출 이자지급액에 대한 소득공제 폐지 등으로 인해 한계세율의 상승가능성이 높아진다. 마지막으로 고소득층이 당면하는 한계세율은 낮아지므로 분배 측면에서 비판이 제기될 수 있다.

또 다른 문제점으로서 조세의 경기자동안정화에 역행한다는 것이다. 다시 말해, 누진과세의 장점인 기업의 투자가 증가하고 법인소득이 상승하는 경기상승기에는 기업의 조세부담이 상승하고, 투자가 줄어들고 법인소득이 감소하는 경기하강기에는 조세부담이 감소하는 경기자동안정화 기능이 평률세제하에서는 정의상 발생하지 않기 때문에, 이는 곧 경기자동안정화를 포기하는 것과 같다는 것이다.

추가적으로 본 제도하에서도 조세회피 가능성이 존재한다. 기업 입장에서 조세를 납부하는 것보다 투자재를 구입함으로써 세부담을 낮추는 것을 선호할 가능성 많기 때문에 모든 자본을 투자로 처리할 유인이 발생한다.

마지막으로 자원배분의 왜곡가능성이 발생한다. 즉, 투자재 구입이 많은 자본집약적 산업은 투자에 대한 공제혜택을 상대적으로 많이 누릴 수 있으나, 투자재 구입이 상대적으로 적은 서비스산업은 조세부담이 높을 것으로 예상되어 부문별 차등과세의 가능성이 발생한다는 것이다.

(2) 동유럽의 단일세율체계 도입현황

단일세율세제는 1994년 에스토니아(Estonia)에서 처음 도입되었다. 에스토니아의 단일세율제도는 개인소득과 법인이익에 대한 3단계 세율을 26%의 단일세율로 전환한 것이다. 이러한 단일세율 소득세의 도입과 에스토니아 경제의 비약적 발전과 무관하지 않다고 평가되고 있다. 새로운 세제의 도입 이후 연평균 6%가량의 경제성장이 이루어졌고, 1997년에는 두 자리수 경제성장을 달성하였다.

당초 우려한 바와 달리 단일세율세제의 도입으로 인하여 조세기반의 붕괴나 세수위축현상은 발생하지 않았다. 단일세율 소득세제가 도입되기 이전인 1993년 에스토니아의 세수는 GDP의 39.4%였으나 2002년에도 39.6%를 유지하였다. 또한 에스토니아는 2007년까지 26%인 현재의 단일세율을 20%로 낮출 예정이라고 밝히고 있다.

표 3-8 개인소득의 단일세율제도가 도입된 나라

국 가	세율(%)	도입된 해
에스토니아	26	1994
리투아니아	33	1994
라트비아	25	1995
러 시 아	13	2001
세르비아	14	2003
우크라이나	13	2004
슬로바키아	19	2004
그루지아	12	2005
루마니아	16	2005

리투아니아(Lithuania)와 라트비아(Latvia)가 1년의 차이를 두고(리투아니아: 1994년, 라트비아: 1995년) 각각 33%와 25%의 세율로 단일세율세제를 도입하였다. 2000년대 들어서는 러시아(Russia, 2001년)를 필두로, 세르비아(Serbia, 2003년), 우크라이나(Ukraine, 2004년), 슬로바키아(Slovakia, 2004년) 등이 단일세율세제를 도입하였으며, 최근에는 그루지아(Georgia)와 루마니아(Romania)가 단일세율 소득세제를 도입하였다. 한편, 폴란드(Poland)는 아직 세제를 도입하지 않았으나, 슬로바키아와 거의 유사한 형태로 가까운 장래에 도입할 것을 고려중에 있는 것으로 알려져 있다. 참고로 미국의 경우 Hall and Raubushika의 연구에 따르면 약 19.5% 정도이면 기존 세제를 충분히 대체할 수 있다고 추정하고 있다.

2.4. 최근 세제개편 방향의 시사점

1990년대부터 세계경제의 개방화 및 이에 따른 국제경쟁의 가속화 등에 대한 현실인식이 최근 세제개편의 중요한 동인을 제공하였다. 세부적인 개편방식에서의 차이는 존재하나 전반적으로 넓은 세원과 낮은 세율로의 개편이 이루어지고 있다. 또한 개방화에 따른 자본의 국제 간 이동성 증대는 자본과세에 대한 인식을 변화시켰다. 이와 함께 최적조세(optimal taxation)이론의 관점에서도 기존에 지고한 가치로만 여겨졌던 포괄주의 과세, 누진과세에 대한 평가가 새로이 이루어지고 있다.

조세이론에서 납세순응(tax compliance)에 대한 관심이 높아지면서 누진과세와 소득과세에 대한 문제점이 제기되고 있어, 소비과세 중심의 세제개편이 보다 적극적으로 고려되고 있다.

에스토니아를 비롯한 동유럽 국가들의 평률세 도입은 조세정책상 중요한 실험이 될 수 있다. 세제개편 이후 경제성장률이 상승하였고, 가장 우려하였던 조세수입 감소가 유발되지 않은 상태이므로 잠정적인 평가는 긍정적인 편이라 할 수 있다.

그러나 근본적 세제개편에 따른 효율성 증진에도 불구하고 형평성 문제는 여전히 완전히 해결되지 않은 문제이다. 이에 평률세가 도입된 나라의 상황을 주시할 필요가 있으며, 일반균형모형을 이용한 정책시뮬레이션 또한 필요하다.

3 소득과세 개편방향

3.1. 전반적 기조 및 방향

미국의 근본적 세제개혁(fundamental tax reform) 논의와 주요국의 세제개편은 개방화·세계화·경쟁력 강화 등의 경제환경 변화에 대응한 개편의 필요성을 제시하고 있다. 미국의 근본적 세제개혁방안으로 제시된 단일세율체계는 제도 그 자체에 대한 관심보다, 누진과세, 광범위한 비과세 감면 등으로 대표되는 기존의 비효율적인 체계를 소비세 형태의 개편을 통한 조세의 효율성 제고가 가능함에 대해 구체적으로 제시하였으며, 세제의 단순화로 행정비용 절감의 필요성을 제시하였다. 유럽 국가의 이원적 소득세제인 DIT는 개방화에 대응한 자본과세 개편의 필요성을 제시하고 있다. 주요국의 법인세율 및 소득 최고세율의 전반적인 하락경향은 소국개방경제인 우리 나라의 자본소득세 경감과 소득세 누진도 완화의 불가피성을 암시하고 있다.

이러한 점을 고려하면, 어느 나라보다 개방된 우리 나라에서도 소득세 누진도 완화, 자본과세 완화, 이러한 제도의 추진에 따른 소득분배 악화를 방지하기 위한 이전지출제도(transfer system) 개편이 필요할 수 있다. 누진도의 완화 그리고 자본과세의 완화는 거시경제지표를 향상시키고, 전 소득계층에 걸친 소득상승을 유발할 가능성이 높다. 그러나 일반적으로 소득의 증가가 고소득층에 더 크게 발생하여 소득분배가 다소 악화되므로 이를 감안한 개편이 필요하다. 즉, 비례과세의 추구 또는 자본과세의 완화를 통해 거시경제지표를 증진시키되, 좁게 정의된 취약계층 및 수혜집단에 대한 적절한 타게팅(targeting)을 통한 이전지출 강화로 분배악화문제를 완화할 필요가 발생할 것으로 예측된다.

이상과 같이 외국의 세제개편과 개편논의에서 얻은 시사점을 감안하여 아래와 같은 개편방안을 모색할 필요가 있다고 본다.

첫째, 세원별 세부담 조정이 필요하다. 개방화의 진전에 따라 자본의 국제적 이동이 심화될 것으로 예상되므로, 자본과세 경감이 불가피할 것이다. 실제로 주요국의 법인세율이 우리 나라보다 빠른 속도로 하락하고 있다. 우리 나라의 경우 1997~2004년 동안 법인세율을 상대적으로 적은 1%p만 인하하여, 우리 나라의 법인세율이 OECD 평균에 비해 1997년에는 5%p가량 낮았으나 2002년에는 2%p가량의 차이로 근접하게 되었다. 우리 나라가 법인세율을 인하하였지만, 이처럼 상대적으로 낮은 법인세율 인하로 우리 나라보다 낮은 법인세율을 가진 OECD 국가의 숫자가 1997년 스위스·헝가리·터키 등 3개국에서 2002년 스위스·아일랜드·헝가리·아이슬란드·독일·슬로바키아공화국 등 6개국으로 증가하였는데, 이 중에서 아일랜드·아이슬란드·독일 등의 국가들은 분배를 중요시하는 복지국가들이거나 이에 근접한 국가들인 것이 특징적이다.[7]

[7] 이영(2006) 참조.

이러한 현상을 좀더 다른 시각에서 다음과 같이 볼 수도 있다. 노동에 대한 소득세 총한계세율과 자본에 대한 총한계세율을 비교해 보면, 후자가 상대적으로 높은 것으로 나타나고 있으며, 고소득층의 경우 자본에 대한 총한계세율이 상당히 높은 수준이다. 임금수준은 곧 자본축적수준에 결정적으로 의존하는바, 자본축적을 저해하는 세제는 궁극적으로 노동에 대한 대가를 낮추게 되어 사회적으로 바람직하지 않은 세제로 귀결된다.

둘째, 근로소득세제의 정상화가 필요하다. 노동에 대한 총한계세율이 자본에 대한 총한계세율에 비하여 낮은 현행 제도하에서의 구조는 개방화의 진전에 따른 자본의 국가 간 이동성 증대에 취약할 수밖에 없는 구조이다. 쉽지는 않겠지만 국제적 이동성이 상대적으로 낮은 노동에 대한 과세가 정상화될 필요가 있다. 보다 구체적으로 보면 현행의 노동에 대한 세부담이 평균적으로 낮은 수준에 머무르고 있으나, 세제의 누진성은 상당이 높은 편이다. 노동에 대한 총한계세율이 소득의 증가에 따라(또는 소득계층 상승에 따라) 상당히 빠른 속도로 증가하고 있다. 따라서 점진적으로 비과세 감면의 정비가 필요할 것이다.

셋째, 누진도의 완화가 필요하다. 우리 나라의 노동과 자본에 대한 소득세 누진도가 상당히 높은 것으로 나타나고 있다. 노동과 자본의 누진과세는 경제적 유인을 약화시켜 거시경제지표를 악화시키는 경향이 있으며,[8] 이를 비례과세로 전환할 경우 거시경제지표를 보다 호전시킬 뿐만 아니라 소득·소비 및 보유자산이 전 소득계층에 걸쳐 증가하는 것으로 나타난다. 다만, 소득 및 보유자산 등의 증가가 고소득계층에 더욱 크게 나타나 소득 및 자산분포가 넓게 퍼짐으로써 분배를 악화시키는 경향이 있는 것이 문제점으로 지적되었다. 이처럼 소득과세 전환에 따른 소득 및 자산분배 악화문제를 완화하기 위하여 정부의 이전지출정책 대상을 저소득층에 집중하는 방안이 모색되어야 할 것이다. 취약계층의 경우, 비근로에서 근로행위로 이전시, 즉 경제활동 참가시 조세의 누진성이 급격히 증가하여 세제가 근로 친화적이지 못하는 경향을 줄이기 위해 이전제도 수혜자의 자격요건에 대해 보다 강화[9]하는 동시에

---

[8] 전영준·현진권(2006) 참조.

[9] 이철인(2006).

근로로부터 발생한 소득에 대해 인센티브(소득공제)율을 상향조정하는 노력도 필요하다.

넷째, 조세정책과 이전지출정책 간의 역할분담이 필요하다. 이미 언급한 바와 같이, 누진과세를 통한 소득재분배효과는 일반균형효과를 감안하면 한계가 있음을 보이고 있다. 즉, 누진과세는 거시경제지표를 전반적으로 악화시키고, 소득 및 자산수준이 전 소득계층에 걸쳐 악화되는 것으로 나타난다. 조세정책의 효율성을 제고하기 위한 조세정책의 개편도 필요한데, 예를 들어 비례세구조가 부분적으로 도입된 세제개편을 통해 거시경제지표를 호전시키되, 이로 인해 악화된 분배문제를 완화하기 위해 이전지출을 취약계층에 집중하는 방식으로 저소득계층에 대한 이전지출정책을 일관된 기준하에서 개편할 필요가 있다.

3.2. 세율체계 개편

위에서 언급한 내용을 정책적 차원에서 고려하자면, 한 차례의 급진적 개혁보다는 단계적 세율체계의 개편이 필요할 것이다. 단계적 개편을 추진한다면, 그 첫 번째 단계로 세율구간의 수를 축소하거나 또는 동시에 최고세율 인하를 시행하는 것이 타당할 것 같다. 현행의 4단계 세율구조를 3단계로 개편하고, 최고세율을 주요국의 동향을 참조하여 경쟁국에 비하여 높지 않게 유지하는 것이 필요하다. 두 번째 단계는 DIT체제의 장점을 살릴 수 있는 방향으로의 전환이 필요하다. 경제적 효율성 면에서 평률세가 DIT체제보다 우월하지만, 누진과세를 완전 폐지하는 것은 노르딕 국가에서 경험하였듯이 정치적 지지를 받지 못할 가능성이 높다. 이와 함께, 현행 체제가 형식상으로 보면 DIT체제와 유사한 점이 있으므로 급격한 변화 없이 추진할 만한 제도로서 DIT체제가 현실적인 대안이 될 수 있다.[10]

이러한 논의에서 주의할 것은 법정세율의 개수와 실질적 세율의 개수에

[10] 좀더 정확히 논의하자면, 우리 나라의 소득세제는 노동에 비해 자본에 대해 저율과세하는 원래의 DIT에 가깝다기보다는 그 반대이나, 노동과 자본에 대한 실질적 분리과세면에서 DIT와 유사하다.

는 비과세 감면제도가 존재할 경우 달라진다는 점이다. 즉, 복잡다기한 비과세 감면제도 및 세액공제제도가 존재할 경우 법정세율의 개수가 적더라도 실질적으로 개별 경제주체가 당면하는 세율의 개수는 매우 증가할 수 있다는 것이다.

구체적인 세율체계의 예로서 다음을 고려할 수 있다. 첫째, 여러 가지 시행상의 문제들을 고려하더라도 평률세제의 이점을 살려야 할 필요가 있다면, 근로소득과 자본소득의 구분 없이 일정 수준의 평률로 과세하되 공제제도에 한도를 두고 실시함으로써 누진성과 함께 효율성을 고려한 소득세제를 실시하는 것이다. 둘째, 평률세에 거부감이 있다면, 근로소득에 대해서는 추가적으로 1~2단계의 누진세제를 적용하지만, 그러나 장기적으로 고급인력의 국가간 이동이 증대됨에 따라 근로소득에 대한 최고세율의 하향조정도 불가피할 것이다. 본 제도의 실시에 앞서 세율구간이 단순화된다는 것이 고소득층을 중심으로 대부분 소득계층의 세부담이 감소하는 것이 아니라는 사실에 대한 이해 및 충분한 공감대가 형성되어야 할 것이다. 이보다는 저소득계층에는 조세지원이 이루어지되 대부분의 사람들에게는 적정한 세부담이 부과되는 세제로서, 누진적이지만 그리 높지 않은 한계세율이 추진되는 세제라는 것이다. 이러한 구간의 조정과 함께 구간의 실질가치가 인플레이션에 따라 시계열적으로 변동할 수 있으므로 이를 고려할 필요가 있다. 물가연동제는 이러한 차원에서 도입이 필요하다는 지적이 제기되고 있다. 세율구간을 매년 소비자물가지수 등 물가지수에 연동하여 자동으로 조정하는 것이 바람직할 것이다. 이러한 제도의 도입은 물가상승에 따라 세부담 증가속도가 지나치게 빠르지 않고, 투자 및 노동공급에 대한 왜곡을 최소화할 수 있다. 단, 본 제도가 결과적으로 재정정책수단의 범위를 제한할 수도 있고 또한 스태그플레이션에 대한 대비 차원에서는 물가연동을 100% 허용하는 것이 반드시 바람직한 해결책이 아니므로, 적정 수준의 물가연동을 도입하는 방안이 필요할 것이다.

이와 함께 금융소득 종합과세의 점진적인 축소가 필요하다. DIT 또는 평률세체제는 기존의 금융소득에 대한 종합과세와 누진과세의 배제를 전제하고 있다. 이들 체제로의 순조로운 전환을 위해 금융소득 종합과세의 점진적인 축소가 필요하다.

3.3. 근로소득세 정상화

근로소득세 정상화를 위해서 우선적으로 면세자 비율을 하향조정하는 노력이 필요하다. 이를 위해서는 근로소득공제의 하향조정이 필요하므로 현시점에서 근로소득공제의 명목금액을 하향조정하는 것이 타당하나, 근로소득공제의 하향조정이 어려울 경우 현 수준에서 동결하여 평균근로소득 대비 근로소득공제 수준이 서서히 낮아지도록 하는 것도 고려할 필요가 있다.

물론 본 논의를 지나치게 단순하게 해석해서는 곤란한데, 현재와 같이 표면적으로 바람직하지 못해 보이는 근로소득세제가 유도된 이면에는 무엇보다 30%를 넘는 자영자들의 소득파악에 어려움이 존재하기 때문이다. 본 문제는 소비세제로 이행하더라도 결코 해결될 성질의 문제가 아닌바, 이에 대한 해결이 세제의 개편과 더불어 또는 이상적으로 개편에 선행되는 것이 바람직하다고 판단된다.

동시에 근로소득세 기반을 확충하는 방안의 일환으로 이미 추진되고 있는 부가급여에 대한 과세를 강화할 필요가 있다.

3.4. 세원확대

소득종류별 과세기반의 확대가 필요하다. 이를 위해서는 근로소득세제의 정상화(제3절의 3.「근로소득세제 정상화」 참조), 기업과세 세원확대(제3절의 5. 일부인「비과세 감면의 정비」 참조), 개인소득과세 세원확대(제3절의 5. 일부인 「비과세 감면의 정비」 참조)가 필요하다. 또한 유가증권 양도차익 과세대상자의 확대가 필요하다. 물론 금융시장의 여건을 충분히 고려한 정책이 필요한바, 유가증권 양도차익의 실효세율은 주식시장에서의 자금흐름이 매우 가격탄력적인 점을 고려하면 여타 금융소득보다 낮게 유지하는 것이 타당할 것이다.

연금과세에도 연금소득공제를 점차적으로 축소하는 것이 타당하다. 향후 고령화의 진전과 국민연금제도 성숙에 따라 연금급여가 빠른 속도로 증가할 전망이나, 현행 제도하에서 연금소득에 대한 연금소득공제가 대규모로 이루어지고 있어, 연금급여의 증가가 조세수입에 기여하는 역할이 제한적일 것으로 전망된다.

3.5. 비과세 감면제도 정비

먼저, 개인소득과세 측면에서 몇 가지 정비를 할 필요가 있다. 단일세율체계 또는 이원적 소득세제(DIT)로의 개편은 비과세 감면의 적절한 정비를 전제로 한다. 평률세(단일세율)체계하에서는 금융소득에 대한 비과세와 이자비용에 대한 소득공제가 폐지된다. 단일세율체계로의 이행을 순조롭게 하기 위해서는 이자소득에 대한 소득공제 등의 조세지원을 점진적으로 폐지할 필요가 있다. 보다 현실적 대안인 이원적 소득세제체제하에서 세제의 단순화와 조세수입 확보를 위해 비과세 감면저축이 상당 수준 정리되어야 할 것이다. 저축에 대한 조세지원 정비에 있어서 단일세율체제하에서는 개인단계에서 금융소득이 과세되지 않으므로 저축에 대한 조세지원이 사실상 불필요하다. 이원적 조세체계하에서는 현재보다 한계세율이 저소득층의 경우 높아지고, 고소득층의 경우 낮아질 가능성이 높다. 그러므로 저소득층을 중심으로 하는 비과세 감면저축이 필요하나, 세제의 단순화와 조세수입 확보를 위해 비과세 감면저축이 상당 수준 정리되어야 할 것이다. 다만, 현행 제도하에서 부분적으로만 소득세제 개편을 하는 경우, 자본축적의 중요성을 고려하면 여전히 자본축적을 촉진할 만한 장기저축 등을 중심으로 적정 수준 조세지원을 유지하는 것도 고려해야 한다.

다음으로, 위에서 제안된 DIT 또는 평률세제의 개혁안이 추진되는 경우, 비용공제적 소득공제를 강화하는 것을 고려해야 한다. 비례세제로의 전환에 따라 저소득층과 중산층의 세부담이 증가할 가능성이 높은바, 이들에 대한 비용공제적 소득공제를 강화할 필요가 있다. 즉, 교육비·의료비 등 필요지출항목에 대한 공제를 강화할 필요가 있다는 것이다. 또한 소득공제를 통한 지원의 필요성이 높은 항목에 대한 공제확대와 더불어 소득공제 전체의 한도를 설정하고 일정 범위 내에서 항목별 공제한도에 대한 결정을 납세자에게 부여하는 방식도 고려할 필요가 있다.

기업과세 측면에서도 적지 않은 정비가 필요하다. 단일세율체계에서는 기업의 투자에 대한 즉시상각이 이루어지므로, 현행 감가상각제도 등은 불필요하게 된다. 단일세율체계 채택시점에서 기존 기업투자에 대한 감가상각제도 적용 등 이행상의 문제가 발생하지 않기 위해서는 제도의 실시시점에 맞추어 감가상각제도의 정비가 필요할 것이다.

투자세액공제·준비금제도 등은 기업의 투자비용을 즉시 비용처리하는 체제하에서 기능은 당연히 제한되어야 한다. 즉시상각 이외에 특정 형태의 투자를 촉진하기 위한 조세지원이 필요할 수도 있으나 세제의 단순화와 조세수입 확보를 위해 조세지원을 제한할 필요가 있다.

3.6. 기타 사항

이상의 논의에서 더 나아가 잦은 세제개편에 따라 오히려 경제적 불확실성이 가중되는 문제에 대해 향후 보다 많은 관심을 가질 필요가 있다. 세제개편의 재량성을 가급적 줄여 나감으로써 경제에 과도하게 개입하려는 유인을 낮추는 동시에, 개별 경제주체들이 정책에 신뢰하지 않음으로써 재차 무리한 정책이 추진되는 악순환에서 벗어나는 환경을 조성해야 한다.

비과세 감면제도를 정비하는 노력을 해야 하나, 모든 비과세 감면항목을 없애야 한다는 것은 아니다. 보다 정밀한 정책이 시행되려면, 개별 비과세 감면항목에 대한 효과분석이 선행되어야 하나, 불행히도 재정학자들조차 정확한 자료의 미비로 그 효과를 가늠하지 못하고 직관적 차원에서 정책방안을 강구하는 수준에 머물러 있다. 향후 국세청 소득신고자료에 대한 학술적 접근이 가능한 여건이 조성됨으로써 보다 효과적인 조세정책이 실시될 수 있다.

그 밖에 경제의 선진화에 부합하는 세제를 추구한다는 맥락에서 많은 준비가 필요하다. 예를 들어, 소득파악 인프라의 구축을 보다 단기간에 정립한다든지, 사회보험제도 및 공적부조제도와 조세제도 간의 인센티브를 세심히 고려하고 소득정보의 취득 측면에서 상호 협조적인 조세정책을 추진하고, 또한 경제단위로서 독신가구보다는 결혼가구를 장려한다는 차원에서 적어도 결혼에 중립적인 소득세제를 정립하는 것에도 관심을 가져야 한다.

4 결　론

이 글은 개방화, 국제 간 경쟁가속화에 대비하여 성장동인을 확충하는 데 필요한 소득세제의 정립을 위해 단기 및 중장기 개편방향에 대해 논의하고 있다. 기존 소득세제의 위상이 크지 않았던 만큼 결과적으로 심각한 비효율성이 문제시된다고 보기는 어렵다. 따라서 현 시점에서 급격한 변화보다는 장기적 관점에서, 평률세제 및 이원적 소득세제의 장점을 기존 세제에 적절히 조합해 가는 방향의 개편을 강구하였다.

기본 방향으로서, ① 노동공급의 증대 및 자본축적의 촉진을 위해 소득세율구간을 간소화하고, ② 노동 대비 자본과세의 과도한 부분을 완화하되, ③ 세수의 감소를 막기 위해 공제 및 비과세부분을 줄여 나가고, ④ 조세누진성의 하락을 막기 위해 이전지출제도와 소득세제를 적절히 조화시켜 나갈 것을 제안하고 있다.

이러한 맥락에서 세제개편을 추진한다면, 일단 세수중립적 기조하에서 단기적으로 세율구간을 줄이고 각종 비과세 감면제도를 간소화하되 적절한 누진성을 확보한다는 차원에서 비용공제적 공제를 좀더 허용하는 조정방안을 강구할 수 있을 것으로 본다. 물가연동제의 실시는 수요 및 공급부문에서의 충격을 모두 고려하여 부분적으로 도입하는 것이 타당하다고 판단된다.

참고문헌

곽태원·전영준, 「일반균형모형을 이용한 조세개편의 효과분석」, 곽태원 외, 『저성장 시대의 조세정책 방향에 대한 연구』, 제3장, 2006.

곽태원·현진권·이영, 「근본적 조세개혁의 주요 이슈와 정책적 함의」, 곽태원 외, 『저성장 시대의 조세정책 방향에 대한 연구』, 제3장, 2006.

국세청, 『국세통계연보』, 각 연도.

김상겸, 「단일세율세제(Flat Tax)의 이론과 현실」, 곽태원 외, 『저성장 시대의 조세정책 방향에 대한 연구』, 제4장, 2006.

김승래·김우철, 『우리나라 조세제도의 효율비용 추정』, 한국조세연구원 연구보고서, 2007.

안종범·임병인, 「물가상승을 고려한 소득세누진도의 측정과 세제개편의 평가」, 『재정논집』 제16집 제2호, 2002.

안종석, 「개인소득세제 개혁: OECD 회원국의 동향과 시사점」, 『월간 재정포럼』, 10월호(제112호), 2005, pp. 24~45.

이　영, 「개방경제하에서의 법인세율」, 곽태원 외, 『저성장 시대의 조세정책 방향에 대한 연구』, 제6장, 2006.

이철인, 「조세제도의 고용효과분석」, 『경제분석패널』, 12(3), 한국금융연구원, 2006.

전영준·현진권, 「조세정책과 소득분배: 개방화에 따른 새로운 해석」, 곽태원 외, 『저성장 시대의 조세정책 방향에 대한 연구』, 제7장, 2006.

조세연구원, 『중장기 세제개편』, 2006.

한국은행, 「경제통계시스템」(http://ecos.bok.or.kr).

Knoester, Anthonie, ed., *Taxation in the United States and Europe: Theory and Practice*, New York: ST. Martin's Press, 1993.

Office of Tax Policy Research(OPER), World Tax Database, 각 연도.

Vernon, Hoven, "Flat Tax as Seen by a Tax Preparer," Tax Notes 747, Department of treasury Arlington USA, 1995.

4

소비세제 개편방안

김 성 순

1. 서　　론
2. 소비세제의 변천과정과 현황
3. 세제개편의 필요성
4. 외국의 동향
5. 세제개편의 원칙과 구체적 개편방안

1 서 론

이 장에서는 2008년 우리 나라의 신정부 출범에 즈음하여 선진국 진입을 위한 세제개편방안을 모색하는 데 있어서, 소비세제 측면에서 기존 연구를 서베이하여 그 현황과 문제점, 외국의 동향을 살펴보고, 이를 통해 바람직한 개편방안을 정리하여 제시하고자 한다. 소비세는 소비를 과세베이스로 하는 세금이지만, 보통은 재화나 서비스의 매매에 부과되는 것으로서 그 재화나 서비스를 구입하여 효용증대를 위해 사용하는 소비행위에 대한 조세를 의미한다. 소득세 및 법인세가 각기 가계소득 및 법인소득의 원천 측면에서 부과되는 인세(personal tax)인 데 반하여, 소비세는 가계소득의 사용 측면에 부과되는 물세(in rem tax)라는 특징을 지니고 있다. 이러한 이유로 소득세와 달리 소비세는 개별 소비자의 경제적 상황이 고려되지 않아 조세부담의 공평성이 훼손될 수 있다는 문제점을 지니고 있다. 또한 소비세는 대체로 납세자와 조세의 실질부담자가 일치하지 않는 간접세적인 속성을 갖는다. 그러나 자동차세는 소비세이지만 자동차의 소유자에게 부과하기 때문에 직접세라고 볼 수 있다.

소비세는 그 종류가 많고 복잡한 체계를 가지고 있어 모두 논의하기가 사실상 어렵고, 지방세와 환경세부분은 따로 장을 달리하여 논의될 것이므로, 본 장에서는 소비체계 개편 차원에서 필요시에 최소한의 언급만을 할 것이다. 또한 유통세에 속하는 인지세와 증권거래세도 소비행위에 대한 과세라 볼 수 없으므로 논의대상에서 제외하기로 한다. 국경조정 조세를 의미하는 관세도 본 연구대상에서 제외하기로 한다. 그러므로 본 연구에서는 주로 부가가치세제를 중심으로 한 특별소비세·주세 등에 대해 논의하고자 한다.

본 장의 구성은 제2절에서 소비세제의 변천과정과 현황을 소비세 세목별로 살펴보고, 제3절에서 현행 소비세제의 문제점과 세제개편의 필요성에 대해 논한 후 제4절에서 외국의 동향을 통해 우리 나라에의 정책적 시사점을 도출한다. 제5절에서 세제개편의 원칙과 방향에 대해 논의한 후 결론적으로 바람직한 소비세제 개편방안을 제시한다.

2 소비세제의 변천과정과 현황

2.1. 소비세의 분류

소비세(consumption tax)는 먼저 국내소비활동을 과세대상으로 하는 내국소비세와 국경을 넘는 거래를 대상으로 하는 관세(tariff)로 나눌 수 있다. 내국소비세는 다시 모든 소비활동에 일률적으로 적용되는 일반소비세(general consumption tax)와 특정한 소비활동에 선별적으로 적용되는 개별소비세(selective consumption tax)로 나누어진다. 또한 일반소비세는 과세단계별로 어느 한 단계에만 부과하는 단일단계세(single stage tax)와 여러 단계에 걸쳐 부과되는 다단계세(multi-stage tax)로 구분할 수 있다. 그 예로 단일단계 일반소비세로는 영업세·도매매출세·소매매출세 등을 들 수 있고, 다단계 일반소비세로는 부가가치세(value added tax: VAT)와 거래세(turnover tax)를 들 수 있다. 개별소비세의 예로는 물품세(excise tax)·특별소비세·주세·교통세·담배소비세·관세 등을 들 수 있다. 개별소비세는 과세방법에 따라서 구분할 수 있는데, 재화 또는 서비스의 가격에 일정률의 세율을 곱한 금액을 부과하는 형태의 종가세(ad valorem tax)와 재화 또는 서비스의 단위당 일정한 금액을 부과하는 종량세(specific tax)로 나눌 수 있다.

우리 나라의 경우 소비세에 속하는 조세는 부가가치세·특별소비세·주세·담배소비세·자동차세·관세 등 총 18개 세목으로 현행 소비세의 체계는 다음과 같다.[1]

[1] 소비세 분류에도 논란이 있으나 나성린(2005)의 분류에 따른다.

그림 4-1 우리 나라의 소비세체계

2.2. 소비세제의 변천과정과 현황

(1) 소비세제의 변천과정

우리 나라 소비세제의 변천과정을 간략히 살펴보면, 1950년을 전후하여 영업세·물품세·직물세·주세·전기가스세·통행세·입장세 등 여러 종류의 소비세 세목이 도입되었고, 1960년대에 전화세·석유류세·증권거래세가 추가되었으며, 1970년대 초에 직물류세가 신설되었다.

1970년대 후반에는 복잡하고 다양한 세목을 통합하여 소비세체계를 간소화하여 현재와 같은 부가가치세·특별소비세·주세·전화세·증권거래세·방위세 및 인지세 등의 골격을 갖추게 되었다. 1977년 7월 1일을 기준으로 복잡하던 소비세 세목을 폐지하고 조세체계를 단순화하였다. 영업세는 부가가치세로 개편되고, 기타 개별소비세는 특별소비세로 통합 정리가 되었다. 특별소비세는 단일세율로 부과되는 부가가치세의 기능을 보완하기 위해서 도입하였다. 그리고 1978년에 부가가치세 예정신고횟수를 4회에서 2회로 축소하였다.

1980년대에는 1988년에 부가가치세 기본세율을 13%에서 10%로 인하하고, 탄력세율제도를 폐지하였으며, 1989년에 담배소비세를 신설하였다.

1990년대에는 1991년에 교육세를 신설하고, 방위세를 폐지하였으며, 1993년에 부가가치세에 한계세액공제제도를 도입하였다. 1994년에 교통혼잡 등 사회기반시설 부족으로 인한 물류비용 증대 등의 문제를 해결할 재원을 확보하기 위해 특별소비세로부터 분리독립된 교통세가 신설되고 농어촌특별세를 신설하였다. 1995년에는 부가가치세에 한계세액공제제도를 폐지하고, 간이과세제도를 도입하였다. 1998년에 표준신고율제도를 폐지하고, 간이과세자에 적용되는 부가가치율을 조정하고, 사업자에 대하여 신용카드 가맹을 유도하는 등 부가가치세 과세표준 양성화를 위한 제도개선이 이루어졌고, 담배부가가치세를 도입하였다. 1999년에는 부가가치세에 대한 과세특례자제도를 폐지하였다.

2000년대에는 2001년에 에너지세를 개편하고, 교육세 시한을 2000년 말에서 2005년 말로 연장하였으며, 지방세분 교육세를 지방교육세로 전환하고, 전화세를 폐지하였다. 2003년에는 교통세 과세시한을 2006년 말까지 3년 연장하였고, 2007년에 과세시한을 다시 2009년까지 연장하였다. 2004년에 특별소비세 대상 중 32개 품목에서 24개 품목을 폐지하여 8개 품목과 6개 장소만이 남게 되었다.

(2) 소비세제 현황

우리 나라의 총조세 대비 소비세 비중을 보면 1980년대 이전에는 60%가 넘었으나 그 후 하락해 오다가 2000년대에 들어와서는 30~40% 정도의 비중을 유지하고 있다. 2005년 실적을 기준으로 본 국세 중 차지하는 비중을 살펴보면, 부가가치세 28.3%, 특별소비세 3.5%, 주세 2%, 교통세 8.1%로 소비세의 비중이 41.9%(담배소비세·관세·유통세 제외)이며, 국세에서 차지하는 비중은 관세 4.9%, 인지세 0.39%, 증권거래세 1.86%이다.

소비세 비중을 국제비교해 보면, 개발도상국과 선진국 중 EU 국가들이 대체로 세수의 상당 부분을 소비세에 의존하는 경향을 보이고 있다. 개발도상국들은 경제발전단계의 초기에 있어 소득과세의 여력이 크지 않기 때문이고, EU 국가들은 복지수요에 대한 재원확보와 개방화에 따른 국제경쟁력 확보를 위한 소득세·법인세·자본과세 비중의 감소 등으로 소비세 비중이 상대적으로 증가하였기 때문인 것으로 보인다. OECD 국가들의 총조세 대비 소비세 비중을 보면, 〈표 4-1〉에서 보는 바와 같이 한국은 2004년 현재 36.3%로 OECD 평균 32.3%보다 높은 수준으로, 멕시코 55.5%, 터키 47.7%, 아이슬란드 41.1%, 헝가리 40.8%, 슬로바키아 39.8%, 포르투갈 38.6%보다 낮은 수준이고, 다른 국가들보다는 비슷하거나 높은 수준이다. 이를 GDP 대비 소비세 비중으로 비교해 보면, 〈표 4-2〉에서 보는 바와 같이, 2004년 현재 한국은 8.9%로 OECD 평균 11.4%보다 낮고, 미국 4.7%, 일본 5.3%, 스위스 6.9% 보다 높은 수준이나 캐나다 8.7%, 호주 8.9%, 스페인 9.8%와 비슷한 수준이고, 대부분의 여타 국가들보다는 낮은 수준이다. 그리고 직접세와 간접세 비중을 살펴보면, 내국세 전체 기준으로 볼 때, 1975년 직:간=40%:60%, 2005년 직:간=54%:46%로 직접세 비중이 점점 커지고 있다.

1) 부가가치세

우리 나라의 부가가치세제는 비교적 짧은 역사를 갖고 있는데, 부가가치세제가 시행되기 전 영업세·물품세·직물류세·석유류세·전기가스세·통행세·입장세·유흥음식세 등 복잡다기한 소비세 항목으로 구성되었는바, 이를 부가가치세제의 시행으로 8개 세목을 하나로 묶어 소비세체계를 간소화하고, 기타 개별소비세는 특별소비세제로 통합하여 소비세제를 두 개의 세목으로 개편하는 획기적인 전환이 이루어졌다. 그 도입과정을 살펴보면, 1972년 IMF의 James C. Duignan의 우리 나라의 부가가치세 도입가능성에 대한 검토보고서와 1973년 UN의 Carl S. Shoup의 자문보고서 등을 토대로 정부는 각계의 연구·검토를 거쳐 1975년 7월 부가가치세제 도입방침을 확정하였다. 이러한 방침에 따라 1976년 부가가치세법의 제정으로 1977년 7월부터 시행되었는데, 부가가치세는 물품이나 용역의 판매 또는 제공과 물품의 수입을 과세대상으로 하였으며, 13%의 단일세율을 기본세율로 하고 경기조절 목적으로 3%p 범

표 4-1 OECD 국가의 총조세수입 대비 일반소비세수 비중

단위: %

구 분	1970	1980	1990	1995	2000	2003	2004
캐나다	31.7	32.6	25.8	25.4	24.4	26.3	25.9
멕시코		51.2	55.3	53.9	53.1	52.5	55.5
미국	20.0	17.6	17.3	17.9	15.8	18.4	18.3
호주	32.0	31.1	27.8	29.0	27.5	29.6	28.5
일본	22.4	16.3	13.2	15.2	18.5	20.3	20.0
한국		62.7	48.3	43.1	38.3	37.1	36.3
뉴질랜드	27.2	22.3	33.6	33.3	34.5	35.3	33.8
오스트리아	37.4	31.5	31.5	27.7	28.4	28.2	28.2
벨기에	36.5	27.2	25.4	25.7	25.4	24.5	25.0
체코				32.9	32.0	29.6	31.2
덴마크	38.8	37.4	33.5	32.2	32.4	33.0	32.7
핀란드	39.6	33.5	32.6	29.9	29.1	32.0	31.7
프랑스	38.1	30.4	28.4	27.4	25.8	25.5	25.6
독일	31.8	27.1	26.7	28.0	28.1	29.4	29.2
그리스	48.2	41.2	44.5	41.3	38.7	36.8	37.1
헝가리				40.6	40.5	39.4	40.8
아이슬란드	61.3	59.9	51.5	48.8	44.8	40.2	41.1
아일랜드	52.4	43.7	42.3	40.7	37.2	38.4	37.8
이탈리아	38.7	26.5	28.0	27.3	28.4	25.7	26.4
룩셈부르크	20.5	21.5	24.8	26.6	27.6	27.5	30.4
네덜란드	27.8	25.2	26.4	25.6	29.1	31.8	32.0
노르웨이	42.8	35.4	35.6	38.6	34.4	31.1	29.7
폴란드				35.2	36.3	36.2	36.0
포르투갈	44.6	44.9	43.8	43.5	39.9	38.6	38.6
슬로바키아					35.6	35.5	39.8
스페인	35.9	20.7	28.4	28.6	30.2	28.3	28.0
스웨덴	28.2	24.0	25.0	27.8	24.0	26.3	25.8
스위스	26.9	20.5	21.2	21.9	22.5	23.3	23.7
터키	49.4	25.6	27.9	37.6	40.7	49.4	47.7
영국	28.8	29.2	30.5	35.4	32.2	32.8	32.0
OECD 합계	35.9	32.4	31.9	32.5	31.8	32.1	32.3

자료: OECD, *Revenue Statistics*, 2006.

위 내에서 가감할 수 있는 탄력세율제도를 운영하였으며, 이 제도는 1988년까지 유지되었다. 1988년에는 기본 세율을 13%에서 10%로 하향조정하고, 탄

표 4-2 OECD 국가의 GDP 대비 일반소비세수의 비중

단위: %

구 분	1970	1980	1990	1995	2000	2003	2004
캐 나 다	9.8	10.1	9.3	9.0	8.7	8.8	8.7
멕 시 코		8.3	9.8	9.0	9.8	10.0	10.5
미 국	5.5	4.8	4.6	4.9	4.7	4.7	4.7
호 주	7.1	8.5	8.1	8.6	8.7	9.1	8.9
일 본		4.1	4.0	4.2	5.1	5.2	5.3
한 국		11.1	9.2	8.8	10.0	9.4	8.9
뉴질랜드	7.2	7.1	12.6	12.3	11.7	12.1	12.0
오스트리아	12.9	12.6	12.7	11.5	12.3	12.1	12.0
벨 기 에	12.6	11.6	11.4	11.5	11.6	11.0	11.3
체 코				13.2	12.5	11.2	12.0
덴 마 크	15.2	16.4	15.8	15.9	16.0	15.7	16.0
핀 란 드	12.6	12.9	14.6	13.5	13.8	14.3	14.0
프 랑 스	13.0	12.4	12.2	12.2	11.7	11.0	11.1
독 일	9.5	9.4	8.8	10.7	10.6	10.4	10.1
그 리 스	10.8	10.0	13.1	13.4	13.8	13.4	13.0
헝 가 리				17.2	15.8	15.0	15.5
아이슬란드	16.6	17.8	16.2	15.5	17.2	15.2	15.9
아일랜드	15.1	13.7	14.2	13.4	11.6	11.0	11.4
이탈리아	10.1	8.1	10.9	11.2	11.9	10.7	10.8
룩셈부르크	5.5	8.8	10.1	11.3	11.2	10.5	11.5
네덜란드	10.3	10.9	11.3	11.8	12.0	11.7	12.0
노르웨이	14.7	15.0	14.8	15.9	13.4	13.3	13.1
폴 란 드				14.0	12.5	12.6	12.4
포르투갈	8.6	10.8	12.8	14.1	13.7	13.5	13.3
슬로바키아					11.7	11.1	12.1
스 페 인	5.8	4.8	9.4	9.4	10.6	9.7	9.8
스 웨 덴	10.6	11.1	13.0	13.5	13.0	13.2	13.0
스 위 스	6.1	5.9	5.7	6.2	7.0	6.9	6.9
터 키	6.2	4.6	5.6	8.5	13.6	16.2	14.9
영 국	10.7	10.3	11.2	12.3	12.0	11.6	11.5
OECD 합계	10.0	10.0	10.8	11.5	11.6	11.4	11.4

자료: OECD, *Revenue Statistics*, 2006.

력세율제도를 폐지하였다. 이는 부가가치세의 탈세요인을 줄여 봉급생활자와 사업소득자 간의 수평적 형평성을 제고하는 데 상당한 기여를 한 것으로 보

표 4-3 최근 우리 나라 부가가치세수의 비중

단위: 10억 원, %

구 분	2001	2002	2003	2004	2005
GDP	622,123	684,264	724,675	778,445	806,622
국 세	95,793	103,968	114,664	117,796	127,466
내 국 세	74,027	82,226	92,231	95,276	104,428
간 접 세	35,081	40,606	42,514	43,037	45,483
부가가치세 (전년 대비 증가율)	25,835	31,609 (22.3)	33,447 (5.8)	34,572 (3.4)	36,119 (4.5)
부가가치세/GDP	4.2	4.6	4.6	4.4	4.5
부가가치세/국세	27.0	30.4	29.2	29.3	28.3
부가가치세/내국세	34.9	38.4	36.3	36.3	34.6
부가가치세/간접세	73.6	77.8	78.7	80.3	79.4

자료: 국세청, 『국세통계연보』, 각 연도, 김승래 외(2007)에서 재인용.

인다.

부가가치세의 세액은 매출세액에서 매입세액을 공제해 주는 전단계 세액공제법(tax credit method) 또는 세금계산법에 의해 산출하도록 하고 있으며, 또한 부가가치세는 영세율과 일반면제라는 면세조항을 두어 특정 부문이나 물품 등에 대해서 면세하도록 예외조항을 두고 있다. 수출 등 외화획득물품이나 용역의 제공에 대해서는 영세율제도를 적용하고, 기초생활필수품 및 용역과 국민후생 용역 등에 대해서는 면세제도를 적용하고 있다. 영세율의 경우는 매출세액뿐만 아니라 매입세액에 대해서도 공제해 주는 제도이나 면세율은 매출세액에 대해서만 공제해 주는 제도이다.

2005년 현재 부가가치세 세수는 〈표 4-3〉에서 보는 바와 같이 약 36조 원으로 국세의 28.3%, 간접세의 79.4%를 점유하여 국세 세목 중 가장 높은 비중을 차지하고 있다. 부가가치세의 신고인원, 과세표준 및 납부세액을 살펴보면, 〈표 4-4〉에서 보는 바와 같이 2005년 신고인원 및 과세표준은 현금영수증제도 도입 등으로 자영업자의 과표양성화가 크게 진전되어 전년도에 비해 크게 증가하였다. 2005년 연간 과세표준은 220조 5,000억 원으로 2004년

표 4-4 사업자별 부가가치세 신고인원, 과세표준 및 납부세액

단위: 명, 억 원, %

연도	신고인원				과세표준				납부세액			
	법인	개인		계	법인	개인		계	법인	개인		계
		일반	간이			일반	간이			일반	간이	
2001	321,204 (8.66)	1,573,217 (42.42)	1,814,614 (48.92)	3,709,035 (100.00)	12,433,732 (82.05)	2,454,034 (16.19)	266,125 (1.76)	15,153,891 (100.00)	228,449 (81.77)	50,167 (17.96)	760 (0.27)	279,376 (100.00)
2002	345,292 (8.71)	1,774,268 (44.77)	1,843,894 (46.5)	3,963,454 (100.00)	14,159,550 (82.06)	2,824,369 (16.37)	271,102 (1.57)	17,255,021 (100.00)	267,527 (82.80)	54,598 (16.90)	978 (0.30)	323,103 (100.00)
2003	359,154 (8.99)	1,861,707 (46.90)	1,773,804 (44.40)	3,994,665 (100.00)	15,565,243 (82.68)	3,008,677 (15.98)	252,766 (1.34)	18,826,686 (100.00)	273,027 (81.87)	59,430 (17.82)	1,038 (0.31)	333,495 (100.00)
2004	372,041 (9.03)	1,924,877 (46.70)	1,645,329 (39.92)	3,942,247 (100.00)	17,812,752 (83.70)	3,228,273 (15.17)	239,832 (1.13)	21,280,857 (100.00)	268,631 (78.69)	71,587 (20.97)	1,142 (0.33)	341,360 (100.00)
2005	400,398 (9.71)	2,117,551 (51.38)	1,603,663 (38.91)	4,121,612 (100.00)	18,575,818 (84.24)	3,459,367 (15.69)	16,154 (0.07)	22,051,339 (100.00)	292,045 (77.89)	82,031 (21.88)	851 (0.23)	374,927 (100.00)

주: 단, 과세표준단위는 1,000만 원임.

자료: 국세청, 『국세통계연보』, 각 연도.

212조 8,000억 원에 비해 3.6% 증가하였다. 이를 신고인원의 구성비로 보면, 법인이 10%, 개인이 90% 정도를 차지하며, 개인납세자 중 일반납세자와 간이납세자의 비중은 1999년에 과세특례자제도를 폐지한 후 2001년에 간이과세자가 49%에서 2005년에는 39%로 나타나 일반납세자 비중이 51%로 많아지는 추이를 보이고 있다. 그러나 이를 과세표준을 기준으로 보면, 법인의 비중이 82~85% 정도로 개인 12~15%보다 압도적인 비중을 보여 법인 대 개인의 비중이 역전현상을 보이고 있으며, 특히 간이과세자의 비중은 1~2% 정도에 불과하고, 납부세액으로 볼 때도 0.3%의 미미한 수준이다.

간이과세제도는 영세사업자에 대해서는 납세협력비용을 경감시켜 주고자 하는 목적에서 실시하고 있는 제도로, 간이과세자는 부가가치액을 포함한 연간 공급대가가 4,800만 원 미만인 개인사업자로 규정하고 있고, 광업, 제조업, 도매업, 부동산매매업, 유흥업소, 부동산임대업, 변호사 등 전문인적 용역에 대해서는 이 대상에서 제외하고 있다.

한편, 우리 나라의 부가가치세제를 외국과 비교해 보면, 현재 OECD 국가 30개 회원국 가운데 미국을 제외한 나머지 29개국이 부가가치세제를 실시하고 있는데, 많은 EU 국가들은 복수세율제도를 실시하고 있으나 우리 나라는 단일세율로 이들 국가 중 10%의 낮은 세율을 적용하고 있다.

2) 특별소비세

특별소비세는 1977년 7월 부가가치세 도입과 함께 과세되기 시작한 대표적인 개별소비세 세목으로 복잡다기한 종전의 소비세체계를 단순화하였다. 그 도입목적은 소비세체계의 단순화 외에 부가가치세 도입으로 인한 역진성을 완화하기 위해 사치품에 부과하기 위한 것이었다. 특별소비세 도입 당시의 과세대상으로는 보석·냉장고·세탁기·TV·커피·휘발유·골프장 등 29개 품목이 해당되었으나, 이후 과세대상을 추가하거나 비과세하는 등 소폭 조정이 이루어졌다. 1978년에 전기이용기구·모터보트·피아노·고급시계 등이 과세대상에 추가되었고, 1981년 말에 코코아·크리스털 유리제품·스키용품 등이 추가되었으며, 1982년 말 액화천연가스가 추가되었고, 1993년 말 등유와 천연가스가 추가되었다. 최근의 특소세법 개정내용을 살펴보면, 1999년 12월 경제수준의 향상에 따라 소비가 대중화된 물품을 중심으로 대폭 정비하여 기존의 63개 과세대상 품목을 32개 품목으로 축소조정하였다. 그 후 2004년 8월 경기부양책의 일환으로 특소세 품목 32개 중 24개를 폐지하여 현재는 8개 품목과 6개 장소만이 과세대상에 포함되었다.

특별소비세의 과세체계를 보면, 물품에 대한 과세는 종량세와 종가세로 과세되며 세율은 다양하고 장소의 경우 종가세와 정액세로 과세되고 있다. 특별소비세의 세율구조는 도입 당시, 기본세율과 탄력세율의 두 가지 구조를 가지고 있으며, 1981년말 잠정세율제도가 도입되어, 현재와 같은 세 가지 세율체계를 가지게 되었다. 탄력세율이란 조세의 경기조절기능을 위해 기본세율의 30% 범위 내에서 세율을 조정할 수 있도록 한 제도이다. 잠정세율은 수출전략상 내수기반의 확대가 필요한 물품에 대해 기본세율을 일정 기간별로 인하하는 제도이며, 최초 2년간 기본세율의 10%, 3년째와 4년째는 각각 기본세율의 40%와 70%를 적용하며, 그 이후에는 기본세율로 환원하는 구조로 되어 있다. 이 규정은 1982년 말에 기본세율의 10% 적용시한을 최초 2년간에서 4년간으로 연장하였다. 2007년 현재 특별소비세의 과세품목별 세율은 〈표 4-5〉와 같다.

3) 교 통 세

교통세는 1994년 목적세의 하나로 도입된 세목으로 특별소비세 과세대상 중 휘발유와 경유를 과세대상으로 하고 있다. 1994~1995년에 특별소비세와 같이 종가세체계였으나, 1996년 1월부터 종량세 과세체계로 전환되었다. 원래 2003년까지 한시적으로 과세하기로 한 목적세이었으나 SOC 투자재원 확보를 위해 과세시한을 2006년까지 3년간 연장하였으며, 2007년부터 교통세는 '교통에너지환경세'로 명칭을 변경하여 과세시한을 2009년까지 연장하였다.

4) 주 세

1949년 주세법의 제정으로 부과되기 시작한 주세는 알코올 함량 1% 이상의 모든 주류에 대해서 과세되며, 주류의 종류에 따라 달리 세율을 부과하고 있다. 주세법 제정 당시에는 종량세방식으로 과세되었으며, 1967년 말과

표 4-5 특별소비세의 과세품목별 세율(2007년 현재)

품 목	세율(%)	품 목	세율(%)
〈제1호〉		〈제4호〉	
· 투전기·오락용 사행기구	20	· 휘발유	630원/ℓ
· 수렵용 총포류	20		(535원/ℓ)
· 녹용·로열젤리·향수	7	· 경유	454원/ℓ
			(323원/ℓ)
		· 등유	181원/ℓ
			(134원/ℓ)
		· 중유	17원/ℓ
		· 프로판(LPG)	40원/kg
		· 부탄(LPG)	360원/kg
			(306원/kg)
		· 천연가스(LNG)	60원/kg
		· 부생연료유	147원/ℓ
			(103원/ℓ)
〈제2호〉 (기준금액)		〈과세장소〉	
· 보석(200만 원)	20	· 경마장	500원
· 귀금속제품(200만 원)	20	· 투전기장	10,000원
· 고급사진기(200만 원)	20	· 골프장	12,000원
· 고급시계(200만 원)	20	· 카지노	50,000원
· 고급모피(200만 원)	20	-폐광지역 카지노	3,500원
· 고급융단(200만 원)	20	· 경륜장	200원
· 고급가구(500만~800만 원)	20		
〈제3호〉		〈과세유흥장소〉	
· 승용자동차		· 유흥주점·외국인전용 유흥주점	
-2,000cc 초과	10	및 기타 이와 유사한 장소	10
-2,000cc 이하	5		

주: 1) 제4호 품목 중 휘발유·경유는 1994~2006년까지 교통세로 징수.
2) ( )는 현재 적용하는 탄력세율.
자료: 재정경제부, 『간추린 재정세법』, 2007.

1971년 말 세법개정으로 주정을 제외한 모든 주류제품에 대해 종가세로 과세하는 과세체계로 전환하여 현재에 이르고 있다. 1990년대에 들어와 EU와의 주세협상에서 EU의 주장을 일부 수용하여 위스키와 브랜디에 대한 세율을 대폭 인하하고, 소주의 세율을 높이고 지나치게 높은 맥주세율을 인하하였다.

표 4-6 주세의 세율

단위: %

주 종	규 격	현행 세율
주 정	95° 이상(곡물주정은 85~90°)	57,000원/kℓ(95°)(알코올분 95° 초과하는 매 1도마다 600원씩 가산)
·발효주		
탁 주		5
약 주		30
청 주		30
맥 주		90
과실주		30
·증류주		
증류식 소주		72
희석식 소주		72
위스키		72
브랜디		72
일반증류주		72
리큐르	불휘발분 2° 이상	72
·기타 주류		
-발효방법에 의한 제성주류로서 발효주가 아닌 것		72
-발효에 의하여 숙성한 주류로서 탁주·약주·청주·맥주·과실주 이외의 것		30

주: 주세액에 대한 교육세율은 주세율 70% 초과 주류는 30%, 주세율 70% 이하의 주류는 10%(단, 주정·탁주·약주는 과세제외)임.
자료: 재정경제부, 『간추린 재정세법』, 2007.

현행 주세의 세율은 〈표 4-6〉과 같다.

5) 담배소비세

담배소비세는 지방세로, 1985년 도입 당시 '담배판매세'의 세율은 시와 군의 경우 각각 과세표준의 2%와 22%였으나, 1986년 지방세법 개정시 각각 22%와 55%로 인상하여 1988년부터 적용하고 있다. 1989년 '담배소비세'로 대체된 이후에는 종량세체계로 과세하여, 판매가격 또는 중량이 일정 범위 안

표 4-7 담배관련 제세공과금 및 가격구조의 변화추이

단위: 원/갑

구 분	1989.1.1~	1994.1.1~	1996.7~	1997.5~	1999.1~	2001.1~	2002.2~	2005.1~ 2006년 현재
담배소비세	360	460	460	460	460	510	510	641
교 육 세			184	184	184	255	255	321
공익기금		20	이후 폐지					
폐기물부담금			4	4	4	4	4	7
국민건강증진기금				2	2	2	150	354
연초경작농민 안정화기금							10	15
소 계	360	480	648	650	650	771	929	1337.5
부 가 세					100	118.2	136.4	181.8
총 계	360	480	648	650	750	889.2	1,065.4	1,519.3
판 매 가		900	1,000	1,100	1,100	1,300	1,500	1,800

주: 1) 부가가치세를 제외한 모든 세율은 갑당 정액임.
2) 부가가치세는 공급가의 10%(상기 예시는 디스의 경우).

자료: KT&G.

에 있을 경우에는 판매가격에 관계없이 단위당 일정액의 소비세를 부과하는 형태를 취하고 있다.

담배소비세의 과세표준은 궐련의 경우 개비수이며, 기타 제품의 경우에는 중량기준으로 하고 있다. 담배소비세의 세율은 궐련의 경우 1993년까지 1갑당 360원(판매가격 200원 초과), 1994년에는 460원으로 책정하고, 기타 제품의 경우에는 1993년까지 50g당 500~2,000원이었으나, 1994년부터는 650~2,600원으로 인상되었다. 현재 세율은 궐련의 경우 1갑당 641원, 기타 제품은 50g당 650~2,600원으로 되어 있다(〈표 4-7〉 참조).

3 세제개편의 필요성

우리 나라의 소비세제는 부가가치세를 도입하면서 일찍이 소비세의 현대화가 이루어졌고, 아울러 전체적인 세수구조도 보다 바람직한 모습으로 바뀌었기 때문에 비교적 문제가 적은 편이라 할 수 있다. 부가가치세를 도입하면서 소비세를 통한 분배개선의 정책적 목적을 추구하려는 시도로 특별소비세를 같이 도입하였지만 최근에는 그 목적도 고소득소비자에 대한 중과세보다는 외부성 시정이라는 보다 합리적인 방향을 추구하고 있다. 그러나 경제환경이 변하면서 개편의 필요성이 제기되고 있다. 경제시스템이 전통거래체제에서 디지털경제체제로 전환되고, 세계화 추세에 따라 인적·물적 자본의 국제 간 이동이 활발해지면서 소득과 자본에 대한 과세 비중이 줄고 점차 소비세의 역할이 증가하는 경향을 보이고 있다.

3.1. 부가가치세

부가가치세는 현재 조세항목 중 가장 세수 비중이 큰 세목이지만, 여타 세목에 비해서 비교적 낮은 균일세율의 특성으로 인하여 왜곡이 상대적으로 작은 세목이라고 할 수 있기 때문에, 소득세·법인세·자본과세 등 다른 세수를 줄이는 경우 상대적으로 더 큰 역할을 담당하도록 조정될 필요가 있다. 김성현(2007)의 연구결과에 따르면, 소국경제 일반균형모형을 이용하여 우리 나라가 법인세나 근로소득세를 낮추고 소비세(부가가치세)로 대체하는 경우 경제 전체의 효용을 1~3% 정도 증가시키고, 단기적으로는 경제가 나빠지지만 장기적인 이익이 단기적인 효용감소를 능가하는 것으로 나타났다. 그러나 법인세를 낮추고 소득세로 대체할 경우 효용은 오히려 낮아지는 것으로 나타났다. 또한 김성순(2001)에 의하면 조세 중 간접세가 직접세보다 더 작은 음(−)의 유의한 실질소득에 미치는 효과를 가지는 것으로 나타났다.

그러나 소비세수를 늘이는 경우 세율인상보다는 우선 과세저항이 작은 과세베이스 확대를 통한 세수증대가 바람직하다고 볼 수 있다. 문제는 현재 부가가치세제도에는 간이과세제·영세율·면세율 등 그 대상에 많은 예외를 두고 있으며, 그 면세범위도 1976년 부가가치세제가 도입된 이후 계속 확대되어 가는 추세를 보이고 있다는 점이다. 그러므로 비과세 감면의 축소를 통한 베이스의 확대 여지가 크다고 볼 수 있고, 따라서 이에 대한 조정이 필요하다. 대표적인 비과세 감면은 면세와 영세율이라고 할 수 있다. 영세율은 주로 국경조정 목적으로 도입된 것이고, 면제는 행정편의적인 고려가 더 중요한 이유라고 할 수 있다. 그리고 부가가치세가 이른바 다단계세금으로 운영되기 때문에 면세는 복잡한 문제를 야기한다. 부가가치세의 베이스 확대는 곧 면세의 축소를 의미한다. 특히, 이론적으로는 간접세로서 '소비형 부가가치세제'[2]의 조세효율성 증진과 과세상의 중립성 확보를 위하여 상품별 중간단계의 면세범위를 최소화하는 것이 바람직하다는 측면을 감안한다면, 과다한 현행 면세범위는 소비형 부가가치세제의 본질을 훼손할 수도 있다는 점을 주목할 필요가 있다.

우리 나라는 현재 부가가치세제 중에서 생활필수품, 사회적 권장재, 국가공익적 차원의 공급부족 품목, 국민의 복리후생관련 용역, 세무행정상 과세가 어려운 품목 등을 면세해 주고 있다. 반면 OECD에서 권장하는 부가가치세제 표준면세범위는 우편서비스, 병약자를 위한 일부 수송용역, 의료용역, 교육용역, 기부행위, 비영리단체의 비상업활동, 스포츠, 문화서비스(TV·라디오 제외), 금융보험용역, 복권과 도박, 부동산임대, 토지와 건물의 공급 등이다(〈표 4-8〉 참조). 그러나 우리 나라의 경우 현재 OECD에서 권장하는 표준면세범위보다 과도한 범위의 면세를 적용하고 있는데, 미가공식품, 비식용 농축수산물, 농수산용 유류, 도서·신문·잡지, 수도 및 연탄, 여객운송용역, 정부관련 건설용역 등이 OECD의 권장 면세범위를 벗어나는 품목들이다.

우리 나라와 주요 국가들의 면세범위를 비교해 보면, 〈표 4-9〉에서 보는 바와 같이 OECD 선진국들에 비해 우리 나라의 현행 부가가치세제 면세범위

[2] 소비형 부가가치세제는 부가가치 계산시 투자를 포괄적으로 공제해 주어 수입과 소비(민간+정부)가 과세베이스가 되는 제도이며 가장 널리 채택되고 있다.

표 4-8 우리 나라 면세범위와 OECD 국가의 표준면세범위 비교

구 분	면세대상 범위
OECD	우편용역, 의료용역, 자선사업, 교육, 비영리단체 비상업적인 활동, 스포츠용역, 라디오 및 TV를 제외한 문화산업, 보험 및 재보험, 부동산임대, 금융용역, 복권 및 도박, 토지와 건물 공급, 특정 자금모집용역
한 국	미가공식품, 수돗물, 연탄 및 무연탄, 여성용 생리처리 위생용품, 의료보건용역과 혈액, 교육용역, 여객운송용역, 도서·우편 등, 담배, 주택과 이에 부수되는 토지의 임대용역, 토지, 근로유사 인적 용역, 예술행사 및 비직업운동경기 등, 도서관 등의 입장, 종교단체 등의 공익목적 활동, 공공기관이 공급하는 재화 및 용역, 공공기관에 무상으로 제공하는 재화 및 용역, 수입도서 및 학술연구단체 등의 교육용 재화 등

자료: OECD(2006), 김승래 외(2007)에서 재인용.

가 광범위한 것으로 나타나고 있어, 면세제도에 대한 실효성을 평가하고 효율적인 정비방안을 마련하는 것이 필요하다. 부가가치세제는 과세베이스가 넓어 자원배분의 중립성과 조세효율성이 여타 세제에 비하여 상대적으로 높은 장점이 있기 때문에, 효율적인 재원조달수단으로 면세범위 축소를 통한 과세기반 확대가 중요한 의미를 지닌다. 또한 비과세 감면제도의 도입 당시와는 여건이 많이 달라진 점을 고려하여 세계 선진화를 지향한다는 측면에서, 과다한 면세범위를 경제순환과정상에서 나타나는 업종 간 과세불평등과 조세왜곡성을 시정하는 방향으로의 축소조정이 요구되고 있다. 이러한 부가가치세제 과세기반 확대는 부가가치의 생산순환과정에서 조세왜곡성의 완화를 통한 부정적 세부담 누적효과를 제거하고 면세업종의 국제경쟁력 제고 및 면세품관련 기업 간의 비효율적 계열화 통합 방지 등 긍정적인 효과를 가질 수 있다. 그리고 매입자발행 세금계산서제도나 사업자 간 세금계산서 등 거래증빙의 지속적인 개선을 통하여 부가가치세제상 거래정상화 및 탈루방지를 위한 각종 세무행정상의 노력들이 세원투명성을 제고하고 세부담의 형평성에도 기여하는 방향도 적극 모색할 필요가 있다.[3]

조세원칙상 부가가치세 면세범위의 최소화는 사업자의 세부담 경감을 하

[3] 김승래 외(2007) 참조.

표 4-9 주요 국가와 우리 나라의 면세범위 비교표

국별	기초식품	가공식품	의료용역	의약품	교육용역	주택공급	주택임대	도서	신문	오락운동	정부지출	금융	중고품	농업원료	예술품
OECD			X		X		X			X		X			
EU 지침			X		X					X		X			
한국	X	X	X	X	X		X	X	X	X	X	X	X	Z	X
영국	Z	Z	X	Z	X	Z	X	Z	Z			X			
프랑스			X			X	X			X		X	X		X
독일			X		X		X			X		X			
벨기에			X		X		X		Z			X			
네덜란드			X		X		X		Z			X			
덴마크			X		X		X		Z			X			X
이탈리아	Z		X		X		X		Z			X			
스웨덴			X	Z	X		X		Z			X			X
스페인			X		X		X					X		X	X
아일랜드	Z	Z	X	Z	X		X			X	X	X		Z	
포르투갈	Z		X	X	X		X	Z	Z	X		X		Z	X
터키	Z		X		X		X					X			
일본			X		X		X					X			
대만	X		X	X	X			X	X			X			

주: X: 면세, Z: 영세율을 의미함.
자료: 한국조세연구원 내부자료로서 김승래 외(2007)에서 재인용.

기 위한 것이 아니라 면세품목을 최종적으로 공급받는 대다수 최종소비자의 세부담을 완화하는 차원에서 설정되어야 한다. 또한 부가가치세제 거래흐름상 과세기반 확보와 관련하여 면세범위 설정의 정책기준상 부합 정도는 최종소비자의 생활수준 및 소비패턴의 변화와 생산기술의 구조적 변화, 조세시스템의 개선 등을 고려하여 과거보다 엄격하게 적용해 나가야 할 필요가 있다.[4]

면세범위의 문제점을 구체적으로 살펴보면, 우리 나라는 기초생필품, 금융, 의료, 교육, 운송 등의 용역과 문화·예술관련 재화 및 서비스 등이 면세대상이다. 그리고 영세율은 수출재화나 해외에서 공급되는 용역이다. 금융·보험용역에 대한 면세에 대해서 살펴보면, 이에 대한 고율과세의 경우 이자율을 상승시켜 물가불안과 금융기관의 수익을 악화시키므로 또한 이 서비스의 중개기능에 대한 대가를 다른 요인에 대한 대가와 구분하기 어려우므로 대부분의 나라에서 면세하고 있고 우리 나라도 면세하고 있다. 그러나 수수료를 명시적으로 수취하는 부수적인 금융서비스에 대해서는 부가가치세 과세전환이 가능하다고 본다.[5]

다음 의료·보건용역에 대한 면세에 대해서 살펴보자. 우리 나라의 경우 이에 대한 면세허용범위가 EU 등보다 광범위한 것으로 나타났다. EU의 경우 면세대상을 인간으로 한정한 데 반해, 우리 나라는 동물 등에 대해 수의사가 제공하는 용역에까지 면세하고 있다. 또한 EU에서는 의료용역이라 하더라도 인간의 질병진단, 치료 그리고 인간의 건강유지 및 예방목적이 아닌 다른 목적으로 제공한 의료용역에 대해서는 정상과세하는데, 우리 나라의 경우 이에 대한 세부규정이 없다. 따라서 면세 의료보건용역의 대상은 인간에게 제공되는 것에 한정하고 공익성을 갖는 것으로 한정하며, 의료보건용역일지라도 인간의 질병에 대한 치료·예방인 경우에만 면세하도록 축소조정할 필요가 있다.[6]

또한 현재 면세범위가 광범위한 편이어서 법적용의 형평성 문제와 누적효과문제가 야기된다. 또한 면세가 중간단계에서 이루어질 경우 영세율 적용

4 김승래 외(2007) 참조.
5 김승래 외(2007) 참조.
6 김승래 외(2007) 참조.

표 4-10 면세하의 세부담

단위: 만 원

구 분	거래단계	매 출 액	매 입 액	세율(%)	매출세액	매입세액	납부세액	총납부세액
면세(영세)	제조	100	0	10	10	0	10	
중간단계	도매	150	100	면세(0)	0	10	0(−10)	35(25)
적 용	소매	250	150	10	25	0	25	
면세(영세)	제조	100	0	10	10	0	10	
최종단계	도매	150	100	10	15	10	5	15(0)
적 용	소매	250	150	면세(0)	0	15	0(−15)	

주: 괄호 안은 영세율의 경우임.

시 최종단계에서 다시 세금을 내게 되어 나타나는 환수효과와, 중간단계에서 면세하는 경우 최종단계에서 다시 세금을 내게 되는 중간 이전 세금과 중복 납부하게 되는 누적효과로 세부담이 오히려 늘어나 자원배분의 효율성 저해를 초래할 수도 있다.

이러한 현상은 〈표 4-10〉을 통하여 간단하게 확인할 수 있다. 즉, 면세제도가 없는 경우는 이 산업의 세금이 총 25만 원이 되는데, 최종 소매단계에 면세제도가 적용될 경우는 총납부세액이 15만 원이 되지만, 중간단계인 도매단계에서 면세제도가 도입되면 도매업자는 면세혜택을 누리지만 소매단계에서는 전단계에 대한 세금발급계산서를 발급받지 못하기 때문에 그 이전 단계의 납부세액을 중복 납부하게 되어 총납부세액이 35만 원으로 늘어나는 누적효과가 나타나게 된다. 다음 영세율의 경우는 괄호 안의 수치에서 보는 바와 같이 최종단계에서 영세율을 적용하는 경우 산업 내 전체 세금이 0이 되지만, 중간 도매단계에 영세율을 적용하는 경우에는 도매단계에서 환급받은 세금을 소매단계에서 다시 추가로 내야 하는 환수효과가 나타나게 된다.

이에 관하여 장기구상에서의 기업단계 부가가치세는 요소소득에 대한 조세이므로 기초생필품 등에 대한 면세가 필요하다는 논리는 설득력이 없다는 주장[7]과 국민생활 보호를 위해 생필품 등에 대한 면세가 계속 필요하다는 주장이 갈리고 있다. 또한 공공부문이나 비영리 기업 등에서 발생하는 부가가치

[7] 곽태원(2007) 참조.

표 4-11 현행 면세품목별 과세전환의 세수변화 및 물가파급효과

면세품목	미가공식료품·농림축산물	도서·신문·잡지 등	정부·정부대행기관	여객운송용역	금융보험용역	의료보건·교육용역
물가변화(%)	0.6469	0.0188	0.2597	0.0614	0.0708	0.0803
세수변화(10억 원)	1,486.81	−6.41	5,435.06	1,126.33	755.47	4,728.29

자료: 김승래 외(2007)에서 인용.

에 대해서도 모두 과세되어야 한다는 주장[8]이 있다. 그리고 영세율·면세율 등 특례세율 적용시 명확한 기준설정도 필요하다.

김승래 외(2007)의 연구에 따르면, 〈표 4-11〉에서 보는 바와 같이, 면세품목의 과세전환 후 세수변화효과는 유의한 세수증가를 가져오고, 상대가격 및 물가파급은 일시적이고 미미하며, 소득배분배에 미치는 부정적인 효과도 〈표 4-12〉에서 보는 바와 같이, 생필품 등을 제외하면 그다지 심각하지 않은 것으로 나타나고 있다. 이를 구체적으로 살펴보면, Gottfried and Wiegard (1991)의 일반균형분석방법을 이용하여 업종별 일반균형 I-O실효세율와 상대가격구조, 세수, 물가 그리고 소득분배 등 여러 가지 측면에서 살펴본바, 주요 면세품목의 과세전환 후 세수변화의 효과는 현재 면세품목인 미가공식료품, 농림축수산물부문은 1조 4,000억 원, 정부·정부대행기관부문은 5조 6,000억 원, 여객운송용 부문은 1조 1,000억 원, 금융보험용역부문 8,000억 원, 의료보건·교육용역부문 4조 7,000억 원의 세수증가효과를 가져왔으며, 도서·신문·잡지부문은 예외적으로 약 64억 원의 세수감소효과를 보이는 것으로 나타났다. 이 세수의 합은 13조 6,000억 원 규모에 해당되어, 부가가치세수의 약 38%, 국세의 10% 세수증대효과를 가져오는 것으로 추산할 수 있다.

부가가치세 면세품목의 과세품목 전환 후 일반물가수준에 미치는 전반적 효과는 현행 면세품목들의 과세전환에 따른 상대가격 및 물가파급효과는 미가공식료품·농림축수산물부문(0.65%)과 정부 및 정부대행기관부문(0.26%)을

[8] 곽태원(2007) 참조.

표 4-12 현행 면세품목별 과세전환의 소득계층별 추가부담(2006년)

단위: 천 원

면세품목		미가공식료품·농림축산물	도서·신문·잡지 등	정부·정부대행기관	여객운송 용역	금융보험 용역	의료보건·교육용역
소득1분위		92.6	0.047	11.056	31.568	5.977	6.634
소득2분위		140.4	0.570	15.514	44.191	9.692	10.765
소득3분위		163.0	0.955	18.614	52.673	12.180	13.531
소득4분위		183.6	1.133	21.625	63.077	13.908	15.452
소득5분위		204.4	1.503	24.224	68.979	16.384	18.203
소득6분위		218.2	1.691	25.822	73.733	17.134	19.038
소득7분위		238.7	2.196	27.725	79.592	19.778	21.978
소득8분위		254.1	2.236	31.689	87.848	21.354	23.728
소득9분위		260.2	1.992	35.603	92.204	22.574	25.079
소득10분위		3511	3.263	50.164	122.326	32.585	36.203
지니계수 변화(%)	소득기준	0.226	0.001	0.021	0.079	0.014	0.011
	소비기준	0.162	−0.002	−0.015	0.014	−0.002	−0.003

주: 1) 소득계층별 불평등지수(지니계수) 변화에 대한 정책시나리오별 일반균형 파급효과를 측정하기 위한 기준.
2) 분석경제의 소득 10분위 소득분포(경상소득)에 의한 지니계수는 0.3015, 총소비지출액 기준에 의한 지니계수는 0.2226임.

자료: 김승래 외(2007)에서 인용.

제외한 도서·신문·잡지부문(0.02%), 여객운송용역부문(0.06%), 금융보험용역부문(0.07%), 의료보건·교육용역부문(0.08%)에서는 대체로 그 효과가 일시적이며 미미한 것으로 나타났다.

또한 이러한 부가가치세제 과세범위의 확대가 업종별 거래에서 존재하는 누적효과와 환수효과의 제거를 통하여 소비세제의 효율성을 증가시키고, 이 추가로 확보된 세수를 재정지출을 통해 저소득층을 위한 지원프로그램 확대에 사용한다면 그 분배정책적 효과가 면세의 경우보다 더욱 커질 수 있을 것이다.

다음은 간이과세제도의 문제다. 우리 나라는 사업규모와 상관없이 모든

표 4-13 간이과세자의 부가가치율

단위: %

업 종	부가가치율
1. 제조업, 전기·가스 및 수도사업, 소매업,[1] 재생용 재료수집 및 판매업	20
2. 농업·수렵업·임업 및 어업, 건설업, 부동산임대업, 기타 서비스업	30
3. 음식업, 숙박업,[2] 운수·창고 및 통신업	40

주: 1) 소매업의 경우 2006. 1. 1~2007. 12. 31까지 거래분은 15% 적용.
2) 음식·숙박업은 2006. 1. 1~2007. 12. 31까지 거래분에 대하여 30% 적용.
자료: 김승래 외(2007)에서 재인용.

사업자는 사업자등록을 해야 하나 영세사업자에 대해서는 납세협력비용을 경감시켜 주고자 하는 차원에서 간이과세제도를 실시하고 있다. 일반적으로 기장능력이 되지 않는 소규모 자영사업자에 대하여 미리 정해진 업종별 부가가치율에 따라 간소한 방법으로 과세함으로써 이러한 사업자의 납세편의를 도모하려는 취지에서 운영된다. 과세특례제도로 시작한 경감과세제도는 여러 차례의 제도적인 변화를 거쳐 현행과 같은 간이과세제도로 변모하였다.

부가가치세법 제25조에서 간이과세자를 연간 공급대가(부가가치세액을 포함)가 4,800만 원 미만인 개인사업자로 규정하고 있으며, 광업·제조업·도매업, 부동산매매업, 특별소비세가 과세되는 과세유흥장소, 부동산임대업, 변호사 등 전문인적용역 등은 간이과세의 범위에서 제외하고 있다.

부가가치세법 제26조와 동법 시행령 제74조의3에 의하면, 간이과세의 과세표준은 공급대가로 하며 납부세액은 〈표 4-13〉과 같은 업종에 따른 부가가치율에 세율 10%를 적용하여 계산한다. 또한 간이과세자의 과세기간에 대한 공급대가가 1,200만 원 미만인 경우에는 부가가치세 납부의무가 면제된다.

이 간이과세제도는 일반과세자에 비해 상대적으로 낮은 부가가치율의 혜택 등 영세사업자에게 세부담을 경감시키는 혜택이 크기 때문에 이 제도는 자영업자에게 간이과세자 자격유지의 경제적 유인을 강하게 갖게 된다. 따라서 자영업자의 소득을 정확하게 파악할 수 없는 상황하에서 자신의 외형을 감추고서라도 간이과세의 영역에 남으려고 한다. 이는 세금계산서 수수관행 문란 및 탈세로 연결되는 부작용을 초래할 수 있다. 과소보고한 매출액이 노출될 위험을 회피하기 위해 세금계산서를 미수취하여 세금계산서의 발행 및 수취를 통한 탈루방지라는 부가가치세의 장점을 축소시킨다. 이는 공평과세원칙을 훼손하는 등의 문제를 야기시킨다. 따라서 이러한 문제를 해결하기 위하여 간이과세제도는 폐지할 필요성이 있다.

김승래 외(2007)는 현행 면제점 수준에 대한 적정성 여부를 검토하기 위해 Keen and Mintz(2004)의 단순모형과 Zee(2005)의 모형으로부터 캘리브레이션을 통해 적정 면세점을 도출한 결과 현행 우리 나라 면제점 수준은 모형에서 도출한 적정 수준보다 낮은 것으로 나타났다. 특히, 현행 부가가치세 면제점 수준은 조세운영비용을 비교적 낮게, 산출물 다양성의 대체탄력성을 높게, 부가가치율을 상당히 높게 잡더라도 적정 수준에 미달하는 것으로 나타났다. 이러한 결과는 신용카드 사용 확대 및 현금영수증제도의 도입 등 외형을 자동적으로 노출시키는 과세인프라 구축을 통해 과표양성화 수준을 더욱 개선하고 동시에 공제폭 확대 등 현행 면제점 수준을 인상시켜 사회적 후생을 증가시킬 수 있음을 보여 주고 있다.

3.2. 개별소비세 · 목적세 · 지방세

개별소비세·목적세·지방세 등의 소비세구조가 복잡하여 단순화할 필요가 있다. 개별소비세목 중에서 주세는 세율구조와 수준이 합리적으로 조정될 여지가 매우 크며 담배소비세도 세율수준의 조정이 필요하다. 특히, 담배소비세의 세원에 다른 부담금이 부과되어 예산과정을 거치지 않고 특정한 용도에 사용되고 있는 현실은 조속히 정상화되어야 할 문제이다. 또한 개별소비세 중에서 가장 큰 비중을 차지하고 있는 자동차 연료에 대한 소비세는 목적세로 되어 있는데 이것도 정상화되어야 할 과제이다.

주세와 담배소비세는 소비가 건강에 해롭고 중독성까지 있기 때문에 흔히 죄악세(sin tax)라고 부른다. 주류의 소비가 가져올 수 있는 외부불경제요인으로 숙취로 인한 생산성의 감퇴, 폭력과 범죄의 증가, 가정불화와 이혼의 증가, 음주운전으로 인한 교통사고의 증가 등을 들 수 있다. 그리고 흡연은 흡연자 자신의 건강을 악화시킬 뿐만 아니라 주위의 간접흡연자들까지 치명적인 질병의 위험에 노출시키며 발암의 원인으로 인정되고 있다. 또한 담배는 환경을 더럽혀서 청소비용을 증대시키며, 화재를 일으키는 원인이 되기도 한다. 담배와 함께 알코올중독은 국민의 전반적인 건강악화와 이에 따른 사회복지비용의 증가, 의료비의 증가 등 사회적 비용을 상승시킨다. 따라서 세수입뿐만 아니라 이러한 외부성을 교정할 필요에 의해 세금을 부과한다. 그러나 현재 우리 나라의 주세와 담배세의 세율은 현재보다 현저히 상향조정될 여지가 있다. 노인철 외(1997)에 따르면, 이러한 품목들의 외부성이 세부담보다 훨씬 더 크다고 평가되고 있기 때문이다. 또한 외국에 비해서도 주세나 담배세의 세부담률이 상당히 낮은 것으로 나타나고 있다.[9] 담배의 경우 현재 담배소비세 이외에 건강보험에서 부담금 형태의 준조세를 징수하고 있는데, 이것은 정상적인 세수입 형태로 징수되어 재정이 우선순위에 따라서 사용되도록 정상화되어야 할 항목이다.

자동차세·주행세 등 자동차관련세는 자동차 운행으로 인한 환경오염을 적정수단으로 억제하거나 환경오염 방지를 위한 재원조달을 위한 조세수단으로 환경세적 의미를 갖는다. 또한 자동차 운행으로 야기되는 혼잡의 사회적 비용을 그 원인자들에게 부담시킴으로써 혼잡발생을 최적화하기 위한 혼잡세적 의미도 갖는다. 따라서 자동차관련세는 이러한 오염과 혼잡으로 인한 사회적 비용을 적정하게 부담시켜 외부성을 교정하는 효율적이며 공평한 과세이어야 한다.

레저세의 경우도 사행성 오락의 사회적 폐해 등을 감안할 때 세율인상을 검토할 여지가 있다. 자동차유류세는 그것이 외부성 등을 교정하기 위한 세금이라면 당연히 그 과세대상이 외부성을 발생하는 모든 행위로 되어야 하므로, 특수용도에 대한 비과세나 세금을 상쇄하기 위한 보조금 지급 등은 당연히 폐지되어야 할 제도들이다.[10]

[9] 영국은 담배세의 대폭적인 인상으로 흡연자비율이 인상전인 1972년 46%에서 인상 후 크게 감소하여 1994년 이후 27~28%의 수준을 유지하고 있고, 담배소비량도 역시 크게 감소하였다.

[10] 곽태원(2007) 참조.

4 외국의 동향

4.1. EU 국가들의 부가가치세 개혁

유럽 국가들이 1967~1973년 사이에 기존의 개별 판매세(selective sales tax)와 구매세(purchase tax)를 부가가치세(VAT)로 대체하여 세제를 단순화하였는데, 이는 20세기의 가장 획기적인 세제개혁 중 하나로 꼽을 수 있다. 이 제도의 도입에는 다음과 같은 이유가 있었는데, 즉 ① 모든 상품에 단일세율을 부과하여 자원배분의 중립성을 확보하고 자원배분의 효율성을 제고할 수 있으며, 수직적 통합기업과 비통합기업 간의 중립성을 확보할 수가 있고, ② 수출품에 영세율을 적용하여 수출을 촉진하며, ③ 중간재에 대한 비과세로 자본축적이 용이하며, ④ 부가가치세 계산시 세금계산서가 필요하므로 탈세를 방지하는 효과가 있으며, ⑤ EU 통합과정에 필요한 간접세의 조화효과가 있다고 판단되었기 때문이다.

4.2. OECD 국가들의 부가가치세 도입

미국을 제외한 대부분의 OECD 국가들이 EU 국가들의 부가가치세 도입을 계기로 부가가치세제를 도입하였다. 도입 초기에는 표준세율을 중심으로 필수품 등에는 저세율, 사치품 등에는 고세율로 다수의 세율구조를 가지고 있었다. 그리고 영세율과 면세율 적용을 도입하였다. 1970년대 OECD 24개국의 표준세율은 12.4%이었다. 또한 소규모 사업자들에 대해서는 사업자등록을 면제하여 비과세하고 있다.

특정 재화와 용역에 대해 부가가치세 면세를 적용하고 있으며, OECD 대부분의 회원국들이 음식·농업·장애인용 기구·문화서비스·스포츠·신문·서적 등에 대해 영세율 또는 저세율을 부과하고 있다. 도입 초기에는 사치품에 대해 차등 고세율을 부과하였으나 기업들의 반발로 이에 대한 고세율을 폐지하고 표준세율을 인상하였다. 부가가치세율의 지속적인 증가와 함께 국제경쟁력 확보를 위한 소득세·법인세·자본과세 비중의 감소로 OECD 국가들의 총세수입 대비 부가가치세 수입의 비중이 계속 증가해 오고 있다.

4.3. OECD 국가들의 부가가치세제 현황[11]

현재 OECD 국가 30개국 중 미국을 제외한 29개국이 부가가치세제를 실시하고 있는데, 〈표 4-14〉에서 보는 바와 같이 부가가치세의 표준세율이 단순평균으로 1976년 15.6%, 1990년 16.5%, 2005년 17.8%로 일부 국가를 제외하고 점진적으로 증가해 오고 있다. 2005년 현재 OECD 국가들의 부가가치세율은 5~25% 수준이며, 일본이 5%로 가장 낮고, 노르웨이·스웨덴·덴마크 및 헝가리는 25%로 가장 높다. 대부분의 OECD 국가들이 경감세율을 포함하여 복수세율의 부가가치세 구조를 가지고 있는 것으나, 이 중 단일세율을 유지하는 국가는 우리 나라를 포함한 7개국이며, 단일세율을 유지하는 국가들의 세율이 대체로 낮다는 특징을 가지고 있다. 우리 나라는 〈그림 4-1〉에서 보는 바와 같이 일본·캐나다·스위스 다음으로 낮은 세율을 가지고 있다.

OECD 국가들의 면세범위는 앞에서 기술한 바와 같이 공통적으로 '표준면세'분야를 정해 놓고 있다. 그러나 현실적으로 나라마다 다양하게 면세제도를 운영하고 있다. 뉴질랜드·호주는 면세범위가 좁아 가장 넓은 과세베이스를 가지고 있으며, 수출 재화 및 용역에 대해서는 모든 OECD 회원국이 영세율제도를 운영하고 있다.

대부분의 회원국이 면세점을 설정하고 있으며, 이를 사업자등록 강제 여부의 판단기준으로 활용하고 있다. 매출액이 면제점 이하인 사업자는 사업자등록을 할 필요가 없고, 부가가치세를 징수할 의무가 없으며, 매입세액공제도 신청할 수 없다. 그러나 한국을 비롯한 벨기에·네델란드·포르투갈·헝가리 같은 국가들은 면제점과 관계없이 모두 사업자등록을 하도록 하여 면세점은

[11] 김승래 외(2007) 참조.

표 4-14 OECD 국가들의 부가가치세제

구 분	도입연도	표준세율					감면세율	국내거래 영세율
		1976	1990	2000	2003	2005		
호 주	2000	–	–	10	10	10	–	있음
오스트리아	1973	18	20	20	20	20	10, 12*	없음
벨 기 에	1971	18	19	21	21	21	6, 12	있음
캐 나 다	1991	–		7	7	7	–*	있음
체 코	1993	–		22	22	19	5	없음
덴 마 크	1967	15	22	25	25	25	–	있음
핀 란 드	1994			22	22	22	8, 17	있음
프 랑 스	1968	20	18.6	20.6	19.6	19.6	2, 5.5*	없음
독 일	1968	11	14	16	16	16	7	없음
그 리 스	1987	–	18	18	18	18	4, 8*	없음
헝 가 리	1988	–	25	25	25	25	5, 15	없음
아이슬란드	1989		22	24.5	24.5	24.5	14	있음
아 일 랜 드	1972	20	23	21	21	21	4.8, 13.5	있음
이 탈 리 아	1973	12	19	20	20	20	4, 10	있음
일 본	1989	–	3	5	5	5	–	없음
룩셈부르크	1970	10	12	15	15	15	3, 6, 12	없음
멕 시 코	1980	–	10	15	15	15	–*	있음
네 덜 란 드	1969	18	18.5	17.5	19	19	6	없음
뉴 질 랜 드	1986	–	12.5	12.5	12.5	12.5	–	있음
노 르 웨 이	1970	20	20	23	24	24	7, 11	있음
폴 란 드	1993	–		22	22	22	7, 3	있음
포 르 투 갈	1986	–	17	17	19	19	5, 12*	없음
슬로바키아	1993	–		23	20	19		없음
스 페 인	1986	–	12	16	16	16	4, 7*	없음
스 웨 덴	1969	17.7	23.46	25	25	25	6, 12	있음
스 위 스	1995	–	–	7.5	7.6	7.6	2.4, 3.6	있음
터 키	1985	–	10	17	18	18	1, 8	없음
영 국	1973	8	15	17.5	17.5	17.5	5	있음
한 국	1977	10	10	10	10	10	–	있음
평 균		15.6	16.5	17.8	17.8	17.7		

주: *는 특정 지역에 대하여 특별감면세율을 유지하는 국가를 나타냄.
**는 김승래 외(2007)에서 발췌 인용.
자료: OECD(2006).

과세권 행사 여부의 판단기준으로만 사용하고 있다.

OECD 국가들은 나라마다 세율·면세범위·영세율 등 제도운영이 다르므

그림 4-1 OECD 회원국의 부가가치세 표준세율(2005년)

단위: %

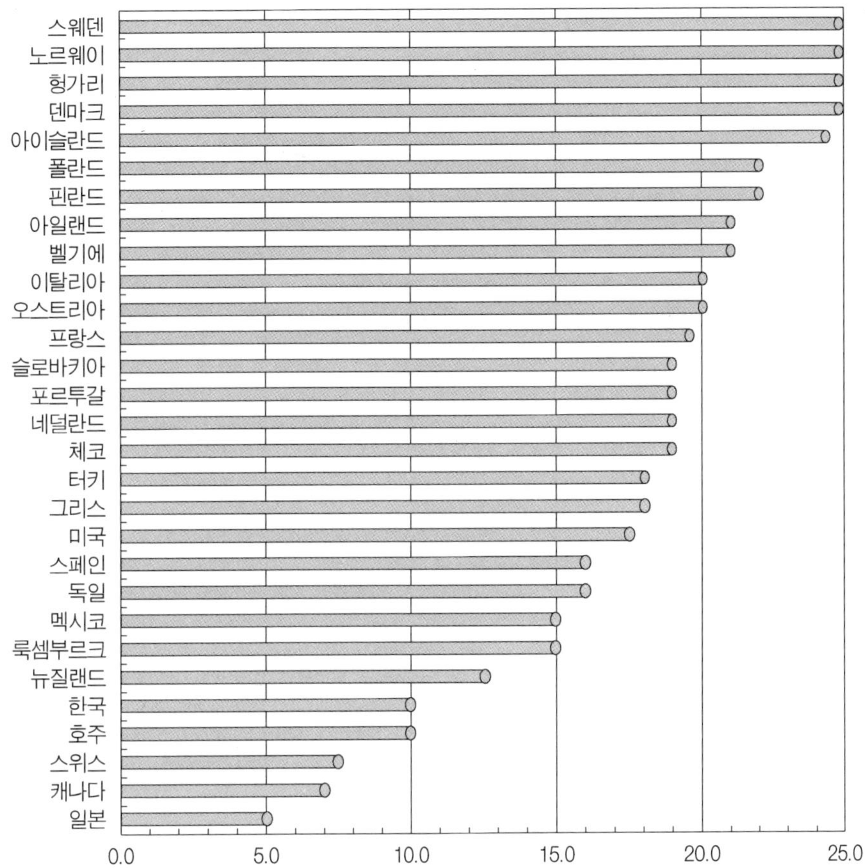

자료: OECD(2006), p. 29, 김승래 외(2007)에서 재인용.

로 부가가치세제가 세금징수에 있어 효율적인가 가늠할 수 있는 척도로서 Bodin *et al.*(2001)이 제시한 C-효율성 비율(CER)[12]을 이용하여 각국의 CER을 계산해 본 결과, 〈표 4-15〉에서 보는 바와 같이 우리 나라는 68.9%로서 뉴질

12 $\frac{\text{부가가치세수/국민소비} \times 100}{\text{표준세율}} \times 100$으로 정의되며, 100%에 가까울수록 부가가치세제가 효율적이라는 의미를 갖는다.

표 4-15 C-효율성 비율(2003년)

구 분	표준세율	국민소비*	부가가치세수*	CER
호 주	10.0	643,615	34,121	53.0
오스트리아	20.0	169,610	17,944	52.9
벨 기 에	21.0	210,017	18,938	42.9
캐 나 다	7.0	906,450	42,181	66.5
체 코	22.0	1,919,439	164,250	38.9
덴 마 크	25.0	1,046,742	135,092	51.6
핀 란 드	22.0	107,091	12,455	52.9
프 랑 스	19.6	1,267,458	112,440	45.3
독 일	16.0	1,703,090	137,568	50.5
그 리 스	18.0	128,880	11,951	51.5
헝 가 리	25.0	14,905,069	1,539,868	41.3
아이슬란드	24.5	671,892	80,940	49.2
아 일 랜 드	21.0	84,241	9,814	55.5
이 탈 리 아	20.0	1,040,063	79,486	38.2
일 본	5.0	370,658,900	12,107,000	65.3
한 국	10.0	485,380,400	33,447,000	68.9
룩셈부르크	15.0	14,409	1,474	68.2
멕 시 코	15.0	5,586,952	254,433	30.4
네 덜 란 드	19.0	352,566	34,754	51.9
뉴 질 랜 드	12.5	106,035	12,775	96.4
노 르 웨 이	24.0	1,074,245	135,296	52.5
폴 란 드	22.0	681,313	60,315	40.2
포 르 투 갈	19.0	108,607	11,072	53.7
슬로바키아	20.0	917,663	81,876	44.6
스 페 인	16.0	583,760	46,767	50.1
스 웨 덴	25.0	1,894,364	224,134	47.3
스 위 스	7.6	314,959	17,156	71.7
터 키	18.0	288,590	29,367	56.5
영 국	17.5	956,789	77,630	46.4
OECD 전체	17.8			52.9

주: *는 해당 국가 화폐단위를 사용하였으며 경상가격임. 단위는 백만, CER은 %임.
자료: OECD(2006), p. 53, 김승래 외(2007)에서 재인용.

랜드 96.4%, 스위스 71.9%에 이어 3위로 OECD 평균 52.9%보다 높은 수준으로 상당히 효율적으로 나타났다.[13] 이는 우리 나라가 낮은 부가가치세율과 단일세율제도를 채택하고 있기 때문인 것으로 해석된다.

4.4. 주요국의 소비세제 동향

(1) 일　본[14]

1989년 3%의 세율로 일반소비세(부가가치세)가 도입되었다. 그 후 소비세 비과세범위의 확대나 간이과세제도의 개편 등을 포함해 1991년 5월 소비세법 개정(의원입법)을 거쳐 1994년 소비세의 개혁이 있었다. 이 개혁에서 개인소득과세의 부담경감과 소비과세의 충실을 도모하기 위해, 기존 소비세를 5%로 인상하여 1997년 4월 1일부터 이를 실시하였다. 5%로의 소비세율 인상과 함께 지방소비세가 창설되었고, 중소사업자에 대한 특례조치의 개편 등 개정이 이루어졌다. 일본은 5%의 소비세율을 국세로서 부과하고 있는 것이 아니라 그 중의 1%p를 지방소비세로 하여 부과하고 있는데, 이 지방소비세 징수는 중앙정부가 지방정부를 대신하여 거두고 있다. 이렇게 징수한 지방소비세액을 중앙정부가 세무서나 보세지역이 소재하는 47개 도도부현(都道府縣, 광역지방자치단체)에 지불하게 된다. 각 도도부현에 지불된 지방소비세는 상업통계에 기초한 소매 연간판매액 등 '각 도도부현의 소비세에 상당하는 금액'에 따라 도도부현 간 청산을 하여 각 광역자치단체의 일반세원으로 이용하고 있다.

지방으로 이전되는 소비세는 여기에서 그치는 것이 아니다. 중앙정부가 소비세율 4%로 거둔 국세소비세액의 29.5%가 지방교부세로 이전되기 때문에 소비세율 5% 가운데 2.184%p가 지방의 일반세원으로 이용되고 있다.

현재 일본은 소자녀화와 고령화가 급속히 진행되고 있음을 감안하여, 지방소비세는 복지사업에 필요한 재원으로서 주목받고 있다. 일본의 지방소비세제는 우리 나라의 지방소비세 도입에도 참고가 될 것이다.

---

13 김승래 외(2007) 참조.

14 국중호(2004)에서 발췌.

(2) 영　국[15]

개별소비세제도는 석유세·담배세·자동차세·주세를 제외하면 최근 환경을 감안해서 신설된 제도들이 많이 눈에 띈다. 실제 세수효과보다도 환경에 대한 외부효과를 내부화하려는 이른바 피구세(Pigouvian tax)적인 요소가 많다. 우리와 같은 일반과세의 역진성을 보완하는 특별소비세 형태는 존재하지 않으며, 주세를 알코올도수에 따른 차별, 자동차세의 이산화탄소 배출량에 따른 차별을 하고 있다.

우리 나라의 경우도 환경세를 도입하자는 논의는 무성하지만 실제 주세나 교통세의 경우 외부효과에 대한 차별이 제대로 이루어지지 않고 있다는 점, 그리고 최근 영국에서 도입하고 있는 각종 환경관련 개별소비세에 대한 심도 있는 검토작업이 필요한 시점이다.

(3) 프 랑 스[16]

부가가치세 체계상 눈에 띄는 점은, 첫째 면세제도의 구체성과 그 폭이 상당히 좁고 깊게 규정되고 있다는 점이다. 즉, 면세를 할 것은 확실하게 하되, 그 대상을 구체적으로 규정하고 있어서 조세공평부담원칙에 충실한 점을 들 수 있다. 프랑스 부가가치세 체계상 면세규정과 우리 나라의 부가가치세법상 면세규정을 비교할 경우 우리 나라의 면세대상 거래의 범위가 프랑스의 경우보다 넓게 규정되어 있어서 조세의 중립성·효율성·공평성 및 단순화에 역행한다는 비판을 받을 수 있다.

둘째, 교육용역에 대하여 프랑스 부가가치세 체계는 공공성을 띠는 교육에 대해서만 부가가치세 면세를 적용하고 있으나, 우리 나라의 경우 앞서 설명한 바와 같이, 사업자는 누구이든지 간에 교육용역이라 하면 모두 부가가치세를 면세하고 있기 때문에 세수의 감소효과 및 원래 부가가치세 면세목적인 국민이 필수적으로 하여야 될 분야에 대한 조세지원과는 동떨어진 결과를 초래하고 있다.

---

15 박정수(2004)에서 발췌.

16 안창남(2004)에서 발췌.

그리고 프랑스의 과세제도는 그 협의진행절차가 모두 법률로 규정되어 있는 등 조세법률주의에 철저하다는 점과 절차를 중시하는 점을 들 수 있다. 아울러 협의과세절차가 난항을 겪을 경우도 직접세 및 간접세 위원회에서 실질적인 권한을 가지고 조정을 적극적으로 하는 모습을 보여 주고 있다는 점에서 각종 위원회는 많지만 실질적인 권한과 그 내용이 부족한 우리 나라의 현실과는 많은 대조를 이룬다고 보겠다.

또한 프랑스는 주세 일부를 직접 양로원 등 사회복지시설에 대한 비용 등 사회보장비용으로 충당하는 제도를 쓰고 있다. 그리고 프랑스인이 즐겨 마시는 대중주는 저율의 세율, 그렇지 않은 경우에는 비교적 높은 세율을 적용하는 차별적인 세율제도를 볼 수 있다.

5 세제개편의 원칙과 구체적 개편방안

먼저 세제개편의 원칙과 방향은 ① 세수중립적인 세제개편이 되어야 하고, '넓은 세원 낮은 세율 원칙'하에 세제의 단순화 및 간소화하여야 하며, ② 당분간 부가가치세 중심의 소비세체계를 유지하면서 소비세체계를 간소하는데 역점을 두어야 한다. ③ 재정의 건전성과 안정성 확보 측면에서 중장기적으로 소비세제로 세원을 강화하는 방안을 추진하되 세제개편의 방향은 국민경제에 큰 충격을 주지 않는 점진적이고 단계적인 접근방법이 필요하다. 이러한 원칙하에 구체적 개편방안을 제시하면 다음과 같다.

5.1. 부가가치세제의 개편

소비세는 모든 품목에 동일 과세를 하는 경우 매기 소비에 대해 일정률의 과세를 하는 지출세적 성격으로 조세중립성의 특성을 나타낸다고 볼 수 있기 때문에 이론상 초과부담을 야기하지 않는 효율적 조세이다. 반면 소득재분배적인 요소가 미흡하여 간접세인 소비세는 역진적이어서 불공평한 조세이다. 그러나 부가가치세는 세원이 가장 넓은 세목이어서 낮은 세율로 많은 세수를 거둘 수 있어 초과부담을 크게 낮출 수 있다. 또한 소비세는 간접세이어서 실제 부담자에게 그 부담이 잘 느껴지지 않아 조세저항이 없이 많은 세수를 거둘 수 있다.

EU 선진국들은 막대한 복지수요를 충당하기 위해 소비세를 많이 활용하고 있다. 우리 나라도 장기적으로는 복지수요 등으로 세수증대가 불가피하나 개방화에 따른 국제경쟁력 확보 차원에서 소득세나 법인세를 인상하는 것은 바람직하지 않으므로, 이를 위해 소비세수 증대를 활용할 수 있을 것이다. 부가가치세수를 높이려면 왜곡이 큰 다른 세목들의 비중을 줄이고 부가가치세를 단일세율로 과세하면서 세원을 넓히는 세수중립적 원칙이 고수되어야 한다. 안석환 외(1998)의 CGE모형을 이용한 시뮬레이션 결과에 따르면, 부가가치세율을 높이는 경우 제조원가 상승으로 작용하여 생산활동을 위축시키고 이러한 경기위축효과가 민간소비지출의 감소와 중간재 감소효과로 나타나고, 수출감소가 수입감소보다 상대적으로 커서 수출품목의 가격경쟁력 약화, 이어 수출부진, 생산활동 위축, 실업증가로 파급되어 궁극적으로는 생산활동을 위축시켜 소비자들의 구매력을 감소시키는 스태그플레이션을 유발할 가능성이 클 것으로 보고 있다. 그러므로 부가가치세율의 인상은 장기적인 과제로 면밀한 검토과정을 거쳐 신중히 결정하여야 할 문제이다. 현 제도하에서 부가가치세율을 1% 인상하는 경우 현재 세수규모로 추정하건데 대략 4조 원의 세수증대를 가져올 것으로 보인다.

단기적으로는 오히려 세율인상보다는 시대적 변화에 따라 정책적 실효성이 미약한 면세품목을 점진적으로 과세전환하여 부가가치세 과세베이스를 확대하고 이 추가세수를 저소득층을 위한 직접 지원프로그램 확대에 사용함으로써 정책의 소득재분배효과를 더욱 높일 수 있을 것이다.[17]

부가가치세제에서 다수세율이 바람직하다는 주장이 있다. 그 논거는 모든 소비자가 동질적인 경제에서 단일세율이 효율적인 조세이기 위한 조건은 소

---

[17] 김승래 외(2007) 참조.

비자의 효용함수가 노동과 재화들 간에 유사분리가능(quasi separable)한 효용함수이어야 하고, 이질적인 소비자경제에서는 모든 소비자들의 선호가 여가와 재화들 간에 약분리가능하고 모든 소비자들이 선형엥겔곡선을 가져야 한다는 것이다. 그런데 현실에서 이것을 충족하기가 거의 불가능하다는 점과 재화들이 이질적인 상황하에서는 단일세율이 효율적이라는 주장은 옳지 않다는 논리이다.[18]

그러나 현실적으로 다수세율이 가져오는 행정상의 복잡성과 비용을 고려해야 하고 다수세율을 통해서 실제로 세부담의 누진도를 높일 수 있는 여지가 거의 없다는 점에서 이 제도의 도입이 실익이 없다는 점, 그리고 장기구상에 있어서의 기업세는 소득에 대한 과세의 성격을 갖는다는 점에서 산업별 차등세율은 그 의미가 모호할 수밖에 없다는 주장이 있다.[19] 현재 상황으로서는 차등세율 적용을 통한 세부담의 누진성 제고보다 재정지출 프로그램을 통한 재분배정책이 더 효과적이며, 우리 나라 부가가치세제의 단순성과 낮은 단일세율의 특성이 조세의 투명성과 효율성을 높여 이로 인한 실익이 더 크다고 생각된다.

부가가치세의 과세방법은 우리 나라는 현재 매출세액과 매입세액을 각기 계산한 후에 그 차액으로 납부세액 또는 환급세액을 계산하는 '간접공제법' 또는 '전단계 세액공제법'(tax credit method)을 사용하고 있고, 이는 현행 소비형 부가가치세제와 잘 부합된다. 또한 이 방법은 전단계 거래의 세금계산서를 받지 않으면 세액공제를 받을 수 없기 때문에, 세금계산서 수수의 유인이 생기고 각 납세단위가 유기적으로 연결되어 탈세를 억제하는 효과가 있는 장점이 있다. 그러나 현행 세액공제법에 의해 부가가치를 계산하는 것이 어려운 경우에는 '가산법'(addition method) 즉 기업 내의 각 생산요소가 생산한 부가가치를 측정하여 그것을 합산하는 방법을 사용하여 부가가치 총액을 계산하고, 거기에 바로 세율을 적용하여 세액을 계산하는 방법을 도입할 수 있다. 또 다른 방법은 '직접공제법' 또는 '전단계 매입공제법'(subtraction method)으로 각 생산단위에서 매출액과 매입액의 차이로 부가가치를 계산하고 거기에

[18] 나성린(1997; 2005) 참조.
[19] 곽태원(2007) 참조.

세율을 적용하는 방법이 있다. 즉, 면세대상을 줄이는 데 필요하다면 매입세액공제법과 가산법, 그리고 필요한 경우 감산법 등을 적용할 수도 있을 것이다.[20] 이를 토대로 개편방안을 정리하면 다음과 같다.

(1) 장기적 세율인상, 단기적 현행세율 유지

장기적으로는 늘어나는 재정수요를 충족시키기 위해 세수증대를 위한 부가가치세율의 인상이 불가피하다고 보겠으나 이로 인한 소비의 둔화와 경기침체 가능성, 세부담의 역진성 등을 감안하여 경제가 호황국면일 때 부가가치세 인상을 실시하여 소득증가로 상쇄될 수 있도록 인상시기를 고려하여야 할 것이다. 그러나 간이과세제도를 폐지하여 모든 과표를 양성화하고 면세율 및 국내영세율제도를 대폭 줄이는 조치로도 세율인상 없이 상당한 추가세수 확보가 가능할 것으로 보이므로 단기적으로는 현행대로 부가가치세율을 10%로 유지하는 것이 바람직한 것으로 보인다.

(2) 탈세완화를 위한 소비세제의 개편과 과세베이스의 확대

① 영세상인들의 편의를 도모하기 위한 간이과세제도를 폐지하여 탈세방지와 조세왜곡을 시정하고 세정의 효율화를 도모하여야 한다. 이때 영세사업자에 대해서는 비용처리 등 공제폭을 높여 주는 보완조치가 필요할 것이다. 아울러 과표양성화와 부가가치세 세원확대를 위해 카드사용에 대한 소득세 산정시 소득공제에 대한 추가적인 인센티브 확대도 필요하다.

② 부가가치세에서 면세를 대폭적으로 축소 정비해야 한다. 현재 면세폭만을 대폭 줄이는 경우에도 부가가치세수가 크게 증가하는 효과를 가지는 것으로 추산된다. 또한 현행 세액공제법에 의해 매출에서 매입을 공제함으로써 부가가치를 계산하는 것이 어려운 경우에는 매입세액공제법·가산법 및 감산법 등을 적용할 수 있도록 하고, 이를 토대로 면세대상을 줄일 수 있을 것이다.

③ 금융·보험 용역에 대한 면세범위도 수수료를 명시적으로 수취하는 부

[20] 곽태원(2007) 참조.

수적인 금융용역에 대해서는 부가가치세 과세전환이 가능하다. 그리고 의료보건용역에 대한 면세허용범위도 EU 국가들보다 광범위하게 되어 있으므로 세원확대 차원에서 공익성을 가지되 인간과 관련된 부분으로 면세범위를 축소하여야 한다.

④ 전자상거래의 활성화로 이를 위한 조세체계의 정비가 필요하다. 전통적인 상거래와 중립성을 가져야 하며, 징세비용 최소화, 납세의무 이행에 명확하고 단순하여야 하며, 조세회피 및 탈세방지를 위한 제도적 장치를 갖추어야 한다.[21]

5.2. 개별소비세제의 개편

개별소비세인 특별소비세라는 이름으로 소득분배적 차원서 사치재에 부과되었는바, 이러한 분배목적은 재정지출활동으로 달성하는 것이 보다 효과적으로 보이므로 이제는 외부성 등 자원배분의 왜곡을 시정하는 피구적인 교정목적의 조세로 적극 활용하는 것이 바람직하다. 휘발유와 경유에 대한 특별소비세율 인상의 경우도 부가가치세율의 경우와 같이 유사한 스태그플레이션 유발효과를 가지는 것으로 나타나므로 역시 면밀히 검토한 후에 신중히 결정할 문제이다.[22]

(1) 개별소비세제 간소화[23]

① 우리 나라의 현행 소비세체계는 불필요한 세목이 많으므로, 실효성 없는 세목을 정비하여야 한다. 그 예로 석유류에 부과되는 교통세와 특별소비세의 이원화되어 이를 특소세로 통합할 필요가 있다.

② 재원의 칸막이식 운용 등으로 비신축적이고 낭비적인 목적세의 남용이 이루어지고 있으므로 목적세를 폐지하여 본세로 흡수통합할 필요가 있다. 그 예로 농어촌특별세 · 교통세 · 교육세를 들 수 있다.

---

21 김승래 외(2007) 참조.
22 안석환 외(1998) 참조.
23 나성린(2005)에서 발췌.

③ 부가세(surtax)방식 체계를 시정하여 이를 본세로 통폐합할 필요가 있다. 그 예로 승용차 구입시 본세 4가지(특소세·부가가치세·취득세·등록세)에 부가세(교육세·농특세·교육세) 3가지가 덧붙어져 총 7가지 세금을 부담하고 있으며, 토지취득시에는 본세 2가지(취득세·등록세)에 부가세 2가지(농특세·교육세)가 추가되어 총 4가지 세금을 부담하고 있다.

(2) 세율체계의 개편

① 형평성을 고려하여 사치품에 적용되는 특별소비세는 분배개선 목적이 아닌 외부성의 교정세 수단으로 활용하도록 해야 한다.

② 술·담배소비는 소비자의 건강에 해롭고 중독성이 있으며, 의료비 증가 등 사회보험료 증가를 초래하여 이를 억제하는 것이 바람직하므로, 국민건강 등을 위해 주세·담배소비세 세율은 단계적으로 지속적인 인상을 하는 것이 필요하다.

(3) 자동차관련 소비세 개편

승용차의 특소세는 이제 사치품이라고 인정되는 상품들에 대한 과세도 폐지되는 상황에서 이미 대중화된 승용차에 대한 사치세의 과세는 타당하지 않다. 그러나 자동차세는 소비세이나 소유자가 부담하는 직접세적이며 재산과세적인 성격을 가지므로, 고가의 승용차에 대해서 소득분배목적의 특소세를 부과하는 것이 정당화될 수 있다. 왜냐하면, 재산세로 할 경우 기본적으로 평가가격이 과세기준이 되어야 하기 때문이다.

그러나 자동차는 그 운행으로 혼잡과 대기오염 등 외부비용을 발생시키므로, 그에 대한 교통에너지환경세를 개별소비세의 과세로 정당화될 수 있다. 이때 자동차의 운행은 도로를 물리적으로 파손함으로써 사회적 비용을 야기하므로 이러한 외부비용을 부담시키는 방법으로 자동차가 소비하는 연료에 대하여 과세하는 것이 적절하다고 할 수 있다. 그러나 자동차의 운행시 도로파손은 연료소비에 비례한다고 보기보다 자동차의 단위면적당 중량과 연관이 크다고 보여지므로 외부비용교정세 측면에서 자동차의 단위면적당 중량을 기준으로 과세하는 방법도 생각할 수 있다.[24]

5.3. 지방소비세의 도입과 국세와 지방세 간의 세목조정

최근 부가가치세 재원을 활용하여 지방소비세를 도입하자는 논의가 활발하게 진행되고 있다. 우리 나라의 지방소비과세는 현재 담배소비세가 그 기간세로 되어 있고, 아직 일반소비과세로서의 지방소비세는 도입되어 있지 않은 실정이다. 비록 우리 나라에서 부가가치세가 국세로서 그 위치를 확고하게 굳히고 있다고는 하지만 앞으로 지방의 사회기반 정비나 사회복지를 위한 지방자치단체의 재원확보라는 측면에서 보면 지방소비세의 도입필요성이 인정된다고 할 것이다.

그 구체적 방안은 ① 지방화의 진전과 사회구조의 변화하는 측면에서 보면, 부가가치세의 일부를 지방소비세로 하여 국가와 지방이 함께 활용하는 방법은 기본적으로 바람직한 방향이라고 할 수 있다. 이때 지방소비세는 소비의 이동성 등을 고려하여 광역자치단체세로 하는 것이 바람직하다.

② 지방재정의 자율성을 높이기 위해 지방소비세를 도입하는 경우 부가

표 4-16 우리 나라의 소비세체계 개편방안

개편 전	개편 후
일반소비세—부가가치세	부가가치세
간이과세제	간이과세제 폐지
	영세율 및 면세대상 축소
	카드매출전표 발행금액 공제 확대
개별소비세—특별소비세	특별소비세
주세	주세→지속적 인상
담배소비세	담배소비세→지속적 인상
관세	관세
교통세	본세로 통합
교육세	본세로 통합
농어촌특별세	본세로 통합
세목수 7개	4개

주: 지방세 및 유통세(인지세·증권거래세) 제외.

24 곽태원(2007) 참조.

가치세의 일정률을 지방세로 넘기되 지방교부세의 개선과 함께 교통세 등 목적세를 보통세로 바꾸어 일반재정재원으로 전환하는 것이 필요하다. 아울러 개별소비세의 항목과 세율 등에 대한 전반적인 조정이 필요하다.

참고문헌

곽태원, 「한국 조세정책의 주요 문제와 개선방향」, 『차기정부의 공공부문 개혁방향』, 정책세미나, 한국재정학회, 2007.

곽태원·현진권, 『조세론』 제2판, 법문사, 2007.

국세청, 『국세통계연보』, 각 연도.

국중호, 『주요국의 조세제도－일본편』, 한국조세연구원, 2004.

김성순, 「재정적자의 파급효과와 지속가능성」, 『재정논집』 제15집 제2권, 2001.

김성현, 「Dynamic Welfare Effects of Tax Reform: Case of Korea」, 『한국개발연구』 제29권 제2호, 한국개발연구원, 2007.

김승래·박명호·홍범교, 『우리나라 부가가치세제 정책과제의 경제적 분석: 과세베이스 확대를 중심으로』, 연구보고서, 한국조세연구원, 2007.

김유찬, 『우리 나라의 부가가치세 면세범위 설정의 문제점과 개편방향』, 한국조세연구원, 1995.

______, 『VAT의 면세 및 영세율 적용범위에 대한 평가와 조정의 기본방향』, 한국조세연구원, 1998.

______, 『주요국의 조세제도―독일편』, 한국조세연구원, 2004.

김유찬·장근호, 「금융서비스에 대한 부가가치세 과세의 경제적 효과분석」, 한국세무학회 2006년 금융세제 심포지엄, 2006.

나성린, 『소비세제의 개혁사례와 바람직한 개혁방향』, 한국조세연구원, 2005.

______, 「단일세율 물품세를 위한 일반적인 선호 구조」, 『공공경제』 제2권, 1997.

노인철·서문희·김영래, 『음주의 사회적 비용과 정책과제』, 보건사회연구원, 1997.

박정수, 『주요국의 조세제도―영국편』, 한국조세연구원, 2004.

안석환·강인수·김종민·전영준, 『일반균형계산모형에 의한 소비세 개편의 경제적 효과』, 한국조세연구원, 1998.

안창남, 『주요국의 조세제도—프랑스편』, 한국조세연구원, 2004.

오연천, 「지방소비세제 도입의 당위성과 기본방향」, 『지방세』 제4호, 한국지방재정공제회, 2000.

유시권, 『부가가치세 세제와 행정의 개선방안』, 한국조세연구원, 1996.

재정경제부, 『조세개요』, 각 연도.

______, 『간추린 개정세법』, 각 연도.

Bodin, Ebrill, Keen, Summers, *The Modern VAT*, Washington, D.C.: IMF, 2001.

Gottfried, P. and W. Wiegard, "Exemption versus Zero Rating: a Hidden Problem of VAT," *Journal of Public Economics*, 46, 1991, pp. 307~328.

Keen, M. J. and J. Mintz, "The Optimal Threshold for a Value-Added Tax," *Journal of Public Economics*, 88, 2004, pp. 559~576.

OECD, *Consumption Tax Trends*, 2006.

______, *Revenue Statistics*, various years.

Zee, H. H., "Simple Analytics of Setting the Optimal VAT Exemption Threshold," *De Economist*, 153, No. 4, 2005, pp. 461~471.

5

법인세제 개편방안

이인실

1 법인세제도의 변천 및 현황

법인세는 세계 각국에서 가장 논란이 많은 세목 중 하나이다. 현재도 급격한 세계화로 법인세는 조세경쟁의 최선두에 있으며, 기업의 경쟁력 강화라는 정책수단으로 각 국가마다 활발한 개편작업이 이루어지고 있는 세목이다. 우리 나라도 예외는 아니어서 단기적인 경기회복과 더불어 중장기적인 성장잠재력 확충을 위해 법인세 개편에 대한 논의가 활발하게 진행중이다. 법인세가 우리 나라에 처음 도입된 것은 일본의 강점기인 1916년이지만, 법인세법이라는 단일세법으로 제정된 것은 1949년 11월이며 이후 거의 매년 개정을 거듭하였다. 법인세는 1960년대 이후 경제가 고도성장하고 민간경제활동이 커지면서 부가가치세·소득세와 더불어 우리 나라 3대 주요 세목 중 하나로 성장하였다. 법인세는 법인부문의 자기자본에 대한 수익에 부과하는 세금으로 자본이라는 생산요소에 부과하는 세금이다. 우리 나라에서는 법인세가 법인기업의 행태에 영향을 주는 것으로 인식되어 경제개발과정에서 다양한 정책기능을 가지며 변천해 왔다. 우리 나라 법인세제도의 변천은 법인세가 재정에서 가지는 역할과 경제개발과정에서의 정책기능과 밀접한 관련이 있다.

1.1. 재정에서의 역할

우선 법인세가 가지는 재정에서의 역할은 안정적이면서 중요한 재정수입의 원천이라는 점이다. 〈표 5-1〉에서 보듯이 법인세가 전체 조세수입에서 차지하는 비중은 1960년대에서 1980년대 말까지 10%에 미치지 못하였으나 1990년대 들어 10%대를 넘어섰고, 2006년 현재 18.0%를 기록하고 있어 세수측면에서 부가가치세·소득세와 더불어 3대 세목 중 하나일 정도로 중요한 세목이다. 2007년도에도 법인세수는 전년도 29조 4,000억 원보다 무려 20.6%나 증가한 35조 6,000억 원에 달하고 있다.

표 5-1 법인세수의 변천

연 도	법인세 수입/조세수입	법인세 수입/경상GDP
1965	8.1	0.7
1970	10.6	1.5
1975	8.4	1.3
1980	7.4	1.3
1985	8.3	1.4
1990	9.7	1.8
1995	12.0	2.3
2000	15.7	3.4
2001	13.9	3.0
2002	14.2	3.1
2003	17.3	3.9
2004	16.2	3.5
2005	18.2	4.0
2006	18.0	3.8

주: GDP는 2000년까지는 1995년 기준 구계열기준이며, 2001년 이후에는 신계열기준임.
자료: 국세청, 『국세통계연보』, 각 연도; 한국은행, 『국민계정』, 각 연도.

2008년 세입예산안에 의하면 2008년도에도 법인세수는 36조 566억 원으로 2008년도 총국세 증가율인 4.6%를 상회하는 6.3%의 세수증가율을 보일 것으로 예상되는 등 재정에서 세수 측면에서의 역할이 확대되는 추세이다. 이러한 법인세수 확대 추세에 따라 GDP 대비 법인세 비중도 1980년대까지는 1% 중반에 머물렀으나 2000년대 들어서는 3%대를 넘어서고 있으며, 2005년에는 4%대를 보일 정도로 급격히 증가하였다.

세수 측면에서 주요 세목인 소득세 및 부가가치세와 비교해 볼 때 〈표 5-2〉에서 보듯이 2000년 이후 경상GDP 대비 세수입면에서 부가가치세는 큰 변화 없이 4% 중반에서 안정적 세수를 보이고 있는 반면, 법인세는 소득세와 더불어 세수가 매년 크게 증가하고 있다. 2000년대 들어 조세부담률이 지속적으로 증가하는 추세에 있는데, 법인세와 소득세의 증가가 이에 기여하고 있

표 5-2 경상GDP 대비 주요 세목별 조세부담 비중

단위: %

구 분	2001년	2002년	2003년	2004년	2005년	2006년
소 득 세	3.3	3.1	3.2	3.3	3.3	4.0
법 인 세	3.0	3.1	3.9	3.5	4.0	3.8
부가가치세	4.2	4.6	4.6	4.4	4.5	4.5
조세부담률	19.7	19.8	20.4	19.5	20.1	21.2
국 세 비 중	77.8	76.6	77.6	77.5	78.0	76.8

주: 1) 2006년 통계는 잠정치임.
2) 소득세와 법인세는 각 세액의 10%가 부가되는 주민세 포함하는 금액임.
3) 국세비중은 총조세(=국세+지방세)에서 국세가 차지하는 비중임.
자료: 국세청, 『국세통계연보』, 각년호.

는 것이다. 즉, 소득세 부담은 경상GDP 대비 세수 비중이 3%를 조금 넘는 수준이었지만 2006년 현재 4%로 증가하였다. 마찬가지로 2001년 3%이던 법인세 부담은 2003년 3.9% 수준으로 크게 증가한 이후 3% 중후반의 수준을 보이며 2006년 현재 3.8%의 수준을 보이고 있다. 2007년도에 소득세와 법인세가 각각 전년도 대비 25.3%와 20.6%나 세수가 더 걷힌 점을 감안하면 이 수치는 더 늘어났을 것이다.

이처럼 우리 나라에서 국세 및 조세수입에서 법인세 비중이 확대되고 있는 것은 전 세계적인 추세와는 대조적인 양상을 보이는 것이다. 선진국들의 경우 세수 중 법인세의 비중이 뚜렷하게 감소하는 추세이거나 적어도 증가하지는 않는 모습을 보이고 있다. OECD 국가의 조세수입 대비 법인세수의 평균비중은 2000년 3.7%에서 2004년 3.4%로 하락한 반면 우리 나라는 등락을 보이기는 하나 2000년 3.4%에서 2006년 3.8%로 증가하는 모습을 보이고 있다.

1.2. 정책목적으로의 법인세

법인세는 그 성격이나 과세근거에 많은 논란이 있고, 이로 인해 법인세 폐지논쟁으로 이어질 정도로 학자들 간에도 법인세의 성격과 과세근거에 대해 논쟁이 있는 세금이다.[1] 우리 나라에서도 법인세는 정부주도형 경제개발정책을 추진하면서 정책목적으로 유용하게 사용되어 왔다. 특히, 정부주도하에 경제발전을 추진하는 형식을 하다 보니 기업경영에 정부가 깊숙이 간여하게 되었고, 법인세는 이러한 환경하에서 각 경제개발단계에서 정책목적에 맞는 적합한 세목으로 사용되어 온 것이다.

법인세법 제정 당시부터 중요한 사업에 대한 조세감면이 규정되어 있음은 이를 잘 말해 준다. 외화가 부족하였던 1960년대에는 외화획득사업에 매우 파격적인 조세감면이 규정되었다. 1965년에는 다양한 조세감면제도를 통합적으로 관리하기 위해 조세감면법이 제정되었다.

1960년대 경제개발 초기 단계에서는 수출을 촉진하고 수입을 줄이기 위해 국내 수입대체산업을 육성하고 수출장려산업을 키우는 정책수단으로 법인세 감면을 활용하였다. 외화획득을 위해 수출을 촉진하기 위한 조세지원이 중점적으로 이루어졌다. 1970년대 들어서는 수출에 대한 지원정책은 약화되고 산업별 조세지원을 통해 산업정책수단으로 법인세가 활용되었다. 이 시기에 사용된 조세지원수단은 조세의 직접 감면, 특정 기간의 조세감면(tax holiday), 투자세액공제(investment tax credit), 특별감가상각, 각종 준비금제도 등이다. 이러한 법인세 감면수단은, 특히 중화학공업과 같은 특정 산업 육성정책이 강력히 추진되면서 산업별 지원정책의 일환으로 광범위하게 활용되었다.

1980년대 들어서는 세계적인 자율화와 개방화의 추세가 국내경제에도 영향을 주면서 그 동안의 정부 위주의 과도한 육성정책에 제동이 걸리게 되었다. 정부의 시장에 대한 간섭에 대해 부정적인 인식이 생기기 시작하였고, 나아가 수출 위주의 국내경제에 무역마찰 가능성이 커지면서 법인세 개편에도 영향을 미치게 되었다. 이에 따라 법인세를 이용한 산업별 조세지원정책이 후퇴를 하게 되었으며, 조세감면제도가 대폭 정비되었다. 1980년대 중반 WTO 체제가 출범한 이후에는 조세지원이 산업별이 아니라 주로 인력이나 기술개발, 환경 및 안전, 중소기업 지원 등의 분야에 국한되어 법인세의 정책수단

[1] 법인세의 성격과 과세근거에 대해 OECD 조세정책 연구에서 발간한 『법인소득세 근본 개혁』 보고서 제2장 「왜 법인소득세를 부과하는가?」(Why Levy a Corporate Income Tax?)에 잘 정리되어 있다(OECD, 2007).

기능은 축소되는 추세를 보였다.

1990년대 중반 이후 또 다른 법인세 개편경향은 법인세를 투자활성화를 통한 경기회복 도모수단으로 활용하는 것이었다. 조세감면법도 처음에는 한시법으로 제정되어 수차례 시한연장을 위한 개정이 이루어졌다. 1998년 시한이 만료됨에 따라 내용이 대폭적으로 수정되고 조세특례제한법으로 명칭이 바뀌었다. 이 법에서는 법 자체에는 시한을 두지 않고 대신 지원내용별로 일몰규정을 두어 시행하게 되었다.

1.3. 제도상의 변화

법인세는 법인의 자기자본에 대한 수익에 과세하는 것으로 자본이라는 특정 요소소득세로 자원배분을 왜곡하는 요인이 있다. 이에 따라 법인세가 앞서 설명한 정책목적으로 사용되어 왔으며 법인기업의 행태에 영향을 준다. 자기자본의 수익이라는 과세베이스를 어떻게 정의하느냐에 따라 세금이 달라지므로 관련제도도 정책목표에 따라 변천을 거듭하였다. 감가상각제도가 그 대표적인 것인데, 우리 나라에서는 감가상각의 방법을 정액법·정률법·생산비례법으로 나누어 이 중 선택적으로 사용할 수 있도록 하고 있다. 더욱이 법인세법 시행규칙에서는 감가상각의 자산별 내용연수를 구체적으로 규정해 놓고 있다. 여기에 덧붙여 잔존가액을 10%로 규정하여 감가상각비로 계상하지 못하도록 함으로써 자본투입액을 전부 비용으로 회수할 수 없도록 하고 있다. 이러한 감가상각제도는 인플레이션이 빠르게 진행되었던 개발연대기간에는 고정자산에 대한 투자비용 회수를 충분히 하지 못하게 함으로써 부당하게 세부담이 늘어나는 요인이 되었다. 이를 시정하기 위해 도입된 것이 특별감가상각제도이나 선택적으로만 적용되다 보니 실익이 적었다.

이러한 왜곡을 시정하기 위해 도입된 것이 자산재평가제도이다. 개발연대인 1945년에서 1965년까지는 특히 물가폭등기로서 연평균 인플레이션율이 68.9%에 이르렀다. 이를 일시에 시정하기 위해 1958년에는 한시적으로 자산재평가법을 제정해 강제적으로 자산평가를 시행하였으나 충분하지 않아 1962년에는 자산재평가임시조치법을 제정해 일정 조건을 충족하면 임의로 자산을 재평가할 수 있도록 하였다. 1965년 이후에는 자산재평가법을 영구법으로 제정해 일정 조건하에서 임의로 자산재평가가 가능하도록 제도를 정비하였다.

감가상각제도와 자산재평가제도는 물가폭등기에 고정자산의 장부가액을 시가변동에 맞추어 조정해 주어 감가상각을 통한 투자비용의 회수를 경제적 비용에 가깝게 해 투자왜곡을 줄이려는 목적으로 도입된 것이다. 그러나 이러한 제도들이 토지 등 부동산 양도소득을 회피하는 수단으로 잘못 사용됨에 따라 이를 막기 위한 다양한 제도개선이 이루어졌다. 1990년대 들어 물가가 점진적으로 안정세를 보임에 따라 1995년에 세법상 고정자산에 대한 대대적인 내용연수의 조정이 이루어졌으며, 2000년도에는 자산재평가제도 자체를 폐지하게 되었다. 또한 1995년에는 감가상각의 대상이 되는 자산의 분류를 과거의 상세한 분류방식을 벗어나 대폭 단순화하고 내용연수를 단축하였다. 나아가 규정된 내용연수를 기준으로 상하 25%의 범위 내에서 자유롭게 선택이 가능하도록 하고 잔존가액제도도 폐지하는 등 제도가 합리화되었다.

법인세제도는 기업의 재무행태에도 영향을 주는데, 증권양도차익과 배당소득이라는 소득세율에 따라 기업의 자금조달행태가 달라진다. 이는 법인이 소득의 최종적인 분배대상이 아니고 기업의 자본수익은 다시 배당·이자·자본이득이라는 형태로 가계로 돌아가기 때문이다. 가계가 받는 개인소득세 세전의 자본소득은 이미 법인세제도를 통과해 세금을 국가에 납부한 것이기 때문에 자본소득은 법인세, 이자소득세, 배당소득세, 주식거래에 따르는 자본이득세 등 다양한 세금의 대상이 된다. 이러한 다양한 세제로 인한 기업재무행태의 왜곡을 시정하기 위해 법인세제도는 시대적 여건에 따라 개편을 거듭하였다. 우선 기업의 재무구조 건전화를 위해 일정 조건하에서는 지급이자를 손비로 인정하지 못하도록 하였다. 1981년부터 부채비율이 일정 수준 이상인 법인이 타회사 주식을 취득할 경우 지급이자의 손비를 제한하였으며, 특히 부동산가격이 급등한 1986년에는 비업무용 부동산 취득에까지 지급이자 손비를 제한하는 규정을 만들어 확대해 시행하였다.

기업의 재무구조 건전화를 위해 증자를 장려하였는데, 이를 위해 기업이 증자를 하면 증자액의 일정 비율을 소득공제해 주는 증자소득공제제도를 도입하였다. 이 제도는 1972년 기업의 사채시장에서의 부채를 동결하는 이른바

8.3사채동결조치를 통해 한시적으로 도입되어 빈번한 개정을 거듭해 오다가 1996년 완전히 폐지되었다.

법인세와 더불어 기업의 재무형태에 중요한 영향을 주는 배당세제도는 주로 배당에 대한 이중과세 부담을 완화하고 사내유보를 통한 세부담 회피를 막기 위해 도입되었다. 1967년 배당세제도가 도입된 것은 이런 배경에서이다. 배당세액공제제도는 배당소득의 일정 비율을 개인소득세에서 세액공제해 자본소득에 대한 이중부담을 완화해 주기 위한 것이다. 지상배당세제도는 과도하다고 보이는 유보분에 대해 배당된 것으로 간주해 소득세를 부과하는 것이다. 그러나 이 제도는 사내유보에 의한 기업저축을 위축시킨다는 비판으로 1985년 폐지되었다. 배당세액공제제도도 1991년부터 좀더 현실을 반영한 임퓨테이션제도로 전환되었다.

1.4. 과세대상 및 세율

우리 나라 법인세법상에서 법인세의 과세대상, 즉 과세표준은 일반적으로 일정한 기간 동안 얻은 수입에서 사업에 소요된 여러 가지 비용을 뺀 것으로 정의하고 있다. 기업의 수입이나 비용이 훨씬 더 종류가 많고 복잡하기 때문에 무엇을 비용으로 인정해 주며, 어떤 시점에서 비용으로 처리하는 것을 허용하느냐에 따라 과세대상이 달라진다. 법인세의 경우 1968년까지는 일반법인과 특별법인으로 나누어 세율을 달리하여 과세하였으나, 1969년부터는 일반법인·공개법인·비영리법인으로 나누어 과세하였다. 1982년부터는 더욱 세분화해 일반법인·공개법인·비영리법인·공공법인으로 나누다 1983년에는 공개법인제도를 없애고 다시 일반법인·비영리법인·공공법인으로 나누었으며, 1991년부터는 일반법인·공공법인만으로 나누어 각각 다른 세율을 적용하고 있다.[2]

법인세의 납세의무자를 어떻게 정의하는가도 복잡하다. 〈표 5-3〉에 정리되어 있듯이 우리 나라는 법인세법 납세대상자를 국내에 본점 또는 주사무소

[2] 자세한 법인세율 변천은 곽태원(2005) 참조.

표 5-3 법인세의 납세의무자 및 과세소득

구 분		각 사업연도 소득	청산소득
내국법인	영 리 법 인	모든 소득에 과세	과 세
	비영리법인	수익사업소득에만 과세	비 과 세
외국법인	영 리 법 인	국내원천소득만 과세	
	비영리법인	국내원천 수익사업소득만 과세	
국가·지방자치단체	비 과 세		

주: 비영리법인의 경우 청산시 민법 제80조의 규정에 따라 잔여재산을 구성원에게 분배할 수 없고 지정된 자 등 또는 국고에 귀속시키고, 외국법인의 청산은 본점 소재지인 외국에서 청산하므로 법인세를 과세하지 않음.
자료: 국세청(2007).

를 둔 내국법인과 외국에 본점 또는 주사무소를 둔 외국법인으로 규정하고 있다. 각 사업연도의 소득은 적정유보초과소득, 토지 등 양도차익, 청산소득 등으로 나누어 법인세를 차별적으로 부과하고 있다.

1960년대 법인세의 과세의무자는 국내의 본점 또는 주사무소를 둔 법인이나 국내에 자산 또는 사업을 가진 법인에 대해 '각 사업연도의 소득'과 '청산소득'에 35%의 세율로 법인세를 부과하였으며, 금융조합 등 수리조합 등과 같은 공공단체에는 법인세를 부과하지 않았다. 한국전쟁 중이었던 1951년에는 임시세제인 조세임시증감법 및 조세특례법을 시행하였으며, 세율이 비례세율에서 최저 25% 최고 45%, 5단계 초과누진세율로 전환되었다. 한국전쟁 이후인 1954년에는 조세특례법 등을 폐지하면서 평시 세제로 환원되어 일반법인 35%, 특별법인 30%의 비례세율구조로 환원되었다.

1960년대와 1970년대 법인세는 경제개발계획을 지원하고 수출촉진을 위한 조치의 일환으로 세제가 활용되었다. 경제개발 및 수출촉진과 관련된 지원책이 법인세제도에 도입·확대되었으며, 한편으로는 성실신고와 자진납부의 유도, 기업공개를 촉진하는 방향으로 법인세제를 개편하는 노력이 계속되었다. 이에 따라 1961년에는 중간예납 및 수시부과제도를 도입하여 공개법인·비영리법인 17%, 비공개법인 22%의 각기 다른 세율을 적용함으로써 기업공개를 유도하였다. 1961년 말 제1차 경제개발 5개년계획이 시작되면서 법인세제가 전면 개정되어 일반법인과 비영리법인 구분 없이 20%의 단일세율이 적용되었다. 기업공개 촉진을 위한 세제지원을 강화하여 공모·증자법인에 대해 5년간 10%의 세율을 적용하였다. 1963년에는 세율을 2단계 초과누진세율로 개편하였고, 1967년 법인세의 대대적 개정으로 현재의 법인세법 체계가 갖추어졌다. 세율구조를 3단계로 구분하였으며, 일반법인과 공개법인에 차등을 두었다. 기업공개를 촉진하고 자본시장을 육성하기 위해 '법령에 의한 준비금', '퇴직급여충당금', '대손충당금' 등의 '손금산입제도'와 '투자세액공제제도'를 신설하였다. 1969년에는 성실신고 유도 및 자진납세 기반조성을 위한 조치로 녹색신고제도가 법제화되었으며, 1977년 주식소유의 대중화를 촉진하기 위해 공개법인 세율을 대주주 비율이 35% 이하인 법인과 35% 초과 법인으로 구분하여 차등화하였다.

1980년대 들어서는 법인세는 세부담의 형평성이 강조되기 시작하여 신고납부제도 등이 도입되었으며, 성실신고법인제도가 1981년에는 녹색신고제도가 폐지되었다. 1982년에는 법인 간 세부담 공평성 문제가 대두되어 그 동안 비과세이던 공공법인에 대해서는 5%의 법인세를 과세하는 반면, 1983년에는 공개·비공개 간 세율차이를 없애고 법인세를 대폭 인하하였다. 또한 각종 조세지원에 관한 규정을 조세감면규제법으로 흡수하여 조세감면을 축소하도록 하였다. 1988년에는 저율의 법인세율이 적용되는 과세표준계급을 8,000만 원 이하로 상향조정하였으며, 기간비과세하던 비영리법인의 이자소득, 주식양도차익 및 수익사업용 부동산의 양도차익을 과세대상으로 전환하였다.

1990년대 들어 법인세제 개편의 기본 방향은 경제개방화에 맞추어 기업의 경쟁력을 제고시키기는 것이었다. 1990년에는 일반법인·비상장대법인·비영리법인으로 구분 적용되던 세율을 하나로 통합하고 저율적용 과세표준계급을 1억 원으로 상향조정하였다. 법인세율을 1억 원 이하 20%, 1억 원 초과 34%로 인상하였지만 방위세를 폐지하여 기업에 대한 실질부담액은 줄여 주었다. 1994년에는 감가상각제도의 정비 등 기업의 대외경쟁력 강화를 지원하는 방향으로 법인세 개정이 이루어졌으며, 이후 지속적으로 법인세율을 인하하였다.

2000년대 들어서는 세계적인 법인세 인하경쟁이 더욱 격화됨에 따라 법

표 5-4 1980년대 이후 우리 나라 법인세율의 변화

연 도	일반법인(비상장대기업)	비영리법인	공공법인
1980년	5,000만 원 이하 25% 5,000만 원 이상 40% 대주주 비중 35% 초과	5,000만 원 초과 25% 5,000만 원 초과 33%	5,000만 원 초과 20% 5,000만 원 초과 27%
1981년	5,000만 원 이하 22% 5,000만 원 이상 38% 대주주 비중 35% 초과	5,000만 원 초과 22% 5,000만 원 초과 33%	동일 공공법인 5%
1982년	5,000만 원 이하 20% 5,000만 원 이상 30(33)%	5,000만 원 초과 20% 5,000만 원 초과 27%	5%
1988년	8,000만 원 이하 20% 8,000만 원 이상 30(33)%	8,000만 원 초과 20% 8,000만 원 초과 27%	3억 원 이하 10% 3억 원 이상 15%
1990년	1억 원 이하 20%, 1억 원 이상 34%		3억 원 이하 17% 3억 원 이상 25%
1993년	1억 원 이하 18%, 1억 원 이상 32%		3억 원 이하 18% 3억 원 이상 25%
1994년	1억 원 이하 18%, 1억 원 이상 30%		1억 원 이하 18% 1억 원 이상 25%
1995년	1억 원 이하 16%, 1억 원 이상 28%		1억 원 이하 16% 1억 원 이상 25%
1997년	1억원 이하 16%, 1억 원 이상 28%		
2002년	1억 원 이하 15%, 1억 원 이상 27%		
2005년	1억 원 이하 13%, 1억 원 이상 25%		

인세 인하가 정치적 관심사로 부상하였다. 〈표 5-4〉에서 보다시피 우리 나라 법인세율은 상장 여부, 영리·비영리, 공공법인 등에 따라 별도의 세율을 적용함으로써 세율체계가 복잡하였으나 지속적인 단순화 및 세율인하를 진행시켜 왔으며, 1997년부터는 법인의 형태와 관계없이 과세표준 1억 원 미만과 1억 원 이상으로 나누어 간단하게 과세하고 있다.

우리 나라의 법인세율은 1950년에는 일반법인 35% 특별법인 20%로 부과하다가, 1951년 25~45% 5단계 누진세율에서, 1952년에는 15~75% 8단계 누진세율, 1953년 35~70% 8단계 누진세율 등 누진세제도를 전시기간중 한시적으로 운용하다 이후부터 1962년까지 다시 20~30%대의 단일세율을 일반법인과 특별법인에 대해 적용하였다. 1963년 이후에는 일반법인에 대해 누진세율을 2~3단계로 나누어 20~40% 수준에서 적용해 왔으며, 거의 매년 세율을 바꾸는 법인세법 개정이 이루어져 왔다. 〈표 5-4〉는 1980년대 이후 우리 나라 법인세율의 변화를 보여 주고 있다. 1980년대 들어서는 일반법인에 대한 세율이 과세표준에 따라 두 단계로 나누어 지속적인 세율인하가 이루어져 왔다. 이에 따라 2007년 현재는 과세표준 1억 원 미만은 13%, 1억 원 이상은 25%의 세율을 적용하고 있다. 그러나 예외로 농협 등 조합법인에는 12%의 낮은 세율이 적용된다. 또한 국세 외에 과세표준의 10%에 해당하는 지방세를 부과하고 있다.

2 개편의 필요성

2.1. 대내외적 여건의 급변

외환위기 이후 국내외 경제여건은 급변하고 있다. 세계경제의 글로벌라이제이션 현상으로 인해 다국적기업이 보편화되고, 급격한 정보통신기술의 발전과 무역의 자유화 확대로 국경의 의미가 줄어들었다. 이에 따라 조세정책에서도 세계적인 동조화 현상이 나타나고 있다. 특히, 정보통신기술이 발전은 생산과정에서의 분절(fragmentation)을 심화시켜 다국적기업들은 국경을 초월한 글로벌 생산네트워크(global production network: GPN)전략을 구사하고 있다. 이러한 정보통신기술(ICT)의 발전 등 외부환경 변화는 산업·기업성장에 새로운 기회를 제공하는 한편, 산업 간·기업 간 격차를 확대시키는 요인으로 작용하고 있다. 이에 따라 우리 나라는 섬유산업 등 노동집약적 산업은 저임금에 기반을 둔 중국에 경쟁우위를 상실하였으며, 전자·자동차 등 기술집약적 산업은 중국 시장의 확대에 힘입어 고성장을 시현하고 있다.

그림 5-1 한국 및 아시아 지역별 개발도상국의 평균경제성장률 추이 및 전망

단위: %

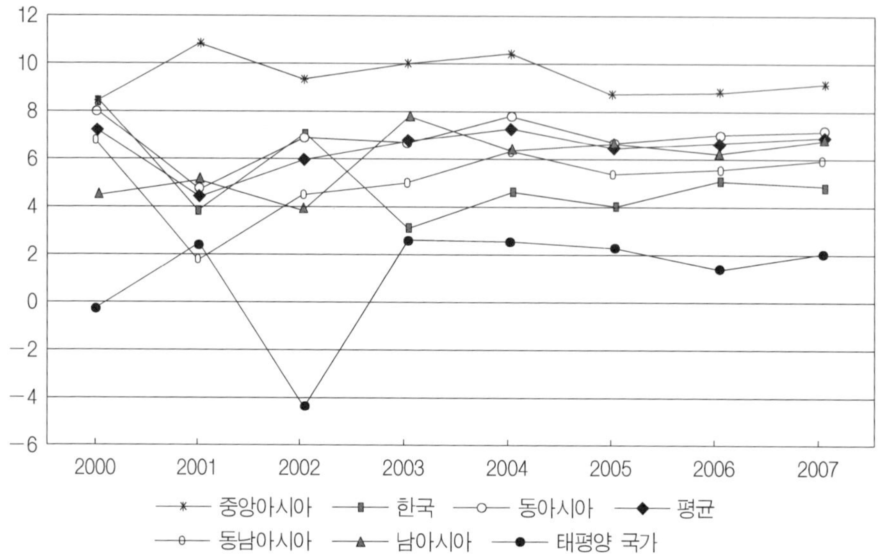

주: 중앙아시아는 중국·홍콩·한국·몽고·타이완임.
동남아시아는 캄보디아·인도네시아·말레이시아·미얀마·필리핀·싱가포르·타이·베트남임.
남아시아는 아프가니스탄·방글라데시·인도·부탄·몰디브·네팔·파키스탄·스리랑카임.
중앙아시아는 아제르바이젠·카자흐스탄·타지키스탄·투르크메니스탄·우즈베키스탄임.
태평양 국가(The Pacific)들은 아일랜드 등 14개 국가를 포함함.

자료: ADB, *Asian Development Outlook*, 2001, 2003, 2005.

최근 들어 우리 경제는 주변 아시아 국가들에 비해 낮은 성장패턴을 보이고 있는 반면, 다른 아시아 국가들이 무섭게 추격해 오면서 빠른 성장세를 보이고 있다. 지난 2000년 이후 2007년(전망치 포함)까지 아시아 개발도상국들의 평균경제성장률은 6.4%를 보일 것으로 예상된다. 반면에 한국은 5.1%의 성장이 예상되어, 같은 동아시아 국가들의 평균치인 6.9% 및 아시아 개발도상국들의 평균치인 6.4%에 비해서도 낮은 성장률을 보일 것으로 전망된다. 이와는 대조적으로 2000년 이후 2007년까지 중앙아시아 지역 국가들의 경제성장률은 평균적으로 9.5%를 기록하여 다른 지역에 비해 높은 성장률을 보여주고 있다.

대내설비투자는 부진한 반면, 해외투자는 지속적으로 증가하여 국내투자가 해외투자로 대체되는 현상이 발생하고 있다. 조선·반도체·자동차·석유화학 등 일부 제조업부문에서 세계 최고 수준에 도달하였고, 기술적 우위로 시장을 선도하는 대기업이 나타나는 등 커다란 발전을 보였다. 반면에 상당수 중소기업은 하청생산방식에 의존하고 있다. 정부는 그 동안 제조업 중심의 발전전략을 구사하여 국내 주요 지역에 산업단지를 우선적으로 구축하고 기능인력을 양성하는 데 재정지원을 하였다. 그러나 지역발전에 기여하지 못하고 지역경제는 더욱 피폐해지는 결과만 낳았다. 최근 들어 정부가 서비스업을 적극적으로 지원하여 탈공업화가 진전되고 있지만 서비스부문의 생산성은 아직도 제조업의 절반 수준에 불과하다.

1990년대 들어서 정부는 새로운 성장동력으로 정보통신산업을 육성하고 정보사회 건설에 필요한 정보인프라 구축에 노력하였다. 그 결과 제조 및 기기 중심의 정보통신산업 발전전략은 성공을 거두어 정보통신강국으로 부상하였다. 그러나 원천기술이 취약하여 핵심 기술의 대외의존도는 여전히 높은 상태이다. 콘텐츠·소프트웨어부문의 발달도 아직은 취약한 수준이다. 특히, 정보통신산업은 제조업과 비슷한 문제점을 배포하고 있는데, 짧은 기간에 대기업을 중심으로 기술개발체제를 구축하게 되었고 R&D비용이 급증하는 데 따른 투자효율성이 저하되고 있다.

2.2. 성장잠재력의 약화

2007년 상반기 들어 우리 나라의 총저축률(총저축에서 처분가능소득으로 나눈 비율)은 30.9%로 상반기 기준으로 1983년(27.7%) 이후 24년 만에 가장 낮은 수준으로 하락하였다. 문제는 2004년 상반기의 35.0%를 고점으로 빠르게 떨어지고 있다는 점이다. 상반기 수치를 기준으로 보면 2005년 33.0%, 2006년 31.6%에 이어 2007년 들어 30%선에 턱걸이하였으며, 2008년 반기에는 20%대까지 내려갈 전망이다. 물론 저축률의 절대수준 자체는 아직 적정범위를 벗어났다고 볼 수 없지만 하락속도를 보면 문제가 없다고 말하기 어렵다. 이러한 저축률의 하락은 종래에는 결국 잠재성장률의 하락을 가져올 가

표 5-5 주요 기관 잠재성장률 전망

단위: %

구 분	조세연구원	KDI	한국은행
	2006~2010	2004~2010	2005~2014
취 업 자	0.7	0.7	0.7~0.9
근 로 시 간	△0.3	–	–
인 적 자 본	–	0.8	–
물 적 자 본	2.2	1.6~1.7	1.9~2.3
총요소생산성	2.1	1.5~2.0	1.4~2.0
잠 재 성 장 률	4.9	4.6~5.1(4.9)	4.0~5.2(4.6)

주: ( )는 전망치 평균(KDI) 또는 중립적 전망(한국은행).
자료: 조세연구원, KDI, 한국은행.

능성을 내포하고 있다.

잠재성장률이 1988년을 정점으로 하락하고 있음은 여러 각도로 규명되어 논의되어 왔다. 박형수·류덕현(2007)에 의하면 현재 우리 나라의 잠재성장률은 유럽연합(EU) 회원국 평균에 비해 두 배 이상 높지만 갈수록 그 격차가 줄어들어 2040년 즈음에는 오히려 EU 회원국의 평균에도 미치지 못할 것이라고 주장하고 있다.[3] 그 밖에도 〈표 5-5〉에서 보다시피 주요 연구기관들도 외환위기 이후 성장동력인 잠재성장률이 하락하고 있다는 연구결과를 보여 주고 있다. 아직 충분한 수준의 자본축적이 되지 않은 상태에서 잠재성장률이 떨어지면 경제성장 동력이 약화되어 그만큼 선진화의 길은 요원할 것이다.

현재 우리 나라에서 진행중인 인구의 급속한 고령화는 노동공급과 자본공급의 감소를 통해 잠재성장률 저하를 가져올 것이다. 노동투입 증가율이 둔화되는 것과 동시에 고령화에 따른 부양비율의 급증은 저축증가율의 둔화로 이어지면서 자본투입률이 줄어들 것이다. 현재는 고령화의 초기 단계이기 때문에 저축여력이 많은 중장년층의 비중이 높아져서 일시적으로 오히려 저축률이 높아지는 현상이 나타날 수도 있으나 2008년 현재 베이비붐 세대인 45~

[3] 박형수·류덕현(2007).

53세의 인구층이 노령층으로 바뀌면서 저축증가율이 빠르게 줄어들 것이다. 또한 이들 베이비붐세대의 노후생계 유지문제가 향후 국가적 부담으로 등장하게 될 것이다. 이는 재정 측면에서는 조세베이스가 축소되어 근로소득 및 자본소득 등에 대한 세부담의 급증으로 이어질 가능성이 매우 크며, 재정적자를 부추기는 요인이 될 것이다. 더 나아가 만일 이 세부담의 증가가 소득세부분에서 충당된다면 자본이나 고급인력의 국외유출을 촉진하고 외국자본의 유입을 억제함으로써 성장잠재력을 더욱 저하시키는 악순환의 고리에 빠져들 것이다.

2.3. 국제조세경쟁

최근 주요국들은 생산요소의 세부담을 완화함과 동시에 자본 및 노동의 유치 및 생산의 효율성 제고를 통해 국가경쟁력 제고를 도모하기 위해 조세경쟁을 하고 있다. 폐쇄경제하에서는 원칙적으로 정부가 직접세에 대한 유효세율 부담을 낮추면 투자에 대한 추가적인 부담이 발생하지 않아 투자를 증대시킨다. 그러나 지금과 같은 개방경제하에서는 한 국가가 자본과세의 수준을 낮추는 대신 소비과세를 확대하는 조세정책을 구사하면 다른 나라의 자본소득과세에 영향을 주게 된다. 따라서 현재 세계적인 조세경쟁에서 우리 나라도 예외일 수는 없다. 특히, 최근에는 국제적 유동자본에 대한 조세경쟁이 국가 간 과열되는 양상마저 보이고 있다. 이와 같은 현상은 궁극적으로 모든 국가로 하여금 세수확보를 위해 요소 및 소비에 대해서만 과세하는 조세구조로의 전환을 유도하게 될 것이다. 이를 잘 나타내 주는 것이 OECD 국가들의 소득세 비중축소 추세이다. 2000년 OECD 평균개인소득세 비중은 9.8%이었으나 2004년 평균 9.1%로 낮아졌으며, 특히 미국의 경우 12.5%이던 2000년 개인소득세 비중은 2004년 8.9%로 크게 축소되었다.

법인세 역시 이러한 국제적 조세경쟁현상이 가장 치열하게 전개되고 있는 분야이다. 소득세와 마찬가지로 OECD 국가들의 GDP 대비 법인세 비중은 지속적으로 축소되는 추세이다. OECD 국가의 평균법인세 비중은 2000년 3.7%에서 2004년 3.4%로 축소되었으며, OECD 국가의 법인세 평균세율이 2000년

표 5-6 GDP 대비 세목별 세수 비중 국제비교

단위: %

구 분	개인소득세 비중		법인세 비중		소비세 비중	
	2000년	2004년	2000년	2004년	2000년	2004년
미 국	12.5	8.9	2.6	2.2	4.1	4.0
캐나다	13.1	11.7	4.4	3.4	8.1	8.2
이탈리아	10.4	10.5	2.9	2.8	10.6	9.8
프랑스	8.0	7.4	3.1	2.8	11.1	10.8
독 일	9.4	7.9	1.8	1.6	10.1	9.8
스페인	6.4	6.2	3.1	3.4	9.2	9.1
핀란드	14.6	13.5	6.0	3.6	13.5	13.6
스웨덴	17.5	15.8	4.0	3.2	12.6	12.6
네덜란드	6.0	6.1	4.0	3.1	10.4	10.9
뉴질랜드	14.5	14.6	4.1	5.5	10.9	11.2
호 주	11.8	12.6	6.3	5.7	8.1	8.2
일 본	4.5	4.7	3.7	3.8	4.6	4.7
한 국	3.4	3.4	3.3	3.5	8.6	8.7
OECD 단순평균	9.8	9.1	3.7	3.4	10.8	10.8

주: 소비세는 OECD에서 분류체계상 5100에 해당하는 재화와 용역의 생산·판매·이전·대여 및 운반 등에 부과되는 모든 유형의 조세(부가가치세, 특별소비세, 판매세, 수입분 부가가치세 및 관련 조세 등)를 포괄함.
자료: OECD(2006).

33.6%에서 2006년 28.4%로 5.2%p나 인하되었다. 그러나 우리 나라는 세계적인 추세에 역행해서 법인세 비중이 확대되고 있을 뿐만 아니라 그 비중이 2006년 현재 OECD 평균을 상회하는 것으로 나타나고 있다. 〈표 5-7〉에서 보듯이 이러한 법인세 인하는 OECD 국가 내에서도 규모가 작은 국가일수록 더욱 큰 폭으로 이루어지고 있다. 대규모 국가는 2000년 들어 2006년까지 법인세 인하규모가 3.6%p인 반면, 중규모 국가와 소규모 국가는 각각 4.5%p, 6.0%p나 인하되었다.

최근에는 대규모 국가들도 법인세 인하경쟁에 적극적으로 동참하고 있다.

표 5-7 OECD 국가의 법인세율

구 분	2000년	2005년	2006년
대규모 국가	39.5	35.9	35.9
중규모 국가	35.7	31.7	31.2
소규모 국가	30.9	25.2	24.9
OECD 국가 전체	33.6	28.6	28.4

주: 대규모 국가는 미국·일본·독일·영국·프랑스임.
중규모 국가는 캐나다·스페인·한국·멕시코·호주·네덜란드임.
소규모 국가는 대규모와 중규모 국가를 뺀 나머지 OECD 국가임.
자료: OECD(2007).

캐나다·독일·영국 등이 내년부터 법인세를 20%대로 내리기로 한 데 이어 미국에서도 법인세 인하 논의가 본격화되고 있다. 실제 캐나다는 현재 34%인 법인세 실효세율(납세자의 실제 세금부담률)을 2012년까지 선진 7개국(G7) 최저수준인 25%까지 인하하겠다는 계획이다. 독일도 2008년 1월부터 현행 39%인 법인세 실효세율을 29%대로 대폭 인하하기로 하였다. 영국 역시 30%인 법인세 실효세율을 2008년 4월부터 28%로 낮출 계획이다. 유럽 국가들의 법인세율 인하는 유럽연합에 가입한 인근 동유럽권 국가들이 법인세율을 10%대로 낮추면서 외자를 끌어들이고 있는 데 기인하는 바 크다. 이에 따라 유럽 주요국의 법인세율은 대부분 20%대로 낮아질 것이다.

2.4. 왜곡된 자본소득세체계

Dalsgaard(2000)의 OECD 보고서[4]를 보면 우리 나라의 경우 투자에 대한 조세지원정책으로 특정 산업에 자본이 과잉투자되는 부작용을 초래하였다고 평가하고 있다. 기업형태, 투자 및 자금조달의 유형에 따라 조세유인이 다르게 제공되고 있어 자원배분의 왜곡을 초래하고 있다는 것이다. 이러한 지적은 최근 들어서도 크게 개선되지 않았다. 우리 나라의 자본소득세율은 세법상으

[4] Thomas Dalsgaard(2000).

표 5-8 이중과세제도의 국제 비교

구 분	법인단계		개인단계	조정방식
	적용세율	과세소득에 대한 공제제도		
한 국	25%/13%	과세소득에 포함 (공제제도 없음)	gross up비율을 19% 또는 실제 법인세부담률에 의한 비율(법인세부담률/(1－법인세부담률) 중 선택 · 공제율 한도: 38%	임퓨테이션 방식
미 국	35% (기본세율)	80% 이상 지분소유: 100% 공제 20% 이상 지분소유: 80% 공제 20% 미만 지분소유: 70% 공제	종합과세(조정제도 없음)	조정 없음
일 본	30%	25% 이상 지분소유: 100% 공제	과세소득 1,000만 엔 이하: 배당소득의 10% 세액공제 과세소득 1,000만 엔 초과: 배당소득의 5% 세액공제	개산배당세액공제방식
영 국	30%	전액공제	수치배당액의 1/9를 과세소득에 산입하고 산출세액에서 다시 세액공제	임퓨테이션 방식
독 일	30%	개인주주와 동일	수취배당액의 100/70을 과세소득에 가산하고 산출세액에서 다시 세액공제	임퓨테이션 방식
프랑스	33.33%	개인주주와 동일 (자회사로부터 받은 배당은 소득에서 공제)	수취배당액의 50%를 과세소득에 산입하고 산출세액에서 다시 세액공제	임퓨테이션 방식
대 만	15%/25%	배당소득의 80% 공제	33.33~48.15%의 값을 갖는 세액공제 가능비율을 실제배당수령액에 곱한 금액	임퓨테이션 방식

로 다른 OECD 국가와 비교하면 자본소득에 대한 표준법정세율이 유사한 수준이다. 그러나 이자 및 배당소득에 대한 세율은 개인의 경우 배당소득이 비과세대상이므로 상대적으로 낮은 편이며, 자본소득에 따라 다른 세율체계를 가지고 있어 자본소득세율체계가 지나치게 복잡하다.

모든 세부담은 궁극적으로 개인에게 귀속되므로 법인소득에 대한 과세는 불필요하다는 의견이 지배적이기는 하나, 법인세가 폐지된 국가는 아직까지 없다. 그러나 최근 법인세를 폐지하여 세부담을 피하고자 하는 해외투자법인들을 유치하고 있는 조세피난처 국가들이 늘어나고 있는 추세이다. 법인소득세가 존재함으로써 법인소득에 대한 세후 수익률이 낮아질 뿐만 아니라 법인기업의 투자·재무·배당결정에도 많은 왜곡이 일어나고 있으며, 법인소득에 대해 법인세가 과세된 후에 주주에게 배당된 소득에 대해서도 개인소득세가 또다시 과세되는 이중과세의 문제도 발생하고 있다. 이에 따라 미국을 제외한 대부분의 OECD 국가들은 법인세로 인한 이중과세문제를 해소하여 법인소득에 대한 세부담을 경감하기 위해 다양한 조치들을 취하고 있다.

2.5. 법인소득 과세표준의 증가

법인세 수입은 1997년 외환위기 이후 크게 증가하고 있다. 총국세 대비 법인세수의 비중은 1997년 13.5%에서 2005년 23.4%, 2006년 21.3%로 크게 증가하였다. 특히, 2000년 이후에는 총국세에서 줄곧 두 번째 규모를 차지해

그림 5-2 소득세수·법인세수·부가가치세수 비중 추이

단위: %

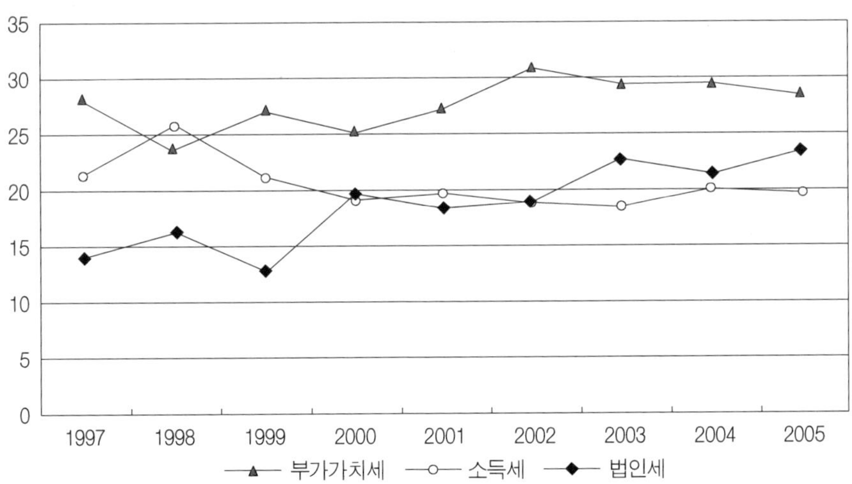

표 5-9 연도별 기업소득과 과세표준의 증가 추이

단위: 억 원, %

구 분	1999년	2000년	2001년	2002년	2003년	2004년	2005년
소 득	387,772	857,807	793,128	896,402	1,272,515	1,244,348	1,551,371
증가율	17.6	121.2	−7.5	13.0	41.9	−2.2	24.7
과세표준	326,591	615,853	641,912	735,579	1,016,936	1,018,054	1,261,747
증가율	10.6	88.6	4.2	14.6	38.2	0.1	23.9

자료: 국세청, 『국세통계연보』, 각 연도.

오던 소득세수와 번갈아 가며 세수규모 2위 세목으로 성장하였다. GDP 대비 법인세 비중 역시 1990년대 2% 초반에서 2000년대 들어와서는 3% 수준을 상회하고 있다.

법인세율이 2002년 1%p, 2005년 2%p 인하되었음에도 불구하고 법인세수가 계속 증가하고 있는 것은 기본적으로 세수기반에 해당하는 기업소득과 과세표준이 크게 증가한 것과 관련이 깊다. 기업소득과 과세표준이 크게 증가한 것은 외환위기 이후 구조조정과 재무구조 개선 등으로 인해 특별이익이 증가하고 영업실적이 호조를 보였기 때문이다. 또한 신용카드 사용액에 대한 소득공제 등의 정책으로 세원이 투명화되고 확대된 것도 일조를 하였다.

3 주요국의 법인세 개편동향

세계화로 인한 자본의 국제적 이동과 더불어 최근에는 IT인력을 중심으로 고급인력의 국제이동이 매우 활발하다. 이러한 국제적인 자본과 생산요소의 이동은 자본자유화 추세와 더불어 각 국가 간 치열한 조세경쟁을 유발하고 있다. 이 중 대표적으로 조세경쟁의 대상이 되고 있는 것이 법인세나 사업소득세이다. 이에 따라 OECD 국가의 평균법인세율이 지속적으로 하락하고 있는 추세에 있다. 최근 주요국의 법인세 개편의 초점은 생산요소에 대한 세부담 완화와 국제경쟁력 제고이다. 장기불황을 겪었던 일본을 비롯해 미국·독일·프랑스·영국·일본 등 주요 선진국들은 2000년을 전후로 대대적인 감세정책을 추진하고 있다. 선진국들의 이와 같은 감세정책 추진은 경제활력을 회복하고 국가경쟁력을 강화하기 위한 것으로 주로 소득세 및 법인세율 인하가 주요 내용이다.

3.1. 미 국

미국의 부시 대통령은 선거기간중 핵심 공약으로 전면적인 조세감면정책(Across-the-Board Tax Cut)을 채택하였으며, 2002년도의 재정흑자를 계기로 감세정책을 단행하였다. 이는 2000년 후반부터 시작된 경기하강 및 9.11테러에 대응하기 위한 것으로 2003년부터 10년간 164억 달러를 줄이는 감세안을 통과시켰으며, 법인세율도 단계적으로 인하하기로 하였다. 부시 정부의 조세감면정책은 미국 공화당의 기본 노선인 작은 정부와 시장경제체제에 부합하는 것이다. 이는 2000년 GDP 대비 약 16%에 달하는 규모로 향후 10년간 매년 GDP의 1.4%에 해당하는 재원을 감세정책비용으로 지불하겠다는 것이다.

구체적인 감세방식으로 소득세의 한계세율을 〈표 5-10〉에서와 같이 단계적으로 총 2~3.6%를 인하하였으며, 소득공제폭도 〈표 5-11〉에서와 같이 확대하며 자본이득세율도 인하하는 것이다. 미국은 또한 상·하원의 최종 합의안에서는 최고상속세율을 2002년에 50%로 낮추었고 2007년까지 점진적으로 45%까지 낮추기로 하였으며, 2010년에는 상속세를 폐지하기로 하였다. 미국 연방

표 5-10 소득구간별 미국의 개인소득세율 인하

단위: %

구 분	제3소득구간	제4소득구간	제5소득구간	제6소득구간
2000년 이전	28	31	36	39.6
2001 ~ 2003년	27	30	35	38.6
2004 ~ 2005년	26	29	34	37.6
2006년 이후	25	28	33	35

주: 미국은 6단계 소득세율구조를 가지고 있고, 소득구간(income bracket)은 물가연동에 따라 달라진다.

표 5-11 미국의 소득세액 중 자녀세액공제 확대

단위: 달러

구 분	2000년 이전	2001~2004년	2005~2008년	2009년	2010년 이후
자녀세액공제	500	600	700	800	1,000

표 5-12 독일의 법인세 및 소득세 세율인하 내용

단위: %

구 분	1999년	2000년	2001년	2005년
법인세율(유보소득)	40	40	25	25
법인세율(배당소득)	30	30	25	25

자료: OECD, the OECD tax Data Base, 2007.

정부 세입의 대부분이 소득과세에 의존하고 있음에도 불구하고 소득세 인하 정책을 채택한 것은 소비세 강화-소득세 인하라는 '근본적 세제개혁'의 논리가 반영된 것을 의미한다.

당시 부시 행정부의 감세안에 대해 경기부양효과는 미미한 반면 재정적자만 확대시킬 것이라는 비판이 우세하였다. 그러나 감세로 인한 경기부양과 이로 인해 다시 경기가 살아나 세수가 늘어나는 이른바 감세의 선순환구조가 나타났다. 이는 미국의 세수증가가 이를 말해 주고 있다. 미국은 2005년에 이어 2006년에도 높은 세수증가율을 기록하였다. 2005년에 연방정부 세수입이 1982년 이후 최고증가율인 14.6%를 기록한 데 이어, 2006년에도 전년 동기간 대비 12.8%나 증가하였다. 미국의 경제성장률이 예상보다 증가하면서 신규 고용창출이 늘고 임금증가율이 상승하여 소득세와 사회보장세 수입이 크게 증가하였다.

3.2. 독 일

독일은 EU 내의 자본과 노동을 유치하고 생산의 효율성을 높이기 위한 세제개혁을 단행하였으며, 그 주요 내용 중 하나는 법인세 및 소득세 세율의 인하이다. 법인세율은 2000년도까지는 유보소득과 배당소득을 구분하여 각각 40%와 30%로 과세하였으나 2001년도부터는 유보소득과 배당소득의 구별 없이 모두 25%로 과세되도록 세율이 단일화되고 인하되었다. EU 내 자본과 노동의 이동이 훨씬 자유로워진 상황에서 독일의 법인세 인하는 주변국가의 조세인하경쟁을 촉발시키고 있다.

3.3. 영 국

가장 먼저 세율인하에 나서 성공한 국가는 영국이다. 대처 총리가 1979년 소득세율 인하 및 부가가치세 증세를 실시한 이후 1989~1990년 레이트세(주거용 및 비주거용 재산에 대한 일종의 재산세)의 폐지, 인두세의 도입 등 세제개편을 단행하였다. 영국의 대처 총리는 또한 1983~1986년 동안 법인세율을 52%에서 35%로 대폭 인하하는 한편 시장경제원리에 입각한 '작고 효율적인 정부'를 표방하였다. 이와 더불어 규제완화와 공기업 민영화, 노동시장 개혁, 정부혁신, 외국인 직접투자 유치 등 대대적인 개혁작업을 펼쳤다. 그 결과 영국 경제는 1980년대 후반부터 영국병을 치유하면서 장기호황을 구가할 수 있었다. 1997년 집권한 블레어 정부도 경제성장과 효율성 강화를 위해 보수당이 실시하였던 감세정책을 더욱 강화하였다. 10%의 소득세율을 도입하고 기본 세율도 22%로 추가적으로 인하하였다. 반면 연료와 에너지에 대한 부가가치세를 8%에서 5%로 인하하고 담배와 연료에 대한 탄력세율은 강화하였다. 법인세율도 30%에서 2008년에 28%로 인하할 계획에 있다.

3.4. 기타 지역

경기침체에서 벗어나지 못하고 있는 일본은 경기활성화의 일환으로 감세정책을 실시하였다. 1998년 4조 엔에 이르는 소득세를 특별감세하였고, 6,000억 엔의 투자 및 주택분야 조세를 감면해 주었다. 1999년 소득세 최고한계세율을 50%에서 37%로 인하하였으며, 소득세 세율구조도 5단계에서 4단계로 축소하였다. 법인세도 지방세를 포함한 법인세 총세율을 46.86%에서 40.87%로 인하하였다. 일본은 그 밖에도 기업하기 좋은 환경을 만들기 위해 기업의 합병 및 분할에 관한 세제를 정비하였다. 또한 노르웨이·스웨덴·핀란드 등

북유럽 국가의 경우도 1985년 51~57%에 달하던 법인세율을 1999년 28% 낮추는 등 생산요소에 대한 세율인하정책을 시행하였다.

우리와 경쟁상대국인 아시아 국가들은 물론 상대적으로 높은 법인세율을 유지해 왔던 유럽 국가들도 법인세율 인하에 나서고 있다. 스페인은 35%에서 2008년에 30%로, 네덜란드는 29.6%에서 2007년에 25.5%로, 덴마크는 28%에서 2007년에 22%로 인하하였거나 인하할 계획에 있다. 아시아 국가 중에서는 싱가포르가 20%에서 2007년에 18%로 인하하였고, 홍콩의 현행 법인세율 17.5%은 2008년 16.5%으로 인하예정이며, 말레이시아는 28%에서 2008년에 26%로 낮출 예정이다. 최근 선진국 진입에 성공한 것으로 평가되는 아일랜드도 1981년에 외국기업에 대한 법인세율을 45%에서 10%로 파격적으로 인하하여 외자유치에 성공한 국가가 되었다.

최근 유럽 국가들의 조세경쟁은 우리 나라에 시사하는 바가 크다. 동유럽 국가들이 2002년 이후 외국인직접투자(FDI) 유치를 위해 헝가리가 18%로 법인세율을 낮춘 것을 비롯하여 법인세율을 20% 이하로 대폭 인하하였다. 당연히 기업들의 생산거점의 동유럽으로 옮겨 가게 되었고, 서유럽 국가들은 동유럽으로의 공장이전을 막고 국내고용을 촉진하기 위해서는 법인세율 인하가 불가피하다는 인식을 갖게 되었다. 1990년대 이후 각국이 법인세율 인하대열에 합류하면서 〈표 5-13〉에서 보는 바와 같이 주요 국가의 법인세율은 꾸준히 인하되는 추세에 있다. 특히, 동유럽의 전환국가들은 단일세율을 도입하고 있기도 하다.

3.5. 법인세 폐지논의와 근본적 조세개편

법인세 개편방안에 대한 논의에서 빠질 수 없는 것이 일부 경제학자에 의해 이전부터 제기되어 온 법인세 폐지와 근본적 조세개편에 관한 논의이다.[5] 모든 법인세는 이중과세의 성격을 갖고 있기 때문에 동일한 소득에 두

[5] 법인세의 근본적 개편논의에 대해 OECD 조세정책 연구에서 발간한『법인소득세 근본 개혁』 보고서 제3장 「근본적 법인소득세 대 소비세제도 개혁」(Fundamental Corporate Income versus Consumption Type Tax Reform)에 잘 정리되어 있다(OECD, 2007).

표 5-13 OECD 국가의 법인세율 변화 추이

구 분	1985년	1990년	1995년	2000년	2005년
벨 기 에	45	41	40.2	39	33
덴 마 크	50	50	34	32	30
핀 란 드	57	42	25	28	29
프 랑 스	50	37	33.3	33.3	33.3
그 리 스	49	40	40	40	35
아이슬란드	51	48	33	30	18
아 일 랜 드	50	40	40	28	12.5
이 탈 리 아	46	46	52.2	37	34
네 덜 란 드	43	42	33	35	34.5
노 르 웨 이	51	51	28	28	28
포 르 투 갈	50	40	39.6	34	30
스 페 인	35	35	35	35	35
스 웨 덴	57	30	28	28	28
영 국	45	35	33	31	30
터 키	49	47	42.8	33	33
독 일	56	50	58.9/46.1	40	26.5
미 국	51	39	40	35	30
오스트리아	55	30	34	34	34
한 국	33	30	28	27	25

주: 중앙정부 법정세율기준임.
자료: OECD, the OECD tax Data Base, 2007.

번 과세를 금지하는 조세원칙에 위배—주주의 배당과 자본이득에 대해 과세를 하면서 그 소득의 원천인 기업이익에 대해서도 세금을 부과하는 것은 부당하다는 논리이다. 미국에서의 미국의 법인세 폐지는 1960년대 및 1970년대 경제학자들에 의한 활발하게 논의되어 왔다. 학자들의 논의를 받아들여 1985년에는 미 의회 예산처(U.S Congressional Budget Office)가 『법인소득세 개편』(*Revising the Corporate Income Tax*)이란 보고서를 발간하였다. 1992년에 미국

재무부가 『법인소득세와 개인소득세의 통합에 관한 재무부보고서: 사업소득에 대한 한 번의 과세』(*Report of the Department of the Treasury on Integration of the Individual and Corporate Tax Systems: Taxing Business Income Once*)란 보고서를 발간하였다. 2001년에는 당시 재무부 장관인 오닐(Paul ONeill)이 미국 경제는 법인소득세를 폐지하여 세제를 단순화하고 경제의 효율성을 높여 성장을 촉진하는 파격적인 세제개편안을 검토할 필요가 있다고 하였다. 미국 연방정부 수입의 10%를 차지하고 최고세율이 35%인 법인소득세를 폐지하고 부족한 세수는 개인소득세를 늘림으로써 보충한다는 것으로 매우 획기적인 정책제안이다. 2007년 12월에도 미국 재무부 관리가 법인세 개혁보고서를 발표하기도 하는 등 법인세 개혁에 대해 논의가 진행중이다.[6]

근본적 세제개혁안은 모든 부가가치에 대해서 한 번만 과세하는 것을 원칙으로 함으로써 전체적으로 가장 넓고 한계세율이 낮은 조세구조를 달성하자는 것이다. 이를 통해 조세초과부담을 극소화할 뿐 아니라 제도를 단순하게 하여 납세 및 징세비용을 줄이는 것이다. 근본적 조세개혁은 Hall and Rabushka(1995)의 평률세(flat tax)와 이를 다소 변형한 Bradford(2005)의 X-tax제도가 대표적인 예이다. 미국의 근본적 세제개혁안의 중심적인 모형이라고 할 수 있는 이 모형들의 특징은 모든 부가가치를 노동에 대한 부가가치와 노동 이외의 생산요소에 대한 부가가치로 양분하여 노동에 대한 부가가치는 가계단계에서 과세하고 여타의 부가가치는 기업단계에서 과세한다는 것이다. 이 중에서 가계단계에서의 과세는 평률세의 경우는 면세점을 설정함으로써, 그리고 X-tax의 경우에는 몇 단계의 누진세율을 적용함으로써 조세의 누진성을 보완하고 기업단계과세는 단일세율로 과세하여 조세에 의한 자원배분의 왜곡을 극소화한다는 것이다.

[6] 미국의 에릭 솔로몬 재무부 차관보는 2006년 12월 20일 법인세 개혁보고서를 발표하면서 세율인하 필요성을 강조하였다. 이 보고서에서는 글로벌 경제환경에서 법인세의 역할을 강조하고, 미국도 법인세 인하경쟁에 나서야 하며 기업들에 대한 각종 공제제도를 없애 과세대상을 확대하면 법인세율을 7%p까지 낮출 수 있을 것으로 분석하였다.

4 기본 방향 및 구체적인 방안

4.1. 기본 방향

법인세 개편은 장기적으로 안정적인 세수기반하에서 효율성과 형평성을 조화시키는 방향으로 추진되어야 한다. 첫째, 법인세율을 인하해서 발생하는 세수감소를 보전하기 위해서는 소득세나 소비세 등을 인상하기보다는 세출을 줄이는 것이 국민후생 측면에서 우월하다. 둘째, 법인세 인하에 따른 소득세 인상은 국민저축을 감소시키는 반면 지출감소는 국민저축을 증진한다. 셋째, 법인세 인하로 인한 세수감소의 보전을 세금인상으로 대처하는 경우 형평성의 측면에서 소득세의 인상이 부가가치세의 인상보다 우월하다. 넷째, 법인세 폐지는 자본소득세에 대한 전반적 정비와 더불어 논의가 되어야 한다.

4.2. 법인세율 인하

글로벌 경제하에서 국가경쟁력 강화와 고용증진을 위해서는 기업의 세부담을 줄이는 정책이 선택이 아니라 필수라는 점은 최근 날로 심해 가는 조세경쟁이 이를 대변해 주고 있다. 그 중에서도 경제성장과 국가경쟁력 강화를 위한 법인세율 인하는 불가피하다. 더군다나 한·미 FTA에 이어 한·EU 및 한·중 FTA까지 체결하여 동북아 FTA 허브로 도약한다는 정부의 구상을 현실화하고, 제조업의 해외이전으로 인한 제조업 공동화를 방지하고 외국기업을 유치하기 위해서라도 경쟁국보다 빨리, 보다 큰 폭으로 법인세율을 대폭적으로 인하할 필요가 있다.

우리 나라 법인세의 한계세율은 OECD 평균수준이지만 전체 조세에서 법인세수가 차지하는 비중은 OECD에서 가장 높은 수준이다. 더욱이 문제는 명목세율보다는 유효실질법인세율이다. 명목법인세율은 내렸지만 기업들의 실질적인 세부담은 오히려 늘었다. 한국의 영업이익 대비 평균유효법인세율은 1996년 16.3%에서 2003년 24.3%로 지속적으로 증가해 왔다. 선진국과는 비슷한 수준이지만 경쟁상대국인 대만·싱가포르보다는 10~15%p 높은 것이 현실이다. 조세부담률과 우리 나라의 상대적인 경제적 위치 등을 감안한다면 법인세의 한계세율이나 평균세율 모두 지나치게 높다고 보아야 한다. 거기다가 추세적으로도 선진국들이 법인세의 비중을 줄이는 동안 우리는 법인세의 비중을 높여 왔다. 우리의 가까운 경쟁국들과 직접 비교하면 법인세의 한계세율이 상당히 높다는 주장도 가능하다.

법인세율 인하가 가져올 경제적 손익에 대한 찬반논쟁의 역사는 오래 되었으며, 우리 나라에서는 외환위기 이후 두 차례의 법인세율을 인하하였지만 효과에 대해서는 아직도 의견이 분분하다. 경기활성화 때에는 인하주장이 힘을 받지 못하다가 경기불황시에는 투자활성화와 일자리 창출을 위해 법인세율 인하가 필요하다는 주장이 힘을 받고 있다. 정부가 세금인하를 반대하는 논거는 그 동안 충분히 인하해 왔고(1990년 34%에서 2007년 25%로), 현 수준이 국제적으로 높지 않으며, 무엇보다 세수감소를 우려하기 때문이다. 우리 나라는 법인세수가 단일세목으로는 부가가치세·소득세와 더불어 3대 세수세목 중 하나이다. 따라서 1%p 인하에 대략 1조 원 이상의 세수손실이 예상되므로 정부가 쉽게 세금인하에 동의하지 않으려고 한다.

법인세율 인하논쟁의 핵심은 우리 나라의 법인세율이 과연 주변 경쟁국 대비 경쟁력을 갖고 있느냐 하는 것이다. EU의 평균법인세율은 25.8%로 아시아 평균(30%)은 물론 중남미 평균(28.5%)보다 낮은 세계 최저수준임에도 불구하고 실업문제를 해결하기 위해 법인세율 인하에 나서고 있음을 명심해야 한다. 하지만 법인세율 인하가 세수증대로 이어지려면 전제조건을 충족해야 한다. 그것은 바로 추가 세수확보 및 재정효율성 제고 등의 노력과 아울러 기업투자가 활성화되도록 각종 규제를 철폐하고 완화하는 것이다. 내외국인의 투자활성화를 위한 각종 규제 완화, 신규 투자 인센티브 확대, 경제특구 활성화를 위한 제도개편, 노동관련 제도 정비 등 다각적이고 종합적인 개혁조치가 요구된다. 대처 총리 시절에 영국이 단행하였던 법인세율 인하와 일련의 규제개혁정책들을 상기할 필요가 있다. 현재 한국의 기업규제수준은 각종 규제완

표 5-14 실질GDP 1% 증가에 의한 노동유발효과

단위: 천 명

구 분	1990년	1995년	2000년	2005년 추정
취업자 증가	112	105	96	88
피용자 증가	71	68	59	51

주: 2005년 추정치는 과거의 노동유발효과 감소율을 이용하여 단순계산한 결과.
자료: 이보선(2004).

화책에도 불구하고 선진국은 물론 싱가포르·홍콩 등 아시아 경쟁국들에 비해 떨어지는 것으로 평가된다.[7] 따라서 대폭적인 규제완화와 더불어 단기적으로는 법인세율을 경쟁국과 비슷한 수준인 20% 수준까지 세수 추이를 보아가면서 2~3년 내에 단계적으로 인하하고, 장기적으로는 세제개편과 더불어 법인세 폐지를 포함한 종합적인 세제개편방안을 고려해야 한다. 중요한 것은 다른 국가의 조세경쟁을 뒤따르는 수준이 아닌 획기적인 수준의 법인세 개편이 국가경쟁력 차원에서 논의되어야 한다는 점이다.

Lee and Gordon(2005)이 70개 국가의 1970~1997년 통계자료를 이용하여 법인세 세율과 경제성장 사이의 관계를 분석한 바에 의하면, 명목세율 10%p 인하는 1.1~1.8%p의 경제성장률 증가를 가져온다.[8] 우리 나라의 경우는 똑같지는 않겠으나 법인세율 10%p 인하에 따른 실질GDP 1.1~1.8%의 증가로 잡고 한국은행이 추정한 노동유발효과를 적용하면 취업자(피용자)수를 9.6~15.7만 명(5.6만~9.2만 명) 증가를 유발할 것으로 기대할 수 있을 것이다. 대략 과거의 경험에 의거하면, 법인세 인하로 세수는 2년까지는 감소하나 이후에는 성장률 증가효과를 가져와 세수에도 부정적인 것만은 아니다.

[7] 세계은행이 발표하는 기업환경 규제에 관한 국제비교 자료에 의하면, 2007년 현재 한국의 규제완화 정도는 조사대상 175개국 중 23위였다. 아시아 경쟁국 중에서는 싱가포르가 1위로 규제수준이 가장 약한 나라로 꼽혔고, 홍콩과 태국도 각각 5위와 18위로 한국을 앞서고 있다.

[8] Y. Lee and R. H. Gordon(2005), pp. 1027~1043.

4.3. 조세감면제도의 정비

우리 나라의 세제는 비과세 감면 등 조세지출이 과다하다는 문제도 가지고 있는데, 상당 부분이 법인세와 소득세부분에서 이루어지고 있다. OECD는 조세감면제도에 의해 조세지원분야의 투자와 생산을 확대시켰으나 다른 분야에는 가격 및 조세의 왜곡효과가 있었다고 평가하고 있다. 2005년 말 현재 비과세 감면제도의 수는 총 226개에 이르며, 감면액은 19.9조 원(총국세 대비 14.5%)에 달할 정도로 우리 나라의 조세감면은 그 종류가 많고 규모 또한 방대하다. 특히, 조세감면의 기득권화와 항구화로 감면규모가 지속적으로 늘고 있는데다 그 증가속도 역시 국세증가율을 상회하면서 재정건전성을 위협하고 있어 최근 세제개편에서 비과세 감면 정비는 늘 중요한 과제로 대두되어 왔다. 2006년도에도 62개 비과세 감면제도를 정비대상으로 하여 34개의 제도를 폐지하거나 축소하였다. 79개 제도의 일몰이 한꺼번에 도래하였던 2003년의 11%보다 2006년 폐지비율이 27%로 높아졌다. 그러나 국세 대비 감면세액의 비중은 지속적으로 늘어나는 추세이다. 1998년 조세지출예산제도가 도입되어 유의적인 통계가 잡히기 시작한 1999년 그 비중은 13.9%였으나 2005년 현재 폐지제도수가 늘어났음에도 불구하고 14.5%나 된다.

R&D·설비투자·구조조정 촉진을 위한 제도와 같이 미래 성장잠재력 확충과 관련 있는 제도들과 근로자·농어민·중소기업 등 경제적 약자를 보호하기 위한 제도는 지속될 필요가 있다. 그러나 감면목적이 이미 달성되었거나 경제사회적 여건변화에 의해 지원타당성이 낮아진 제도와 이용실적이 미미하

표 5-15 일몰이 도래한 조세감면제도 정비 현황

단위: 개

구 분	2003년	2004년	2005년	2006년
총 계	79	7	24	55
폐 지	9	3	8	15
축 소	18	–	3	12
연 장	52	4	13	28

자료: 재정경제부.

표 5-16 조세지출 추이

단위: 10억 원, %

구 분	2001년	2002년	2003년	2004년	2005년	2006년	2007(p)
조세지출	13,730	14,726	17,508	18,286	20,017	21,338	22,708
총 국 세	93,677	103,197	114,661	117,752	127,035	138,044	158,334
국세감면 비율(%)	12.8	12.5	13.2	13.4	13.6	13.4	12.5

주: 조세지출 비중은 조세지출이 (총국세+조세지출)에서 차지하는 비중임.
자료: 재정경제부, 『조세지출보고서』, 각년호; 국세청, 『국세통계연보』, 2006.

여 실효성이 낮은 제도는 폐지되어야 한다.

더욱이 개별 세법에 규정되어 있으면서 한시적 지원 또는 경기대응적 차원에서 지원이 타당한 제도나 조세특례제한법에 규정되어 있지만 일몰이 없는 제도는 일몰조항을 넣거나 폐지하는 것을 검토해야 한다.

최근 들어 근로자·투자지원 및 사회복지와 관련한 조세감면이 크게 늘고 있다. 또한 일몰조항은 있으나 이를 강제할 조항이 없다. 2006년 현재 일몰이 도래하였던 55개의 조세감면제도의 평균지원기간이 15년으로 평균 5회 일몰기간이 연장되었음이 일몰조항의 실효성을 말해 주고 있다.

2007년부터 시행되고 있는 국가재정법은 국세 대비 조세감면비율의 한도를 설정하고 있다.[9] 그럼에도 불구하고 각 부처의 감면요구와 의원입법안은 증가일로에 있다. 이에 대해 정부안과 의원입법 법안에 조세감면시 재원조달 방안을 명시하고 의무화하는 방안을 마련해야 한다. 또한 조세감면 총량한도를 정하고 있는 국가재정법 시행령 제41조를 "직전 3년간의 국세감면율의 합을 3으로 나눈 것에 0.5%를 더한 비율"에서 특정 수준의 국세감면율로 제한할 필요가 있다.[10] 나아가 국세감면율을 국세수입의 10% 수준까지 축소할 수

[9] 「국가재정법」에 포함된 조세감면 총량한도제·조세감면 사전제한제 및 조세지출예산제의 도입은 조세지출의 증가를 통제하는 데 크게 도움이 될 것으로 기대되고 있다. 조세감면 총량한도제(제88조)는 비과세 감면비율을 대통령령이 정하는 한도 내에서 관리하도록 하는 제도이며 조세감면 사전제한제(제87조)는 새로운 조세감면 법률안을 제출할 때 최초 시행연도부터 5년간의 재정수입 및 지출의 변동에 관한 추계자료와 재원조달방법을 함께 제출하도록 하는 제도이다. 조세지출예산제도(제27조 및 제34조 제10호)는 조세지출과 세입세출예산을 통합하여 분석하기 위한 제도로써 조세지출예산서의 제출은 2011 회계연도 예산안부터 적용(부칙 제6조)될 예정이다.

있도록 총량한도를 설정할 필요가 있다. 비과세 감면을 대폭 정비하면서 R&D 지원 등 생산성 향상과 성장잠재력 확대에 도움이 되는 유인들을 합리적인 수준에서 보강할 수 있을 것이다.[11] 그리고 이와 같은 비과세 감면의 대폭적인 정비는 법인세와 소득세의 한계세율을 추가적으로 하향조정할 수 있는 여력을 제공할 것이다.[12]

4.4. 연결납세제도 도입

최근 사업부문을 분할하여 지주회사체제로 전환하는 기업들이 등장하고 있으나 관련세제의 미비로 세부담이 증가할 전망이다. 1994년 4월 지주회사의 설립 및 전환이 허용됨에 따라 지주회사제도의 활성화를 위해 연결납세제도의 도입은 중장기 검토과제로만 미루어 둘 것이 아니라 도입방침을 천명하고 강력하게 추진할 필요가 있다. 지주회사의 설립 및 전환을 허용한 것은 기업이 경영을 가장 효율적으로 할 수 있는 구조를 자유롭게 선택할 수 있도록 정책적으로 돕고자 하는 것이었다. 그러나 지주회사제도를 세제 측면에서 뒷받침하는 연결납세제도가 우리 나라에 도입되고 있지 않기 때문에 아직도 지주회사제도가 활성화되고 있지 못한 실정이다. 즉, 정부가 기업의 지배구조를 개선하기 위한 하나의 방안으로서 지주회사제도를 도입하였으나 기업의 입장에서 분사화 형태가 사업부제 형태에 비해 세제상 불리하다고 판단하기 때문

---

10 종전에는 국세감면비율을 관련국세 대비 국세감면액(조세지출비율)을 사용하였으나, 2007년도 조세지출보고서부터는 국세수입 총액 대비 국세감면액(국세감면비율)으로 변경되었다. 〈표 5-16〉은 변경된 기준에 의해 작성된 것으로 종전의 기준을 적용하면 2006년과 2007년에는 이 비율이 각각 14.2%, 13.3%가 된다(아래 표 참조).

종전(2006년도까지 작성기준)	변경(2007년 이후 작성기준)
·조세지출비율을 관련국세 기준으로 산출 조세지출비율 $=\frac{\text{국세감면액}}{\text{국세감면액}+\text{관련국세}}$	·국세감면비율을 국세수입 총액 기준으로 작성 조세지출비율 $=\frac{\text{국세감면액}}{\text{국세감면액}+\text{국제수입 총액}}$

11 2007년도 기준 조세감면액을 보면 소득세 10조 6,376억 원으로 총감면액의 46.8%, 법인세가 5조 6,118억 원으로 24.7%, 부가가치세가 3조 8,754억 원으로 17.1%나 되어 이들 3개 세목의 국세감면 총액의 88.6%를 차지하고 있다.

12 박기백(2006).

에 이 제도의 활성화가 이루어지지 않고 있다. 기업이 경영전략상 분사화 또는 사업부제 중 어느 하나의 사업형태를 선택함에 있어서 세제는 중립성을 유지할 수 있어야 한다. 연결납세제도는 법률적으로는 독립되어 있지만 경제적 또는 실질적으로 결합되어 있는 기업그룹을 마치 하나의 법인인 것처럼 간주하여 그 기업그룹을 과세대상으로 하는 세제이다.

2006년 주한유럽상공회의소(EUCCK)가 외국계 기업의 한국 투자 저해요인으로 연결납세제도의 미도입을 지적한 바 있듯이, 기업의 국제경쟁력 확보 및 외국자본 유치에도 필요하다. 기업이 경영전략상 분사화 또는 사업부제 중 어느 하나의 사업형태를 선택함에 있어서 세제는 중립성을 유지할 수 있어야 한다. 정부가 우려하는 세수감소 가능성보다는 오히려 관련세제의 미비로 기업의 세부담이 늘고 있다는 점을 고려해야 할 것이다. 또한 연결납세제도의 도입이 대기업이 부실 자회사를 지원하는 계기가 된다거나 이를 악용하여 조세회피를 시도할 가능성은 현재와 같은 조세행정하에서는 우려할 필요가 없다. 주식회사의 외부감사에 관한 법률(이하 '외감법')이 개정되어 연결대상 지배회사와 결합대상 기업집단은 각각 사업연도 종료일 후 4월과 6월 이내에 감사받은 연결재무제표와 결합재무제표를 증권선물위원회와 한국공인회계사회에 제출하도록 규정하고 있는 점을 감안하여 이미 OECD 국가를 중심으로 21개 국가가 시행하고 있는 연결납세제도의 도입을 빨리 추진해야 한다.

4.5. 결손금 공제제도의 선진국 수준 개선

결손금 공제제도가 경쟁국에 비해 불리해 누적적자로 인한 재무구조 악화상태를 조기에 극복하는 데 장애가 되고 있다. 결손금 이월공제제도는 계속기업(going concern)의 일반원리에 따라 세계 각국에서 적극 시행하고 있으며, 공제기간이 짧으면 사업연도 간의 소득-비용 상계가 불충분해진다. 결손금에 대한 이월공제기간을 현행 5년에서 10년으로 확대하고 대기업에 대해서도 소급공제제도를 도입(1년간)할 필요가 있다. 이 밖에도 결손금 공제기간을 확대해 줄 필요가 있다. 한국은 5년으로 제한되고 있지만, 영국과 독일은 그 기간의 제한이 없고 미국은 20년으로 되어 있다.

표 5-17 결손금 공제제도 국제비교

구 분	미 국	일 본	독 일	영 국	한 국	멕시코	스웨덴
결손금 이월공제기간	20	7	무제한	무제한	5	10	무제한
결손금 소급공제기간	2	1	1	1	0(2)*	0	0

주: 중소기업에 대해서만 2년간의 결손금 소급공제 허용.

표 5-18 우리 나라의 배당수입금액의 익금불산입률

단위: %

구 분	상장법인		비상장법인	
	지 분 율	익금불산입률	지 분 율	익금불산입률
지주회사	30~40	70	50(벤처기업 20)~80 이하	70
	40~100 미만	90	80~100 미만	90
	100	100	100	100
일반법인	30 이하	30	50 이하	30
	30~100 미만	50	50~100 미만	50
	100	100	100	100

자료: 김학수(2007c)에서 재인용.

4.6. 배당세 이중과세 등 자본소득체계 개선

배당소득에 대한 법인세와 소득세 이중과세의 문제는 현행 세법에서 부분적으로 완화하는 조치를 취하여 왔으나 더욱 보완해야 한다. 현재 우리 나라는 배당수입금의 이중과세문제를 완화하기 위해 출자비율과 법인유형에 따라 배당수입금 익금불산입률을 30~100%까지 차등 적용하고 있으나, 영국 및 독일은 100%의 익금불산입률을 적용하고 있으며, 미국도 최소 70%의 익금불산입률을 적용하고 있다. 김학수(2007)는 법인세율뿐만 아니라 법인세 과세표준을 결정하는 요인들을 완화해 줌으로써 기업의 법인세 부담의 경상GDP 대비 비중을 0.1%p 인하하는 경우 투자는 1.13%, 노동은 0.15%, 실질GDP는 0.17% 증가할 것으로 분석하고 있다. 같은 규모의 재정지출 비중을 확대하는 경우 투자는 감소하고 노동은 소폭 증가하는 데 그쳐 실질GDP는 0.04% 증가

표 5-19 미국의 배당수입금액의 공제율

단위: %

지 분 율		공 제 율
타회사 지분	20 이하	70
	20~80	80
	80 이상	100
계 열 사		100

자료: 김학수(2007c)에서 재인용.

에 그칠 것으로 분석하고 있다. 따라서 경기활성화를 위한 법인세제 개편을 한다면 익금불산입률을 확대하는 방안을 고려할 필요가 있다.

궁극적으로는 기업단계에서 배당 여부와 상관없이 모든 자본소득을 한 번만 단일률로 과세해야 하며, 배당소득세는 금융소득 종합합산대상에서 배제해야 한다. 이렇게 되면 그 동안 논란이 되어 왔던 이중과세 완화를 위한 현재의 그로스업제도는 불필요해지고 조세행정이 훨씬 단순해질 것이다. 배당소득에 부과되는 세금은 법인세와 원천징수세율뿐인데, 이 둘을 합하면 소득세 최고세율과 유사한 수준이 되므로 배당소득에 대한 세금으로 낮은 수준이 아니라고 말할 수 있다. 그리고 개인소득세만 부담하는 이자소득과의 형평문제도 현저히 완화된다고 볼 수 있다. 그러나 이 부분은 근본적 조세개혁 차원에서 장기적으로 접근해야 할 것이다. 외국인 주주들에 대한 배당에 대해서 소득세의 원천징수도 이루어지지 않는다는 것을 우리의 국민정서가 아직은 수용하지 못할 수도 있기 때문이다. 다만 단계적으로 배당소득에 대한 원천징수세율을 낮추어 나가는 것은 검토해야 할 것이다.

주식양도차익에 대한 자본이득과세의 문제와 파생금융상품 등에 대한 소득세 과세의 문제도 쉽게 결론을 내리기 어려운 문제이다. 현재와 같이 법인세를 부담하고 다시 배당단계에서 소득세를 부담하는 경우에는 주식양도차익에 대해서도 어느 정도의 소득세를 부담하게 하는 것이 형평에 맞고 또 증권거래세에 비해서 더 공정하다. 그러나 배당소득세를 완화해 가는 방향을 추구하기로 방향설정과 일관성이 있으려면 증권양도차익에 대한 소득세를 도입하지 않는 것이 타당하다고 본다. 현재의 증권거래세를 유지하면서 파생금융상품에도 거래세를 부과하는 방안을 강구하는 것이 단순하고 현실적이라고 판단된다.

4.7. 구조조정 지원세제의 상시화

급격한 기술진보로 인해 제품의 상품성 수명이 짧아지고 국제적 경쟁이 격화되는 상황에서 기업이 계속 변신하면서 구조조정에 의해 이를 극복할 수 있도록 법인세제를 정비해야 한다. 우선 기업의 경영형태(개인기업-조합형태기업-법인기업 등)에 따라 세부담 차이가 나지 않도록 그 균형을 유지해야 한다. 변화와 혁신의 중요성이 강조되면서 기업의 사업구조조정이 상시화되고 있으나, 현행 세제는 1회성 구조조정을 지원하는 데 주안점을 두고 있어 기업의 계속적인 구조조정을 지원하는 데 한계가 있다. 적용시한 연장방식을 탈피해 구조조정 지원세제를 항구화해야 한다. 벤처기업 주식을 다른 벤처기업에 현물출자할 경우에 대한 양도세 50% 감면제도는 주식스와핑방식에 의한 우호적 M&A로 활용중인바, 과세이연방식으로 전환해 상시화할 필요가 있다.

4.8. 법인세제도의 간소화

법인세와 세율이나 세부담과 같은 양적 측면만큼 중요한 것은 세무행정의 개선이며, 일관성 있고 투명하고 예측가능한 세무행정이 필요하다. 지나치게 많은 법인세 관련규정과 예외조항은 높은 납세협력비용을 초래할 뿐 아니라 세무공무원의 자의적 재량권을 확대시키는 결과를 가져온다. 현재 지나치고 복잡하며 난해한 법인세제도는 납세자 입장에서 볼 때 혼선을 초래하며 성실납세를 어렵게 하고 있는바, 과세자가 아닌 납세자의 측면에서 간소화되어야 한다. 1980년대 초 논의가 되기 시작해서 현재 체제전환국 10여 나라에서 도입된 단일세제(flat tax system)의 도입을 궁극적으로 검토해 보아야 한다. 모든 소득에 대해 발생원천에 대해 단일한 세율로 과세하게 되면, 각종 조세특례제도의 폐지로 이어져 세제가 단순화되고 성장동력 확충에 필요한 자본·기술·인력의 유입촉진 및 유출방지효과를 가져올 것이다.

4.9. 법인의 종부세 부담 완화

법인의 사업용 토지에 대한 종합부동산세 부담은 2006년 1,295개 법인에 의해 9,508억 원 규모로 집계되었다. 전체 종합부동산세 납부인원의 3.8%에 불과한 법인이 종합부동산세 세수의 55.3%를 부담하고 있는 실정이다. 기업의 업무용 건축물의 부속토지 등 사업용 토지는 별도합산 과세대상으로 분류하여 낮은 세율이 적용되고 있으나 토지보유량이 크기 때문에 세부담이 크다. 기업의 비업무용 토지로 분류되는 경우 1.0~4.0%의 높은 세율을 적용하고 공제금액도 3억 원에 불과하여 세부담이 가중되고 있으나, 건설업과 같은 업종의 경우 토지의 구입 이후 착공 전까지는 비업무용으로 분류되어 과중한 세부담을 져야 한다. 더욱이 업종의 특성상 많은 부동산을 소유하고 있는 백화점 등 유통서비스업은 과세특례 적용대상에서 제외되어 지나친 부담을 준다. 향후 고용창출 등을 감안하면 서비스업의 발전을 위해 서비스업종 등에 대해서는 종합부동산세 과세특례 적용대상을 확대할 필요가 있다. 업무용 토지뿐만 아니라 비업무용 토지에 대한 종합부동산세 경감대책이 필요하다. 건설업과 같이 일정 기간 토지를 나대지의 형태로 보유할 수밖에 없는 경우, 종합합산 과세대상으로 분류되어 낮은 공제금액과 높은 세율을 적용받으므로 기업 경쟁력 저하요인일 뿐만 아니라 건축물의 높은 분양가격으로 소비자에게 전가될 가능성이 있다.

참고문헌

곽태원, 「법인소득과세의 이론과 현실: 국내외의 연구성과 개관」, 한국조세연구원, 2005.

______, 「21세기 조세정책의 여건과 방향」, 곽태원 외, 『저성장 시대의 조세정책 방향에 대한 연구』, 한국경제연구원, 2006, pp. 39~76.

국세청, 『국세통계연보』, 각년호.

국회예산정책처, 『2006년도 세입세출결산분석』, 2007.

김학수, 『연구개발투자에 대한 조세지원 효과 분석』, 연구 07-04, 한국경제연구원, 2007a.

______, 『KERI 2007 장기 거시경제모형과 전망결과』, 연구보고서 발간준비중, 한국경제연구원, 2007b.

______, 『세제개편』, 미발간 보고서, 한국경제연구원, 2007c.

박기백, 「조세중립성 제고를 위한 비과세·감면제도 운용방안」, 정책토론회자료, 한국조세연구원, 2006.

박기백·김 진, 『법인세 부담 연구—미시자료를 중심으로』, 연구보고서 04-08, 한국조세연구원, 2004.

박형수·류덕현, 『한국의 장기재정모형』, 연구보고서, 한국조세연구원, 2007.

이보선, 「2000년 고용표로 본 우리 나라의 고용구조와 노동연관효과」, 『조사통계월보』, 한국은행, 2004.

이인실, 「선진화를 위한 재정·세제 개편 방안」, 한반도 선진화 재단, 2008. 1.

이인실·김성태·안종범·이상돈, 『법인세제 개편방향에 관한 연구』, 연구 02-14, 한국경제연구원, 2002.

재정경제부, 『조세개요』, 2007a.

______, 『2006년도 세입결산자료』, 2007b.

______, 『한국통합재정수지』, 각년호.

______, 『조세지출보고서』, 각년호.

한국은행, 『국민계정』, 2007.

Bradford, David, "A tax System for the Twenty-First Century," in Alan J. Auerbach and Kevin A. Hassett, eds., *Toward Fundamental Tax Reform*, Washingtion D.C.: The AEI Press, 2005.

Hall, Robert E. and Alan Rabushka, *The Flat Tax*, Stanford: Hoover Institute Press, 1995.

Lee, Y. and R. H. Gordon, "Tax structure and economic growth," *Journal of Public Economics*, Vol. 89, 2005, pp. 1027~1043.

OECD, *Recent Tax Policy Trends and Reforms in OECD Countries*, OECD Tax Policy Studies, OECD, 2004.

______, *Revenue Statistics*, 2006.

______, *Fundamental Reform of Corporate Income Tax*, OECD Tax Policy Studies No. 16, OECD, 2007.

http://www.mofe.go.kr(재경부 홈페이지).

http://www.mpb.go.kr(기획예산처 홈페이지).

6

부동산세제 개편방안

이영희 · 최명호

1 부동산세제의 변천과정과 현황

부동산관련 세제의 변화는 참여정부에서의 조세제도 변화 가운데 가장 중요한 부분을 차지하였다. 한 마디로 요약하면, 참여정부의 부동산관련 조세정책은 '부동산에 대한 보유세 부담 강화와 거래세 부담 완화'라고 표현할 수 있는데, 이와 같은 조세정책 변화에 대하여 조세를 평가하는 일반적인 기준인 '효율성' 및 '형평성'에 관한 논란이 계속되고 있는 실정이다.[1] 나아가 부동산관련세가 대부분 지방세라는 점에서 국가적 정책목적을 달성하기 위한 지방세제의 개편과 그것이 지방재정에 미치는 충격에 관해서도 많은 우려가 있다.[2]

이러한 문제에 접근하기 전에 우선 이 절에서는 부동산관련 세제의 변천과정을 살펴본 후 현황을 검토해 보는데, 특히 참여정부하에서 진행된 최근의 세제변화에 초점을 맞추고자 한다.

1.1. 부동산 보유세제

재산보유세로서 재산세라는 명칭은 5.16 직후인 1961년 12월에 처음 도입되었다. 그 이후 현재까지 상당한 변화가 진행되어 온 가운데 핵심적인 사항은 과세대상인 '재산'의 정의에 관한 것이었다. 1961년 도입 당시에는 재산의 범주에 토지·가옥·광구·선박 등이 포함되었고, 1984년 12월의 지방세법 개정으로 항공기가 추가되었다. 특히, 1989년 6월의 지방세법 개정에서는 토지가 과세대상에서 제외되었는데, 이때 제외된 토지와 1986년에 도입된 토지과다보유세를 통합하여 1990년 1월부터는 종합토지세가 도입되었다. 1990년 12월의 지방세법 개정에서는 광구를 제외하는 대신 중기가 추가되었는데, 그 이후 중기는 건설기계로 불리다가 1994년 12월의 지방세법 개정으로 제외되

[1] 노영훈(2007).
[2] 최병호(2007).

었다. 따라서 1995년 1월부터 2005년 1월의 지방세법 개정 전까지 재산의 범주에는 건축물·선박·항공기가 포함되었다. 한편, 토지의 경우는 납세자가 보유한 전국의 모든 토지를 합산하여 누진과세하는 종합토지세의 과세대상이 되었다.[3]

이와 같은 변천과정을 거쳐 왔던 부동산 보유세제는 참여정부하에서 보유세 강화를 통한 부동산시장 안정이라는 정책에 따라 개혁적인 수준의 변화를 경험하게 되었다. 우선 2005년 1월의 지방세제 개편에 따라 재산보유세제도에는 몇 가지 중요한 변화가 생겼다. 첫째, 주택에 대해서는 건물과 토지의 가액을 합산하여 산정한 과표에 대해 새로운 재산세가 부과되었으며, 과세표준의 책정기준을 개선하여 토지와 건물의 과표를 시가기준으로 산정함으로써 재산세 부담이 급격히 증가하였다. 또한 주택 과다보유자 또는 일정 가격 이상의 주택을 보유한 자에 대해서는 보유세를 지방세와 국세로 이원화하여 과세하기 위하여 국세인 종합부동산세를 신설하였다. 둘째, 나대지와 비사업용 일반토지의 경우에는 토지분 재산세가 우선 부과되며, 과세표준이 일정 금액 이상일 때에는 초과부분에 대하여 종합부동산세가 부과되었다. 셋째, 사업용 건물과 그 부속토지는 기존 종합토지세의 별도합산과 같이 건물과 토지를 구분하여 재산세를 과세하도록 되었으며, 사업용 토지라고 하더라도 합산한 과세표준이 40억 원을 초과하는 부분에 대해서는 종합부동산세를 부과하게 되었다. 넷째, 종합합산토지에서 분리과세 대상이던 농지나 공업용지의 경우에는 예전과 같이 토지분 재산세가 부과되며, 종합부동산세의 대상에서는 제외되었다(〈표 6-1〉 참조).

한 발 더 나아가 2005년의 8.31조치에서는 주택에 대한 종합부동산세 과세를 더욱 강화하였는데, 그 내용은 다음과 같다. 첫째, 주택분 종합부동산세의 과표적용률을 2005년의 50%에서 2006년에는 20%p를 인상하고, 2007년부터는 매년 10%p씩 인상하여 2009년에는 100%에 도달하도록 하였다. 둘째, 합산과세에서 합산의 범위를 인별 합산에서 세대별 합산방식으로 변경함으로써 과세대상이 늘어나게 되었다. 셋째, 주택의 경우 종합부동산세 적용기준금

---

3 전상경(2007).

표 6-1 부동산 유형별 보유세

과세대상		제도개편 전	제도개편 후	
			재 산 세	종합부동산세
주 택	토 지	종합토지세(종합합산)	주 택 분	주택분(6억 원 초과)
	건 물	재 산 세		
사 업 용 건 축 물	토 지	종합토지세(종합합산)	토 지 분	토지분(40억 원 초과)
	건 물	재 산 세	건 물 분	–
일반토지		종합토지세(종합합산)	토 지 분	토지분(3억 원 초과)
농·공업용 토지		종합토지세(별도합산)	토 지 분	–

표 6-2 보유세제 개편으로 인한 주택보유세 세율의 변화

단위: 억 원, %

개편 전						개편 후		
재산세(건물)			종합토지세(부속토지)			주택분 재산세(건물+부속토지)		
과표(X)구간	세율	실효세율	과표(X)구간	세율	실효세율	과표(x1, X)구간[1]		
$X\leq0.12$	0.3	0.30	$X\leq0.20$	0.2	0.2	재산세	세율	실효세율[2]
$0.12<X\leq0.16$	0.5	0.30~0.35	$0.20<X\leq0.50$	0.3	0.20~0.26	$x1\leq0.4$	0.15	0.075
$0.16<X\leq0.22$	1.0	0.35~0.53	$0.50<X\leq1.00$	0.5	0.26~0.38	$0.4<x1\leq1.0$	0.3	0.075~0.12
$0.22<X\leq0.30$	3.0	0.53~1.19	$1.00<X\leq3.00$	0.7	0.38~0.59	$1.0<x1$	0.5	0.12~0.25
$0.30<X\leq0.40$	5.0	1.19~2.14	$3.00<X\leq5.00$	1.0	0.59~0.76	종합부동산세	세율	실효세율[3]
$0.40<X$	7.0	2.14~7.00	$5.00<X\leq10.0$	1.5	0.76~1.13	$6.0<X\leq9.0$	1.0	0.21~0.40
			$10.0<X\leq30.0$	2.0	1.13~1.71	$9.0<X\leq20$	1.5	0.40~0.84
			$30.0<X\leq50.0$	3.0	1.71~2.23	$20<X\leq100$	2.0	0.84~1.45
			$50.0<X$	5.0	2.23~5.00	$100<X$	3.0	1.45~3.00

주: 1) 2004년까지의 과표 X는 공시지가의 약 30% 수준이었던 반면 제도개편 후의 X는 주택공시가격이므로 동일한 기준으로 비교할 수 없음. 현행의 x1은 시·군·구 주택물건 관내 합산 시가표준액인 과표이고, X는 세대별 전국 합산 주택가격공시액으로 주택분 종합부동산세의 과세표준은 이 값에서 기준금액만큼을 공제한 것을 사용함.

2) 실효세율은 지방정부의 주택분 재산세 표준세율하에서 세부담 상한 미적용되어 계산된 과세액을 주택가격공시액으로 나눈 값임.

3) 주택분 종합부동산세와 지방 재산세액을 합한 주택에 대한 보유세 실효세율을 의미하며, 주택에 대한 종합부동산세가 추가되는 기준금액인 6억 원을 경계로 연속적으로 변화하는 이유는 지방세 납부세액을 종합부동산세에서 세액공제하기 때문임.

자료: 노영훈(2007).

액을 9억 원에서 6억 원으로 하향조정함으로써 과세대상이 대폭 늘어나게 되었다. 이에 따라 새로운 세율구간이 신설되고 세율이 인상되었는데, 기존에 최저세율구간이었던 9억~20억 원에 대한 1% 세율적용 구간을 6억~9억 원 구간에 대한 1%와 9억~20억 원 구간에 대한 1.5%로 분리하였다. 넷째, 종합부동산세의 세부담 상한을 150%에서 300%로 확대함으로써 보다 큰 폭의 인상이 가능하게 하였다. 이와 같은 조치는 2006년부터 시행된 개정 지방세법과 종합부동산세법에 각각 반영되어 지금에 이르고 있는데, 〈표 6-2〉에는 보유세제 개편 전후의 세목별 과표구간과 세율을 비교하여 나타내고 있다.

1.2. 부동산거래세제

부동산거래세는 부동산의 취득과 양도 등 매매와 관련하여 부과되는 조세를 의미하는데, 현행 제도상 본세와 부가세(surtax)를 포함하여 매우 많은 조세가 부동산 매매와 관련되어 있다. 여기서는 부동산의 취득단계에 부과되는 취득세와 등록세 및 양도단계에 부과되는 양도소득세에 주로 관심을 두는데, 이 항에서는 우선 취득세와 등록세에 대해 살펴본다.

취득세의 경우는 1952년 9월부터 현재 이름으로 도입되었다. 그 후 1961년 12월의 지방세제 개편으로 도의 독립세이던 취득세에 시·군세로서 취득부가세가 도입되었으나 1976년 말의 취득부가세가 폐지되면서 지금과 같은 독립세 형태를 띠게 되었다. 취득세는 부동산·차량·기계장비·입목·항공기·선박·광업권·어업권·골프회원권·콘도미니엄회원권·종합체육시설이용권의 취득에 대하여 당해 물건 소재지의 광역자치단체에서 부과하며, 과세표준은 취득 당시의 가격으로 한다. 그 외 별장·골프장·고급주택·고급선박 등에 대해서는 중과세가 적용되며, 수도권정비계획법의 규정에 의한 과밀억제권역 내에서 본점 또는 주사무소의 사업용 부동산을 취득할 경우와 공장을 신·증설하기 위하여 사업용 과세물건을 취득할 경우에는 중과세된다.[4]

한편, 등록세는 1976년 12월 「국세와 지방세의 조정에 관한 법률」이 개

[4] 전상경(2007).

정되면서 지방세였던 유흥음식세가 부가가치세의 형태로 국세로 전환됨에 따라 그 이전까지 국세였던 등록세가 지방세로 전환되면서 오늘날에 이르고 있다. 등록세의 과세대상은 재산권과 기타 권리의 취득·이전·변경 또는 소멸에 관한 사항을 공부에 등기 또는 등록하는 행위 자체이며, 그 등기 또는 등록을 받은 자가 납세의무자가 된다.

부동산세제를 부동산보유세와 부동산거래세로 구분하여 볼 때, 그 동안 우리 나라 부동산세제가 지녔던 중요한 특징 가운데 하나는 거래세의 비중이 보유세의 비중에 비해 월등히 높았다는 점이었다. 2005년을 기준으로 할 때 취득세와 등록세 등 거래세가 지방세에서 차지하는 비중은 38.0%이었음에 반해, 재산세 등 보유세가 차지하는 비중은 그 절반 이하인 17.8%에 불과하였다.[5] 그 이유는 부동산 거래에 대해 높은 세부담을 부과하여 투기적 동기에 의한 빈번한 부동산 거래를 억제함으로써 부동산시장을 안정시키자는 취지였으나, 이로 인해 세부담 형평성의 문제나 효율성에 관한 문제, 그리고 세수의 안정성에 관한 문제 등이 꾸준히 제기되었다.

참여정부하에서 진행된 부동산거래세제 개편은 보유세제 강화에 따른 수차례에 걸친 취득세와 등록세의 세율인하와 과표현실화로 정리된다. 2004년까지는 취득세 2%, 등록세 3% 등 모두 5%의 거래세가 재산거래단계에 부과되었으나, 2005년 1월부터 거래세율은 세 차례에 걸쳐 점진적으로 인하되었으며, 현재는 취득세 1%와 등록세 1% 등 모두 2%의 거래세가 주택거래단계에 부과되고 있다(〈표 6-3〉 참조). 한편, 이와 같은 세율인하는 거래세의 과표인상과 함께 진행되었다. 취득세의 과세표준은 2005년 말 지방세법 개정을 통해 종전에 개인 간 거래에서 사실상 적용되던 시가표준액 대신 실제 취득가액이 적용되도록 되었으며, 등록세 또한 시가표준액에서 실거래가액으로 과세표준이 변경되면서 과표는 대폭 상승하였다.

---

[5] 지방재정연감(2006).

표 6-3 부동산거래세 법정세율 인하 추이

단위: %

<table>
<tr><th colspan="3">구 분</th><th>2004년 이전</th><th>2005년</th><th>2006년 1~8월</th><th>2006년 9월~</th></tr>
<tr><td rowspan="6">취득단계</td><td rowspan="2">취득세</td><td>개인 간</td><td colspan="2" rowspan="2">2.0</td><td>1.5</td><td rowspan="2">1.0</td></tr>
<tr><td>기 타</td><td>2.0</td></tr>
<tr><td rowspan="2">농특세
(세액의 10%)</td><td>개인 간</td><td colspan="2" rowspan="2">0.2</td><td>0.15</td><td rowspan="2">0.1</td></tr>
<tr><td>기 타</td><td>0.2</td></tr>
<tr><td rowspan="2">계</td><td>개인 간</td><td colspan="2" rowspan="2">2.2</td><td>1.65</td><td rowspan="2">1.1</td></tr>
<tr><td>기 타</td><td>2.2</td></tr>
<tr><td rowspan="6">등록단계</td><td rowspan="2">등록세</td><td>개인 간</td><td rowspan="2">3.0</td><td>1.5</td><td>1.0</td><td rowspan="2">1.0</td></tr>
<tr><td>기 타</td><td>2.0</td><td>2.0</td></tr>
<tr><td rowspan="2">교육세
(세액의 20%)</td><td>개인 간</td><td rowspan="2">0.6</td><td>0.3</td><td>0.2</td><td rowspan="2">0.2</td></tr>
<tr><td>기 타</td><td>0.4</td><td>0.4</td></tr>
<tr><td rowspan="2">계</td><td>개인 간</td><td rowspan="2">3.6</td><td>1.8</td><td>1.2</td><td rowspan="2">1.2</td></tr>
<tr><td>기 타</td><td>2.4</td><td>2.4</td></tr>
<tr><td colspan="2" rowspan="2">합 계</td><td>개인 간</td><td rowspan="2">5.8</td><td>4.0</td><td>2.85</td><td rowspan="2">2.3</td></tr>
<tr><td>기 타</td><td>4.6</td><td>4.6</td></tr>
</table>

1.3. 부동산에 대한 양도소득세

양도소득세는 자산양도를 통해 실현하는 자본이득을 다른 경상소득과 구분하여 개인소득세인 종합소득세와 별도로 취급하는 과세제도이다. 실현된 자본이득에 대한 과세는 1968년 부동산투기억제세가 도입됨으로써 시작되었는데, 토지가 과세대상이고 세율은 50%로 정하였다. 모든 토지에 대해 과세한 것은 아니며, 서울특별시와 부산시 그리고 대통령령으로 정하는 지역에 있는 토지에 대해서만 이 세금을 부과하도록 규정되었다.

부동산투기억제세는 1975년부터 양도소득세로 명칭이 바뀌어 소득세와 법인세로 편입되었는데, 이 시기는 소득세제가 현재의 종합소득세제로 개편되는 시기였다. 양도소득세는 소득세의 편재하에 두되 비례세율로 분리과세하는 방식을 채택하였는데, 토지의 양도차익에 대해서는 50%의 양도소득세를 부과하는 한편 건물의 양도차익에 대해서는 30%의 양도소득세를 부과하였다. 그러나 1979년부터 시행된 개정 지방세법에 의해 과세대상이 확대되고 양도자산 종류에 따른 차등과세가 없어지는 대신 보유기간에 따른 차등제도가 도입되었다. 즉, 2년 이상 보유에 대해서는 50%, 그리고 2년 미만 보유에 대해서는 70%의 높은 세율이 적용되었으며, 미등기양도에 대해서는 80%의 세율이 적용되었다.[6]

그 후 1980년대에는 양도소득세의 세율이 하향조정되는 추세를 보였으나, 1980년대 후반부터 나타난 부동산시장의 과열 등에 대응하기 위하여 1988년의 개편에서 양도소득세만을 개인별로 합산하여 누진과세하는 체제로 바꾸면서 세율도 인상하였다. 1990년대 중반부터 나타난 전체적인 세율인하 추세와 함께 양도소득세에서도 세율단계의 간소화와 세율인하가 이루어졌다. 특히, 1998년 이후 외환경제위기에는 부동산시장 침체에 대응하여 신규 주택 취득자에 대한 양도소득세 감면제도를 신설하였으며, 2001년에는 이 제도를 전국적으로 확대 실시하였다. 또한 1999년부터는 양도소득세율을 10% 인하하여 30~50%의 초과누진세율을 적용하였다.

한편, 2002년부터 서울 강남권을 중심으로 부동산가격이 다시 상승하기 시작하면서 양도소득세는 다시 강화되는 추세로 돌아섰는데, 2003년에는 부동산투기지역을 지정하여 투기지역 내에서는 실지거래가격으로 양도소득세를 과세하도록 하였으며, 1세대 3주택 이상 보유자에게도 실지거래가격으로 과세하였다. 나아가 10.29대책에서는 1세대 3주택 이상 보유자에게는 세율을 50%로 적용함으로써 양도차액의 대부분을 환수하는 조치를 취하였다. 2004년에는 1세대 3주택 이상 보유자에 대한 장기보유특별공제를 배제하고, 부동산 등의 양도소득세율을 1년 미만 보유시 50%, 1년 이상~2년 미만 보유시 40%, 미등기 양도시에는 70%로 세율을 상향조정하였다.

한편, 2005년의 8.31조치를 통해 양도소득세는 더욱 강화되었는데, 2007

[6] 곽태원·현진권(2007). 초기에는 양도소득세의 과세대상 자산을 토지·건물 및 기타자산으로 규정하였으나 기타자산은 처음에는 과세대상에서 제외되었다. 1979년부터는 기타자산이 과세대상으로 추가되어 부동산을 많이 소유한 법인이나 소유가 분산되지 않은 법인이 그 주식의 50% 이상을 양도하는 경우에 양도소득세를 부과하였는데, 이는 간접적인 방법으로 양도소득을 실현시키는 것을 과세대상으로 포착하기 위한 것이었다.

표 6-4 부동산에 대한 양도소득세제(2007년 1월 이후)

단위: %

구 분		세 율	장기보유특별공제[2]
1세대 1주택	1년 미만 보유	50	
	1~2년 보유	40	
	2년 이상 보유	· 과표 1천만 원 이하: 9 · 과표 1천만~4천만 원: 18 · 과표 4천만~8천만 원: 27 · 과표 8천만 원 이상: 36	
	3년 이상 보유[1]	비 과 세	· 3~5년: 10 · 5~10년: 15 · 10~15년: 30 · 15년 이상: 45
1세대 3주택 이상		60	미 적 용
1세대 2주택		50	미 적 용
비업무용 토지		60	미 적 용
미등기 양도자산		70	미 적 용

주: 1) 서울, 과천과 5대 신도시(분당·일산·평촌·산본·중동) 지역은 3년 이상 보유하고 보유기간 중 2년 이상 거주해야 비과세; 실지거래가액 6억 원 이상의 고가주택은 제외.
2) 1세대 1주택의 경우 6억 원 이상의 고가주택에 적용.

년부터 적용되는 양도소득세제는 〈표 6-4〉에 정리되어 있다. 주요 내용을 보면, 우선 양도가액의 계산에 있어서 그간 적용되어 왔던 공시지가나 국세청 기준시가 등의 기준을 배제하고 예외 없이 실거래가격을 고려한다. 1세대 1주택의 경우에는 원칙적으로 3년 이상 보유시에는 양도소득세가 부과되지 않는다. 단, 서울과 과천 및 신도시 지역에 대해서는 3년 이상 보유라는 조건 이외에 2년 이상 거주라는 조건이 추가되며, 6억 원 이상 고가주택의 경우는 일정 부분 과세된다. 1세대 2주택 이상 보유자의 주택양도시 실거래가격에 의한 과세 및 세율 50~60%의 중과세와 함께 장기보유특별공제 배제 등이 도입되었다. 또한 비사업용 토지의 양도소득에 대해서도 실거래가격에 의해 과세하고, 세율 60%로 중과세하도록 하였다.

이상에서 살펴본 바와 같이 우리 나라의 부동산 양도소득세는 도입 이후

30년이 넘는 기간 동안 줄곧 개인이 자산양도를 통해 실현하는 자본이득을 다른 소득과 구분하여 종합소득세와 별도로 취급하는 분리과세제도를 운영하고 있다. 이 과정에서 부동산시장의 변동상황에 따라 양도소득세의 세율·공제제도·과표산정방식 등의 변화를 통하여 대응함으로써 부동산시장에 관한 중요한 정책수단으로 사용하여 왔다는 점이 가장 중요한 특징이라고 할 수 있다.

2 부동산세제 개편의 필요성

2.1. 재산보유세와 거래세 개편의 필요성

지방재정의 이론에서는 부동산세제 가운데 재산보유세(property tax)는 지방공공서비스에 대한 가격으로서 역할을 하며, 따라서 자원배분상에서 중요한 역할을 담당한다고 본다.[7] 반면 부동산거래세(real estate transaction tax)의 경우에는 일반적인 판매세와 그 성격이 다르지 않으며, '시장을 위축시키는 조세'[8]로 파악되듯이 자원배분상의 왜곡을 초래한다는 것이 일반적인 견해이다.

이러한 이론에 따른다면 보유세 강화와 거래세 완화라는 참여정부의 부동산세제 개편의 기본 방향은 제대로 설정된 듯하다. 하지만 이론에서 주장하는 바와는 달리 배분상의 효율성 제고에 초점이 주어진 세제개편이 아니라 보유세의 경우에는 부동산시장의 안정과 배분상의 형평성 제고를 주목적으로, 그리고 거래세의 경우에는 보유세 강화과정에서 발생한 재산관련 세부담 증대를 완화하기 위한 목적에서 진행되었다. 따라서 부동산세제 개편에서도 이런 목적에 주안점이 주어진 결과로 제도가 고안되었으며, 특히 재산보유세는 그 본래의 기능과는 동떨어진 상당히 정책과세적인 성격을 가지게 되었다.

[7] B. Hamilton(1975, 1976); B. Fischel(1992) 등.
[8] R.M. Bird and E. Slack(2002).

이러한 부동산세제 개편은 긍정적인 측면도 없지는 않지만 배분적 측면에서는 많은 문제점을 안고 있는 것으로 보인다. 우선 재산보유세제의 경우에는 보유세 부담 강화를 통한 투기억제라는 정책적 기능을 제대로 수행하는지에 대해서는 뚜렷한 증거가 없는 가운데 여러 가지 부작용을 낳고 있다. 특히, 국세인 종합부동산세의 경우에는 조세가격의 역할과 자원배분 측면에서 그 역할이 강조되는 재산세를 부동산시장 안정 및 재분배를 목적으로 하는 국가적 정책과세로 삼음에 따라 조세이론에 반한다는 문제 이외에도 다양한 문제를 안고 있다.

먼저 최고세율이 지나치게 높아서 재산권을 위협하는 수준까지 이를 수 있다는 점을 지적할 수 있다. 또한 최고세율이 아니더라도 보유세의 과표 급등에 따라 주택을 소유하고 있는 대도시와 수도권 중산층 주민들의 보유세 부담이 급등함으로써 주거비가 지나치게 상승하는 문제도 나타나고 있다. 나아가 부동산 보유와 여타 자산의 보유를 차별하고, 부채를 차감한 순자산이 아닌 조보유액(粗保有額)을 과세대상으로 삼음으로써 불공평성의 문제를 내포하고 있다.[9] 한편, 건설경기의 위축, 부동산 거래의 감소 등 부동산시장 전반에 걸친 영향을 통하여 경제 전반에 대해서도 상당히 큰 충격이 가해지고 있는 실정이다.

다음으로 재산거래세의 경우에는 세율의 대폭적인 인하(5%→2%) 자체는 거래세율 인하를 주장하는 일반적인 견해와 일치하며, 특히 세율인하와 실거래가 과세가 동시에 진행됨으로써 거래세를 둘러싼 많은 문제가 해소된 듯하다. 하지만 세율인하와 과표현실화가 동시에 진행됨에 따라 실효세율이 크게 변화되지 않고, 그 결과 거래세의 부담이 완화되지 않았다는 것은 문제가 있다. 예를 들어, 거래세제 개편 전에는 개인 간 건축물의 거래에서 과세표준이 되었던 시가표준액은 실제 취득가액의 30% 수준에 불과한 것으로 알려졌었다. 거래세제 개편으로 재산거래관련 법정세율은 기존 세율의 40% 수준으로 낮아졌으나, 과표인상이 세율인하부분을 충분히 상쇄한다면 실효세율은 오히려 높아진 것으로 볼 수 있다. 다만 법인 간 또는 법인과 개인 간 거래 등에

[9] 곽태원(2007).

서는 이전에도 취득가액 기준으로 과세가 이루어졌으므로 세율인하로 세부담은 완화되었다고 볼 수 있다. 따라서 개인 간 거래에서는 재산거래세가 가진 일반적인 문제인 부동산 거래비용 인상, 담세력의 미반영, 취득시점에서의 과도한 세부담 등의 문제는 해소되지 않고 있으며, 특히 취득세와 등록세의 중복과세의 문제는 그대로 남아 있다.

한편, 재정분권의 측면에서 파악하더라도 현재의 재산세제는 많은 문제를 안고 있다. 특히, 재산보유세의 조세가격기능을 염두에 둔다면 재산세와 종합부동산세에 누진세율체계가 적용되고 있다는 점은 문제가 있다. 또한 종합부동산세를 국세로 징수하여 부동산교부세라는 방식을 통해 사실상 지역 간 재정형평화 교부금으로 교부하는 방식은 특정 지방의 공공서비스가 재산가치에 기여함에 따른 편익의 대가를 다른 지방이 향유하게 된다는 점에서 재산세의 조세가격기능을 심각하게 훼손한다는 문제가 있다. 또한 취득세와 등록세 등 재산거래세가 재산과세에서 차지하는 비중이 여전히 보유세인 재산세에 비해 높다는 점도 문제가 된다. 나아가 부동산관련 조세가 대부분 지방세인 탓에 부동산세제 변화에 따른 지방세수의 중립성 문제 또한 중요한 이슈가 되고 있다.

2.2. 양도소득세 개편의 필요성

우리 나라에서 지금까지 주택 양도소득세에 대한 정책적 관심은 세부담의 형평성이나 효율성 문제보다는 주택의 가격을 얼마나 안정화시킬 수 있는지가 주가 되었다. 주택시장이 불황기에 있을 때에는 양도소득세 부담을 완화하는 방향으로, 그리고 주택시장이 과열된다고 판단될 때에는 부담을 강화하는 방향으로 세제를 개편하여 주택거래에 영향을 미침으로써 주택가격을 안정화시키고자 하였다.

최근의 세제개편에서는 기존의 1세대 1주택 비과세제도를 바탕으로 주택보유수가 많을수록 중과세하는 방향으로 개편이 이루어졌다. 즉, 2003년의 10.29대책은 물론 2005년의 8.31대책에서는 모두 주택가격 급등에 대응하여 다주택 소유자에 대한 투기적 주택수요를 억제하기 위하여, 2주택자와 3주택 이상 소유자에 대하여 양도소득세 세율을 단일중과세하는 조치를 시행하였다.

양도소득세가 지닌 가장 큰 문제점으로는 부동산정책에 초점을 둔 세제 운용으로 인해 그간의 세제개편과정에서 형평성과 효율성 등 조세의 기본적인 원칙이 무시되거나 고려되지 않았다는 점이다. 예를 들어, 자본이득을 소득세체계 내에서 경상소득과 포괄적으로 과세하는 것과 현행 양도소득세제와 같이 별도의 자본이득세로 분리하여 과세하는 것 중 어떤 방식이 바람직한가? 분리과세제도하에서 자본이득에 대해서는 우대과세가 적용되는가 또는 중과세가 되는가? 실현(realization)기준 과세방식을 택하는 양도소득세의 특징으로 인해 세부담의 형평성이 얼마나 왜곡되는가?[10] 실현기준과세로 인하여 양도시점을 연기하고자 하는 유인을 부여함에 따라 동결효과(lock-in effect)가 발생한다면 이로 인해 주택시장에서 정상적인 거래가 얼마나 위축되는가? 인플레이션을 고려할 경우 실질자본이득의 상승분은 어떻게 산정하는가? 이와 같은 문제에 대한 명확한 답이 제시되지 않은 상태이다.[11]

이상과 같은 문제점이 있음에도 불구하고 단순히 부동산정책적인 측면에서 세제를 개편해 옴에 따라 현재 양도소득세는 많은 한계가 있음을 보여 준다. 한 발 양보하여 부동산정책의 입장에서 양도소득세제를 운용하는 것이 필요하다고 하더라도 현재와 같이 주택보유수에 따라 차등적으로 세부담을 부과하는 정책이 유효한 부동산정책이 된다는 사실을 검증해 볼 필요가 있다. 그러나 다주택자들에 대한 세부담 강화가 어떠한 경로를 거쳐 투기적인 주택수요를 억제하고 그 결과 주택가격이 안정화되는지에 대한 검토가 필요하지만, 이에 관한 경험적 증거는 찾아보기 힘들기 때문에 정책유효성에 대한 판단은 단지 추측에 그칠 가능성이 높다.

---

10 양도소득세는 자본이득에 대한 과세방법 중에서도 특히 실현(realization)기준 과세방식을 채택하는 것으로, 실제로 자산을 양도함으로써 발생한 이익을 실현하는 시점에서 인식된 자본이득에 대해 과세하는 것이다.

11 노영훈(2006)의 최근 연구는 드물게 이와 같은 문제들에 대해 종합적으로 접근하고자 시도하고 있다.

3 주요국의 부동산세제 현황과 개편동향

3.1. 부동산보유세

주요 국가의 재산세(property tax)는 주로 부동산보유세를 지칭하는 것으로 〈표 6-5〉에 종합적으로 정리하였다. 각국의 재산세는 역사적 배경에 따라 서로 상이하게 성립·발전되어 왔기 때문에 많은 차이점을 나타내고 있다. 따라서 외국의 재산세제를 벤치마킹할 경우에는 세제뿐만 아니라 그 나라의 정부 형태 및 특성을 함께 고려할 필요가 있다. 재산세는 대부분의 국가에서 지방정부가 과세주체로 되어 있으나, 영국의 비주거용 건물에 부과되는 영업용 레이트(non domestic rate) 또는 프랑스의 부유세 등은 중앙정부에서 과세권을 행사하기도 한다.

재산세의 과세대상은 대부분의 나라에서 토지와 건물을 모두 포함한 통합재산세를 부과하는 것이 일반적이나 일본·대만·덴마크 등은 종전의 우리나라와 유사하게 토지와 건물을 분리하여 과세하는 경우도 있다. 재산세 과세대상에 토지와 건축물 이외에 미국과 같이 사업용 기계장치·설비 등을 포함하기도 하고, 일본의 경우와 같이 상각자산 등을 포함하기도 한다. 건물분 재산세 과세표준 및 평가에 있어 일반적으로 시장가치 또는 임대가치를 기준으로 하고 있으나, 일본·대만 등과 같이 재건축가격을 기준으로 평가하는 국가도 있다. 또한 대부분의 국가는 건물과 부속토지를 통합하여 평가하고 있으며, 분리하여 평가하는 나라는 일본과 대만 정도이다. 덴마크의 경우에도 건물가격을 분리하여 평가하고 있으나, 처음에는 토지와 건물을 일괄평가 후 토지평가액을 차감해 건물가격을 구하고 있어 분리평가라고 할 수 없다.

평가방법은 시장접근법(거래사례비교법)이 주로 사용되고 있으며, 영업용(임대)건물의 경우에는 소득접근법(수익환원법), 시장(임대)가치를 파악하기 힘든 건물의 경우에는 비용접근법(원가법)을 사용하기도 한다. 결국 건물평가에

표 6-5 주요 국가 부동산보유세의 비교

구분	세목	과세주체	과세대상	과세표준	평가방법	세율
미 국	재산세	시(City, Municipality, Township), 군(County, Borough)	건물+토지+사업용 설비+자동차 등	시장가치×일정률	·매매될 때 시장가치 ·매매가 비교방식 ·원가방식 ·소득방식	예산편성과정에서 지자체별로 자율적 결정
일 본	고정자산세	시정촌(市町村)	건물+상각자산, 토지	과세대장에 등록되어 있는 고정자산 가격	·재건축가격 기준 -고정자산평가 기준에 의함	·조례에 의해 결정 -표준세율 1.4% -제한세율 2.1%
대 만	방옥세 지가세	縣(시)	건물+부속건축물, 토지	房屋現値 (표준가격)	·원가법 ·시장가치	·용도에 따른 비례세율 -자가거주: 1.38%, -자가비거주: 1.38~2% -영업용: 3~5%, -비영업용: 1.5~2.5%
영 국	카운슬세	카운슬(Council)	건물+토지+성인수(주거용)	시장가치	가격대방식	주민 1인당 세율을 예산편성과 연계하여 결정
	영업용 레이트	중앙정부	건물+토지(비주거용)	임대가치	시장임대가치	단일비례세율
덴마크	서비스세, 토지재산세	군(amter; county), 시(kommuner; parish, municipality)	건물(정부 및 영업용) *주거용: 소득세 과세	시장가치	·대량전산평가 -매매사례비교법 -소득평가법, 원가법	·중앙정부가 최고세율 결정 -정부건물: 0.9% -영업용: 1.0% ·토지: 1.6~3.4%
프랑스	기건축세	레지옹(Region), 데빠르뜨망(Départment), 코뮨(Commune)	건물+토지(부속토지)	임대가치 (비용공제 후 50%)	실제임대가, 유사임대료 평균, 수익률 환원 중 선택	차등화된 비례세율(중앙정부에서 상한조정)
	주거세	상동	거주용 주택	임대가치	임대가를 기초로 8등급 구분평가	상동

자료: 이영희(2004), p. 27.

있어 한 가지 방식으로 가치를 평가하기보다는 해당 건물의 시장가치를 보다 정확히 반영할 수 있는 다양한 평가방법을 채택하고 있다고 볼 수 있다. 원가법을 채택하고 있는 일본과 대만의 경우에도 평가요소에 물가·수급사정·가로등급 등의 시가요소를 반영하고 있다. 평가주기는 일반적으로 3년 또는 그 이상이며, 제대로 이루어지지 않아 대체로 시가보다 낮은 수준이라고 할 수 있다. 평가업무는 전문성으로 인해 대부분의 국가에서 별도의 평가담당기구나 전문인력을 두고 있다.

재산세의 세율은 통상 자치단체의 재량에 의해 결정되나 중앙정부가 표준세율이나 세율의 상한을 제한하는 경우가 많다. 세율은 대부분 비례세율을 적용하고 있으며, 우리 나라의 재산세 또는 종합부동산세와 같이 누진세율을 적용하는 경우는 매우 드물다고 할 수 있다. 미국이나 영국과 같은 나라는 세율이 정례화되어 있지 않고 예산편성과정에서 연례적으로 조정하고 있다. 결국 세부담의 크기를 결정하는 세율은 일률적인 기준에 의하기보다는 각 나라의 지방재정에서 재산세가 담당하고 있는 비중이나 정책적인 여건에 의해서 결정된다.

총조세에서 차지하는 재산과세의 비율은 OECD 국가와 비교하였을 때 매우 높은 수준에 속한다. 2004년은 우리 나라 부동산 보유과세의 개편이 이루어지기 전이므로 재산보유과세의 과표현실화 등이 미진하여 세부담을 현재와 비교하였을 때 낮음에도 불구하고, 재산과세의 비중이 소득과세 또는 소비과세 등에 비하여 차지하는 비율이 매우 높다. 〈표 6-6〉을 보면, 개인소득세의 비율은 13.6%로 OECD 국가 중 26위로 매우 낮은 데 반하여 재산과세는 11.3%로 3위를 차지하는데, 이는 영국과 미국 다음으로 높은 수준이다. OECD 재산과세의 평균비율은 5.6%이다. 따라서 우리 나라의 재산과세 비율은 OECD 평균의 약 2배가 된다. 재산과세의 과표현실화가 가속화된 2006년과 2007년을 비교한다면, OECD 국가 중 한국의 순위가 현재보다 높아질 것으로 예상된다.

경제적 능력에 대한 평가는 시대의 흐름에 따라 변한다고 볼 수 있다. 경제가 단순하던 시절에는 부동산은 개인이 소유한 자산의 큰 부분을 차지할 수 있었겠지만 현대사회는 부동산 이외에 유형·무형자산의 종류가 다양하게

표 6-6 OECD 국가의 조세구조(2004)

구 분	소득 및 이윤과세				사회보장세	급 여 세	재산과세	소비과세	기 타
	개인소득세	법인소득세	기 타	소 계					
캐 나 다	35.1	10.3	1.1	46.5	15.2	2.0	10.2	25.9	46.7
멕 시 코	–	–	–	24.6	16.5	1.2	1.6	55.5	25.2
미 국	34.7	8.7	0.0	43.4	36.3	–	12.0	18.3	–
호 주	40.2	18.2	0.0	58.4	–	4.4	8.7	28.5	–
일 본	17.8	14.2	0.0	32.0	37.7	–	10.0	2.0	–
한 국	13.6	14.3	0.0	27.9	20.7	0.2	11.3	36.3	31.5
뉴질랜드	41.0	15.5	4.6	61.1	–	–	5.0	33.8	–
오스트리아	22.7	5.4	1.3	29.4	33.9	6.1	1.3	28.2	30.5
벨 기 에	30.6	8.0	−0.6	38.6	31.3	–	3.9	25.0	–
체 코	12.7	12.4	0.0	25.1	42.3	–	1.1	31.2	–
덴 마 크	50.7	6.5	3.1	60.3	2.4	0.4	3.8	32.7	60.7
핀 란 드	30.5	8.1	0.0	38.6	36.8	–	2.6	31.7	–
프 랑 스	17.0	6.3	0.0	23.3	37.1	2.6	7.6	25.6	27.1
독 일	22.8	4.5	0.0	27.3	40.7	–	2.5	29.2	–
그 리 스	13.8	9.4	0.3	23.5	34.7	–	4.4	37.1	–
헝 가 리	17.8	5.8	0.0	23.6	30.1	2.3	2.3	40.8	24.5
아이슬랜드	36.9	3.3	3.8	44.0	8.3	–	6.3	41.1	–
아일랜드	27.4	11.9	0.0	39.3	15.0	0.6	6.9	37.8	39.7
이탈리아	25.4	6.9	−0.9	31.4	30.3	0.0	6.1	26.4	37.2
룩셈부르크	17.8	15.3	0.1	33.2	28.3	–	7.8	30.4	–
네덜란드	16.4	8.2	0.0	24.6	36.9	–	5.3	32.0	–
노르웨이	23.5	22.6	0.1	46.2	21.6	–	2.6	29.7	–
폴 란 드	12.0	5.8	0.1	17.9	40.9	0.7	3.8	36.0	18.6
포르투갈	15.9	8.3	0.0	24.2	31.8	–	4.6	38.6	–
슬로바키아	9.3	8.1	1.4	18.8	39.4	–	1.8	39.8	–
스 페 인	17.7	9.8	0.7	28.2	34.8	–	8.1	28.0	–
스 웨 덴	31.4	6.3	0.0	37.7	28.4	4.7	3.1	25.8	38
스 위 스	34.8	8.6	0.0	43.4	24.4	–	8.5	23.7	–
터 키	14.9	7.3	−0.1	22.1	23.9	–	3.1	47.7	–
영 국	28.7	8.1	0.0	36.8	18.8	–	12.0	32.0	–
OECD 단순평균	24.6	9.6	0.2	34.4	25.9	0.8	5.6	32.3	35.4
우리 나라 순위	26	5		19	22		3	9	

자료: OECD(2006).

변하였다. 즉, 개인이 보유하는 자산구성에 있어 부동산의 비중이 달라짐에 따라 실제 부담능력에 대한 세부담의 정도는 달라지게 된다. 따라서 경제적 부담능력에 따른 공평과세의 실현이라는 관점에서 볼 때 부동산 재산보유과세의 역할은 매우 제한적이라고 할 수 있다. 그러한 이유로 대부분의 국가에서는 소득과세를 부담능력에 따른 과세로 보고 부동산에 대한 과세는 소득과세의 보완적 기능을 담당하도록 한다. 그러나 우리 나라의 경우 부동산관련 보유과세의 역할은 점점 더 중요하게 간주되고 있다. OECD 국가 중에서 부동산 보유를 개인의 경제적 능력으로 간주하는 국가는 거의 없다고 본다. 그러한 측면에서 종합부동산세는 매우 특이한 재산보유과세이며, 향후 급등하는 부동산 보유과세의 세부담에 대한 검토가 필요하다고 본다. 부동산 보유과세의 역할이 강화될수록 골동품·미술품 등 비과세대상 자산의 소유가 증가하게 되어 경제의 왜곡을 초래하게 된다.[12]

3.2. 부동산거래세[13]

재산의 거래단계에 부과되는 과세는 일반적으로 부동산거래세(real estate transaction tax)라고 불리는데, 과세행위(taxable events)의 포착이 용이하다는 이유로 선진국과 개발도상국을 막론하고 많은 나라에서 사용하고 있으며, 판매가격의 일정 비율로 과세하는 경우가 대부분이다. 이하에서는 몇몇 국가들의 부동산거래세제에 대해 개략적으로 살펴본다.

우선 일본의 경우는 우리 나라와 같이 취득세와 등록세를 두고 있는데, 취득세는 지방세인 반면 등록세는 국세로 되어 있다. 최근까지 일본의 취득세와 등록세의 명목세율은 각각 4%와 5%로 오히려 우리 나라보다 높은 수준을 유지하였으나, 최근 들어 각종 세부담 감면조치가 이루어지는 가운데 거래세의 명목세율도 3년간 한시적으로 대폭 인하되었다. 한시적 경감조치가 마감되었던 2006년 4월부터는 취득세는 4%, 등록세는 2%의 표준세율로 각각 인상되었다(〈표 6-7〉 참조).

12 이영희(2007).
13 일본과 영국의 경우는 각각 김정훈(2005)을 기초로 정리함.

표 6-7 일본의 취득세와 등록세

단위: %

구 분			2003.3.31 이전	2003.4.1~2006.3.31	2006.3.31 이후
취 득 세	토 지		4.0	3	4
	가 옥	주 택	3.0		
		주택 이외	4.0		
등 록 세	소유권 이전	매매 등	5.0	1.0	2.0
		유증·증여	2.5	1.0	2.0
		상속·합병	0.6	0.2	0.4
	소유권 보전		0.6	0.2	0.4
	저당권 설정		2.5	0.5	1.0
	소유권의 신탁등기		0.6	0.2	0.4
	가 등 기	소유권 이전(매매 등)	0.6	본등기의 1/2	본등기의 1/2
		기 타	1,000엔		

자료: 김정훈(2005)에서 재인용.

한편, 취득세의 과표는 고정자산세 과표인데, 2005년까지 주택용 토지에 한하여 과세표준이 1/2로 경감되었으나 2006년 1월부터 다시 고정자산세 과표로 환원되었다. 등록세의 경우도 과표는 원래 고정자산세 과표였으나, 세부담 경감을 위하여 1996년 4월 1일부터 2003년 3월 31일까지는 고정자산세 과표의 1/3만 등록세에 적용되었다. 그러나 2003년 4월 1일부터는 과표 경감을 폐지하는 대신 세율을 인하함으로써 세부담을 낮추었다. 이러한 한시적인 조치 후 2006년 4월 1일부터 등록세의 세율은 다시 인상되었다.

미국의 경우에는 2003년 현재 모두 36개 주에서 부동산거래세를 주세 또는 지방세로 사용하고 있는데, 그 현황은 〈표 6-8〉에 정리된 바와 같다. 대부분 주에서는 부동산거래세는 주세로 되어 있으며, 몇몇 주에서는 주정부와 카운티정부에서 각각 부과하기도 한다. 과세방식과 세율은 주에 따라 매우 다양한데, 우선 세율구조는 많은 주에서 단일세율을 택하고 있으나 몇몇 주에서는 과표에 따라 초과누진세율을 적용하기도 한다. 세율은 단일세율을 적용하는

표 6-8 미국의 주별 부동산거래세

단위: %

주	부동산거래세	세 율
앨라배마	· 양도(deeds): $0.5/$500 · 융자(Mortgage): $0.15/$100	0.1 0.15
애리조나	양도증서당 $2	
아칸소	$3.30/$1,000	0.33
캘리포니아	$0.55/$500	0.11
콜로라도	$0.01/$100	0.01
코네티컷	부동산가격에 따라 변동	· $80만까지는 0.5 · $80만 초과는 1+0.11
델라웨어		1.5~2
워싱턴디시		1.1
플로리다	· 양도(deeds): $0.7/$100 · 융자(Mortgage): $0.35/$100	0.7 0.35
조지아	$0.10/$100	0.1
하와이	· $60만까지: $0.10/$100 · $60만~$100만: $0.20/$100 · $100만 초과: $0.30/$100	0.1 0.2 0.3
일리노이	· Chicago: $3.75/$500 · Cook County: $0.25/$500 · Srate: $0.50/$500	0.75 0.05 0.10
아이오와	$0.80/$500	0.16
캔자스	융자(Mortgage) $0.26/$100	0.26
켄터키	$0.50/$500	0.1
메인	$2.20/$500	0.44
메릴랜드		0.5(최초 구매자는 0.25)
매사추세츠	$2.0/$500	0.456(0.4+14의 부가세)
미시간	· State: $3.57/$500 · County: $0.55/$500~$0.75/$500	0.75 인구에 따라 0.11~0.15
미네소타	$1.65/$500	0.33
네브래스카	$1.75/$1,000	0.175
네바다	· 카운티 인구 40만까지: $0.65/$500 · 카운티 인구 40만 초과: $1.25/$500	0.13 0.25
뉴햄프셔	판매자와 구매자가 각각 $0.75/$100	1.5

표 6-8 계 속

단위: %

주	부동산거래세	세 율
뉴저지	· $35만까지 최초 $15만: $2.0/$500 $15만~$20만: $3.35/$500 $20만~$35만: $3.90/$500 · $35만 초과 최초 $15만: $2.90/$500 $15만~$20만: $4.25/$500 $20만~$55만: $4.80/$500 $55만~$85만: $5.30/$500 $85만~$100만: $5.80/$500 $100만 이상: $6.05/$500 · $100만 초과(주거용) 위에 추가하여 $5/5000	최초 $15만까지: 0.4 $15만~$20만: 0.67 $20만~$35만: 0.78 최초 $15만까지: 0.58 $15만~$20만: 0.85 $20만~$55만: 0.96 $55만~$85만: 1.06 $85만~$100만: 1.16 $100만 이상: 1.12 $1 County에서 0.1까지 추가
뉴욕	· 부동산 거래 $100만까지: $2/$500 $100만 이상: 1% 추가 · 융자(New York City)	$100만까지는 0.4 $100만 이상은 1.0 추가 $50만까지는 1 $50만 이상은 1.425
노스 캐롤라이나	$1/$500	0.2
오하이오		0.1+0.3(지방정부)
오클라호마	$0.75/$500	0.15
펜실베이니아	지방정부(변동)	1+$2
로드 아일랜드	$2.00/$500	0.4
사우스 캐롤라이나	$1.85/$500(주 $1.30, 카운티 $0.55)	0.37(주와 카운티의 합)
사우스 다코타	$0.50/$500	0.1
테네시	$0.37/$100	0.37
버몬트	이익에 대한 과세, 소유기간에 따라 변동적	
버지니아	· $1,000만까지: $0.15/$100 · 그 이상: 변동적	매매가격에 따라 0.03~0.15
워싱턴		매매가격의 1.28(주세)+0.25~0.5(지방세)
웨스트 버지니아	$1.65/$500(주 $1.10, 카운티 $0.55)	0.33(주와 카운티의 합
위스콘신	$0.30/$100	0.3

자료: Kim and Rex(2003).

주의 경우는 최저 0.01%(콜로라도주)에서 최고 1.1%(워싱턴디시)까지 주에 따라 상당히 다른데, 대부분의 주에서는 0.5% 이하의 낮은 세율을 적용하고 있다. 하지만 델라웨어주에서는 거래세 세율이 1.5~2%에 달하며, 워싱턴주에서도 1.28%의 주정부 거래세에 지방정부가 다시 0.25~0.5%를 추가적으로 부과하는 등 높은 세율이 적용되기도 한다. 그런데 누진세율을 적용하는 주에서는 재산의 거래가격에 따라 1%가 넘는 세율을 적용하는 경우도 있다. 일반적으로 미국의 부동산거래세는 세율 자체는 우리 나라에 비해 상당히 낮으나 높은 중개료와 변호사 수수료 등 추가적인 거래비용으로 인해 일부 주에서는 거래세를 포함한 거래비용은 10%를 상회하는 것으로 추정되고 있다.

영국의 경우 거래세(stamp duty)는 일반적으로 인상되는 경향을 보이면서 변화되어 왔다. 1984~1991년 기간중에는 주택가액 3만 파운드까지는 거래세가 면제되었으며, 이보다 높은 가액에 대해서는 1%의 단일세율이 적용되었다. 1991년부터는 거래세가 일시적으로 경감되어 가액이 25만 파운드 이상의 주택에 한하여 1%의 세율이 적용되었다. 그러나 1992년부터는 다시 종전 세율이 적용되었으며, 1993년에는 6만 파운드 이상의 주택에 대하여 1%의 세율이 적용되었다. 1997년부터는 거래세구조가 누진세율로 바뀌었는데, 일정 구간으로 과표가 올라가면 전체 과표에 대해 보다 높은 세율이 적용되는 방식을 채택하고 있다. 1997년 7월부터 채택된 새로운 세율체계에 의하면 주택가격 6만 파운드까지는 거래세가 면세되고, 6만~25만 파운드까지는 1%, 25만~50만 파운드까지는 1.5%, 그리고 50만 파운드 이상의 주택에 대해서는 2%의 세율이 적용되었다. 이러한 누진세율구조는 그 이후 다시 몇 차례 강화되었다.

영국의 거래세제도에는 2003년 12월부터 근본적으로 변화되었는데, 건물에 대한 거래세가 폐지되는 대신 토지분에 대한 토지거래세(stamp duty land tax)가 도입되었다. 세율체계는 주택분 토지의 경우는 종전과 같으나 비주택분 토지 및 낙후지역 토지에 대해서는 다소 낮은 세율이 적용된다. 토지거래세는 기본적으로 종전의 거래세와 같으나, 거래세의 경우 인지를 구입할 때 납부하는 반면, 토지거래세는 국세청에 토지구입자가 신고납부하도록 되어 있다(〈표 6-9〉 참조).

유럽 국가들의 부동산거래세제도와 부동산 거래에 따른 추가적인 비용은

표 6-9 영국의 거래세율 구조

세 율	낙후지역 토지		일반토지	
	주 거 용	비주거용	주 거 용	비주거용
0	0~150,000	모든 토지	0~60,000	0~150,000
1%	150,000~250,000		60,000~250,000	150,000~250,000
3%	250,000~500,000		250,000~500,000	250,000~500,000
4%	500,000 이상		500,000 이상	500,000 이상

자료: 김정훈(2005)에서 재인용.

〈표 6-10〉에 정리된 바와 같다. 거래세만 두고 본다면, 대부분 국가들의 거래세율은 상당히 높은 수준이며, 특히 네덜란드·이탈리아·벨기에·스페인·그리스 등의 세율은 5%를 상회하는 높은 수준임을 알 수 있다. 또한 세율구조는 (초과)누진과세를 채택하는 영국·그리스·포르투갈 등을 제외하면 모두 단일세율을 적용하고 있다.

3.3. 양도소득세제[14]

미국은 우리 나라와 같이 양도소득을 종합소득세와 분리하여 과세하지 않고 연방소득세체계 내에서 합산하여 과세하고 있다. 따라서 주택양도에 따라 양도차익이 발생하건 손실이 발생하건 개인소득세 신고서상의 서식 D를 작성하여야 한다. 주 거주주택에 대해서는 다주택보유자라 하더라도 조세혜택을 부여하는데, 1997년의 세법개정 이전에는 55세까지의 과세이연(tax deferral) 후 평생 1회 12만 5,000달러의 공제방법을, 그 이후에는 매우 후한 소득공제(예를 들어, 부부합산 과세자의 경우 50만 달러)의 방법을 택하고 있다. 거주요건을 만족시키지 못하는 비거주주택에 대해서는 손실을 공제한 순자본이득에 대해 세율이 10%, 20%, 25%, 28%로 상한이 정해져 있어서 다른 경상소득에 비해 우대받고 있는 실정이다.

영국은 1962년부터 1987년까지는 자본이득세(capital gain tax)라는 명칭으

[14] 노영훈(2006)에서 정리.

표 6-10 유럽 국가들의 부동산 거래비용

국 가	거래세(세율)	중개수수료, 공증료	비 고
영 국	1~4%	1~3%	토지거래에 누진세율 적용
네덜란드	6.2%(등록료)	2.25~9.38%	평균중개료는 약 2~3%
프랑스	4.8%	3~10% 0.825%(공증료)	–
독 일	3.5% 0.8~1.2%(등록료)	5~7%	–
스위스	0~3.3%	0.05~0.7%	· 주(Canton)에 따라 다른 세율 적용 · 거래의 50%가 중개인 포함
스웨덴	1.5~3.0%	3.75~6.25%	· 개인매입자 1.5%, 법인매입자 3% · 거래의 95%가 중개인 포함
핀란드	4%	1.22~4.88%	· 19~39세 사이 최초 주택구입, 상속, 증여, 이혼 등에 의한 취득은 면세 · 거래의 75~95%가 중개인 포함
이탈리아	4~17%	2~6% 4%(공증료)	· 거래세 신고가액은 실제가액의 약 50% · 최초구입자 4%, 도시주택 10%, 농지 17% · 전체 거래비용은 거래가의 10~20%
덴마크	1.5%	3~4%	대부분 거래에 중개인 포함
오스트리아	4.5%	3~5% 1%(공증료)	거래의 35%가 중개인 포함
룩셈부르크	–	3% 0.7%(공증료)	거래의 80%가 중개인 포함
스페인	6.5%	3~5%	Lease의 중개수수료는 10%
노르웨이	2.5%	2~3% 2.5%(공증료)	거래의 80%가 중개인 포함
벨기에	12.5%	3~5%	
그리스	9~11%	1.1~1.5%	거래가액이 €11,783 이상인 경우 11% 적용
아일랜드	4.89%	1~3% 0.815%(공증료)	거래비용의 약 10%
포르투갈	0~28%	–	취득세에 초과누진세율 적용

자료: 김정훈(2005).

로 개인소득세와 분리하여 장기자본이득에 대해서는 30%의 단일비례세율로 가볍게 과세하다가 1987년의 세제개편으로 1988년부터는 모든 양도소득을 일반소득과 함께 10~40%의 3단계 누진세율로 과세하기 시작하였다. 물가상승에 따른 명목적인 자본이득에 대한 과세를 방지하기 위해 취득가액에 물가연동공제(indexation allowance)를 시행하다가 자산보유기간에 따라 과세베이스 편입비율을 단계적으로 낮추는 테이퍼제도(taper relief system)로 변경하였다. 개인의 주 거주주택에 대해서는 과세하지 않으며, 다주택소유자라 하더라도 주 거주주택으로 본인이 지정한 경우에는 일부 거주요건만 충족시키면 과세하지 않는 경향을 보이고 있다.

일본도 소득세체계 내에서 자본이득을 과세하는 일반규정을 두고 있는데, 조세특별조치법에 따라 분리과세 특례조치를 두고 있다. 5년 이상 장기보유한 부동산의 경우 100만 엔의 장기보유특별공제를 허용하고 세율은 6,000만 엔 이하는 20%, 6,000만 엔 초과는 25%를 적용한다. 단기부동산 보유의 경우 기초공제금액은 50만 엔으로 인하하고 양도차익에 40% 단일세율을 적용한 세액과 종합합산세액 증가분의 110% 중 큰 금액으로 하여 비교과세제도를 운영하고 있다. 즉, 중과의 목적을 확실히 하기 위하여 다른 경상소득과 합산하여 종합소득세 세율을 적용한 경우보다 높아야 함을 확보하기 위한 것이다. 거주용 주택의 양도차익도 조세특별조치법에 의거하여 3,000만 엔 공제를 허용받는 조세혜택을 받는다. 10년 이상 보유한 경우에는 경감세율을 적용받는데, 6,000만 엔 미만은 10%, 6,000만 엔 초과는 15%이다.

정리하면, 이상에서 살펴본 국가들의 경우에는 모두 거주목적의 주택이 거주요건을 충족한 경우에는 과세이연, 소득공제 또는 소득산입비율, 경감세율 등의 방법을 통하여 양도소득세상의 혜택을 부여하고 있으며, 혜택인지의 여부는 일반경상소득에 대한 과세대우와 비교하여 결정된다. 또한 거주목적이 아니라고 해서 중과세율을 적용하거나 공제를 불허용하는 등의 불이익을 주지는 않고 있음을 알 수 있다.

또한 주요 외국의 경우 주 거주주택의 처분에 따른 자본이득에 대해서는 전액 또는 일정 한도 내에서 과세하지 않는 것이 일반적인 원칙이다. 대부분 나라에서 주택구입 및 자가점유를 통한 직접 관리를 장려하기 위한 정책적 목적에서 자본이득세 과세뿐만 아니라 저당대출이자 상환액 및 지방재산세 납부액에 대한 소득공제까지도 포함하고 있다.

4 부동산세제 개편원칙 및 방향

보유세 강화와 거래세 인하라는 참여정부하의 정책기조 자체는 부동산세제 개편에 관한 논의에서 오랫동안 주장되어 왔던 것인데, 이는 조세가격으로서 기능을 담당하는 유력한 세제로서 재산세를 지방정부의 중심 세원으로 삼는다는 재정분권의 원칙에도 적합한 것이다. 문제는 부동산에 대한 투기억제를 통한 부동산시장 안정이라는 정책목표 달성을 위해 재산세제를 개편하는 과정에서 재산보유세를 국세와 지방세로 이원화시켰으며, 재산세에서 누진세율체계를 유지하고 있으며, 특히 종합부동산세의 경우에는 지나치게 높은 최고세율, 급격한 누진세율체계, 세대별 합산과세 등의 과세방식을 일률적으로 적용하고 있다는 점이다.

한편, 취득세와 등록세 등 부동산거래세의 경우는 세율이 상당한 수준으로 인하되었음에도 불구하고 과표의 급격한 상승으로 실효세율은 거의 영향을 받지 않았으며, 부동산 거래라는 사실상 동일한 과세대상 행위에 대해 취득세와 등록세를 중복과세하고 있다는 문제를 안고 있다.

이에 더하여 양도소득세에서는 다주택보유자에 대한 중과세를 목적으로 세부담을 대폭 강화하였기 때문에 취득세와 등록세의 부분적 경감에도 불구하고 부동산 거래에 따른 전체적인 세부담이 높아짐으로써 부동산의 원활한 거래를 위축시키는 동결효과를 초래할 우려가 높다.

향후 부동산세제 개편에서 보유세는 그 존재의의를 회복하는 방향으로 개편해 나가며, 거래세는 완화한다는 원칙을 유지하는 것이 옳을 것으로 판단된다. 우선 보유세의 경우에는 기초자치단체의 기본적인 지방세로서 조세가격 기능을 담당하도록 유도하기 위하여 중장기적으로 국세인 종합부동산세를 지방세로 복귀시키면서 누진세율구조를 완화시켜 나갈 필요가 있다. 다만 현재로서는 종합부동산세의 재원이 전액 자치단체에게 재배분되며, 특히 많은 부분이 형평화 재원으로 배분된다는 점에서 자치단체 전체에 미치는 재정적 영향을 고려하지 않을 수 없다. 그리고 재정력이 열악한 지방재정에 미치는 충격을 점진적으로 완화해 나가는 작업과 함께 대체적인 재원이 마련될 필요가 있다. 또한 보유세의 완화가 단기적으로 부동산시장에 미치게 될 심리적인 영향도 배제할 수 없다. 따라서 보유세의 경우에는 단기적으로는 세율조정과 함께 과세방식을 개선함으로써 문제를 해결해 나가는 것이 필요하다.

한편, 취득세와 등록세 등 부동산거래세의 경우에는 세율을 점진적으로 인하해 나가는 작업이 필요하다. 부동산의 취득 자체가 사실상 과세대상 행위라는 점에서 취득세와 등록세는 중복과세의 문제가 발생하지만, 취득세는 특히 소유권의 이전 취득을, 그리고 등록세는 재산권의 등기 또는 등록과 취득·이전·변경 또는 소멸 등 이동사항을 등기 또는 등록하는 행위 자체에 대한 과세라고 파악한다면 두 조세를 분리할 근거도 있다. 그렇다면 취득세는 현행과 같이 지방세로, 그리고 재산권의 보호가 근거가 되는 등록세는 국세로 이관시키는 것도 생각할 수 있다. 그러나 그 경우 거래세가 지방재정에서 차지하는 높은 비중으로 미루어 볼 때, 거래세율의 완화와 함께 지방세 수입을 보전할 수 있는 장치가 반드시 마련되어야 한다.

세계적인 세제개편의 추세는 소득세와 재산세를 완화하는 반면, 소비세 부담을 강화하는 방형으로 진행되고 있다는 점도 간과할 수 없다. 세제를 통한 형평화 정책은 많은 한계를 노출하고 있기 때문에 직접적인 재정지출이 보다 효과적인 형평화 정책수단으로 부각됨에 따라 효율성의 제고가 세제개편의 주요 과제로 부각되고 있다는 점을 고려할 필요가 있다.

5 구체적 세제개편방안

5.1. 부동산세제의 정상화를 위한 세율조정

재산세제를 이용한 부동산시장 안정은 조세의 이론에도 맞지 않을 뿐만 아니라 이미 경험한 바와 같이 그 정책효과도 보장되지 않는다. 우리 나라의 경우 부동산관련 세제가 차지하는 비중이 OECD 국가 평균에 비하여 과다한데, 총조세에서 차지하는 재산과세 비중은 11.8%(OECD 평균 5.6%)이며, 특히 총지방세에서 차지하는 재산과세의 비중은 51.5%(OECD 평균 35.3%)에 달하고 있는 실정이다.[15] 따라서 부동산관련 재산과세의 비중은 현재 상태로 유지하거나 점진적으로 감소시킬 필요가 있음에도 불구하고 재산세 과표현실화, 종합부동산세 강화 등에 의해 세수비중은 증가하고 있는 추세이다.

이와 같은 현상은 결국 재산세제를 정책적 성격의 과세로 전환하는 과정에서 발생한 것이나, 정책목적의 달성에는 거의 기여하지 못한 반면 그 부작용은 매우 크게 나타나고 있다. 따라서 정책과세로서의 재산세제 기능을 축소시킴으로써 재산세가 고유한 역할을 담당하도록 세제를 정상화시켜 나갈 필요가 있다.

〈표 6-11〉은 재산세와 종합부동산세의 법정세율에 기초하여 적용률을 감안하여 실효세율을 구한 것이다. 재산세와 종합부동산세는 주택분과 비주택분(종합합산·별도합산)으로 구분되는데, 종합부동산세의 대상은 별도합산과 종합합산의 토지만이 과세대상이다. 재산세는 적용률(주택분: 50%, 비주택분: 60%)이 반영된 과표인 반면, 종합부동산세는 6억 원 이상의 주택과 40억 원 이상의 비주택은 주택공시가격이므로 과표는 각각 80%와 60%를 적용하여 산정하였다. 결과적으로 주택분 재산세의 실효세율은 0.075~0.25인 데 비하여, 주택

[15] OECD(2005). 통계자료는 2003년을 기준한 것으로 2005년 종합부동산세 도입과 재산세과표 현실화를 고려하면 재산과세 비중은 더 높을 것이다.

표 6-11 재산세와 종합부동산세의 실효세율(2007)

단위: 억 원, %

주택분 재산세+종부세			별도합산 토지분 재산세+종부세			종합합산 토지분 재산세+종부세		
과표 (X_t, X)구간	법정 세율	실효세율	과표 (X_t, X)구간	법정 세율	실효세율	과표 (X_t, X)구간	법정 세율	실효세율
$X \leq 0.4$	0.15	0.075	$X_t \leq 2$	0.2	0.12	$X_t \leq 0.5$	0.2	0.12
$0.4 < X_h \leq 1.0$	0.3	0.075~0.12	$2 < X_t \leq 10$	0.3	0.12~0.168	$0.5 < X_t \leq 1$	0.3	0.12~0.15
$1.0 < X_h$	0.5	0.12~0.25	$10 < X_t$	0.4	0.168~0.24	$1 < X_t$	0.5	0.15~0.3
주택공시 가격기준	법정 세율	실효세율	토지 공시 가격기준	법정 세율	실효세율	토지 공시 가격기준	법정 세율	실효세율
$6.0 < X \leq 9.0$	1.0	0.21~0.40	$40 < X \leq 200$	0.6	0.21~0.33	$3 < X \leq 20$	1.0	0.22~0.73
$9.0 < X \leq 20$	1.5	0.40~0.84	$200 < X \leq 1000$	1.0	0.33~0.55	$20 < X \leq 100$	2.0	0.73~1.48
$20 < X \leq 100$	2.0	0.84~1.45	$1{,}000 < X$	1.6	0.55~1.6	$100 < X$	4.0	1.48~4.0
$100 < X$	3.0	1.45~3.0						

주: X_h, X_t는 각각 주택분재산세, 비주택분 토지재산세, 그리고 X는 종합부동산세 공시가격으로 과표의 적용범위 및 적용률이 서로 다른데, X_h, X_t은 과표적용률이 각각 50%와 60%가 반영된 이후의 과표인데 반하여, X는 적용률 반영 이전의 공시가격을 의미함.

분 종합부동산세의 실효세율은 0.21~3.0이다. 비주택분 재산세는 0.12~0.24이고, 비주택분 종합부동산세는 0.21~0.24이다. 재산세제의 복잡한 구조로 인하여 평균실효세율을 구하기 어렵지만 최상위구간을 나타내는 종합부동산세의 실효세율은 매우 높다.

미국은 재산세의 과표와 세율이 지방정부의 재정지출규모에 따라 결정되기 때문에 매우 다양하다. 그러나 약 3,100개의 미국 지방정부(city, county) 재산세의 실효세율은 최저 0.3(Dothan, 앨라배마)에서 최고 4.0(Derry, 뉴햄프셔)이고, 50개 주 대표도시 중위 실효세율은 1.54%이다.[16] 일본은 고정자산세의 세율이 1.4%이고, 과표현실화율이 70% 정도인 것을 고려하면 실효세율은 약 0.98%이다.

미국과 일본의 재산세 실효세율과 비교할 경우 우리 나라 재산보유세의

[16] 한국은행(2005).

실효세율은 높은 수준이다. 〈표 6-11〉에서 볼 수 있듯이, 종합부동산세가 도입된 이후의 재산보유세에 대한 실효세율은 주택분 0.21~3.0%, 별도합산 토지 종부세 0.21~1.6%, 종합합산 토지종부세 0.22~4.0%이다.[17] 미국의 실효세율 범위와 비슷한 수준이지만, 일본과 비교하면 우리 나라의 실효세율은 매우 높다. 특히, 최고세율 구간이 높다. 뿐만 아니라 현재의 실효세율은 2005년 종합부동산세가 도입되면서 갑자기 높아졌기 때문에 납세자가 느끼는 재산보유세의 부담은 매우 크다. 급등한 재산보유세의 부담뿐만 아니라 조세에서 차지하는 재산세제의 비율이 높은 점을 고려할 때, 향후 재산보유세의 세부담은 낮아져야 할 것이다.

재산세의 개편에서 단기적으로는 재산세가 조세가격 기능을 담당할 수 있도록 현재의 3단계 누진세율구조(0.15~0.5%)를 단일세율구조로 전환시킬 필요가 있다. 구체적인 세율은 먼저 세율구조의 변화가 지방세수에 미치는 영향을 파악하여 결정해야 할 것이지만, 중장기적으로는 종합부동산세의 구조변화(지방세로 이전) 등과 연계하여 결정해야 할 것이다. 이러한 조치와 함께 사실상 불가능하게 된 재산세에 대한 탄력세율 적용권을 다시 자치단체에게 부여함으로써 재산세가 조세가격기능을 담당할 수 있는 제도적 장치를 제공할 필요가 있다.

5.2. 종합부동산세의 단기적 개편과제: 정책기능 재검토 및 누진세율 완화

종합부동산세는 2005년에 도입되어 시행된 지가 3년 미만이며, 자산소득이 많은 사람에게 징수하는 자산재분배적 기능을 담당하는 동시에 부동산교부세 재원으로 편입되어 지방재정조정기능을 담당하는 조세이다. 이런 현실을 감안한다면, 종합부동산세에 대해 지적되는 다양한 문제점에도 불구하고 급격히 세부담을 완화하거나 당장 폐지하기는 어려울 것으로 보인다. 즉, 종합부동산세의 급격한 완화 또는 폐지는 지방재정에 미치는 영향과 함께 부동산시

17 종합부동산세 실효세율은 재산세를 차감하지 않은 과세대상 전체에 대한 실효세율이다.

장에 대해 미치게 될 심리적인 영향을 배제할 수 없다. 따라서 단기적으로는 급격한 누진세율체계의 완화와 과세기준의 완화 등 과세방법을 개선함으로써 문제점을 보완할 필요가 있다.

2007년의 경우 주택 6억 원 초과세율(1~3%), 토지 3억 원 초과세율(1~4%)과 적용률 80%[18]를 고려하면 실효세율은 각각 2.4% 및 3.2%로 매우 높은 수준이다. 따라서 최고세율인 3%와 4%는 다소 완화할 필요가 있는 것으로 보인다. 또한 과세기준도 완화할 필요가 있는데, 과표가 6억 원을 초과하는 주택의 경우는 1세대 1주택일 경우에도 종합부동산세 과세대상이 되고 있으며, 과표상승과 함께 이런 현상은 해를 거듭할수록 두드러지고 있다. 이런 문제를 감안한다면 다음과 같은 단기적인 개선방안을 고려할 필요가 있다. 첫째, 세부담 증대에 따른 조세저항과 조세부담 측면에서의 형평성 문제를 감안하여 주택가격 상승률을 고려하여 과세기준을 완화할 필요가 있다. 둘째, 1세대 1주택 장기보유자의 경우에는 예외적으로 낮은 세율을 적용하는 등 세부담을 완화시킬 필요가 있다. 셋째, 세대별 합산 등 부작용이 우려되는 부분을 고려하여 개인별 합산으로 전환시킬 필요가 있다.

5.3. 종합부동산세의 중장기적 개편과제: 재산세 전환을 통한 재정분권 강화

종합부동산세의 도입은 부동산투기 억제가 주목적이었으나 목적달성은 불투명한 가운데 오히려 과표상승에 따라 매년 세수가 급증함으로써 세수확보수단으로 전락하고 있는 실정이다. 세수 전액은 부동산교부세로 편입되어 세수감소분을 일부 보전하고 나머지는 재정형평화 등의 재원으로 이용되고 있는데, 현재 세수감소분 보전방식에 따르면 보전과정에서도 상당한 재분배가 발생하고 있다. 결국 현재 상태에서 종합부동산세가 수행하는 가장 큰 기능은 자치단체 간 재정형평화 기능으로 보인다. 지방교부세의 법정률 인상, 분권교부세 배분에서 재정력 이용, 균특회계(지역개발계정)에서 재정력 이용 등 재정

[18] 2007년 과표적용률 80%, 2008년 90%, 2009년 100% 예정이다.

형평화 재원이 상당히 강화된 상태에서 부동산교부세마저 유사한 기능을 담당함으로써 재정분권에 역행하는 결과를 초래하고 있다.

반면 재산세는 자치단체의 기간세로서 향후 지방분권 및 재정분권 관련 확대 및 강화되어야 하는 조세임에도 불구하고 종합부동산세의 도입으로 인하여 위축되어 있는 상황이다. 2006년의 경우 재산세는 전년 대비 약 20% 정도 증가되었으나 종합부동산세는 100% 이상 증가하였다. 특히, 급진적인 과표현실화에 따른 세부담의 급등으로 인하여 과표 3억 원과 6억 원[19] 이하 서민 주택소유자의 세부담도 증가하게 되어 이들 주택소유자의 세부담 상한을 각각 전년 대비 5%와 10%로 제한을 둠(6억 원 이상 주택의 세부담 상한율은 전년 대비 50%임)[20]에 따라 해당 자치단체의 재산세수는 감소하는 반면에 종합부동산세의 세부담 상한율은 300%로 설정되고 있는 실정이다.

이런 문제점들을 감안한다면, 단기적으로는 종합부동산세의 폐지 또는 흡수가 어렵지만, 장기적인 관점에서 종합부동산세는 하나의 재산보유세로 지방세인 재산세에서 흡수·통합하여 과세하는 것이 바람직할 것으로 판단된다. 이 과정에서 재산세가 지방세에서 차지하는 비중이 지금보다 훨씬 높아진다면 재산세가 조세가격의 기능을 담당할 수 있는 전제조건이 마련될 것으로 기대된다. 하지만 이러한 과정에는 두 가지 전제조건이 필요할 것으로 보이는데, 첫째는 종합부동산세의 폐지 또는 재산세 흡수에 따라 발생하게 될 재배분 재원(현행 부동산교부세)의 손실분을 보전할 수 있는 대체적인 재원을 마련하는 것이다. 두 번째는 종합부동산세의 폐지가 부동산가격에 미치게 될 심리적 영향을 고려하여 부동산가격 안정을 위한 수요와 공급 측면에서의 제도적 장치를 점진적으로 마련하는 작업이 필요할 것이다.

5.4. 취득세와 등록세의 일원화와 세부담 완화

취득세와 등록세 등 재산거래세의 경우에는 실효세율이 그리 변화되지

[19] 2006년 공시가격 6억 원 이상 주택은 전체의 약 1.5%인 18만 8,000호이며, 이 중 99.4%인 18만 7,000호가 서울과 경기도에 집중되어 있다.

[20] 전체 주택건수 중 84%는 공시가격이 상승하였으나 16%는 작년에 비해 공시가격이 하락함.

않음에 따라 거래세가 지닌 고유한 문제점들이 아직 그대로 남아 있다. 현재 취득세와 등록세 등 부동산거래세의 명목세율은 일본과 유럽 대부분 국가에 비해서는 다소 낮은 편이지만 미국의 주들에 비해서는 상당히 높은 실정이다. 실효세율을 정확히 파악할 수 있어야만 국가 간 비교가 가능하겠지만, 우리나라의 경우 최근 실거래가 과표가 실현되고 있는 상황에서 명목세율은 실효세율과 일치한다고 볼 수 있으므로 실효세율은 그만큼 높다.

또한 부담주체는 다르지만 부동산의 거래시점에는 높은 세율의 양도소득세가 부과된다는 점도 간과할 수 없다. 현행 양도소득세제에서는 기본적으로 1세대 1주택의 경우 3년 이상 보유한 6억 원 미만의 주택에 대해서는 비과세되고 있으나, 2년 미만 보유의 경우에 대해서는 40~50%의 높은 세율이 적용된다. 또한 2년 이상 3년 미만인 주택의 경우에 적용되는 양도차액에 따른 차등과세의 세율은 과표별로 종합소득세의 세율에 비해 각각 1%씩 높은 세율이 적용된다. 나아가 3년 이상 보유한 경우에도 6억 원 이상의 고가주택에 대해서는 장기보유특별공제가 적용되기는 하지만 양도소득세가 과세된다.

이에 대해서는 주요 외국의 경우에는 주 거주주택의 처분에 따른 자본이득에 대해서는 전액 또는 일정 한도 내에서 과세하지 않는 것이 일반적인 원칙이라는 점, 거주목적의 주택이 거주요건을 충족한 경우에는 과세이연, 소득공제 또는 소득산입비율, 경감세율 등의 방법을 통하여 양도소득세상의 혜택을 부여하고 있다는 점, 나아가 거주목적이 아니라고 해서 중과세율을 적용하거나 공제를 불허용하는 등의 불이익을 주지는 않고 있다는 점 등을 고려할 필요가 있다. 다시 말해, 취득세와 등록세의 절대적 수준이 높지 않더라도 높은 수준의 양도소득세와 같은 시점에 부과됨으로써 부동산 거래를 필요 이상으로 위축시킬 우려가 있다는 점을 감안해야 한다.

향후 거래세제의 개편에 있어서는 세율의 추가적인 인하를 고려할 필요가 있다. 나아가 취득세와 등록세를 합산하여 과세함으로써 동일한 과세행위에 대한 중복과세문제를 해소할 필요도 있다. 또한 재산취득행위 자체와 등기행위를 구분한다면, 취득세는 지방세로 유지하는 한편 등록세는 국세로 이관하는 방안도 고려할 수 있다.

이러한 두 가지 방안은 세율인하 또는 등록세의 국세화를 통해 지방재정에 상당한 영향을 미치게 될 것이며, 특히 세율인하는 부동산시장에도 영향을 미칠 것이므로 다양한 충격들을 충분히 고려하여 세율인하폭을 결정해야 할 것이다. 나아가 보유세 세율 등 과세방법 개선, 지방세 및 지방재정조정제도 등과 관련한 전반적인 제도개편이 동반되어야 할 것이다.

5.5. 재산보유세와 거래세 완화가 지방재정에 미치는 충격의 보완

지방재정에서 재산관련 과세가 차지하는 높은 비중을 고려할 때, 재산보유세와 거래세의 완화는 각각 지방재정에 상당한 충격을 미칠 것으로 예상된다. 직접적으로는 지방세 수입 자체가 줄어들 것이며, 종합부동산세의 경우에는 세부담 완화과정에서 지방에 대한 재배분 재원(부동산교부세)이 줄어들게 된다. 또한 거래세의 세율인하 및 등록세의 국세 이관은 도의 경우는 재정보전금을 통하여, 특별·광역시의 경우에는 조정교부금을 통하여 기초자치단체의 재정에도 큰 영향을 미칠 것이다.

이러한 문제에 대한 대안은 결국 새로운 지방세의 설치나 일부 국세의 지방이양을 통해 해결할 수밖에 없다. 구체적으로는 오랫동안 논의되어 왔던 지방소비세와 지방소득세가 유력한 대안이 될 수 있다.

결론적으로, 재산보유세와 거래세 등 재산과세가 지방세에서 차지하는 막대한 비중을 고려한다면 이 부분의 제도개편은 지방세 및 지방재정조정제도 전반에 관한 개편과 연관되어 진행되어야만 부작용을 최소화시킬 수 있는 한편, 지방세제의 전체적인 개편에 관한 기회를 잡을 수 있다.

참고문헌

곽태원, 「한국 조세정책의 주요 문제와 개선방향」, 차기정부의 공공부문 개혁 방향 정책세미나 발표논문, 2007.

곽태원·현진권, 『조세론』, 법문사, 2007.

김정훈, 『취득세·등록세의 후생효과』, 한국조세연구원, 2005.

김현아, 「재산세제 개편방안」, 『지방세』 2002년 제6호(통권 74호), 한국지방재정공제회, 2001.

노영훈, 『주택에 대한 양도소득세제 개편연구』, 한국조세연구원, 2006.

______, 「부동산 보유 및 거래세제의 변화에 따른 지방정부의 재정적 과제」, 2007년 지방재정세미나 발표논문집, 2007.

박희석, 「부동산 경기변동이 서울시 세수에 미치는 영향」, 서울시정개발연구원 정책세미나 발표논문, 2004.

유태현, 「부동산거래세 세율인하의 세수효과와 보전방안」, 2006 한국지방재정학회 동계세미나 발표논문, 2006.

원윤희, 「부동산 보유과세의 핵심 논점과 실태」, 『지방세』 2004년 제1호(통권 81호), 한국지방재정공제회, 2004.

이영희, 『재산보유과세의 개편에 관한 연구』, 한국지방행정연구원, 2004.

______, 「부동산보유과세 세부담 공평성 분석」, 한국재정학회 발표논문, 2007.

전상경, 『현대지방재정론』 제2판, 박영사, 2007.

지대식·최　수, 『부동산 관련 세제의 정비·개선방안 연구』, 국토개발연구원, 2003.

최병호, 「부동산 거래세제 개편에 따른 지방재정의 주요 이슈와 대응」, 『응용경제』 제9권 제2호, 2007.

최병호·정종필, 「재정형평화 교부금 체계의 문제점과 개편 방향: 부동산교부세제도와 자치구 재정문제를 중심으로」, 한국지방재정학회 특별세미나 발표논문, 2007.

한국은행, 「주요국의 부동산세제 비교」, 보도자료, 2005.

행정자치부, 『지방재정연감』, 2006.

Bahl, R. W. and J. F. Linn, *Urban Public Finance in Developing Countries*, New York: Oxford Univ. Press, 1992.

Bird, R. M. and E. Slack, "Land and Property Taxation: A Review," World Bank Working Paper, 2002.

Fischel, B., "Property Taxation and the Tiebout Model: Evidence for the Benefit View from Zoning and Boting," *Journal of Economic Literature*, Vol. 30, 1992.

Gilland, C. E., "Analysis of a Potential Transactions Tax for Financing Education in Texas," Real Estate Center, Texas A&M Univ., 2004.

Hamilton, B., "Zoning and Property Taxation in a System of Local Governments," *Urban Studies*, Vol. 12, 1975, pp. 205~211.

______, "The Effect of Property Taxes and Local Public Spending on Property Values: A Theoretical Complement," *Journal of Political Economy*, Vol. 84, 1976, pp. 647~650.

Kim, E. and T. Rex, "Real Estate Transfer Tax, Example Research Project (Draft 2),"(http://www.azcfrc.az.gov/secure).

OECD, *Revenue Statistics*, 2005.

______, *Revenue Statistics*, 2006.

7

지방세제 개편방안

원윤희 · 임성일

1. 지방세제의 변천과정
2. 지방세제 개편의 필요성
3. 지방세제 개편원칙 및 방향
   —지방자치시대 지방세의 역할 강화
4. 구체적 세제개편방안
5. 종합 및 결론

1 지방세제의 변천과정

1.1. 국세와 지방세 간 세원배분의 원칙

우리 나라의 현행 지방세제는 1977년에 부가가치세가 도입되면서 유흥음식세가 국세로 전환되고, 국세이던 등록세가 지방세로 이관되는 등의 개편조치와 더불어 그 기본 골격이 형성되었다. 특히, 해방 이후 유지되었던 부가세 체제가 폐지되고 조세체계 간의 세원분리원칙이 강화된 점도 중요한 조세체제의 정립으로 간주된다. 우리 나라의 국세와 지방세 간 세원배분은 「국세와 지방세의 조정 등에 관한 법률」이 천명하고 있는 중복과세 금지원칙, 즉 세원분리원칙을 바탕으로 하고 있다. 국세와 지방세는 별도의 독립적인 세원에 과세한다는 원칙은 1961년 이 법의 제정 당시부터 유지되고 있다. 이 원칙에 따라 소득과 소비세원은 국세로 과세하고 재산에 대한 과세는 지방이 행한다는 세원배분의 큰 틀이 유지되고 있다.

그러나 세제운영의 현실에서는 이러한 기본 원칙에 많은 예외가 인정되고 있으며, 특히 최근 들어 그러한 사례가 더욱 크게 증가하고 있다. 예를 들면, 1973년에 신설된 주민세는 소득세와 법인세에 부가하여 과세되고 있으며, 1999년부터는 담배소비에 대해 담배소비세와 부가가치세가, 2000년부터는 유류소비에 대해 교통에너지환경세와 주행세가, 그리고 2005년부터는 재산보유과세로서 재산세와 종합부동산세가 중복과세되고 있는 것을 지적할 수 있다.[1]

이와 같이 소득과 소비는 물론 재산에 이르기까지 국세와 지방세 간 중

---

* 본 장의 많은 부분은 임성일(2003, 2005)과 원윤희 외(2008)를 발췌·요약하고 있음을 밝혀 둔다.

[1] 한편, 지방교육세의 신설은 국세와 지방세 간 중복과세 금지원칙이 일정 부분 원용된 사례라 고 할 수 있다. 기존의 교육세는 국세에 부가되는 부분과 지방세에 부가되는 부분으로 나눌 수 있는데, 지방세에 국세가 부가되는 것은 조세체계상 적절하지 않다는 비판 등에 따라 기존에 지방세에 부가되었던 교육세부분을 지방교육세로 신설하였던 것이다.

복과세가 광범위하게 활용되고 있다는 점에서 전통적인 세원분리원칙은 이제는 사실상 선언적인 의미 정도로 그 역할이 축소되고 있다고 할 수 있다.

1.2. 지방자치의 도입과 지방세의 위상 변화

지방세제의 변천과 관련하여 또 다른 관심의 초점은 지방자치의 도입이라고 할 수 있다. 우리 나라의 지방자치는 법적인 측면에서는 1988년 지방자치법의 전면개정에 따라 도입되었으며, 곧이어 지방의회의 구성(1991)과 단체장의 직접 선출(1995)이 이루어지면서 정치적인 의미의 지방자치가 확립되었다. 지방자치의 도입과 더불어 면허세·재산세·토지과다보유세·사업소세의 4개 세목으로 구성된 자치구세가 1988년에 신설되었다. 또한 1989년에는 기존의 담배관련 세목들을 통합하여 담배소비세를 신설함으로써 재정적인 측면에서 지방자치를 지원하고자 하였는데, 이를 계기로 약 9 : 1이던 국세와 지방세 간 세수비중이 현재와 같은 약 8 : 2의 구조로 변화되었다.

그러나 담배소비세의 도입으로 인해 중앙정부와 지방자치단체 간의 수직적 재정불균형은 상당히 완화되었지만, 자치단체 간의 수평적 재정불균형은 더욱 심화되는 결과가 초래되었다.[2] 지역 간 경제력 격차에 따른 세원의 불균형 분포로 야기되는 수평적 재정불균형의 문제는 이후 지방재정의 확충방법으로서 지방세 강화정책을 모색하는 데 상당한 제약조건으로 작용하였다. 예를 들어, 1991년 도입된 지방양여금은 주세나 전화세 등을 지방세로 직접 이양하는 대신 지역 간 불균형을 해소하는 수단으로 도입되었다. 이후에도 지방세의 확충보다는 13.27%이던 지방교부세의 법정교부율을 15%, 18.5%, 19.13%, 그리고 현재의 19.24%에 이르기까지 지속적으로 인상하였던 것이다.

그러나 지방세가 아닌 지방교부세 등 의존재원이 지속적으로 강화됨으로

[2] 사실 담배소비세가 도입됨으로써 자치단체 간 수평적 세수불균형이 확대된 것은 담배소비세 세원이 불균형하게 분포하였기 때문이라기보다는 세율구조의 변화로 인한 것이다. 기존에 지방세로 과세되던 담배판매세는 자치단체 간 수평적 세수불균형을 완화하기 위하여 차등세율을 적용하였는데, 군지역은 55%(22%), 시지역은 22%(2%)를 과세한 반면 특별시·광역시에서는 과세가 이루어지지 않았다. 이에 비해 신설된 담배소비세는 모든 지역에 동일한 세율을 적용함으로써 특별시·광역시 등의 세수가 크게 증가하는 현상이 나타났다. 한편, 이러한 개편을 계기로 특별시와 광역시는 그 세수를 이용하여 교육재정을 지원하도록 하였다.

써 지방재정의 중앙의존성이 재정구조는 물론 재정행태의 측면에서도 심화되는 현상이 나타났다. 조세제도(지방세제도)가 상대적으로 소홀히 다루어지고 재정이전제도가 주도하는 재정분권은 지방자치의 원리, 징세노력과 재정책임성, 도덕적 해이(moral hazard), 조세가격기능(tax price signalling) 등의 측면에서 적지 않은 문제를 노정하게 된다. 현실적으로 재정자립도가 낮은(예컨대, 10~20% 수준) 자치단체들도 지방교부세의 지원을 통해 세출수요의 대부분을 충족하는 현행 지방재정 구조에서는 재정의 효율과 책임의 수준을 객관적으로 파악할 수 없을 뿐 아니라 책임성이 약화되는 현상이 나타날 수 있다.[3] 물론 이러한 현상이 얼마나 뚜렷한 것인지에 대해서는 보다 심도 있는 연구의 필요성이 제기되고 있지만,[4] 재원의존성이 큰 상황에서는 자치단체들이 어려운 징세노력을 하기보다 손쉬운 이전재정을 유치하는 데 더 많은 노력을 기울이게 되는 것이다.

지방분권이 경제적 효율성을 구현하기 위해서는 혜택과 비용, 자율과 책임이 조화·견제되는 메커니즘이 구축되어야 하는데, 이것은 정교한 보조금제도와 조세시스템의 구축·강화를 통해서 가능하다. 이러한 관점에서 볼 때 향후 재정분권의 방향은 현재의 보조금 주도형에서 탈피해서 보조금제도와 조세제도가 연계균형을 이루는 방향으로 전환되어야 하며, 특히 지방자치의 기본 이념을 실현하는 핵심적인 정책수단으로서의 지방세 역할을 강화하는 정책전환이 더욱 필요하다.

자치단체의 세입구조 측면에서 의존재원이 아닌 지방세를 강화하기 위해서는 자치단체 간의 수평적 재정불균형을 완화하는 것이 선결요건이라고 할 수 있다.[5] 서울시에서 2008년부터 도입된 재산세 공동과세제도의 경우 1990년대 중반 이후 지속적으로 논의되었던 자치구와 서울시 간 세목교환 논의가 일정한 결론을 맺은 것으로서, 지방세의 기본 원칙 등을 반영하면서도 자치단체 간의 세수불균형을 해소할 수 있는 방안을 모색한 결과로 간주할 수 있다.

지방자치의 도입을 전후로 최근까지 진행된 지방세제부문의 주요 제도

---

3 임성일(1999).
4 원윤희(2008).
5 나성린·원윤희(2007).

표 7-1 국세·지방세 수입의 연도별 변화

단위: %

구 분	1975	1980	1985	1990	1995	2000	2002	2003	2005	2007
국 세	89.8	88.3	87.8	80.8	78.8	82.0	76.7	76.0	77.3	79.5
지방세	10.2	11.7	12.2	19.2	21.2	18.0	23.3	24.0	22.7	20.5

주: 2001년부터 지방세 비중이 높아진 것은 국가에서 교육청으로 이전되던 국세 교육세 중 일부(2001년 3조 5,000억 원, 2002년 3조 3,000억 원, 2003년 3조 7,000억 원)가 지방교육세로 전환되었기 때문임. 2005년까지는 결산기준이고, 2007년은 당초예산기준임.

자료: 재정경제부(2006); 행정자치부(2007).

변화에 관해 간략히 언급하면 다음과 같다. 먼저, 국세의 지방세 이양 및 새로운 지방세목 신설의 관점에서 보면, 담배소비세(1989), 종합토지세(1990), 지역개발세(1992), 주행세(2000), 지방교육세(2001), 재산세 통합(2005), 지역개발세 과세대상 확대(2007) 등을 지적할 수 있다. 이 가운데서 지방자치 실시 직전에 도입된 담배소비세를 제외한 나머지 세목들은 기존 세원의 활용(종합토지세·통합재산세·주행세), 세원의 규모와 보편성 취약(지역개발세), 특정 자금용도 지정(지방교육세) 등으로 인해 지방재정의 확충에 실질적으로 크게 기여하지 못하였다. 그 밖에도 경주·마권세를 레저세로 바꾸는 등의 지방세 세목 명칭변경 및 과세대상 확대, 탄력세율제도의 적용대상 확대, 세율인상 및 과표현실화 등을 지적할 수 있지만 이들 또한 지방재정의 확충에 실질적으로 기여하지 못하였다.

1.3. 부동산정책 수단으로서의 지방세

지방세제의 변천과정에서 작용하였던 또 다른 핵심적인 요인으로 지방세가 부동산 투기억제 정책수단으로서 활용된 점을 지적할 수 있다. 구체적으로 1980년대 말에 지가가 급등하는 상황에서 토지공개념이 도입되었고, 1991년에는 토지에 대한 인별합산 누진과세수단으로서 종합토지세가 도입되었다. 기존의 토지과다보유세와 재산세를 개편하여 종합토지세가 신설되고, 재산세는 건물에 대한 과세로 전환되었다.

참여정부 시기 부동산세제는 대폭적으로 개편되었다. 강남지역 등의 아파

트값 급등을 계기로 부동산투기 억제, 세부담의 형평성 제고 등 제반 정책적 목적을 반영하는 조세정책으로 부동산 보유과세를 재산세와 국세인 종합부동산세로 이원화하여 강화하고 취득세와 등록세 등 거래과세는 완화하는 방안이 시행되었다. 그러나 급격한 세부담의 인상과 함께 거래위축 등의 여러 가지 문제가 나타나면서 현재 정부는 1가구 1주택 장기보유자에 대한 세부담 완화 등의 보완정책을 모색하고 있다.

1.4. 지방자치단체의 세원확충노력 지원

일반적으로 지방세가 가져야 하는 특성 중의 하나로 보편성의 원칙이 제시되어 왔다. 보편성의 원칙은 지방세의 세원(tax base) 또는 세수가 자치단체 간에 고르게 분포하고 있어야 함을 의미한다. 그러나 지방자치시대에는 이러한 보편성의 원칙과 함께 특수성의 원칙도 지방세가 가져야 하는 중요한 특성 중의 하나로 강조될 필요가 있다. 즉, 지방자치란 지역 간에 서로 다른 선호에 따라 지역주민들이 자율적으로 의사결정을 하고 그에 따른 책임을 부담하는 것이라고 할 수 있는데, 지역의 독특한 세원에 대해 해당 자치단체가 과세하도록 하는 것은 이러한 지방자치의 원리에 부합하는 것이기 때문이다.[6]

1992년에 도입된 지역개발세는 자치단체에 독특하게 존재하는 세원에 과세하는 기능을 담당하고 있다. 이 세목은 과세대상 등 과세에 필요한 핵심적인 사항은 지방세법에 규정하되 과세 여부나 구체적인 세율 등은 자치단체의 조례로 정하도록 하는 임의세 형식으로 과세되고 있다. 2007년부터는 원자력발전에 대하여 새로이 지역개발세가 부과되고 있는데, 앞으로 지역에 존재하는 독특한 세원이나 자치단체의 지역경제 활성화 노력이 지방세 과세로 연결될 수 있는 통로로서 지역개발세는 물론 레저세 등을 보다 적극적으로 활용하는 방안이 강구될 필요가 있다.

[6] 물론 세수비중이 높은 세원의 경우 보편성의 원칙이 더욱 중요하다고 할 수 있으며, 특수성의 원칙은 일부 세목에 한해 제한적으로 적용될 필요가 있다.

2 지방세제 개편의 필요성

2.1. 개　　관

1988년 지방자치법의 전면 개정 이후 지방자치가 다시 부활하였고, 그 후 지방자치의 발전을 위한 많은 제도적 개편이 이루어졌다. 이들 제도적 개편은 적지 않은 문제와 한계를 노정하기도 하였지만, 나름대로 상당한 성과를 거둔 것으로 평가할 수 있다. 지방자치단체들은 예전에 비해 보다 다양한 공공서비스를 제공하고 있으며, 나름대로 창의적인 아이디어들을 발굴하여 주민에게 보다 가까이 다가가고 지역발전을 도모하기 위해 노력을 기울이고 있는 것으로 간주된다.

그러나 이러한 노력과 성과에도 불구하고 우리의 지방자치 운영상황에 대한 전체적인 평가는 아직 상당히 낮은 수준에 있다. 지방자치단체들은 종전에 비해 더 많은 재원을 요구하고 실제로 사용하고 있지만, 이른바 선심성·전시성 사업들에 많은 재원을 투입하는 등 방만한 재정운영과 비효율성에 대한 사회적 비판이 끊임없이 제기되고 있다. 한편, 지방교부세나 국고보조금 등 의존재원이 계속 확대됨으로써 전체적인 지방재정규모는 증가하고 있지만, 그에 따른 지방비 부담이 증가하는 등 지방자치단체들이 자체사업에 사용할 수 있는 재정여력은 오히려 낮아지고 있는 것이 현실이다.

전체적으로 볼 때, 지방재정의 중앙정부에의 의존성은 더욱 심화되고 있으며, 이러한 의존적인 재정구조로 인하여 지방재정 운영의 자율성과 책임성이 저해되는 심각한 문제가 제기되고 있다. 이러한 문제는 지방자치와 재정분권의 본질과 연관되는 것인데, 이러한 문제를 해소하는 합리적 방안을 강구하는 것이 다름 아닌 지방재정에서 지방세가 강화되어야 하는 기본적인 이유라 할 수 있다.

2.2. 자율과 책임의 지방자치 메커니즘 실현을 위한 조세가격의 역할 강화

지방재정이 중앙정부에 '의존적'이라는 의미는 기본적으로 자치단체가 그 기능수행에 필요한 재원의 많은 부분을 중앙정부 등으로부터의 지원에 의존하고 있다는 것을 뜻한다. 지방공공서비스 공급에 필요한 재원의 많은 부분을 중앙정부 등으로부터의 지원, 즉 의존재원으로 충당하는 경우 해당 서비스의 소비자인 주민들은 그 지방공공서비스에 대한 재정적인 부담을 하지 않게 되거나 적게 부담하게 된다. 따라서 주민들은 해당 공공서비스의 가격을 실제의 공급비용보다 낮게 인식하게 된다. 이러한 상황에서는 공공서비스에 대한 수요가 사회적으로 적정한 수준 이상으로 증가하게 되며, 궁극적으로는 해당 공공서비스에 대한 과도한 공공지출이 야기되고 결과적으로는 자원배분의 비효율성이 야기된다.

이러한 과정에서 자치단체의 재정행태도 자연히 의존적으로 변한다. 예컨대, 자율적으로 결정한 사업들을 추진하기 위해서 추가재원이 필요한 경우 이를 스스로의 부담으로 해결하려고 하기보다는 중앙정부의 지원을 얻어서 해결하려 하는 행태를 보이게 된다. 의존적인 재정행태를 야기하는 것은 기본적으로 재정구조적인 측면에서 세입예산의 많은 부분을 중앙정부에 의존하고 있기 때문이지만, 그 밖에도 지방교부세나 보조금 등 의존재원이 배분되는 과정에서 중앙정부가 재량적으로 운영할 수 있는 여지가 지나치게 넓거나 그 운영방식이 불투명한 경우에도 이러한 행태가 초래된다.

지방자치 또는 지방분권화의 본질은 어떠한 종류의 지방공공서비스를 얼마만큼 공급할 것인가 등에 대한 사회적 선택을 각 지역주민들이 그 선호에 따라 자율적으로 결정할 수 있도록 하면서 동시에 그에 따른 재정적 책임을 부담하도록 해 주는 메커니즘을 구축하는 데 있다. 즉, 지역주민들이 재정지출의 타당성을 스스로 평가할 수 있도록 하고 궁극적으로 자원배분의 효율성이 극대화되도록 하는 자율과 책임의 메커니즘을 형성하는 데서 찾을 수 있다. 특히, 재정분권의 관점에서 보면 자기부담하에 공공서비스를 소비하도록 함으로써 해당 공공서비스로부터의 편익이 자기의 부담에 부합하는 것인지를 판단하게 하여 그 부담 이상의 편익을 제공하는 공공서비스가 제공되도록 함으로써 전체적인 자원배분의 효율성이 달성되도록 하는 것이다.

이와 같이 자율과 책임이라는 지방자치의 메커니즘을 실현하는 데 있어서 가장 중요한 핵심은 주민들로 하여금 자신들이 향유하는 지방공공서비스에 대해 자신들이 그 대가를 부담한다는 인식을 갖도록 하는 것이다. 이러한 기능을 수행하는 것이 바로 지방세가 지니는 '조세가격'(tax pricing)으로서의 기능이며, 지방자치단체의 재원으로서 의존재원보다는 자주재원인 지방세를 강조하는 본질적인 이유가 바로 여기에 있다. 이와 관련해서 한 가지 강조할 사실은 이때 의미하는 조세가격은 기본적으로 한계가격을 뜻한다는 것이다. 다시 말해, 자치단체의 모든 재원을 지방세를 통해서 조달해야 함을 의미하는 것은 아니며, 한계적인 측면에서 추가적인 세출의 증가가 지방세의 증가로 연계되어야 함을 의미한다.

2.3. 지방자치단체의 재원조달수단으로서의 지방세 역할 강화

조세는 본질적으로 정부가 각종 공공서비스를 제공하는 데 필요한 재원을 조달하는 수단으로서 역할을 하고 있다. 국세와 지방세 간 세원배분의 기본 원칙으로 세원분리원칙을 채택하고 있는 우리 나라의 경우 각 정부가 그 기능수행에 필요한 재원을 조달할 수 있도록 중앙정부와 각급 지방자치단체별로 별도의 세원이 할당되고 있다. 물론 자치단체가 수행하는 기능 중에서 여권발급과 같이 국가의 기능을 대신 수행하는 위임사무나 국가의 정책목표를 추진하기 위한 경우 등에 필요한 재원은 국고보조금을 통해서 중앙정부에서 부담하고 있다.

이러한 측면에서 본다면 지방세는 각 자치단체가 그 사무로 할당된 기능을 수행하는 데 필요한 충분한 재원을 조달할 수 있도록 배분되어야 할 것이다. 그러나 현실적으로 자치단체별로 경제력의 격차가 존재하고, 또한 세출 측면에서도 같은 수준의 행정서비스를 제공하는 데 필요한 비용이 인구규모 등에 따라 차이가 나기 때문에 모든 자치단체가 그 필요한 재정수요를 지방세만을 통해서 전액 조달하는 것은 사실상 불가능하다. 따라서 이러한 불균형

상황을 조정하기 위한 수단으로서 지방교부세나 조정교부금·재정보전금 등이 활용되고 있다.

이러한 상황에서 지방세와 지방교부세 등과의 역할분담을 적정하게 설정하는 문제가 매우 중요한 정책적 과제로 부상한다. 원칙적으로 자치단체의 재원조달은 해당 자치단체의 지방세가 담당해야 하고, 지방교부세 등의 재정이전장치는 필요한 범위에서 보충적인 역할을 담당하여야 할 것이다. 이는 자치단체의 전체 세입 중에서 지역주민들이 직접 부담하는 지방세의 평균적인 비중이 높을수록 자치단체의 사업에 대한 주민들의 관심이 보다 높아지게 되고 따라서 민주적인 통제과정을 통해서 지방자치단체의 정치적인 책임성이 높아질 수 있기 때문이다.

자치단체의 재원확보방식과 관련하여, 자치단체 간 수평적 재정불균형을 더욱 심화시키는 지방세 확충보다는 지출용도를 제한하지 않고 자치단체가 자율적으로 사용할 수 있는 일반재원인 지방교부세를 강화할 필요가 있다는 주장도 제기된다. 그러나 이러한 주장은 지방교부세가 지방세보다 더 바람직한 자치단체 재원이라는 것을 의미하는 것은 아니며, 자치단체 간 수평적 재정불균형이라는 현실적인 문제를 전제로 제기되는 주장인 것이다.

그렇다면 자치단체 간의 수평적 재정불균형이 존재하는 상황에서 지방세에 대한 세원배분이 최대한 어느 수준에서 이루어지는 것이 합리적인가 하는 문제가 대두된다. 현재 우리 나라의 상황을 보면, 기본적으로 재정력이 우수한 자치단체들을 기준으로 해당 자치단체가 의존재원의 지원을 받지 않고 지방세 수입을 가지고 필요한 재정수요를 조달할 수 있도록 하는 수준에서 지방세 배분이 이루어지고 있다고 말할 수 있다. 현행의 국세·지방세 배분체계에서는 소수의 지방자치단체(약 15~20개)만이 지방교부세 불교부단체로 선정되고 있고, 나머지 대부분의 자치단체들은 그 부족한 재원을 지방교부세 등을 통해서 조달하는 방식을 취하고 있다. 한편, 나성린·원윤희(2007)는 자치구의 경우 군과 같이 그 80%가 자치구세 수입으로 인건비를 충당할 수 없는 현실상황을 논하면서 자치구세가 적게 배분된 것은 자치구 간 재정력 격차가 특히 일부 자치구를 중심으로 매우 크게 존재하기 때문이라고 주장하고 있다.

이러한 측면에서 본다면 자치단체 간 수평적 재정불균형이 클수록 지방세를 확충할 수 있는 여지는 작아지게 된다. 따라서 지방세 비중을 확충하기 위해서는 그 전제로서 자치단체 간 수평적 재정불균형을 해소하는 것이 무엇보다 중요하다. 원윤희(2007)는 자치단체 간 수평적 불균형을 크게 세출 측면의 요인과 세입 측면의 요인으로 구분하여 분석하고 있는데, 기본적으로 지방공공서비스 공급에 있어 규모의 경제(economy of scale)현상에 따른 세출 측면에서의 불균형이 압도적인 요인임을 보이고 있다. 물론 세입 측면에서도 1인당 지방세수가 다른 자치단체에 비해서 현격히 높은 자치단체들이 일부 존재하고 있는 것도 사실이지만, 기본적으로 지방세제의 개편은 자치단체 간 1인당 지방세수가 일정한 범위 내에서 분포할 수 있도록 조정하는 데 그 목표를 둘 필요가 있다.

세출 측면을 포함하는 자치단체 간 수평적 재정불균형을 지방세제 개편을 통해서 해소하는 것은 현실적으로 매우 어려우며, 또한 이러한 개편은 오히려 지방세 측면에서의 형평문제를 초래하는 요인으로 작용하게 된다. 재정력이 열악한 자치단체는 통상 인구가 적은 농어촌지역의 자치단체로 나타나고 있는데, 지방세만을 통해서 재정력을 강화하기 위해서는 이들 농어촌지역 자치단체들의 지방세가 도시지역의 자치단체에 비해 높아져야 한다는 문제가 발생한다.

3 지방세제 개편원칙 및 방향—지방자치시대 지방세의 역할 강화

3.1. 개 관

우리 나라의 지방재정 시스템은 매우 복잡한 연계시스템으로 이루어져 있다. 우선 지방자치단체는 재정상황이 매우 다른 246개의 광역자치단체와 기초자치단체로 구성되어 있다. 구체적으로 재원도 지방세와 세외수입으로 구성된 자주재원과 함께 지방교부세·국고보조금 등 중앙과 지방 간의 재정이전제도 그리고 조정교부금·재정보전금과 같은 광역과 기초 간의 재정이전제도에 의한 의존재원에 의해 운영되고 있으며, 이들 제도 간의 연계관계는 매우 복잡하게 얽혀 있는 상태이다. 이러한 지방재정의 특성상 국세와 지방세 세원 조정 등을 통한 지방세 개편은 그 자체로서 완결되는 과제가 아니다. 즉, 지방교부세나 조정교부금·재정보전금 등 각종 지방재정조정제도와 밀접하게 연계되어 그 재정효과가 나타나며, 또한 자치단체별로 그 효과가 매우 다양하게 나타난다.

따라서 지방세제의 개편방안을 모색함에 있어 해당 세목과 직접적으로 관련되는 부분만이 아니라 전체적인 지방재정 및 세제의 틀 속에서 제반 제도들을 포괄하는 종합적인 시각에서 개편방안이 제시되어야 할 것이다. 같은 맥락에서 우리 나라 지방재정체계의 상호 연계성을 고려할 때 지방세제 개편 방안들은 개개의 정책으로 제시되기보다는 관련되는 제반 제도들을 포괄적으로 조정하는 일련의 패키지로 제시되어야 할 필요가 있다. 이는 지방재정의 제도개편이 특정의 개편 그 자체로 완결되는 것이 아니라 매우 상황이 다른 많은 자치단체들과 제도들이 복잡하게 얽혀 있어서 그 조정과정이 매우 어렵고, 따라서 이러한 조정을 여러 차례에 걸쳐 시행하는 것이 현실적으로 매우 어렵기 때문이다.

지방자치시대에 지방세제 및 재정제도의 개편을 모색할 경우 그 기본 방향으로 지방재정상의 지방세 기능을 강화하고, 국고보조금은 축소하며, 지방교부세의 재정형평화 기능을 강화하는 내용에 초점을 두는 것이 지방자치의 이념에 부합할 것으로 생각한다. 따라서 지방세 개편방안을 모색함에 있어 전체 조세 중에서 지방세 비중의 목표치를 제시하여 지방세의 지방재원 조달기능과 조세가격의 역할을 강화하는 동시에 전체적인 재정중립성을 어느 정도 유지하면서 지방 중심의 재정운영을 강화하는 접근(예컨대, 국고보조금과 국가균형개발특별회계를 일정 금액 감액하는 접근)을 취할 필요가 있다.

한편, 앞에서 논의한 바와 같이 자치단체 간의 재정력 격차문제는 단순히 지방세 수입 등 세입 측면만의 문제라기보다는 세출 측면과 복합적인 작용에 의한 것이며, 세입보다는 오히려 세출 측면에서의 불균형이 더욱 크다는 사실을 재차 인식할 필요가 있다. 따라서 본 절에서는 우리 나라의 지방세 개편방안을 모색함에 있어 세출 측면에 대한 관심이 우선적으로 필요하다는 점을 강조하는 한편, 다른 지방재정제도의 개편방향에 대하여도 언급하고자 한다.

3.2. 지방세제도의 구조개편 틀

지방세 강화 차원에서 검토될 수 있는 것으로는 지방의 과세자주권 신장과 지방세 강화를 적극 반영하는 국가조세체계의 구조개편을 들 수 있다. 전자는 자치단체가 세목과 세율을 조정할 수 있는 과세권을 확대시키는 기조 아래 구체적인 실행계획을 추진하는 대안의 모색에 초점을 둘 수 있고, 후자는 서로 다른 정부 간의 세원할당 또는 세목배분의 문제로 귀결될 수 있다. 이 문제에 대한 합리적 접근방법으로는 중장기 관점에서 국가 세원배분체계(소득과세·소비과세·재산과세 등)의 적정구조를 도출하고, 그에 입각하여 국가·지방 간의 조세체계 안배모형을 결정하는 접근(조세체계 구조화)을 취할 수 있다. 이와 같은 큰 틀을 구축하지 않은 채 세목 중심으로 국세·지방세 조정에 임할 경우 개별 세목에 집착하면서 이해당사자 간의 이해와 갈등에 휘말릴 가능성이 크고 그 결과 근시안적인 해법이 도출될 수밖에 없다. 그 접근에 있어서는 OECD 국가의 중장기 조세체계의 변화동향과 아울러 국내의 논의사항을 면밀히 검토하면서 논리적 대안을 모색할 필요가 있다.

이러한 논점에 입각하여 향후의 세원배분체계를 전망 내지 주장해 보면 다음과 같다. 현재 우리 나라의 세원유형별 배분은 국가 전체로 보면(2002년 기준) 소득(사회보장 포함)·소비·재산과세의 비율이 5 : 4 : 1이고, 지방세만을 보면(2005년 예산기준) 약 14% : 15% : 50%(기타 과세 약 20%)의 비율로 파악된다. 참고로 OECD 국가의 소득·소비·재산과세의 평균비율은 약 61% : 32% : 6%로 파악된다.[7]

현행 세원유형별 구조를 인식할 때, 지방세 강화를 위해서는 재산과세 중심의 지방세 세원을 소득과 소비세원으로 확대시키는 접근이 불가피해 보인다. 이러한 접근은 재산과세의 축소경향을 보이는 OECD 국가의 장기적(1965~

[7] OECD(2005).

표 7-2 지방세의 세수구조

단위: 억 원

세목별 성질	2001	2002	2003	2004	2005	2007
합　계	100.0	100.0	100.0	100.0	100.0	100.0
· 재산과세	55.4	46.9	49.6	51.3	49.8	57.7
-보유과세(재산세·종합토지세·도시계획세·자동차세·공동시설세)	(22.1)	(13.5)	(12.4)	(13.0)	(14.6)	(22.1)
-거래과세(취득세·등록세)	(33.5)	(33.4)	(37.2)	(38.3)	(35.2)	(35.5)
· 소비과세 -담배소비세·도축세·레저세·주행세	15.0	16.9	15.5	14.9	15.0	8.8
· 소득과세 -주민세·농업소득세	14.3	13.8	13.6	13.5	14.2	15.4
· 기　타 -면허세·사업소세·지역개발세·지방교육세	15.3	22.4	21.3	20.2	21.0	18.2

주: 예산액 기준이며, 2004년도에는 과년도 수입(5,861억 원)이 포함되지 않고 있음. 2007년 예산에는 자동차세가 기타에 포함되었음.
자료: 행정자치부.

2002) 조세구조 추이—총조세 중 재산과세가 차지하는 비중이 8%(1965)에서 6%(1975), 그리고 5%(1980년대 이후 최근)로 축소되는 추이—를 고려할 때 그 합리성이 인정된다.[8] 물론 OECD 국가의 중장기 경향이 우리에게 주는 시사와 미래 예측성에는 한계가 있지만, 그것은 적어도 향후의 중앙·지방 간 세원배분과정에서 고려되어야 할 하나의 판단준거로서 기여할 수 있다.[9] 이러한 관점에서 볼 때, 향후 국가조세체계는 재산과세의 상대적 축소경향과 소득 및 소비과세의 확대경향으로 이어질 가능성이 높다. 이와 같은 전망에 입각하면 지방세부문에 소득과세와 소비과세 두 유형을 현재보다 강화시키는 접근이

8 OECD 국가의 통계와 비교할 경우 주요 OECD 국가의 국가체계와 조세배분에 관한 역사적 추이와 현 상태를 종합적으로 참고·비교하는 접근이 이루어지는 것이 합리적이지만 여기에서는 그와 같은 접근을 취하지 못하는 한계를 노정하고 있다.

9 한국 사회의 역사적 변화 추이가 서구와 다르지만, 근년에 단행된 각종 국가정책(예: 조세부담률·국민연금제도) 및 새로운 정부 프로그램들(정부개혁·예산회계제도 개혁 등)이 서구의 현재와 과거 양상을 크게 벤치마킹(benchmarking)하고 있음을 인식할 때 이러한 접근방식은 그 나름의 의의가 있다.

필요하다.

3.3. 지방세원리와 실증분석을 통한 지방세 개편방안 모색

일반적으로 제시되는 지방세원리를 종합 정리하면, 책임성·투명성(accountability and transparency), 서비스혜택과 조세가격 연계(benefit/tax-price link), 조세중립성(neutrality), 납세자 형평성(taxpayer equity), 지역 간 형평성(regional equity), 행정편이 및 순응성(administration and compliance), 신뢰성·안정성·부양성 및 탄력성(reliability, stability, buoyancy, elasticity) 등으로 요약된다.[10] 향후 국세와 지방세체계의 구조개편을 모색하는 과정에서 채택되어야 할 원리로서, 특히 세원의 지역 간 보편성 원리와 행정서비스 혜택연계 및 지역성 원리를 강조하고자 한다. 전자는 지역 간 형평성의 유지 관점, 그리고 후자는 각 주민이 자기가 소속된 지역에 세금을 납부하고 그를 통해 행정서비스를 제공받는 지방분권의 원리와 공공부문의 효율성 구현을 유도하는 세목선정원리[11]의 관점에서 각각 지방세로서 중요성이 인정된다. 특히, 후자의 특성을 갖는 세목이 선정될 때 '지방세의 가격신호기능'이 작동하게 되고, 그 결과 자치단체와 주민의 재정책임성이 높아질 수 있다.

아울러 지방세 개편의 기본 원리로는 세부담의 형평성 제고, 조세체계 및 세제 간소화, 지방분권 및 자치역량(조세자율성) 강화를 선정할 필요가 있다. 세부담의 형평성 제고는 불합리한 비과세 감면의 축소, 소득유형 간 수직·수평적 형평성의 개선에 중점을 둔다. 조세체계 및 세제의 단순·명확화는 국제기준과 경향에 부합하는 세제 및 세정을 정비하고, 경제적 효율과 사회적 투명성을 제고시키며, 목적세 및 부가세 정비, 세목수 축소를 내포한다. 납세자(국(주)민) 관점의 접근은 행정편의 발상에서 국(주)민의 수요와 입장을 고려하는 것을 뜻한다.

이와 같은 논거에 입각해서 현행 지방세 세목을 대상으로 세원의 편재성(보편성)과 행정서비스 혜택연계성에 관하여 분석한 결과는 다음과 같다.[12]

[10] Dana Weist(2002), p. 11.
[11] C. Tiebout(1956).

표 7-3 지방세 세목의 보편성 검토결과(시·군 대상 변이계수 분석)

구 분	0.5 이하	0.5~1.0	1 이상
재산과세	재산세·공동시설세	종합토지세·도시계획세·취득세·등록세	
소비과세	담배소비세·주행세(시)	주행세(군)	도축세·레저세
소득과세		주민세	농업소득세
기타 과세	자동차세·면허세	사업소세	지역개발세

주: 1) 2004년도 지방세 자료에 의한 변이계수 분석결과를 토대로 분류한 것이며, 일부 세목의 경우 측정연도와 자치단체 유형에 따라 조금 차이를 보일 수 있음(예: 주행세).
2) 다수의 세목에 부가세 형태로 적용되는 지방교육세는 제외하였음.
자료: 임성일(2005).

시·군 단위의 세수 편재상태를 분석해 본 결과, ① 지니계수값 0.5를 기준으로 할 때, 담배소비세·자동차세·면허세·주행세(시의 경우), 재산세·공동시설세 정도가 세수의 보편성이 있는 것으로 파악되었고, ② 농업소득세·도축세·레저세·지역개발세 등은 값이 1을 초과하는 것으로 나타나 세원의 보편성이 없는 것으로 분석되었다(즉, 지역 간 세수불균형현상이 심함). 그리고 ③ 종합토지세·도시계획세·취득세·등록세·주행세(군)·주민세·사업소세의 경우 세원의 편재성이 중간 영역(변이계수 0.5~1)에 속하는 것으로 분석되었다. 이러한 결과(즉, 세원 보편성 원리에 대한 점검결과)만을 두고 말하면 재산세·공동시설세·담배소비세·주행세·자동차세·면허세를 제외한 대부분의 현행 지방세목들은 사실상 지방세 세원으로서의 자격에 미달한다. 특히, 농업소득세·도축세·레저세·지역개발세 4개 세목은 세원의 분포가 국지적이고 제한적일 뿐 아니라 전체 지방세 수입의 3% 미만에 불과하여 중·장기적으로 지방세시스템에 남아 있기 힘든 세목이라 할 수 있다. 현실적으로 각 세목은 나름대로 지방세로서의 존치이유를 갖지만 보다 큰 틀에서 조세제도의 구조개편이 단행될 경우 이들은 독립세목으로 보다 새로운 조세체계 속에 흡수되는 것이

12 세원의 편재성은 지방세 통계를 활용한 통계분석(지니계수분석 및 변이계수분석)에 입각하여 검증하였고, 행정서비스 혜택 연계성은 이론적·논리적 추론에 입각하여 일정한 선택기준을 제시하고 있다. 통계분석에 사용된 자료는 주로 행정자치부의 『지방세정연감』·『지방재정연감』을 통하여 구득되었다.

표 7-4 세원의 보편성과 혜택성·지역연계성 관점에서 본 특성 분류

		보편성		
		강	중	약
혜택성 및 지역연계성	강	**재산세·공동시설세**	**종합토지세·도시계획세**	지역개발세
	중	**자동차세·주행세·면허세**	**취득세·주민세·사업소세**	농업소득세
	약	**담배소비세**	등록세	도축세·레저세

주: 진한 글씨부분은 지방세로서의 존재의의가 상대적으로 인정되는 현행 세목을 의미함. 지방교육세는 복합적 부가세의 특성을 지니므로 검토대상에서 제외하였음.
자료: 임성일(2005).

합리적이다.

관련이론과 전문가적 판단에 입각하여 지방세 세목을 대상으로 지역공공재가 제공하는 서비스 혜택 연계(서비스혜택성) 및 지역연계성의 정도를 분류해 본 결과를 요약하면 다음과 같다. ① 서비스혜택성 및 지역연계성이 비교적 높은 세목으로 재산세·공동시설세가 제시되는 반면, 강도가 약한 세목으로는 담배소비세가 분류되고, ② 자동차세·주행세·면허세는 혜택성 및 지역연계성 관점에서 그 강도가 중간 유형에 속하는 것으로 분류될 수 있다.

이러한 분류기준과 앞서 분석한 변이계수 결과를 조합하면, 국세·지방세의 조정과정에서 1차 조정대상이 될 수 있는 지방세 후보로 등록세·농업소득세·도축세·레저세가 지목될 수 있다.

3.4. 조세 중 지방세 비중에 대한 목표치 설정

지방세의 역할을 강화하는 과정에서 조세 중 지방세 비중에 대한 목표치를 설정하여 추진할 필요가 있음을 앞서 언급하였다. 지방세는 조세가격의 역할을 통해서 자율과 책임이라는 지방자치의 이념을 실현하는 핵심적인 정책수단이자 상징성을 가지는 것으로서, 그 수준에 대한 목표치를 설정함으로써 지방자치를 중요한 국가정책의 하나로 추진한다는 적극적인 정책의지를 보여줄 수 있다. 특히, 1990년대 후반 이후 지방세 비중이 지속적으로 감소하는

추세를 보이고 있다는 점에서 지방세 비중에 대한 목표설정은 더욱 중요한 의미를 가질 수 있다.

물론 목표치를 설정할 경우 재정운영의 경직성을 초래하고, 자치단체들이 책임성 강화부분은 소홀히 한 채 지방세 확충만을 권리로서 요구하는 등의 문제점도 나타날 수 있다. 그러므로 목표치 설정 접근은 자치단체의 책임성을 강화할 수 있는 개편과 동시에 추진하도록 하여야 한다. 또한 지방세 비중의 증가가 전체적인 지방재정의 확대를 의미하는 것은 아니기 때문에 지방교부세나 국고보조금 등의 감축이 동시에 이루어질 필요가 있을 것이다.

국세와 지방세 간의 적정 세원배분문제는 경제·재정분야의 실증분석, 사회·정치적 논리, 규범적 분석(normative analysis)이 종합적으로 검토 접근되어야 하는 성격의 주제이다. 이론에서 논의되는 바와 같이 재원(세원)배분문제를 기능 및 사무배분과 1 대 1 대응방식으로 연계시키거나, 지방세원리에 문자적으로 집착하는 접근은 현실적용과정에서 근본적인 문제와 한계에 부딪힌다. 국내외 사례를 보더라도 중앙·지방 간 세원배분의 적정상태에 대해 객관적 실천기준을 제시하거나 계량분석을 토대로 확고한 입증자료를 제시한 경우는 없다. 이러한 사실은 조세제도와 보조금제도의 활용 정도나 국가 내의 정부 간 세원배분수준이 국가별로 상당한 차이를 보이는 현상을 통해서 알 수 있다.[13]

최근 몇 년간 재정분권을 지지하는 전문가들 사이에서 국세·지방세의 바람직한 배분안이 제시되었는데, 이들은 대체로 현재의 약 20% 수준의 지방세 비중을 향후 25~40% 수준으로 제고시키는 개편안을 제시한다. 이들 제안은 대부분 조세분권의 강화가 지방재정의 자율성·책임성·운영효율성을 높여 주고 지방분권의 기본 정신을 충족시켜 주는 사실을 강조한다(다만, 이들이 제시하는 중앙·지방 간 세원배분 대안의 적정성을 객관적으로 검증할 수는 없다). 사실, 바람직한 세원배분에 대해 객관적인 사실과 통계를 가지고 정확히 주장할

[13] 단일국가를 비교할 때, 영국·이탈리아와 같이 국세주도형 국가가 있는가 하면, 스칸디나비아 국가와 같이 국세와 지방세가 거의 대등한 수준으로 활용되는 사례도 있다. 마찬가지로, 영국 등의 경우는 중앙정부의 보조금이 정부 간 재정관계(intergovernmental fiscal relations)에 있어서 핵심적인 역할을 하는 반면, 지방세가 강화된 국가의 경우 그와 상이한 정부 간 재정관계가 구축되고 있다.

그림 7-1 중앙·지방 간 세원배분 방향

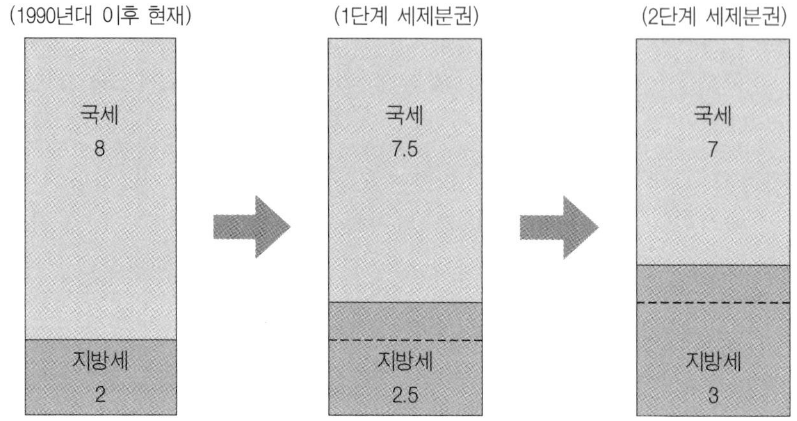

자료: 임성일(2004).

수 있는 근거는 충분하지 않지만, 지방자치와 분권의 정신, 자치단체와 주민의 재정책임성 고취, 그리고 세원의 지역 간 불균형 정도 등을 고려할 때 대체로 말해 국세와 지방세의 비중은 현재의 8 : 2 수준에서 7 : 3 정도의 수준으로 변화되는 것이 합리적이다.[14]

구체적인 수치를 들어 본다면, 예를 들어 2005년 현재 국세 : 지방세 세수 비중이 78 : 22라는 점에서 보다 적극적인 관점에서 목표를 제시한다면 70 : 30을, 그리고 보수적인 목표로서는 75 : 25를 제시할 수 있다. 2007년 예산기준으로 전체 조세세수가 185조 4,000억 원이므로 지방세 비중을 25%로 3%p 인상하기 위해서는 국세 세원의 지방이양을 통해서 지방세수가 약 5조 6,000억 원 증가되어야 한다는 것을 의미한다(2005년 결산기준 조세수입은 163조 4,000억 원이며, 그 3%는 4조 9,000억 원으로 계산된다).

일반적으로 지방세제도를 강화시키는 접근을 취할 경우 예상되는 가장 큰 걸림돌은 세원의 지역편중현상인데, 이 문제는 우리 나라뿐 아니라 세계

[14] 이와 관련하여 우리와 행정 및 재정시스템이 가장 비슷한 일본이 과거 국세 위주의 조세제도에서 최근 약 6 : 4의 국세·지방세 배분체제로 정착한 역사적 경험으로부터 시사받을 바가 많다.

각국이 직면하는 문제이다.[15] 그런데 이 문제에 지나치게 집착할 경우 지방재정 운영의 효율성과 책임성 확보가 어렵고, 징세노력의 약화현상과 더불어 도덕적 해이현상에 직면할 가능성이 있다. 지방세 강화정책을 추진하는 과정에서 심화될 수 있는 세수불균형현상은 지방교부세와 같은 형평화보조금을 보다 정치하게 구조화시킴으로써 상당 부분 해소될 수 있다.[16]

3.5. 자치단체 간 1인당 지방세수 격차 완화

지방세 개편을 논의함에 있어 수평적인 측면에서는 동급 자치단체 간 주민 1인당 세수의 격차를 해소(또는 일정 범위 내로 축소)하는 것을 기본 목표로 설정할 수 있다. 자치단체 간 주민 1인당 세수의 격차를 해소 또는 완화하는 대안이 갖는 합리성에 관하여 언급하면 다음과 같다.

국세와 지방세 간, 또는 광역자치단체 세목과 기초자치단체 세목 간의 수직적 불균형을 야기하는 원인은 여러 가지가 있지만 가장 핵심적인 원인은 자치단체 간에 존재하는 세원의 수평적 불균형에 있다. 다시 말해, 자치단체 간의 심각한 재정불균형이 존재하고, 이를 조정하기 위한 자치단체 간의 역교부금제도가 설정되어 있지 않은 상황에서 세원배분은 가장 재정력이 우수한 자치단체를 기준으로 이루어질 수밖에 없다. 이러한 현실에서는 자치단체 간의 격차가 큰 경우 지방세에 대한 세원배분은 제한적이 될 수밖에 없다.

지방세를 가지고 세출(재정)수요의 차이로 인해 야기된 자치단체 간 재정격차까지를 해소하려고 하는 것은 또 다른 문제를 야기하기 때문에 세출격차로 인한 재정격차는 지방재정조정제도를 통해서 조정해야 할 것이다. 예를 들어, 도시지역 중 인구가 많은 시와 농어촌지역 중 인구가 적은 시는 규모의 경제 등으로 인해 후자의 1인당 세출수요가 자연히 많게 된다. 이때 만일 지방세를 통해 이를 조정하기 위해서는 농어촌지역의 시에서 부과하는 1인당

---

[15] 예컨대, 이웃 일본의 경우에도 지역 간 세원편중현상이 심하지만 분권철학에 따라 조세분권의 수준을 과거 30% 미만에서 현재의 40% 수준으로 끌어올렸다. 그리고 최근에는 '3위일체 개혁'을 주창하면서 그것을 조만간에 50% 수준(즉, 국세와 지방세의 비중이 대등한 수준)으로 높이는 새로운 재정분권의 목표를 설정하였다.

[16] 임성일(2005).

지방세가 더 커야 되는데, 이러한 결과는 세부담의 공평성 등 조세원칙에 부합하지 않는다.

3.6. 지방세 조세가격의 역할 강화

지방세의 조세가격 역할을 강화하여야 한다. 자치단체의 재원으로서 우리가 왜 의존재원인 지방교부세보다는 자주재원인 지방세를 강조하는가에 대한 근본적인 성찰이 필요하다. 그것은 지방세를 강조하고 그 확충방안을 모색하는 것이 자주재원으로서 자치단체가 자율적으로 사용할 수 있는 재원이라는 점에 그치지 않고, 조세가격의 역할을 통해서 지방자치의 기본 취지를 실현할 수 있는 정책수단으로서의 기능을 가지고 있기 때문이다. 즉, 지방이 어떠한 지방공공서비스를 어느 수준에서 공급할 것인가를 지역의 선호에 따라 자율적으로 결정하되, 그에 따른 재정적 부담을 지방세를 통해서 주민들이 부담하게 함으로써 그 부담수준에 부합하는 효용을 제공하는 공공서비스만을 선택하게 되고 궁극적으로는 자원배분의 효율성을 달성할 수 있는 것이다.

따라서 지방세의 개편은 지방재정의 수직적 불균형이나 수평적 불균형을 완화하는 것에 그치지 않고, 조세가격의 역할이 제고될 수 있도록 하는 것이 더욱 중요하다. 이를 위해서는 기본적으로 자치단체의 재정지출(결국 지방공공서비스 수준)과 해당 지역주민들의 지방세 부담이 서로 연계될 수 있도록 하여야 한다.

3.7. 지역경제 활성화 노력의 유인

지방세제도는 지방의 지역경제 활성화 노력이나 자율적인 세입확충노력을 지원할 수 있어야 한다. 지방자치단체의 지역경제 활성화 노력이 해당 자치단체의 세수로 연결될 수 있도록 함으로써 그 노력을 유인할 수 있어야 한다. 또한 지역이 새로운 세원을 찾아서 과세할 수 있는 과세자주권을 일정 범위 내에서 인정하여야 할 것이며, 이를 가능하게 하는 제도적인 장치를 마련할 필요가 있다.

4 구체적 세제개편방안

4.1. 부동산등기 등에 대한 등록세의 국세 이관

등록세 중 국가사무인 부동산등기 등에 대한 과세는 국세로 이양한다. 국가사무인 부동산등기·상호등기·법인등기 등에 대해서는 국가가 과세하고, 지방사무인 자동차등록·건설기계등록 등에 대하여는 지방이 과세하는 것이 정부의 기능과 과세를 연계하는 타당한 방안이라고 할 수 있다. 이러한 등록세 이관방안은 특히 부가가치세의 일정 부분을 지방소비세로 도입하는 것과 연계하여 논의하는 것으로서 그 세수효과는 개별 대안보다는 전체적인 대안을 종합적으로 고려하여야 할 것이다.

한편, 지방세로 존치하는 자동차에 대한 등록세는 지방세제 간소화 등의 차원에서 취득세와 통합하는 것을 고려할 필요가 있다. 또한 특허권 등록 등 일부 소액의 등록세 과세의 경우 면허세로 통합하거나 수수료로 전환하는 방안을 고려할 수 있다.

4.2. 사행행위에 대한 레저세 국세 이관 및 레저관련 시설 이용 등에 대한 레저세 과세

현재 레저세가 부과되는 마권구입 등 사행행위에 대해서는 국세인 특별소비세를 부과하고, 대신 지역적인 성격이 강하다고 할 수 있는 스키장이나 골프장·경마장 등 레저관련 시설에의 입장행위, 과세장소에의 입장 등에 대해서는 레저세를 과세하는 방안을 제시한다.

기본적으로 사행행위에 대한 과세문제는 개별 지방자치단체가 관장하기보다는 국가가 카지노나 복권·경륜 등을 포함하는 사행행위에 대한 전체적인 정책대안을 모색하는 차원에서 과세할 필요가 있다. 반면에 각종 레저관련 시설에 입장하고 이용하는 행위는 지역적인 성격이 강하기 때문에 지방세로 적합하다고 할 수 있으며, 향후 콘도나 자동차경주장 등 각종 관광 및 레저관련 시설 등으로 과세를 확대할 수 있어서 지방자치단체의 세원확충에 기여할 수 있다.

한편, 현재 레저세는 경기도와 서울에 그 세수가 거의 집중되고 있어 세원의 편중문제가 오래 전부터 심각하게 논의되어 왔는데, 이러한 개편을 통해서 자치단체 간 세수격차도 크게 완화할 수 있는 것이다. 물론 지방자치시대에 특정 시설이 위치한 자치단체가 과세하는 것 자체는 크게 문제가 되지 않으나, 향후 다른 레저관련 시설로 과세를 확대한다는 측면에서 개편이 필요하다.

4.3. 부가가치세 일정 비율을 재원으로 하는 지방소비세 도입

부가가치세의 일정 비율을 재원으로 지방소비세를 광역단체 세목으로 도입하고 인구를 배분기준으로 사용할 필요가 있다. 또한 광역단체로 배분된 세수의 일부는 기초단체로 배분하는 방안도 동시에 고려할 수 있다.

그 동안 지방세를 확충하는 방법으로 부가가치세의 일정 비율로 하는 지방소비세 도입이 가장 설득력 있게 제시되어 왔다. 1977년 부가가치세 도입 당시 지방세인 유흥음식세를 통합하였는데, 이러한 배경을 고려할 때 부가가치세의 일정 비율을 지방세원으로 하는 것은 나름대로의 타당성을 가지는 것이다. 또한 재산과세 위주의 지방세제에 소비과세를 확대함으로써 경제활성화에 따른 지방세수의 탄력성을 제고하고 재정수요 증가에 대응할 수 있도록 할 필요가 있을 것이다.

자치단체 간 세수배분의 기준으로는 지방소비세의 도입취지 등을 고려할 때 자치단체의 소비지출액이 가장 바람직한 지표라고 할 수 있지만, 신뢰성 있는 자료의 획득가능성 등을 고려할 때 인구를 사용하는 것도 하나의 방안이라고 할 수 있다. 인구의 경우 비록 소비액을 정확하게 반영하는 것은 아니지만 전체적으로 소비에 비례적이며, 정확한 자치단체별 통계치가 존재하며, 자치단체의 지역경제 활성화 노력과 그에 따른 지역발전의 효과가 인구유입으로 이어져 지방세수 증대로 연결됨으로써 인센티브로서의 기능을 가질 수 있는 장점을 갖는다. 또한 자치단체 간 인구분포는 현행의 지방세 배분구조에 비해 편차가 작기 때문에 시도별 지방세 세수의 불균형이 완화될 수 있는 효과도 기대할 수 있을 것이다.

지방소비세의 역할은 조세가격으로서의 역할보다는 자치단체의 재원확충 기능을 수행하며, 지역경제 활성화 노력을 유도할 수 있는 일정한 인센티브로서의 역할을 수행할 수 있다는 점에서 중요한 의미가 있다.

그 동안 지방소비세 도입에 가장 큰 걸림돌이 되었던 것은 그 도입이 이루어지는 경우 지역 간 세수불균형이 더욱 커진다는 점이었다. 그러나 세수불균형 여부는 1인당 지방세수를 기준으로 판단하여야 할 것이며, 인구수를 배분기준으로 하는 지방소비세안은 현행의 지방세수에 비해 1인당 세수격차를 크게 만들지 않을 것이다. 또한 등기에 대한 등록세를 국세와 교환하는 방식과 병행하여 추진하게 됨으로써 시도별 세수불균형 완화효과가 더욱 크게 될 것이다.

4.4. 주민세 소득할 법인세할의 강화

주민세 법인세할을 강화하되 법인세 등을 통하여 전체적인 기업의 부담은 증가하지 않도록 한다. 법인세할 주민세를 강화하는 이유로는 기본적으로 이를 통해서 자치단체의 기업유치 노력을 지원할 필요가 있다는 점을 들 수 있으며, 또한 그 세수의 지역 간 분포가 소득세할에 비해 상대적으로 균등한 점도 하나의 이유로 들 수 있다.

중장기적으로는 지방소득세를 도입하는 방안을 적극적으로 검토할 필요가 있다. 여기에는 기존의 소득할을 그대로 두고 과표나 세율구조를 개편하는 방안과, 주민세 소득할을 폐지하는 대신 독립된 지방소득세나 지방법인세를 창설하는 방안이 포함된다. 이와 관련하여 이재은(2007)은 지방소득세를 국세 소득세의 일정 비율(예컨대, 3% 비례세율)로 설정하되, 지역별 재정력 격차를 고려하여 지역 간 차등을 두는 지방소득세율제를 선호하고 있는데, 이에 대하여는 보다 심도 있는 연구 검토가 필요하다. 하지만 유념해야 될 사실은 그 동안 지방세 강화 차원에서 접근되어 온 지방소비세 대안과 지방소득세 대안에 대해 이제는 그 실행을 위한 최종점검 차원에서 이들이 다루어져야 한다는 점이다.

4.5. 주세의 공동세 전환

주세의 경우 현재 그 세수 80%는 국가균형발전특별회계의 지역개발사업계정, 그리고 나머지 20%는 지역혁신사업계정의 세입으로 편입되는 등 전액이 균특에 투입되고 있다. 이러한 주세를 공동세로 전환하여 균특에 귀속되는 비율을 축소하고 나머지를 지방세로 배분하는 방안을 적극적으로 검토해 볼 수 있다. 현재 국가균형발전특별회계의 자치단체별 배분내역은 공개되고 있지 않지만, 특히 지역개발사업계정 중 시도 자율편성사업의 경우 인구·면적·재정력지수 등을 기초로 시도별로 배분되기 때문에 지방교부세와 유사한 배분구조를 가질 가능성이 높다.

지방교부세와 유사한 기준에 따라 배분되는 균특의 운영내용은 낙후지역 지원을 통해서 국가의 균형발전을 도모한다는 균특의 기본적인 도입취지와 잘 부합하지 않을 뿐 아니라 그 재원규모가 상당한 수준에 이르고 있는 점을 고려할 때 일정 부분 축소할 필요가 있다.

한편, 주세의 시도별 세수분포를 살펴보면 기본적으로 경기도를 제외하고는 현재 지방세 세수가 적은 시도에 상대적으로 많이 분포하고 있는 것으로 나타나고 있다. 따라서 주세를 지방세로 전환할 경우 자치단체별 세수의 수평적 불균형 해소에 일정 부분 기여할 것으로 보인다. 또한 주세의 경우 소주나 탁주·약주·민속주 등과 같이 생산 등의 측면에서 지역적 성격이 강하게 부각되고 있다는 점에서 지방세로의 전환논거를 찾을 수 있다.

4.6. 지방세의 조세가격기능 확충—주요 지방세목의 세율을 세출과 연계

지역주민이 부담하는 주요 세목의 세율수준이 매년 세출예산과 연계되어 결정되도록 해 줌으로써 지방세가 지방공공서비스에 대한 조세가격으로서의 역할을 가시적으로 수행할 수 있도록 유도할 필요가 있다. 조세부담률이 우리나라 전체의 공공부문 크기를 보여 주는 지표로 사용되고 있는 것과 유사하게 지방정부의 재정규모를 함축적으로 보여 주는 일종의 지표로서 핵심세목의 실행세율이 사용될 수 있을 것이다.

구체적으로, 지방세법에서는 이들 대상 세목에 대한 법정세율을 상당히 높은 수준(예를 들어, 현재 탄력세율이 설정되어 있는 경우 그 상한)에서 제한세율을 설정해 놓고, 그 구체적인 실행세율은 매년 예산을 처리하는 지방의회에서 세출예산과 연계해서 자치단체의 조례로 정하는 것이다. 이렇게 해 줌으로써 이들 세목의 세율은 매년 세출예산과 연계되어 세출예산의 증감이 세율의 증감으로 반영되며, 이는 결국 새로운 대형 사업의 추진 등으로 인해 세출이 증가할 경우 그 부담이 지방세의 부담으로 연계되는 제도적 장치가 구축되는 것을 의미한다.

이러한 역할을 하는 세목의 선정은 기본적으로 투표권자인 주민의 부담정도와 지역혜택성이 높은 세목들을 대상으로 1차적 검토가 이루어져야 한다. 이와 관련하여 기초자치단체의 경우 재산세가, 그리고 광역자치단체의 경우 주민세 등 소득과세가 그 역할을 담당할 수 있는 유력한 후보가 될 수 있을 것이다.

지방세의 조세가격으로서의 역할은 지방자치단체의 서비스 편익을 수혜하는 주민들이 그 편익의 정도와 자신이 부담하는 지방세 부담 간의 연계성을 보다 잘 인식할 때 발휘될 수 있다. 이를 위해서는 자치단체의 세출과 지방세 부담 간의 연계성을 강화해야 하는 동시에 지방교부세나 보조금 등 의존재원의 배분과정이 투명하고 객관적으로 운영되는 것이 매우 중요하다. 의존재원의 배분과정에서 배분권자가 재량을 발휘할 수 있는 여지가 많고 자의적인 운영이 이루어질 가능성이 높을 경우 자치단체는 자기부담인 지방세에 의존하기보다 자연히 타인부담인 의존재원에 의존하게 되고, 결과적으로 지방세의 가격기능이 제대로 작동하지 않게 된다. 다시 말해, 의존재원의 배분과정이 객관적이거나 투명하지 않을수록 자치단체들이 이를 획득하는 데 더 많은 관심과 노력을 기울이게 되는 왜곡현상이 발생한다.

4.7. 자치단체의 과세자주권 확대를 통한 지방세 확충 및 지역경제 활성화 노력 지원

지방자치단체의 신세원 발굴노력을 유인할 수 있도록 자치단체의 과세자주권을 확대할 필요가 있다. 이와 관련해서 구체적으로 지역개발세나 레저세를 적극적으로 활용할 것을 제안한다. 현재 지역개발세는 지역에 부존하는 자원의 이용이나 채굴, 지역에 각종 외부효과를 야기하는 시설 등에 과세함으로써 지역개발에 필요한 재원을 확보하도록 하는 일종의 보상적 차원의 세목으로 활용되고 있다. 향후에는 그 대상을 확대하여 지역에 또는 이웃 주민에게 불편 등 제반 외부효과를 야기하는 대상으로 그 범위를 확대할 필요가 있다.

현재 많은 자치단체들이 신세원 과세대상들을 제시하고 있는데, 난립하는 광고판에 대한 과세나 골재채취 등에 대한 과세 등을 들 수 있으며, 더 나아가 공공장소에 데리고 다니는 애완동물에 대한 과세 등을 고려할 수 있다. 만일 과세대상이 크게 확대될 경우 현행의 지역개발세라는 명칭보다는 '지역환경세' 등 새로운 명칭으로 개칭하는 것도 고려할 필요가 있다.

이때 과세방식은 조세법률주의의 한계 등을 고려하여 우선 지방세법상에 지역개발세의 과세대상이나 세율 등을 폭넓게 열거하고, 구체적인 대상에 대한 과세 여부나 과세방법, 실행세율 등은 자치단체의 조례로 정하도록 하는 방식을 사용할 수 있다.

확대된 지역개발세의 과세대상을 구분한다면, 크게 지역주민이 아닌 외부지역 납세자가 주로 부담하는 대상과 해당 지역의 주민이 주로 부담하는 대상으로 나눌 수 있다. 지금까지 지역개발세의 부담자는 주로 지역 외의 납세자였으며, 조세수출(tax exporting)과 관련한 문제가 존재하였다고 할 수 있다. 이러한 대상에 대해서는 그 과세내용이 지방세법상에 보다 세밀히 규정될 필요가 있다. 또한 세율도 탄력세율을 적용하기보다는 고정세율로 설정하는 것이 합리적이다.

지역 내의 주민이나 납세자가 부담하는 경우(예를 들어, 광고판이나 애완동물 등)에는 그 과세내용에 대해 보다 많은 부분을 자치단체가 스스로 정하도록 조치할 필요가 있다. 지방세법상에는 그 과세근거와 개략적인 골격만을 제시하고 구체적인 내용은 주민들과의 협의 등을 통해서 자치단체가 조례로 정하도록 하여야 할 것이다.

현재 지역개발세는 광역자치단체 세목이며, 세수의 일정 부분은 재정보전금을 통해서 도에서 시·군으로 이전되고 있는데, 이를 광역자치단체와과 기초자치단체 간의 공동세화하는 방안도 고려해 볼 필요가 있다. 지역적인 성격이 강한 세원으로부터의 세수는 광역자치단체보다는 기초자치단체에 더 많은 부분이 귀속되는 것이 합리적이다. 따라서 지역개발세는 광역자치단체와 기초자치단체의 공동세로 하고, 구체적인 배분비율은 과세대상의 성격에 따라 달리 정할 수 있도록 조치할 필요가 있다.

한편, 레저세의 경우 앞에서 논의한 바와 같이 현재의 사행행위에 대한 과세에서 지역의 레저관련 시설의 이용 등에 대한 과세로 전환함으로써 자치단체들의 지역경제 활성화 노력 등이 지방세수로 연결될 수 있는 기능을 담당할 수 있을 것이다.

4.8. 기 타

정부의 최근 보유세 인상조치(세율체계 조정과 과표현실화) 및 향후 인상계획을 고려할 때 앞으로 거래이전과세(취득세·등록세)의 축소는 불가피해 보인다. 다만, 거래이전과세가 현실적으로 지방세로서뿐 아니라 각종 보조금제도(지방교부세·조정교부금·재정보전금·시도보조금 등)와 연계성을 지니는 기간 세목인 점을 인식하고 그 대안을 모색해야 한다.

지방세의 본질적 정상화를 지향하는 차원에서 기초자치단체의 기본 세목인 재산세의 보유세적 위치를 확실히 정립하고,[17] 이 세목이 기초자치단체의 중심 재원이면서 한계적인 자주재원이 될 수 있도록 제도를 개선해야 한다. 이와 관련하여 재산과세(종부세 포함)의 재정비와 재산세의 비례세율화 문제도 검토할 필요가 있다.

마지막으로, 탄력세율제도의 위상과 활용가능성에 대하여 언급하고자 한

---

[17] 곽태원(2007).

다. 국세에서의 탄력세율제도가 기본적으로 경기조절 등을 위한 재정정책의 시차를 축소하는 역할을 담당하고 있는 반면, 지방세에서의 탄력세율제도는 지역마다 서로 다른 특성을 반영하는 수단으로 활용되고 있다고 할 수 있다. 그러나 현실적으로 이러한 탄력세율제도는 거의 활용되고 있지 못하고 있는 상황에서 앞으로 이 제도를 어떻게 개편할 것인지에 대한 논의가 이루어져야 한다. 현재와 같이 조세제도가 예산제도와 연계되지 않은 우리의 재정시스템에서 투표권자인 주민들이 부담하지 않은 제반 세목에까지 탄력세율제도를 허용하는 것은 바람직하지 않으며, 주민들이 많이 부담하는 일부 세목을 중심으로 조세가격을 실현하는 차원에서 그 활성화를 도모할 필요가 있을 것이다.

5 종합 및 결론

지방공공서비스 공급에 필요한 재원의 많은 부분을 중앙정부 등으로부터의 지원, 즉 의존재원으로 충당하는 경우 해당 서비스의 소비자인 주민들은 그 지방공공서비스에 대한 재정적인 부담을 하지 않거나 적게 하게 되고, 따라서 그 공공서비스의 가격을 실제의 공급비용보다 낮게 인식하게 된다. 이에 따라 그 공공서비스에 대한 수요가 사회적으로 적정한 수준 이상으로 증가할 것이며, 궁극적으로는 해당 공공서비스에 대한 과도한 공공지출이 야기되어 자원배분의 비효율성이 야기된다.

이러한 과정에서 자치단체의 재정행태도 의존적이 되는데, 자율적으로 결정한 사업들을 추진하기 위해서 추가재원이 필요한 경우, 이를 스스로의 부담으로 해결하려고 하기보다는 중앙정부 등의 지원을 얻어서 해결하려 하는 행태를 보이게 된다. 한편, 이러한 의존적인 재정행태를 야기하는 것은 물론 재정구조적인 측면에서 세입예산의 많은 부분을 중앙정부에 의존하고 있기 때문이라고 할 수 있지만, 그 밖에도 지방교부세나 보조금 등 의존재원이 배분되는 과정에 있어 중앙정부가 재량적으로 운영할 수 있는 여지가 지나치게 넓거나 그 운영방식이 불투명한 경우에도 이러한 행태가 나타나게 되는 것이다.

자율과 책임이라는 지방자치의 메커니즘을 실현하는 데 있어 가장 핵심은 주민들로 하여금 자신들이 향유하는 지방공공서비스에 대해서 자신들이 그 대가를 부담하는 것이라는 인식을 갖도록 유도하는 문제이다. 이러한 기능을 수행하는 것이 바로 지방세가 지니는 조세가격으로서의 기능인 것이며, 그것이 바로 우리가 지방자치단체의 재원으로서 의존재원보다는 자주재원인 지방세를 강조하는 본질적인 이유인 것이다.

지방세제도의 개편은 이러한 자율과 책임의 지방자치 이념을 실현하는 데 있어 핵심적인 기능을 수행할 수 있도록 지방자치단체의 과세자주권을 신장하고, 또 국가 전체 차원에서의 적정한 조세구조가 도출될 수 있도록 할 필요가 있다. 지방세의 가격신호기능이 제대로 작동될 수 있도록 지방자치단체의 실질적인 조세자율권을 제고하는 동시에 국고보조금과 지방교부세 등의 배분이 지방의 재정의사결정에 왜곡을 초래하지 않도록 투명화·객관화되어야 한다. 특히, 지방자치단체 세출의 한계적인 변화가 의존재원의 변화가 아니라 지방세의 변화와 연계될 수 있도록 우리의 지방재정 시스템을 개편하는 노력이 필요할 것이다. 한편, 현행 세원유형별 구조를 인식할 때, 지방세 강화를 위해서는 재산과세 중심의 지방세 세원을 소득과 소비세원으로 확대시키는 접근이 불가피하다고 할 수 있다. 다만, 지방소득세와 지방소비세를 동시에 도입하는 방안에는 무리가 뒤따르므로 다양한 검토·분석을 토대로 양자의 선택(또는 단계적 우선순위 부여)을 할 필요가 있다.

참고문헌

곽태원, 「한국 조세정책의 주요 문제와 개선방향」, 한국경제연구원·한국재정학회 공동주최 세미나 발표논문, 2007.

기획예산처, 『예산개요』, 각 연도.

______, 『예산개요 참고자료』, 각 연도.

나성린·원윤희, 「바람직한 지방자치를 위한 지방세제 개편방향—재산세 공동과세 보완을 중심으로」, 『한국지방재정논집』 제12권 제3호, 한국지방재정학회, 2007, pp. 59~84.

원윤희, 「지방분권화 시대의 지방재정 및 지방세제 발전방향」, 『한국지방재정논집』 제8권 제1호, 한국지방재정학회, 2003.

______, 「자치단체간 수평적 재정불균형의 개념과 그 완화를 위한 정책방향의 모색」, 『지역발전을 위한 지방재정과 과학기술정책 업그레이드』, 한국지방재정학회·서울행정학회 학술대회발표논문집, 2007, pp. 209~225.

______, 「지방자치단체 세입구조가 재정지출에 미치는 효과분석」, 한국재정학회, 2008 경제학 공동학술대회 발표논문집, 2008, pp. 79~97.

원윤희·김완석·유태현·윤석완·이재원·조계근·고성철, 『국세·지방세 합리적 조정방안 연구』, 전국시도지사협의회, 2008.

이재은, 「3대 특별법 제정 이후 재정분권의 방향과 과제」, 2004년도 춘계학술대회 발표논문, 한국지방재정학회, 2004.

______, 「차기정부 지방세제 개혁의 방향과 과제」, 한국지방재정학회·희망제작소 부설 자치재정연구소 공동주최 정책토론회 발표논문, 2007.

임성일, 「지방자치단체의 재정책임성에 관한 연구—일반시를 중심으로」, 『재정논집』 제13집 제2호, 1999, pp. 93~111.

______, 「우리나라의 재정분권 상태에 대한 분석과 중앙·지방간 재원배분체계의 재구축」, 『한국지방재정논집』 제8권 제2호, 2003, pp. 129~160.

______, 「지방세제도 개편의 방향 정립에 관한 소고」, 『사회과학논총』 제8집,

숭실대학교 사회과학연구원, 2005, pp. 335~353.

______, 「서울시 자치구간의 재정불균형 실태와 해소에 관한 접근」, 정책&지식 포럼, 서울대 행정대학원, 제336회, 2007.

재정경제부, 『조세개요』, 2006.

행정자치부, 『2007년도 지방자치단체 예산개요』, 2007.

Ebel, R. and S. Yilmaz, "On the Measurement and Impact of Fiscal Decentralization," in J. Martinez-Vazquez and J. Allen, eds., *Public Finance in Developing and Transitional Countries*, 2003.

Joumard, I. and P. M. Kongsrud, "Fiscal Relations across Government Levels," OECD, ECO/WKP(2003)29, 2003.

Oats, Wallace, "An Economic Approach to Federalism," in *Fiscal Federalism*, Harcourt Brace Jovanovich, 1972.

OECD, *Revenue Statistics(1965~2002)*, 2003, 2006.

Tiebout, C., "A Pure Theory of Local Expenditure," *Journal of Political Economy*, Vol. 64, 1956.

Weist, Dana, "Decentralization and Public Expenditure Analysis and Management," PRMPS, 2002(dwesit@worldbank.org).

8

상속·증여세제 개편방안

유 경 문

1. 머 리 말
2. 상속세의 체계와 현황
3. 증여세의 과세체계와 현황
4. 우리 나라 상속세 및 증여세제도에 대한 주요 논란과 개편방안
5. 맺 음 말

1 머리말

우리 나라의 경우 상속세 및 증여세 수입이 내국세 수입에서 차지하는 비율은 약 1.8%(2005년도 기준 상속세 비율은 0.68%, 증여세 비율은 1.12%)로 타 세목에 비하여 극히 낮아 실제로 사회정책적 기능을 제대로 수행되고 있다고 판단하기 어려운 것이 현실이다. 그럼에도 불구하고 상속세 및 증여세제는 조세부담의 공평성 향상이나 부의 세습화 차단 및 소득재분배효과 등 상징적 의미가 크다고 할 수 있다. 재산상속과 증여는 다른 의미로 사용되지만, 상속세와 증여세는 부(富)의 무상이전에 대해 부과하는 조세라는 면에서 같은 성격을 갖는다.

상속세는 상속 및 유증의 경우에 부과되는데, 소득의 발생단계에서 행해지는 소득과세가 불충분한 경우가 많으므로 이를 보완하기 위해 부(富)가 이전되는 시점에서 추가적인 과세가 필요하다는 논리에 입각하여 상속세가 만들어졌다. 마찬가지로 증여세는 피상속인이 생전에 상속세를 회피하기 위해 재산을 상속인에게 증여하려는 것을 방지하기 위해 부과된다. 따라서 상속세 및 증여세는 소득세를 보완하는 세목이다.[1]

본 글은 논의의 전개를 위하여 국세청과 정부의 자료 및 이들을 잘 정리한 기존의 서적을 이용하여 제2절에서 상속세, 제3절에서는 증여세의 체계와 현황을 소개한다. 그리고 제4절에서는 이들을 근거로 상속세와 증여세제의 개편방안을 제시한다.

[1] 백덕현(2007), p. 1.

2 상속세의 체계와 현황

2.1. 상속세의 개념과 의의

상속이란 사람의 사망·실종선고 등으로 인하여 재산상의 지위 또는 권리의무가 상속인에게 포괄적으로 승계되는 것을 말한다. 상속세는 자연인의 사망으로 인하여 무상으로 이전되는 재산을 과세대상으로 하여 그 취득자(상속인)에게 과세하는 세금이다. 즉, 자연인의 사망을 납세의무 성립요건으로 하여 그 사망한 자연인의 유산이 상속·유증[2] 또는 사인증여에 의하여 상속인 또는 상속인 이외의 자에게 무상으로 이전되는 경제적 가치가 있는 재산에 대하여 부과되는 조세를 말한다. 이처럼 상속·유증 또는 사인증여에 의하여 자연인의 유산이 무상으로 이전됨으로써 발생하는 불로소득에 대하여 부과되는 상속세는 자연인이 살아있을 때 무상으로 이전해 준 재산에 대하여 부과되는 증여세와 함께 소득세의 기능을 보완한다. 그러므로 소득재분배와 부의 집중현상을 직접적으로 조정하는 효과를 가져와 조세정의의 본질인 응능부담에 따른 수직적 공평(vertical equity)을 실현함에 있어 다른 어느 세목보다도 적합한 세목으로 인식되고 있다.[3]

상속에는 유산과세형(estate type)과 유산취득과세형(inheritance type)의 두 종류가 있다. 유산과세형은 피상속인이 남긴 피상속재산을 일괄하여 과세하는 재산세이며, 유산취득과세형은 상속인이 상속받은 재산부분에 대해 과세하는 조세이다. 상속세의 과세표준은 상속재산의 가치로서, 각 재산의 총가격으로부터 채무와 장례비, 기타 공과금 및 법이 허용하는 상속공제액을 차감한 잔액에 과세하게 된다.

우리 나라의 현행 상속세 과세는 피상속인의 유산 전체를 과세가액으로

[2] 유증은 증여자의 사망으로 인하여 효력이 발생하는 증여를 말한다.
[3] 백덕현(2007), p. 2.

하여 상속세를 계산하는 유산과세형이며, 이렇게 계산된 전체 세액을 상속인들의 상속지분별로 배분하여 각각 상속세를 부담하는 방식으로 이루어진다.[4] 과세대상은 상속개시일 현재 피상속인이 소유하고 있는 모든 재산으로서, 금전적으로 환가할 수 있는 경제적 가치가 있는 물건과 재산적 가치가 있는 법률상 또는 사실상의 권리를 포함한다. 현행 세법에서는 사전증여를 통해 보다 낮은 세율을 적용받아 세금을 회피하려는 시도를 막기 위해서 피상속인이 사망(상속개시일) 전 10년 이내에 상속인에게 증여한 재산과 5년 이내에 상속인 이외의 자에게 증여한 재산가액을 상속재산가액에 합산하고 있다.

한편, 피상속인의 사망 후 상속인의 생활안정을 위하여 일괄공제(5억 원), 배우자공제(최대 30억 원) 등 상속재산에서 일정 금액을 차감해 주는 상속공제 제도를 시행하고 있다. 상속세 세율은 상속재산가액에서 각종 공제항목을 차감하여 산출되는 과세표준이 1억 원 이하인 경우의 10%부터 과세표준이 30억 원을 초과하는 경우의 50%까지 총 5단계의 누진구조로 되어 있다.[5]

세율은 재산가격에 따라 누진율이 적용되는 것이 통례이지만 재산의 성질, 즉 부동산 또는 동산에 따라 차등세율이 적용된다. 특히, 상속인과 피상속인의 관계에 따라, 즉 혈연관계가 멀수록 중과하게 되며 기타 부양가족수 등에 따라 차등과세를 한다.

상속세 및 증여세법상 상속세는 상속개시에 의하여 무상취득하는 재산에 대하여 과세하는 조세이고, 증여세는 상속개시 전, 즉 피상속인의 생존시 증여라는 원인에 의하여 무상취득하는 재산에 대하여 과세하는 조세이다. 재화의 무상이전에 대한 과세라는 점에서는 증여세와 같으나 재화의 무상이전이 자연인의 사망에 의한 것일 때에는 상속세가 과세되고, 생전의 의사표시에 의한 것일 때에는 증여세가 과세된다.[6]

한편, 재산의 무상이전의 원인에는 상속, 유증, 사인증여, 본래의 증여가 있는데, 유증과 사인증여는 상속세에 포함시켜 상속세를 부과하고(상속·증여세법 제1조 제1항), 증여에 대해서는 증여세를 부과하되 상속세의 초과누진세

[4] 이필우·유경문(2003), pp. 601~604.
[5] 국세청(2006), pp. 88~98.
[6] 이필우·유경문(2003), pp. 598~604.

율 적용 회피방지를 위해 상속개시 전 일정 기간(피상속인이 상속인에게 증여한 경우는 10년, 피상속인이 상속인 이외의 자에게 증여한 경우에는 5년) 내에 증여한 재산은 상속재산가액에 합산하여 상속세율을 적용하도록 하고 있다(상속·증여세법 제13조). 이 점에서 증여세는 상속세의 과세목적을 충족시키므로 상속세에 대하여 보충적 성격을 띤다고 볼 수 있다.[7]

그런데 상속세는 그 부담을 당해 '취득재산'을 한도로 하여 지급할 것을 규정하고 있으므로(국세기본법 제24조 제1항 참조), 실질적인 재산세의 성격을 띠고 있다.[8]

그리고 이러한 상속세는 오늘날 자본주의 사회의 취약점인 빈부의 격차를 시정하기 위한 사회정책적인 면에서 무상으로 취득한 재산(상속·증여)에 대해서 누진세율을 적용하는 등 중과세를 하고 있으며, 각국의 입법예 또한 그러하다.[9]

2.2. 상속세가 필요한 이유

상속세가 필요한 경제이론적 근거[10]로는 회피조세정산설과 응능부담능력설이 있다. 회피조세정산설은 사망한 사람이 생존시에 재산의 축적과정에서 소득세 등을 탈세 또는 회피하였을 것이고, 그러한 탈세 등이 없었더라면 그 세액 상당을 피상속인이나 상속인이 부담하여야 하였을 것이므로 이러한 탈세 또는 회피된 조세를 정산하기 위해서는 재산축적자의 사망시점에 상속세를 과세하여야 한다는 견해이다.[11] 이 이론은 상속과세의 부담이 상속인에게 귀착된다고 볼 때 피상속인의 탈세 등 범법행위에 대하여 상속인을 징벌한다는 모순을 포함하고 있다.

---

[7] 최성렬·하재성(1999), p. 17.

[8] 지방세인 재산세는 재산을 '소유하고 있는' 정적 사실(재산소유 사실)에 착안하여 부과되는 형식적 재산세임에 반하여, 국세인 상속세는 민법 제1041조에 의한 상속재산 포기가 없는 한 재산권이 '이전되는' 동적 사실을 포착하여 부과되는 실질적 재산세라 하겠다.

[9] 최성렬·하재성(1999), pp. 15~16.

[10] 최명근(2006), pp. 16~17.

[11] 최명근(1993), pp. 43~44.

응능부담능력설은 상속세를 인세(personal tax)로 보고[12] 피상속인·상속인·가족의 집단을 기준으로 그들의 사정·환경·상속되는 부의 크기를 고려하여 상속세의 부담능력을 측정하여 과세해야 한다는 견해이다. 이 이론의 핵심 개념인 조세부담능력의 기준을 무엇으로 삼을 것인가에 따라 지출기준, 저축기준, 부의 기준 및 소득기준으로 견해가 나누어져 있다.[13]

조세는 어떤 세목이든 경제적 부담을 그 속성으로 지니고 있으므로 조세의 근거는 법적 근거뿐만 아니라 경제적 근거도 함께 살펴보아야 할 것이다. 상속세제도는 법적 근거에 있어서는 다른 세목과 마찬가지로 국가과세권력설이 적합하며, 경제이론적 근거에서는 응능부담능력설을 취하는 것이 타당하다고 본다. 왜냐하면, 가장 이상적인 조세는 수평적 공평과 수직적 공평[14]의 실현을 그 목표로 하기 때문이다.[15]

이러한 경제적 이론근거를 바탕으로 상속세가 필요한 이유를 간략하게 다시 정리하면 다음과 같다.

첫째, 부의 세습억제 및 기회균등 제고이다. 상속세는 상속재산에 대해 단계별 누진과세를 함으로써 세부담 없는 부의 세습을 억제하고, 모든 사람의 경제적 출발점을 비슷하게 하여 기회균등을 제고하는 효과가 있다. 또한 상속세는 한 사회를 성장하게 하는 유인이 되기도 한다. 만약 한 사람의 경제적·사회적 지위가 부모로부터 재산을 얼마만큼 상속받았느냐에 따라서 결정되어 아무리 노력하더라도 그 차이를 극복할 가능성이 희박하다면, 근로의욕이 저하되고 경제의 활력과 역동성이 떨어지게 되어 결국 그 사회는 점점 퇴보할 것이다.

둘째, 불로소득에 대한 과세이다. "소득이 있는 곳에 세금이 있다"라는 공평과세 측면에서도 상속인이 상속으로 인해 얻는 불로소득에 대해 상속세를 과세하는 것은 당연하다고 할 수 있다.

---

12 상속재산 그 자체에 과세근거를 두고 대상을 개념지울 때에는 물세라고 할 수 있으나, 과세표준을 산정함에 있어서 피상속인의 인적 사정을 고려한다는 점에서는 인세라 할 수 있을 것이다.

13 최명근(1993), pp. 44~48.

14 Harriss C. Lowell(1954), p. 292.

15 최명근(1993), p. 48.

2.3. 상속세제의 변천 약사[16] [17]

일제시대인 1934년 조선상속세령의 제정·공포로 상속세제가 처음 시행된 후 군정하에서도 계속 시행되다, 1950년 3월 22일 법률 제114호로 상속세법을 제정·공포함으로써 우리 실정에 맞는 상속세제로 개편하였다.

1960년에는 호주상속 및 재산상속의 구분에 따른 부양가족 공제액의 차등적용을 폐지하면서 공제액을 인상하는 한편, 1967년대에는 세율을 5~70%로 조정하고, 신고납부세액공제제도를 신설하였다.

1974년에는 세율을 15단계 10~75%로 인상하였고, 1976년에는 신탁재산 비과세 한도액(500만 원) 및 미성년자 공제의 인원한도(2인)를 신설하였다.

1978년에는 농지상속공제제도를 신설하였고, 1979년에는 배우자공제액을 인상하고, 세율을 15단계 7~67%로 인하하였다.

1981년에는 세율을 15단계 7~60%로 인하하고, 상속세 신고기한을 3월에서 6월로 연장하는 한편, 주택상속공제제도, 농지·초지·산림지 상속공제제도, 산림상속공제제도를 신설하고, 무신고 가산세제도를 도입하였다.

1982년에는 기초공제액 및 인적 공제액을 인상하고, 주택상속 추가공제제도를 신설하는 한편, 사업상속의 경우 연부연납기간을 5년으로 연장하였다.

1988년에는 인적 공제액을 인상하고, 세율을 8단계 5~55%로 인하하는 한편, 불성실신고자에게 부과하는 가산세율을 10%에서 20%로 인상하였다.

1990년에는 상속재산의 대부분을 차지하는 토지를 공시지가로 평가함에 따라 상속재산가액이 현실화되는 점을 감안하여 각종 공제액을 인상하였으며, 세율을 8단계에서 5단계로 단순화하고 성실신고 납부유도를 위하여 납부불성실 가산세제도를 신설하였다. 또한 상속재산가액이 50억 원 이상인 경우 금융자산 조사를 위하여 필요한 경우 금융기관의 본점에 이를 일괄 조회할 수 있도록 하고 상속재산의 신고내용을 공고하도록 하는 한편, 상속개시 5년 후에 상속인이 보유한 주요 재산의 가액이 상속개시 당시보다 현저히 증가된 경우에는 그 증가사유를 확인하여 상속세 탈루 여부를 조사하도록 하는 등 상속

[16] 국세청, 『국세청40년사』, 2006, pp. 784~808.
[17] 백덕현(2007), pp. 48~52 재인용.

세 회피소지를 축소할 수 있는 제도적 장치를 마련하였다.

1993년에는 장례비용과 배우자공제액을 인상하고, 세대생략 상속에 대하여 20% 할증세율을 적용하는 한편, 최고세율을 50%로 인하하였다.

1996년에는 상속세법을 「상속세 및 증여세법」으로 전면 개편하여 현재까지 그 골격을 유지하고 있다.

상속세법은 지난 1950년에 제정된 이후 총 17회의 크고 작은 부분개정을 통해 사회·경제여건의 변화를 반영하여 왔으나, 그 동안 소득수준의 향상, 인구의 노령화, 여성의 경제적·사회적 지위 향상 등 많은 변화가 있었고, 특히 금융·부동산실명제 실시로 과거와는 달리 상속·증여세제 운영의 실효성을 높일 수 있는 여건이 조성됨에 따라 이러한 변화된 여건을 수용하기 위한 것으로서 그 주요 내용은 다음과 같다.[18]

첫째, 상속·증여세의 세율 및 과세구간을 5단계로 완전 통합하였고, 세율을 최저 10%에서 최고 45%로 조정하였다.

둘째, 배우자공제를 종전의 결혼연수에 의한 공제방식을 폐지하고 배우자가 실제로 상속받은 재산가액을 법정상속지분 내에서 공제(최소 5억 원, 최대 30억 원)하도록 개정하였다.

셋째, 종전 물적 공제제도를 폐지하고 기초공제액을 인상하여 공제제도를 단순화하고, 상속인의 인적 구성에 따른 항목별 공제(기초공제+기타인적공제) 가액과 일괄공제액(5억 원) 중 큰 금액을 선택할 수 있도록 하였다.

넷째, 상속재산 중 금융재산에 대한 공제제도를 신설하여 금융재산의 보유를 유도하고 납세자 권익을 제고하기 위해 재해손실공제를 신설하였다.

다섯째, 세대생략 상속·증여에 대한 할증과세율을 종전 20%에서 30%로 강화하고 고액재산가에 대한 인별 재산관리체계의 구축을 명문화하였다.

1998년에는 사전증여재산 합산기간을 상속인은 종전 5년에서 10년으로 상속인 외의 자는 3년에서 5년으로 연장하고, 상속개시 전에 부동산 등을 처분하여 현금상속하는 등으로 세금을 회피하는 것을 방지하기 위하여 상속개시 전 처분재산 및 채무부담에 대한 과세를 강화토록 하는 한편, 사전에 증여

---

[18] 김중수(1997).

받은 상속인이 상속포기를 한 경우에도 상속세 연대납부의무가 있음을 명확히 하였다. 물납신청시 물납가능 여부에 대한 사전통지제도를 신설하고, 상속인들이 신고기한 내 국가 등에 기부한 재산에 대하여도 비과세대상에 추가하여 납세자의 납세편의를 도모하였다.

1999년에도 고액재산가에 대한 과세강화를 위하여 최고세율을 종전 45%(50억 원 초과)에서 50%(30억 원 초과)로 높이고, 최고세율이 적용되는 과세구간을 하향조정(50억 원→30억 원)하고, 상속개시 전 처분재산 등의 사용처 소명대상을 상속개시 전 1년 이내 2억 원 이상 외에 2년 이내 5억 원 이상인 경우를 추가하였다. 상속세 배우자공제시 무신고하거나 상속재산 미분할시 최고 15억 원까지 공제받는 것을 삭제하고 특별연고자에게 상속재산의 일부가 귀속되는 경우 상속세 납부의무를 부여하였다.

2000년에는 비거주자가 사망한 경우 기초공제 2억 원을 공제하도록 하고, 비거주자인 상속인이 금융기관 등에 예금 등 상속재산의 지급을 청구하는 경우에는 세무서에 납세관리인을 지정 신고하고 이에 대한 확인서를 교부받아 금융기관 등에 제출하도록 하는 한편, 공제액의 단순 적용착오로 인한 미달신고에 대하여는 신고불성실 가산세를 면제하고 분납제도를 신설하였다.

2002년에는 피상속인의 사전처분 재산과 채무부담액 중 처분재산가액 등의 20% 상당액과 2억 원 중 적은 금액을 차감한 잔액에 대해서만 과세하도록 하여 입증책임을 완화하였고, 피상속인이 생전에 증여계약을 체결하고 소유권을 이전하기 전에 사망한 경우 사인증여로 보아 상속세만 과세하도록 개선하였다. 그리고 배우자가 실제 상속받은 재산 중 등기 등을 요하는 재산의 경우 결정기한(종전 상속세 신고기한)까지 등기 등을 한 경우에는 배우자상속공제를 허용하고, 합산신고 누락분에 대하여는 낮은 가산세율(20%→10%)을 적용하도록 하여 가산세 부담을 완화하였다.

2003년에는 감정평가비용공제를 신설하고 가업상속재산가액이 50% 이상인 경우 연부연납기간을 종전 10년에서 15년으로 연장하였다.

2004년에는 상속개시 후 선순위 물납재산인 부동산에 근저당권을 설정하는 등 관리·처분이 부적당한 재산으로 변경시켜서 후순위인 비상장주식으로 물납하는 경우에 대하여는 물납을 불인정하고 현금으로 납부하도록 하였다.[19]

2.4. 우리 나라의 상속세 과세체계와 현황[20]

각국의 상속세 과세체계는 그 나라의 역사적 배경과 사회의 전통적 관습 등을 반영하여 영미법계 국가(미국·영국)에서 채택하고 있는 유산세체계와 대륙법계 국가(독일·일본)에서 채택하고 있는 유산취득세체계로 크게 구분할 수 있다.[21] 우리 나라는 상속세의 경우 유산세체계를 채택하고 있고, 증여세의 경우 유산취득세체계를 채택하고 있다.

상속세 과세대상은 아래와 같은 산식으로 계산한다.

> 상속세 과세대상＝본래의 상속재산＋증여재산＋간주상속재산

본래의 상속재산은 상속개시일 현재 피상속인에게 귀속된 재산으로서 ① 금전으로 환가할 수 있는 경제적 가치가 있는 물건, ② 재산적 가치가 있는 법률상 또는 사실상의 권리에 대하여는 상속세가 과세된다.

증여재산의 경우, 현행 상속세법에서는 사전증여를 통하여 상속세를 회피하지 못하도록 하기 위하여 다음에 해당하는 증여재산가액은 상속재산가액에 가산하고 있다.

① 사망하기 전 10년 이내에 피상속인이 상속인에게 증여한 재산가액
② 사망하기 전 5년 이내에 피상속인이 상속인이 아닌 자에게 증여한 재산가액

아래의 경우에도 간주상속재산으로 보아 상속세를 과세한다.

① 피상속인이 재산을 처분하여 받거나 피상속인의 재산에서 인출한 금

---

19 백덕현(2007), pp. 48~52 재인용.
20 본 절의 내용은 본 논문의 핵심 내용인 제4절의 '상속세 및 증여세 개편방안'에 대한 논의를 위하여 국세청에서 제공되는 「세금절약 가이드」(2006), 「세금에 대한 오해 그리고 진실」(2007), 「개정세법 해설」 등 각종 자료 및 이를 잘 정리한 이선성(2008), pp. 300~311의 내용을 재인용한 것이다.
21 이철송(1994), pp. 183~192.

액이 재산종류별로 사망하기 전 1년 이내에 2억 원 이상인 경우와 사망하기 전 2년 이내에 5억 원 이상인 경우로서 용도가 객관적으로 명백하지 아니한 경우

② 피상속인이 부담한 채무의 합계액이 사망하기 전 1년 이내에 2억 원 이상인 경우와 2년 이내에 5억 원 이상인 경우로서 용도가 객관적으로 명백하지 아니한 경우

③ 피상속인의 사망으로 인하여 받게 되는 생명보험금 또는 손해보험금

④ 피상속인이 신탁한 재산과 신탁으로 인하여 피상속인이 받는 이익

⑤ 피상속인의 사망으로 인하여 지급받는 퇴직금·퇴직수당·공로금 등

상속세 과세표준을 구하는 과정은, 먼저 본래의 상속재산에 보험금·신탁재산·퇴직금 등의 간주상속재산과 추정상속재산을 합하고, 비과세재산과 과세가액 불산입을 차감하여 상속재산가액을 정한다. 상속재산가액에서 공과금·장례비용·채무 등을 차감하고 사전증여재산 가산액, 즉 '재차증여가액'을 합하여 상속세 과세가액을 정한다. 여기에 배우자공제·기초공제와 기타인적공제의 합계액이나 일괄공제액 중의 하나, 가업상속공제·영농상속공제·금융재산상속공제·재해손실공제·감정평가 수수료공제 등의 상속공제를 차감하여 상속세 과세표준을 구한다. 이상을 정리하면 〈그림 8-1〉과 같다.

2.5. 상속세 계산방법[22]

상속세는 다음과 같이 계산한다.

---

22 이선성(2008), pp. 305~311.

그림 8-1 상속세 과세체계[23]

상 속 재 산 가 액

(−) 공과금, 장례비, 채무
(−) 기초·인적·일괄공제 등

상속세 과세표준

(×) 세 율

산 출 세 액

상속재산가액은 상속개시 당시의 시가로 평가하되, 시가를 산정하기 어려울 때에는 다음의 방법으로 평가한다.

① 토지: 개별 공시지가(지정지역은 배율방법에 의하여 평가한 가액)

② 건물: 국세청 기준시가(공동주택·상업용 건물·일반건물 등에 대하여 국세청장이 매년 산정·고시하는 가액) 및 개별 주택가격

③ 유가증권

- 상장주식: 시장가치
- 비상장주식: 1주당 순손익가치와 1주당 순자산가치를 각각 3과 2의 비율로 가중평균
- 1주당 순손익가치: 1주당 최근 3년간의 순손익액의 가중평균/순손익가치환원율(국세청장이 고시한 율)
- 순자산가치: 1주당 순자산가치/발행주식 총수

상속재산가액에서 차감하는 항목에는 공과금·장례비용·채무 등이 있다. 먼저 공과금은 상속개시일 현재 피상속인이 납부할 의무가 있는 것으로서 상속인에게 승계된 조세, 공공요금, 기타 이와 유사한 것을 말한다.

장례비용은 피상속인의 사망일부터 장례일까지 장례에 직접 소요된 금액을 공제하되, 그 금액이 1,000만 원을 초과하면 1,000만 원까지만 공제하며, 그 금액이 500만 원에 미달하여도 500만 원을 공제해 준다.

---

23 백덕현(2007), p.47 재인용.

① 묘지구입비, 상석·묘지치장비 등도 공제대상임.
② 납골시설에 사용에 소요된 금액: 소요금액 500만 원을 초과하면, 500만 원까지만 공제

채무는 상속개시 당시 피상속인이 부담하여야 할 채무로서 상속인이 실제로 부담하는 사실이 다음의 방법에 의하여 입증되는 것을 말한다.
① 국가·지방자치단체 및 금융기관에 대한 채무는 당해 기관에 대한 채무임을 확인할 수 있는 서류
② 기타의 채무는 채무부담계약서, 채권자확인서, 담보설정 및 이자지급에 관한 증빙 등에 의하여 그 사실을 확인할 수 있는 서류

다음으로 상속공제에는 기초공제·인적공제·일괄공제 등이 있다.

기초공제의 경우, 기초공제액은 2억 원이며, 이와는 별도로 가업상속은 가업상속재산가액(1억 원 한도), 영농상속은 영농상속재산가액(2억 원 한도)을 추가로 공제한다.
① 가업상속이란 피상속인이 5년 이상 계속 영위한 사업의 재산을 당해 사업에 종사하는 상속인(상속개시일 현재 18세 이상으로서 2년 이상 가업에 종사한 자)이 상속받는 경우를 말한다.
② 영농상속이란 피상속인 및 상속인 모두 상속개시 2년 전부터 영농에 종사하면서 농지·초지·산림지 등을 상속받는 경우를 말한다.

배우자상속공제의 경우, 배우자가 실제 상속받은 금액을 공제하되, 배우자상속공제액을 한도로 하되 30억 원을 초과할 수 없다. 한편, 배우자가 실제 상속받은 금액이 없거나 상속받은 금액이 5억 원 미만인 경우에는 5억 원을 공제한다.

등기 등을 요하는 재산의 경우는 상속세 결정기한(신고기한으로부터 6월)까지 분할등기를 하여야 한다.

기타인적공제에서 자녀공제는 1인당 3,000만 원을 공제하며, 나이나 동거여부와는 무관하며 인원제한도 없다. 미성년자공제는 배우자를 제외한 상속인

표 8-1 금융재산의 상속공제

순금융재산가액	금융재산 상속공제액
· 2,000만 원 이하인 경우 · 2,000만 원 초과 1억 원 이하인 경우	· 당해 순금융재산가액 · 2,000만 원 공제
· 1억 원을 초과하는 경우	· 순금융재산가액×20%(2억 원 한도)

주: 순금융재산가액=금융재산가액－금융부채.

및 상속개시 당시 피상속인과 동거하던 가족 중 20세 미만인 자에 대하여 공제하며, 500만 원에 20세에 달하기까지의 연수를 곱하여 계산한 금액을 공제한다. 연로자공제는 배우자를 제외한 상속인 및 피상속인과 동거하던 가족 중 60세 이상인 자에 대하여 공제하며 1인당 3,000만 원을 공제한다. 장애인공제는 배우자를 포함한 상속인 및 피상속인과 동거하던 가족 중 장애인에 대하여 공제하며, 500만 원에 75세에 달하기까지의 연수를 곱하여 계산한 금액을 공제한다.

일괄공제에서는 기초공제 2억 원과 기타인적공제의 합계금액을 항목별로 공제받는 대신에 일괄적으로 5억 원을 공제할 수도 있다. 다만, 배우자 단독상속의 경우에는 일괄공제를 적용할 수 없다.

금융재산상속공제는 상속재산 중 금융기관이 취급하는 예금·적금·신탁·예탁금·출자금 등 금융자산이 포함되어 있는 경우로서 〈표 8-1〉과 같이 공제한다.

재해손실공제는 상속세 신고기한 이내에 재난(화재·붕괴·폭발·환경오염사고·자연재해)으로 인하여 상속재산이 멸실·훼손된 경우에는 그 손실가액을 상속세 과세가액에서 공제한다. 다만, 보험금·구상권 등으로 손실을 보전받을 수 있는 경우에는 그러하지 아니하다.

다음은 가업(영농)상속공제가 있는데, 다음에 해당하는 경우에는 상속세 과세가액에서 공제한다.

① 가업상속: 가업상속재산가액(그 가액이 2억 원을 초과하는 경우 2억 원 한도)

· 가업상속: 피상속인이 5년 이상 계속하여 영위한 사업으로서 제조업

표 8-2 상속세 세율구조

과세표준	세율(%)	누진공제액
1억 원 이하	10	–
1억 원 초과~5억 원 이하	20	1,000만 원
5억 원 초과~10억 원 이하	30	6,000만 원
10억 원 초과~30억 원 이하	40	1억 6,000만 원
30억 원 초과	50	4억 6,000만 원

주: 증여세도 동일.

등 일정한 요건을 갖춘 경우로서 상속개시일 현재 18세 이상인 자로서 상속개시일 2년 전부터 계속하여 가업에 종사한 경우에 한함.

② 영농상속: 영농상속재산가액(그 가액이 2억 원을 초과하는 경우 2억 원 한도)

- 영농상속: 피상속인 및 상속인 모두 상속개시 2년 전부터 영농에 종사하면서 농지·초지·산림지 등을 상속받는 경우에 한함.

상속세율은 〈표 8-2〉에 정리되어 있다.

한편, 세대를 건너뛴 상속에 대해서는 할증과세가 있다. 예를 들면, 할아버지가 바로 손자에게 상속하는 것과 같이 상속인이 피상속인의 자녀를 제외한 직계비속인 경우에는 산출세액에 다음의 금액을 가산한다(대습상속의 경우는 제외).[24]

$$\text{산출세액} \times \frac{\text{피상속인의 자녀를 제외한 직계비속이 상속받은 재산가액}}{\text{총상속재산가액}} \times \frac{30}{100}$$

상속세 과세표준이 주어지면 과세구간에 따라 법정세율을 적용하여 상속세 산출세액을 산정한다. 이때 세대생략상속의 경우 30%에 해당하는 할증세

24 대습상속이란 상속인이 될 직계비속 또는 형제자매가 상속개시 전에 사망한 경우 그 직계비속이 있는 때에는 그 직계비속이 사망한 자의 순위에 갈음하여 상속인이 되는 것을 말한다.

표 8-3 각종 상속재산공제[25]

구 분	항 목	공제내용	한 도
① 기초공제		2억 원	
② 인적공제	· 배우자공제 · 자녀공제 · 미성년자공제 · 연로자공제 · 장애자공제	법정상속지분 내 실제 상속받은 가액 1인당 3,000만 원 500만 원×20세까지의 잔여연수 1인당 3,000만 원 500만 원×75세까지의 잔여연수	최소 5억 원, 30억 원 한도
③ 일괄공제		5억 원	
④ 가업상속공제		가업상속재산가액	2억 원
⑤ 영농상속공제		영농상속재산가액	2억 원
⑥ 금융재산공제	순금융재산가액이 · 2000만 원 이하 · 2000만 원~1억 원 미만 · 1억 원 초과	순금융재산=(금융재산－금융부채) 전액 2,000만 원 순금융재산가액×20%	2억 원
⑦ 재해손실공제	신고기한 이내에 화재·폭발·자연재해 등으로 인하여 상속재산이 멸실·훼손된 경우 당해 손실가액을 상속세 과세가액에서 공제		

주: 1) ① 기초공제+② 인적공제(배우자공제는 제외)와 ③ 일괄공제 중 선택.
2) 납세의무자가 국내 비거주자인 경우 기초공제(2억 원)를 제외한 상속공제의 적용에서 배제.

액을 가산한다. 산출세액에서 각종 세액공제를 차감하고 가산세를 가산하여 상속세 결정세액을 계산한다. 이에 연부연납·물납 등을 차감하여 고지세액을 산정한다. 여기서 상속의 경제적 기능과 관련하여 중요한 경제적 변수로 상속세 결정세액을 들 수 있다.

지금까지 설명한 각종 공제제도를 정리하면 〈표 8-3〉과 같다.

한편, 전사 및 이에 준하는 사망 또는 전쟁 및 이와 유사한 공무로 사망한 경우 피상속인의 모든 재산, 국가·지방자치단체, 기타 공공단체에 유증(유언에 의한 증여)한 재산, 문화재보호구역 안의 토지, 분묘에 속한 3,000평 (9,900m^2) 이내의 금양임야와 600평(1,980m^2) 이내의 묘토인 농지(한도액: 2억 원) 등과 같은 재산에 대해서는 상속세를 과세하지 않는다.

[25] 백덕현(2007), p. 46 재인용.

3 증여세의 과세체계와 현황[26]

3.1. 증여세의 개념과 의의

증여세는 재산에 대하여 무상이전되므로 부의 편재를 시정하고, 빈부격차가 유전되는 것을 방지하기 위한 정책이 포함되어 상속세와 함께 고율로 과세하고 있다.

'증여'란 함은 그 행위 또는 거래의 명칭·형식·목적 등에 불구하고 경제적 가치를 계산할 수 있는 유형·무형의 재산을 타인에게 직접 또는 간접적인 방법에 의하여 무상으로 이전하는 것 또는 기여에 의하여 타인의 재산가치를 증가시키는 것을 말한다. 또한 제3자를 통한 간접적인 방법이나 2 이상의 행위 또는 거래를 거치는 방법에 의하여 상속세나 증여세를 부당하게 감소시키는 것으로 인정되는 경우에도 그 경제적 실질에 따라 당사자가 직접 거래한 것으로 보거나 연속된 하나의 행위 또는 거래로 보아 증여에 해당하는 지를 판정하는 완전포괄주의 방법에 의하여 과세하도록 하고 있다.

증여세란 타인으로부터 무상으로 재산을 이전받는 경우 그 재산의 취득자에게 과세하는 세금이다. 증여세는 증여재산에 대해 단계별 누진과세를 함으로써 상속세와 마찬가지로 세부담 없는 부의 이전을 억제하고 모든 사람의 경제적 출발점을 비슷하게 하여 기회균등을 제고하는 효과가 있으며, 재산의 무상이전으로 인해 얻은 불로소득에 대해 증여세를 과세한다. 이러한 증여세는 상속재산에 대하여 상속세를 부과하는 것과 형평을 맞춤으로써 생전증여를 통해 상속세 부담을 회피하는 것을 방지함으로써 상속세를 보완하는 세제

[26] 본 절의 내용은 이 글의 핵심 내용인 제4절의 '상속세 및 증여세 개편방안'에 대한 논의를 위하여 국세청에서 제공되는 「세금절약 가이드」(2006), 「세금에 대한 오해 그리고 진실」(2007), 「개정세법 해설」 등 각종 자료 및 이를 잘 정리한 이선성(2008), pp. 292~299의 내용을 재인용한 것이다.

로서의 기능도 하고 있다.

이처럼 증여세는 타인으로부터 무상으로 재산을 취득하는 경우 취득자에게 증여받은 재산가액을 기준으로 하여 부과하는 세금으로서, 민법상 증여는 당사자의 일방(증여자)이 재산권을 무상으로 상대방(수증자)에게 주는 의사를 표시하고, 상대방이 이를 승낙함으로써 효력이 발생한다(민법 제554조). 따라서 증여의 목적물을 이전(취득)시키지 아니하더라도 당사자 간의 의사합치만으로 증여는 성립한다.

그러나 증여세는 타인의 증여에 의하여 취득한 재산(경제적 이익 포함)을 과세물건으로 하고 그 가액을 과세표준으로 하여 부과하는 조세이므로, 당사자의 의사합치나 계약형식과는 별도로 현실적으로 그 재산의 수수가 있을 것을 요한다.[27]

그런데 증여세에서 증여의 개념에는 사인증여도 포함되나 상속·증여세법에서는 사인증여를 증여에서 제외시켜 유증과 함께 이를 상속세에서 다루고 있다(상속·증여세법 제1조, 제4조 참조).

한편, 증여세는 재산을 무상으로 취득한 경우뿐만 아니라 직계존비속 또는 배우자 간에 재산을 양도하거나(대가를 지급한 경우는 제외), 제3자 명의로 재산을 등기하면 세법상 증여로 보아 증여세를 내야 하는 특수한 경우도 있다.[28]

또한 상속·증여세법에서는 증여의 의제(擬制)를 통하여 증여 개념을 확장시키고 있다. 즉, 증여의제로 과세되는 재산은 본래 의미의 증여재산은 아니지만 실질적으로 그것과 동일한 경제적 효과가 발생될 경우 증여로 보아 증여세를 부과하고 있다.

그런데 왜 상속세와 별개로 증여세를 부과하지 않으면 아니 되는가? 만약 재산의 무상취득을 상속의 경우에만 과세하고 증여의 경우에는 과세하지 않는다고 한다면 누구나 할 것 없이 생전에 재산을 상속인에게 증여함으로써 상속세를 면탈하고자 할 것이기 때문이다.[29]

---

27 최성렬·하재성(1999), pp. 233~234.
28 국세청, 『부동산과 세금—양도소득세, 상속·증여세(99-107-03)』, pp. 48~49.
29 최성렬·하재성(1999), pp. 233~234.

한편, 증여세의 경우는 증여의 범위를 계속 확장하여 오다가 2004년 1월 1일부터 증여의 개념을 민법의 차용 개념에서 상속세 및 증여세법에서 따로 규정함으로써 증여세도 완전포괄주의에 근거하게 되었다. 따라서 지난 2004년 완전포괄주의[30] 과세제도가 도입된 이후부터 민법상 증여와 세법에 예시된 증여유형뿐만 아니라 경제적 실질이 무상이전에 해당하는 경우이면 거래의 명칭·형식·목적 등에 불구하고 모두 세법상 증여에 해당하여 증여세를 내야 한다.

3.2. 증여세제의 변천 약사[31]

상속세법[32]과 증여세법[33]은 1950년에 처음 제정되어, 얼마 뒤(1952. 11. 30) 증여세법을 흡수하면서 개정된 옛 상속세법은 증여세제도를 따로 두지 않고 죽기 전에 미리 증여한 재산도 모두 상속재산에 합산하여 상속세를 매기고 수증자에게 상속인과 마찬가지로 세금을 내게 하였다.[34] 이처럼 증여재산을 가산하면서 법은 증여의 개념을 포괄적으로 정의하여 간접적 증여를 통해 세금을 회피하는 것을 방지하였다.[35]

그 뒤 1960. 12. 30의 개정법은 상속세와 별개로 증여 당시에 바로 증여세를 부과하는 제도를 다시 도입하면서 증여의 개념을 포괄적으로 정의하여 '이익'을 받는 자 누구에게나 증여세의 납세의무를 지웠다.

1971. 12. 28에는 이러한 포괄규정에서 '이익'을 받는 자는 그 이익에 상당한 금액을 증여받은 것으로 본다는 포괄적 내용을 좁혀 규정의 적용범위를

---

30 종전의 상속 및 증여세법은 증여세 과세대상을 열거주의방식으로 규정함으로써 열거되지 않은 새로운 증여유형에 대해서는 과세를 하지 못하는 문제가 있었다. 이러한 문제를 해결하고 변칙적인 증여행위를 사전에 차단하기 위하여 증여세의 과세대상을 '완전포괄주의'로 전환하여 "행위 또는 거래의 명칭·형식·목적 등에 불구하고 유·무형의 재산을 타인에게 무상 또는 현저하게 저렴한 가격으로 이전하거나 타인의 기여에 의하여 재산가치를 증가시키는 경우" 증여세를 과세할 수 있도록 하였다.

31 백덕현(2007), pp. 55~57 재인용.

32 1950년 3월 22일 법률 제114호.

33 1950년 4월 8일 법률 제123호.

34 상속세법 및 증여세법 제정 전에는 일제시대 1943. 6. 22. 시행된 조선상속세령이 적용되었다.

35 당시의 구 상속세법 제34조의3.

대통령령이 정하는 특수관계에 있는 자로 좁혔다.[36] 특수관계가 없는 이상 간접적·탈법적 방법의 증여는 생각하기 힘들다는 현실을 반영한 것이다. 특수관계자라면 '이익'이라는 포괄적 개념으로 증여세를 매기지만, 특수관계가 없는 자라면 증여를 받거나 보험금 등 법률이 증여로 의제하는 경우에만 증여세를 부과하는 것으로 과세범위를 좁힌 것이다. 이 체제는 그 후 1979년까지 유지되었다.[37] 그러나 판례는 일찍부터 증여세의 과세대상(세법상 증여 개념)은 원칙적으로 민법상의 증여와 일치해야 한다고 보았다. 즉, 증여자와 수증자 둘 사이의 합의에 따라 두 사람 사이에서 부가 무상이전되는 것이어야만 증여세를 부과할 수 있다는 것이다. 이에 의하면 어떤 행위나 사건이 증여세의 과세대상인가는, 부의 무상이전이 있는가라는 실질의 문제가 아니라, 당해 행위나 사건을 민법상 증여와 동일시할 만한 징표가 있는가라는 사법(私法)문제가 되는 것이다.[38] [39]

1990년 12월 31일 이전의 상속세법은 저가·고가 양도시의 증여의제(제34조의2), 채무면제 등의 증여의제(제34조의3)와 같은 개별 규정 이외에 제34조의4로서 특수관계자가 대통령령이 정하는 이익을 받은 경우 증여의제하는 포괄적인 규정을 두면서, 이에 근거하여 시행령 제41조의3에서 증자·감자시의 증여의제에 관하여 규정하고 있었는데, 위 개정으로 증가·감자시의 증여의제와 아울러 합병시의 증여의제에 관한 규정을 신설하였다(제34조의4 및 제34조의5).

---

36 구 상속세법 제34조의3.

37 이창희(2004), pp. 1039~1040.

38 대법원 1973. 3. 13, 73누6(주식회사가 발행하는 신주를 시가보다 싸게 인수하였다고 하여도 이는 재물을 양도받은 경우라고 볼 수 없으므로 이러한 취지에서 소외 한독주식회사가 판시와 같이 신주를 발행함에 있어서 신주인수권자인 판시 주주들이 소정기일 내에 주식인수의 청약을 아니한 소외 실권주식을 원고들이 액면가대로 인수한 경우에는 당시 시행중이던 상속세법 제34조의2 및 제34조의4에서 말하는 재산의 양도나 이익을 받은 것으로 볼 수 없다).

39 헌법재판소 1998. 4. 30, 95헌바55, 구 상속세법 제34조의4 위헌 여부 [위헌] (구 상속세법 제34조의4는 '현저히 저렴한 대가로써 대통령령이 정하는 이익'을 받는 경우를 그 과세대상으로 삼고 있는데, '이익'을 받는다는 개념은 매우 넓은 개념이고, 이 사건 법률조항은 이에 관하여 아무런 구체적인 기준도 제시하지 않고 있으므로, 이 사건 법률조항이 과세대상으로 삼고 있는 '대통령령이 정하는 이익'이란 과연 어떠한 이익을 어떻게 받은 경우가 이에 해당하게 되는 것인지 이 사건 법률조항만으로는 도저히 예측할 수 없어 조세법률주의에 위반될 뿐만 아니라, 위임입법의 한계를 일탈한 것이다).

1996년 12월 30일 전면개정시 개별적 증여의제규정을 몇 가지 더 추가함과 아울러, 제32조에서 특수관계자 사이에 재산의 무상이전이 있으면 이를 일반적으로 증여의제에 의한 과세대상으로 한다는 포괄적 규정을 두고, 또 제42조에서도 개별적 증여의제의 경우와 유사한 특수관계자 간의 재산이전을 증여로 본다는 포괄규정을 두었다.[40]

1998년 말 개정에 의하여 종전 규정의 기본 틀을 그대로 유지하면서 다시 제42조 제1항을 추가하여 '제3자를 통한 간접적 방법에 의한 재산이전' 일체를 증여의제의 대상으로 하는 규정을 삽입하였으나, 포괄적인 증여의제규정 사이의 관계 및 적용범위가 분명하지 않았다. 주식 등 자본거래를 통한 부의 무상이전을 증여의제로 본 제41조의3, 4는 1999년 말 개정에서 신설되었다.

2000년 개정으로 다시 합병·분할·증가·감자 등의 자본거래를 이용한 변칙증여에 대비하기 위하여 증가·감자시의 증여의제규정(제39조 및 제39조의2)과 전환사채 등에 관한 증여의제규정(제40조)을 대폭 정비하였다. 또한 법 제42조 '기타의 증여의제' 규정도 종전보다 그 대상을 포괄적으로 규율하고 그 내용은 구체화하는 쪽으로 강화하였다.

2002년 개정에서 특수관계자로부터 자금을 제공받아 비상장법인의 주식을 특수관계자 이외의 자로부터 우회취득하는 경우를 과세대상에 추가하고 상장시한도 3년에서 5년으로 연장함으로써 상장시세차익의 과세범위를 확대하였다(제41조의5). 또한 비상장법인이 상장사와의 합병을 이용하여 상장시세차익을 얻을 경우 이에 대한 증여의제규정을 신설하였으며(제41조의5), 유형별 포괄주의의 적용대상을 확대하여 신탁의 이익을 받을 권리(제33조), 보험금(제34조), 고·저가양도(제35조), 채무면제이익(제36조), 토지무상사용(제37조) 등의 증여의제와 유사한 거래로서 직접 또는 간접적인 방법이나 통상적인 방법으로 통상적으로 지급하여야 할 대가를 지불하지 아니하고 이익을 얻은 경우에도 증여세를 부과할 수 있게 하였다(제42조).[41]

2003년 12월 30일 정부는 「상속세 및 증여세법」의 전면개정을 통하여 계약을 전제로 한 민법상의 증여와 열거방식의 증여의제 및 이와 유사한 것만

[40] 김중수(1997).

[41] 사법연수원(2003), pp. 146~147.

을 증여세의 과세대상으로 보던 종래의 부분적 포괄주의에서 2004년 1월 1일부터 증여세 완전포괄주의 과세제도를 도입하여 열거방식 외의 새로운 변칙 증여유형에 대하여 증여세를 과세하지 못하였던 문제점을 제거하였다. 즉, 증여의 개념을 포괄적으로 정립하여, 종래 증여세의 과세대상을 열거방식으로 규정하던 것을 예시규정으로 바꾼 것이다.[42]

3.3. 증여세의 과세대상[43]

증여는 당사자의 일방(증여자)이 재산권을 무상으로 상대방(수증자)에게 주는 의사표시를 하고 상대방이 이를 승낙함으로써 성립하는 계약이라고 할 수 있다. 따라서 타인으로부터 재산을 무상으로 받으면 증여세를 내야 한다.

증여세는 원칙적으로 증여를 받은 사람이 증여일로부터 3개월 내에 주소지 관할세무서에 증여세를 신고·납부하여야 한다. 그러나 다음의 경우에는 증여자에게 연대납부할 의무가 있다.

① 증여를 받은 사람이 비거주자이거나 주소 또는 거소가 분명하지 않아 조세채권의 확보가 곤란한 경우
② 증여를 받은 사람이 증여세를 납부할 능력이 없어 체납처분을 하여도 조세채권의 확보가 곤란한 경우

다음과 같은 경우에는 증여로 보아 증여세를 과세한다

① 배우자 상호간 또는 직계존비속 간에 재산을 양도하는 경우(대가를 지급한 경우는 제외)
② 재산을 특수관계에 있는 사람에게 양도한 후 3년 안에 당초 양도자의 배우자나 직계존비속에게 다시 양도하는 경우(대가를 지급한 경우는 제외)
③ 특수관계가 있는 사람끼리 시가의 70% 이하 또는 130% 이상의 가액으로 재산을 양도하거나, 시가와 대가의 차액이 1억 원 이상인 경우

---

42 한국조세연구포럼(2003), p. 68.
43 이선성(2008), pp. 292~299.

그림 8-2 증여세 과세체계[44]

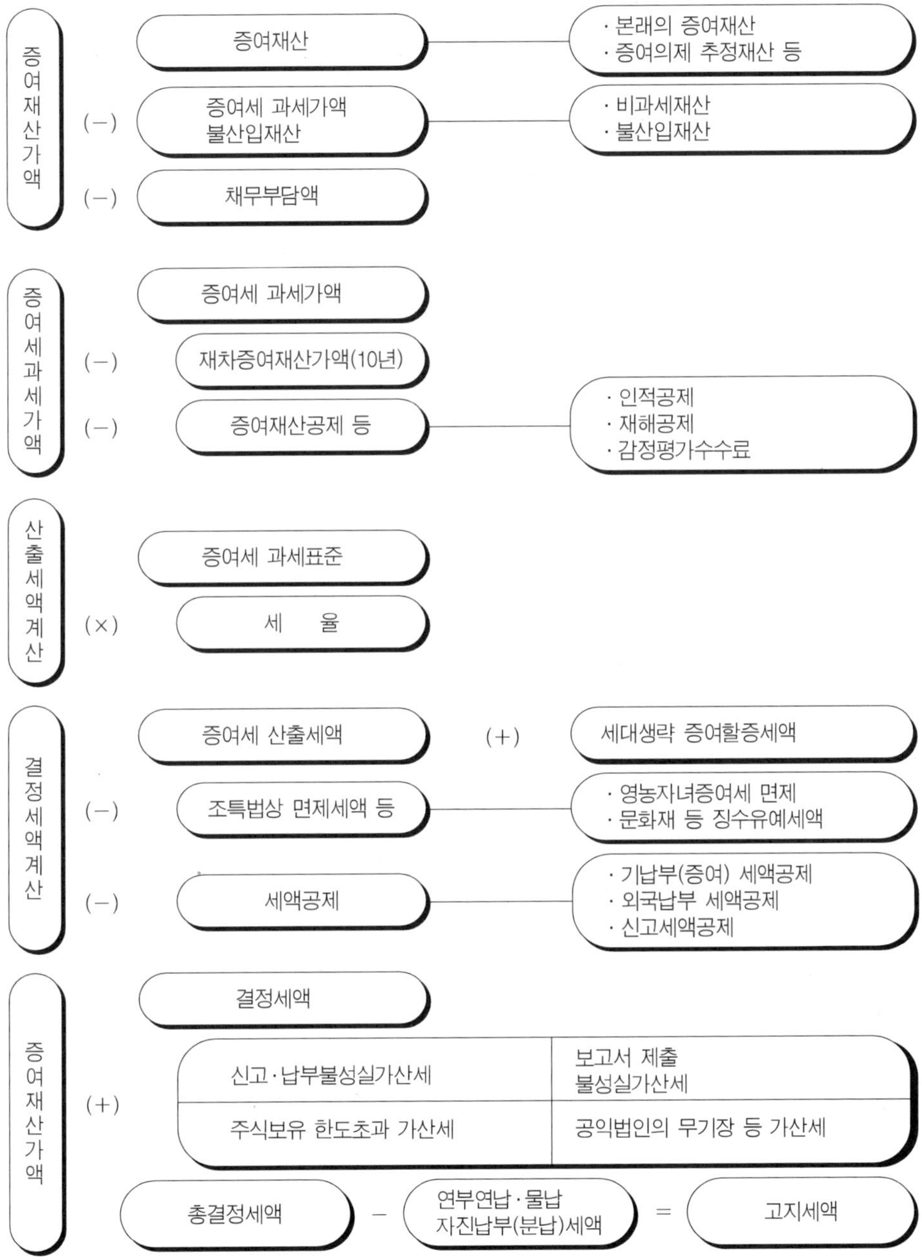

④ 채무를 면제받거나, 다른 사람이 빚을 대신 갚아 줌으로써 경제적인 이익을 받은 경우
⑤ 보험료를 내지 않은 사람이 보험금을 타게 되는 경우
⑥ 세금을 내지 않을 목적으로 실질적인 소유권이 없는 제3자의 명의로 재산을 등기·등록 또는 명의개서한 경우
⑦ 다른 사람의 재산신탁으로 신탁재산이나 그 재산에서 생긴 이익을 받은 경우
⑧ 기업의 합병 또는 증가·감자로 인하여 주주가 받는 이익
⑨ 특수관계자로부터 취득한 주식의 상장차익
⑩ 재산을 취득한 자금 또는 채무를 상환한 자금의 출처가 분명하지 않은 경우
⑪ 전환사채이익, 결손법인과의 거래, 토지무상사용권, 금전무상대부 등 사실상 증여와 같은 경제적 이익을 얻은 경우

한편, 재산을 취득하거나 채무를 상환한 사람의 연령·소득상황 등을 감안하여, 자력으로 취득하거나 상환한 것이 아니고 증여를 받은 것으로 여겨질 때에는 재산취득자금 또는 채무상환자금 출처에 대한 안내문을 받게 되는데, 이 경우에는 재산취득자금 또는 채무상환자금 출처에 관한 자료를 세무서에 내야 한다.

증여세 과세표준은 먼저 본래의 증여재산에 증여의제 재산을 합하고 비과세재산과 불산입재산을 차감한 후 다시 채무를 빼서 증여재산가액을 정한다. 증여세 과세가액에 10년 내 재차증여 가산액을 더하고 인적공제·재해손실공제·감정평가수수료 등의 각종 증여공제를 차감하여 증여세과세표준을 구한다.

[44] 백덕현(2007), p. 54 재인용.

3.4. 증여세의 계산방법[45]

증여세는 증여받은 재산의 가액에서 증여재산공제를 하고 나머지 금액(과세표준)에 세율을 곱하여 계산한다.

증여받은 재산의 가액은 증여 당시의 시가로 평가하며, 그 시가를 산정하기 어려울 때에는 다음과 같은 방법에 의한다.

① 토지 및 주택: 개별공시지가 및 개별(공동) 주택가격

② 주택 이외의 건물: 국세청 기준시가(공동주택·상업용 건물·일반건물 등에 대하여 국세청장이 매년 산정·고시하는 가액)

③ 유가증권: 상속세와 동일

증여가 친족 간에 이루어진 경우에는 증여받은 재산의 가액에서 다음의 금액을 공제한다.

① 배우자로부터 증여받은 경우: 3억 원

② 직계존비속으로부터 증여받은 경우: 3,000만 원(증여받은 자가 미성년자인 경우에는 1,500만 원)

③ 배우자 및 직계존비속이 아닌 친족으로부터 증여를 받은 경우: 500만 원

증여세를 받은 사람은 증여를 받은 날로부터 3개월 내에 주소지 관할 세무서에 신고·납부하면 내야 할 세액의 10%를 공제한다.

한편, 증여세를 신고·납부하기 위하여 증여재산을 평가하는 데 소요되는 감정평가수수료 등은 증여재산가액에서 공제한다. 이 경우 감정평가업자의 평가에 따른 수수료가 500만 원을 초과하는 경우에는 이를 500만 원으로 하고, 신용평가 전문기관의 평가에 따른 수수료가 추가로 있는 경우에는 감정평가수수료를 합산하여 1,000만 원을 초과하는 경우에는 이를 1,000만 원으로 하여 공제한다.

증여세 세율은 증여재산가액에서 증여재산공제 금액을 차감한 과세표준

45 이선성(2008), pp. 296~298.

표 8-4 각종 증여재산공제[46]

항 목	공제내용	비 고
배우자공제	3억 원	모든 경우 10년간 공제금액임
직계존비속	3,000만 원(미성년자 1,500만 원)	
기타 친족	500만 원	
재해손실 공제	신고기한 이내에 화재·폭발·자연재해 등으로 인하여 증여재산이 멸실 훼손된 경우 당해 손실가액을 증여세과세가액에서 공제	

이 1억 원 이하인 경우의 10%부터 과세표준이 30억 원을 초과하는 경우의 50%까지 총 5단계의 누진구조로 되어 있으며, 상속세의 세율구조와 같다(〈표 8-2〉 참조).

다만, 세대생략증여에 대한 할증과세(직계비속에 대한 증여 중 한 세대를 생략하고 이루어진 증여(할아버지가 아버지를 건너뛰어 손자에게 증여하는 경우))에 대하여는 산출세액의 30%를 가산한다.

3.5. 증여세의 면제 · 비과세 · 합산과세[47]

증여세가 부과되지 않는 경우를 살펴보자.

첫째, 증여재산을 반환하거나 재증여하는 경우에는 과세되지 않는다. 증여 후 당사자 간의 합의에 따라 증여세 신고기한(증여일로부터 3개월) 이내에 반환하는 경우에는 당초부터 증여가 없었던 것으로 본다. 단, 반환 전에 정부의 세액결정을 받은 때는 과세한다. 또한 증여받은 사람이 증여세 신고기한 경과 후 3개월(증여일로부터 3개월 이후 6개월 이전) 이내에 증여자에게 다시 반환 또는 재차 증여하는 경우에는 반환 또는 재차증여에 대하여는 증여세를 과세하지 않는다(당초 증여분에 대하여는 증여세 과세함).

둘째, 장애인이 친족(배우자 제외)으로부터 증여받은 금전·부동산·유가증

46 백덕현(2007), p. 53 재인용.
47 이선성(2008), pp. 294~296.

권을 증여세 신고기한(3월) 이내에 신탁업법에 의한 신탁회사에 신탁하여 그 신탁의 이익 전부를 당해 장애인이 지급받을 때에는 5억 원까지 증여세가 부과되지 않는다. 또한 장애인전용 보험상품에 가입하여 장애인이 보험금을 지급받는 경우에는 연간 4,000만 원까지 증여세를 내지 않아도 된다. 기타 자세한 사항은 아래 설명을 참조하기 바란다.

① 장애인의 범위
- 장애인복지법에 의한 장애인
- 「국가유공자 등 예우 및 지원에 관한 법률」에 의한 상이자 및 이와 유사한 자로서 근로능력이 없는 자
- 기타 항시 치료를 요하는 중증환자

② 다음과 같은 사후관리요건을 위배한 때에는 그 때 증여받은 것으로 보아 증여세를 부과한다.
- 신탁을 해지하거나 신탁기간 만료시 연장하지 아니하는 경우
- 수익자를 변경한 경우
- 증여재산가액이 감소한 경우
- 신탁이익이 장애인 외의 자에게 귀속되는 경우

③ 다만, 다음의 경우는 부득이한 사유로 보아 증여세를 부과하지 않는다.
- 신탁회사가 관계법령 등에 의하여 영업취소 등이 되어 신탁을 해지한 경우로서 신탁해지일부터 2월 이내 동일 종류의 신탁에 가입한 때
- 신탁회사가 신탁재산 운영중 그 재산가액이 감소한 경우

④ 신탁기간 만료일부터 1월 이내에 동일 종류의 신탁에 가입한 경우에는 신탁기간을 연장한 것으로 본다.

셋째, 영농자녀가 증여받는 농지에 대해서는 증여세가 면제된다. 영농활동의 계속성을 세제면에서 뒷받침하기 위하여 자경농민이 영농자녀에게 농지 등을 2006년 12월 31일 이전까지 증여하는 경우 증여세를 면제한다.

① 농지: 9,000평 이내

② 초지: 45,000평 이내

③ 산림지: 90,000평 이내

넷째, 자경농민이 증여받는 농지에 대해서도 증여세가 면제된다. 자경농민이 직계존·비속, 직계비속의 배우자, 형제자매에게 농지를 양도·증여시 양도소득세·증여세를 면제한다. 대상농지는 농업진흥지역 내 농지로서 1991년 말 현재 소유하고 있는 9,000평 이내의 농지로서 2006년 12월 31일 이전까지 증여·양도하는 것에 한한다.

이제 합산과세하는 경우를 살펴보자.

증여 전 10년 이내에 동일인(직계존속인 경우 그 직계존속의 배우자 포함)으로부터 증여받은 가액의 합계가 1,000만 원 이상일 때에는 이를 합산하여 과세한다. 또한 할아버지가 아버지를 건너뛰어 손자에게 증여하는 것과 같이 한 세대를 생략하고 이루어진 증여의 경우에는 산출세액의 30%가 가산된다. 다만, 증여자의 최근친인 직계비속이 사망하여 그 사망자와 최근친인 직계비속이 증여받은 경우에는 그러하지 아니하다.

4 상속·증여세제에 대한 주요 논란과 개편방안

4.1. 과세표준구간 조정과 일부 공제항목의 상향조정

현행 세법에서는 중산층의 상속세에 대한 불안감을 덜어 주고, 상속인의 생활안정 및 기초생활 유지를 위하여 상속공제를 폭넓게 인정하고 있다. 공제해 주는 금액을 살펴보면 배우자가 살아 있는 경우 최소 10억 원, 최고 35억 원(일괄공제 5억 원, 배우자공제 5억~30억 원)에 달해 일부 재산가를 제외한 대다수 국민은 상속세를 전혀 부담하지 않는다고 한다. 예를 들면, 상속재산이 10억 원인 경우 피상속인(사망자)의 배우자가 살아 있으면 일괄공제 5억 원과 배우자공제 5억 원, 합계 10억 원을 상속재산에서 빼 주기 때문에 상속세를 전혀 부담하지 않는다.

또한 피상속인이 부담해야 할 채무나 공과금을 상속재산에서 추가로 공

표 8-5 상속세 과세인원 현황

단위: 명, %

구 분	2002년	2003년	2004년	2005년
결정인원	241,193	227,209	258,021	227,004
과세인원	1,661	1,720	1,808	1,816
과세인원 비율	0.69	0.76	0.70	0.80

자료: 국세청.

제해 주고 있으며, 상속재산은 시가로 평가하는 것이 원칙이지만 대부분 시가의 확인이 어렵기 때문에 시가보다 낮은 개별 공시지가나 주택공시가격 등으로 재산을 평가한다.

그리고 이렇게 평가한 가액은 통상 시가보다 낮으므로, 상속재산이 시가 10억 원보다 많더라도 상속세를 부담하지 않는 경우가 많다.[48]

그러나 상속을 받는 중상층 사람들의 대부분은 상속재산으로 주택(건물)이나 약간의 토지 등 부동산이 주류를 이루고 있고, 일부 부유층을 제외한다면 금융자산 등 유동자산의 상속은 많지 않은 편이다. 대부분의 중산층 상속자들이 조그만 주택(아파트)이라도 상속받을 경우 부동산가격의 상승 등으로 상속세 일괄공제 5억 원을 넘는 경우가 많으며, 각종 상속공제를 받아 10억 원 정도까지 상속세의 부담이 적다 하더라도 상속인이 배우자와 자녀 등 4인으로 구성된 경우 당장 살고 있는 집을 팔아 상속세를 내고 상속인들이 상속재산을 나누어 가질 수 없는 경우가 많다.

우리 나라의 상속세 과세인원 비율은 〈표 8-5〉와 같이 2003년에 0.76%, 2004년에 0.70%, 2005년에 0.80%로 실제 과세인원은 2,000명을 넘지 않는다.

그리고 상속세액을 상속재산 규모별로 분석해 보면(〈표 8-6〉 참조), 일부 대재산가가 상속세를 대부분 부담하고 있다는 사실을 확인할 수 있다. 2005년 상속세 과세현황 자료에 의하면, 상속재산가액이 100억 원을 초과한 피상속인은 56명에 불과하지만, 이들이 부담한 세액은 3,830억 원으로 전체 세액(7,256억 원)의 52%를 넘고 있다.[49]

48 국세청(2006), pp. 94~96.
49 국세청(2006), p. 96.

표 8-6 상속재산 계급별 과세현황(2005년)

단위: 명, 억 원

상속재산가액	인 원	구성비(%)	결정세액	구성비(%)
합 계	1,816	100.0	7,256	100.0
10억 원 이하	699	38.5	82	1.1
10억~30억 원	817	45.0	1,033	14.2
30억~100억 원	244	13.4	2,311	31.9
100억 원 초과	56	3.1	3,830	52.8

자료: 국세청.

표 8-7 상속세 및 증여세 세율구조 개편안

과세표준	세 율	누진공제액
1억 원 이하 (→2억 원 이하)	10%	–
1억 원 초과~5억 원 이하 (→2억 원 초과~5억 원 이하)	20%	1,000만 원 (2,000만 원)
5억 원 초과~10억 원 이하	30%	6,000만 원
10억 원 초과~30억 원 이하	40%	1억 6,000만 원
30억 원 초과	50%	4억 6,000만 원

〈표 8-6〉의 자료에서 보듯이, 2005년도의 경우 상속세를 낸 사람들의 계급별 상속재산가액 구성비와 상속세 부담 구성비를 보면, 상속재산가액이 10억 원 이하인 사람들이 38.5%인데 이들이 낸 상속세의 비중은 1.1%에 불과하며, 상속재산가액이 10억~30억 원에 해당하는 사람들은 45.0%로 가장 많은데 이들이 낸 상속세의 비중은 14.2%에 불과하다.

이에 반하여 상속재산가액이 30억~100억 원에 해당하는 사람들은 13.4%로 이들이 부담하는 상속세액은 31.9%이며, 상속재산가액이 100억 원을 초과하는 사람들은 3.1%에 불과하지만 이들이 내는 상속세의 비중은 52.8%나 된다.

따라서 상속재산이 30억 원 이하인 83.5% 대부분의 사람들이 부담하는 상속세액 비중이 전체 상속세 수입 중에서 15.3%에 불과하다. 이러한 현상은 실제로 국가의 조세수입에도 크게 기여 못하면서 상속재산이 30억 원 이하인 83.5%의 대부분 상속자들에게 조세부담만 주며, 중산층의 육성 및 생활안정에도 도움이 안 된다. 따라서 중산층의 육성과 생활안정을 위하여 상속세의 과세표준구간의 일부를 상향조정하고, 상속세의 공제한도도 중산층의 생활안정과 재산형성에 도움이 되도록 개편되어야 한다.

구체적 방안을 제시하자면, 과세표준 중 세율 10%가 적용되는 구간의 과세표준을 1억 원 이하에서 2억 원 이하로, 그리고 세율 20%가 적용되는 구간의 과세표준 1억 원 초과~5억 원 이하를 2억 원 초과~5억 원 이하로 상향조정하여 중산층의 상속세 부담을 덜어 주고 생활안정 및 재산형성에 도움을

표 8-8 각종 상속재산공제 개편방안

구 분	항 목	공제내용	한 도
① 기초공제		2억 원	
② 인적공제	· 배우자공제 · 자녀공제 · 미성년자공제 · 연로자공제 · 장애자공제	법정상속지분 내 실제 상속받은 가액 1인당 3,000만 원(→5,000만 원) 500(→1,000)만 원×20세까지의 잔여연수 1인당 3,000만 원(→5,000만 원) 500(→1,000)만 원×75세까지의 잔여연수	최소 5억 원 (→10억 원), 30억 원 한도
③ 일괄공제		5억 원(→10억 원)	
④ 가업상속공제		가업상속재산가액	2억 원(→5~10억 원)
⑤ 영농상속공제		영농상속재산가액	2억 원(→5~10억 원)
⑥ 금융재산공제	순금융재산가액이 · 2000만 원 이하 (→4,000만 원 이하) · 2,000만~1억 원 (→4,000만~2억 원) · 1억 원 초과 (→2억 원 초과)	순금융재산=(금융재산-금융부채) 전액 2,000만 원(→4,000만 원) 순금융재산가액×20%	2억 원
⑦ 재해손실공제	신고기한 이내에 화재·폭발·자연재해 등으로 인하여 상속재산이 멸실·훼손된 경우 당해 손실가액을 상속세 과세가액에서 공제		

주: 1) ① 기초공제+② 인적공제(배우자공제는 제외)와 ③ 일괄공제 중 선택.
2) 납세의무자가 국내 비거주자인 경우 기초공제(2억 원)를 제외한 상속공제의 적용에서 배제.
3) 표 안의 (→ooo원)은 개편 제시안임.

주도록 개선하는 것이 바람직하다고 판단된다.

또한 상속제의 각종 공제한도를 상향조정하는 상속재산 공제폭을 상향조정하는 개편방안을 〈표 8-8〉에 제시한다.

4.2. 상속과세 유형

상속과세의 유형은 그 과세하는 방법을 기준으로 구분되는 과세체계이다. 그런데 특정 유형의 선택은 그 사회가 추구하고자 하는 목표가 무엇이냐와 밀접한 관련이 있다. 또한 어떤 유형을 택하느냐에 따라 증여세 및 개인소득세와의 관계가 달라질 뿐 아니라 과세행정상의 난이도, 세수기여도, 부(富)의 집중 억제기능 등도 현저하게 달라질 수 있다. 상속과세 유형으로는 크게 유산과세형과 유산취득과세형이 있다.

유산과세형은 피상속인 기준으로, 피상속인의 사망시에 그 피상속인의 유산 총액을 과세대상으로 하는 제도이다. 이 유형에서는 공동상속의 경우 분할 전 유산 총액에 누진세율을 적용하여 세액을 산출하고, 그 세액을 유산취득 비율에 따라 분할하여 각 상속인이 납부하게 된다. 즉, 피상속인의 상속재산 전체에 대하여 계산된 상속세액을 공동상속인의 상속지분에 따라 나누어 내는 방법이다. 현행 우리 나라를 비롯하여 미국·영국·캐나다·네덜란드·스위스 등에서 채택하고 있다.

유산세방식의 장점은, 첫째 피상속인의 모든 재산을 종합하여 생전의 세부담을 정산하는 것으로서 세무행정상 상속개시지 관할 세무당국이 사망자의 유산 총액만을 파악하여 1회 과세하면 되므로 조세행정이 용이하다.

둘째, 유산 총액에 대하여 초과누진세율을 적용할 수 있기 때문에 유산취득자들이 위장분할상속에 의해 상속세 부담을 회피하는 것을 방지할 수 있으며, 각 상속인의 상속분에 누진세율을 적용하는 것보다 과세증대효과가 크다.

유산세방식의 단점은, 첫째 각 상속인이나 수증자가 취득하는 유산액의 크기를 무시함으로써 상속인이나 수증자의 담세능력의 증가가 과세에 반영되지 않고, 그 결과 부의 편재를 심화시킬 소지가 있다.

둘째, 유산을 상속 또는 증여할 때 여러 사람에게 분할해서 하거나 한 사람에게 집중적으로 하거나 세부담 총액은 동일하기 때문에 부의 분산유인에 대해 조세부담이 중립적이다. 즉, 부의 분산유인기능이 없다. 왜냐하면, 사망시점에만 상속과세가 되므로 생존자 간의 증여에 의해 상속과세를 쉽게 회피할 수 있기 때문이다.

셋째, 유산과세형은 증여자의 부과에 의해 보완되지 않으면 안 된다. 왜냐하면, 사망시점에만 상속과세가 되므로 생존자 간의 증여에 의해 상속과세를 쉽게 회피할 수 있기 때문이다.

넷째, 유산과세형에서도 각종 공제혜택(예컨대, 기초공제·배우자공제·주택상속공제 등)에 의해 가족공동체의 물적 기초를 보호하는 목적을 달성할 수는 있지만 다른 과세유형에 비해 그 효과가 간접적이다. 즉, 유산과세형에서는 유산 총액에서 공제액을 차감하기 때문에, 특히 공동상속의 경우 그 공제효과가 누구에게 귀속되는지 불분명할 수 있다.

유산취득과세형은 상속인이나 수증자 기준으로 그들의 유산취득가액이나 수증재산가액을 과세대상으로 하는 제도이다. 이 유형에서는 공동상속의 경우 피상속인의 유산을 먼저 각 상속인의 상속분에 따라 분할하여 각 상속인이 취득하는 유산액에 초과누진세율을 적용하게 된다. 즉, 피상속인의 상속재산을 공동상속인별로 분할한 후 각 상속지분에 따라 상속세를 계산하는 방법이다. 이 유형을 채택한 나라로는 일본·독일 및 프랑스가 대표적이다.

유산취득과세형의 장점은, 첫째 이론적으로는 유산과세형에 비해 응능부담원칙과 형평에 보다 잘 부합한다. 왜냐하면, 상속세 부담이 상속재산의 취득자에게 귀착된다는 통설을 따를 때, 상속인들이 취득하는 상속재산의 크기에 기초하여 부과하는 것이 보다 바람직하기 때문이다. 또한 이러한 이유로 상속인을 기준으로 보는 소득세보완기능도 갖는다.

둘째, 상속인이나 수증자를 기준으로 과표를 산정하기 때문에 피상속인과 상속인 간이나 증여자와 수증자 간의 차등세율을 도입하기가 용이하다.

셋째, 피상속인의 유산이 다수의 상속인에게 분산될수록 상속세 부담 총액은 감소된다. 따라서 부의 집중을 억제하거나 부의 편재를 시정하는 효과가 상대적으로 우수하다.

넷째, 각종 공제를 통한 가족공동체의 물적 기초보호효과의 경우 재산의

표 8-9 유산과세방식과 취득과세방식 대비

구 분	유산과세	취득과세
정의내용	피상속인 유산 전체를 하나의 과세단위로 하여 세금부과	상속인별로 각자 상속받은 재산에 대해 개별적으로 과세
과세표준	피상속인 유산 전체	상속인별로 받은 재산
세 율	초과누진세율	같 음
부담세액	상대적으로 많음	상대적으로 적음
부의 분산효과	없 음	높 음
과세행정력 소모	상대적으로 적음	많 음
기 타	미국·영국·한국	일본·독일·프랑스

무상취득자별로 각자의 취득재산에서 해당 공제액을 차감하기 때문에 그 효과의 귀속이 분명하고 직접적이다.

유산취득과세형의 단점은, 첫째 유산과세형에 비하여 세수입의 감소가 예상된다.

둘째, 상속인별로 각자 주소지 관할 세무당국이 과세처분을 해야 하므로 조세행정이 복잡하게 된다.

셋째, 상속인이 실제 취득액과 달리 세무신고를 함으로써 탈세할 우려가 있다. 유산의 분할실태를 행정적으로 파악하기 어려운 경우에는 특히 그러하다.

넷째, 생존자 간의 분할증여에 의해 상속과세를 회피할 수 있기 때문에 증여세로 상속세를 보완할 필요가 있다.

다섯째, 사실상 유산의 분할이 곤란한 재산을 상속할 경우에는 상속세 부담의 상대적 불공평문제가 발생한다. 예를 들어, 농업이나 중소기업부문의 자산처럼 그것이 분할되면 정상적인 경영의 유지가 어렵기 때문에 현실적으로 단독으로나 또는 소수의 상속인이 상속하지 않을 수 없는 경우가 이에 해당된다.[50]

현행 우리 나라 상속과세방식은 피상속인 유산 전체를 하나의 과세단위

[50] 유경문·이필우·김동건 외(2002), pp. 15~19.

로 부과하는 유산세방식이다. 이는 상속인에 따라 각자가 상속받는 재산에 대하여 개별적으로 과세하는 유산취득세의 경우 상속인이 많아질수록 상속세 부담이 적어지는 데 비하여, 유산세방식의 경우 상속인이 1명이건 다수이건 상속세 부담액에는 영향이 없다. 한편, 유산취득세는 상속인별로 각자가 상속받은 재산에 대하여 개별적으로 과세하고 분할된 상속재산을 초과누진세율에 의하여 과세하는 제도이다.

일반적으로 유산과세방식을 택하는 법제에서는 상속세가 피상속인의 일생을 통한 부(富)를 청산한다는 등의 목적에 부합하므로 증여세도 증여자 과세주의를 택하고, 유산취득과세방식을 취하는 법제에서는 상속세를 불로소득의 취득이라는 이유로 취득세라고 보는 입장이기 때문에 증여세도 당연히 수증자 과세주의를 취한다.

각국의 입법예를 볼 때 상속세 과세체계에서 유산세체계를 택하는 미국·영국의 경우 증여자 과세주의를 취하고, 독일과 프랑스는 유산세 취득과세방식에 의한 상속세를 수증자 과세방식에 증여세를 부과하며, 일본의 경우 종래 유산세방식에 의하여 상속세를 증여자에게 증여세를 부과하는 증여자 과세주의를 취하다 유산세 취득방식으로 개정한 이후에는 수증자 과세주의를 택하고 있다.

우리 나라의 상속·증여세법은 유산세 과세방식에 의한 상속세를, 수증자 과세방식에 입각한 증여세를 부과하고 있다(상속·증여세법 제4조 제1항 참조). 따라서 상술한 각국의 입법예와 엇갈리는 과세방식을 취하고 있어 상속세 과세체계를 유산취득세체계로 전환할 것을 주장하는 학자들도 있다.[51]

상속과세제도는 세수목적, 부(富)의 분산목적, 불로(不勞)·우연(偶然)소득의 환원, 소득세의 보완 등으로 집약된다. 그런데 현행 우리 나라의 유산세방식은 상속과세제도에서는 세대 간의 부의 세습화를 차단하는 효과가 작을 뿐만 아니라, 부의 재분배기능은 물론 소득세 보완기능마저 제대로 실현하지 못하고 있다는 비판이 있다.

그러나 우리 나라의 상속세제도뿐만 아니라 증여세제도의 경우에도 소기

[51] 최성렬·하재성(1999), p. 237.

의 목적을 달성하지 못하는 것은 상속세나 증여세의 제도 자체의 문제라기보다는 이와 연계된 다른 경제제도에 더 큰 원인이 있다고 보아야 할 것이다.

선진국들과 같이 조세체계와 법제도가 잘 정비되어 있으며, 세무행정의 투명성이 높고, 서양과 같이 개인주의가 발달한 나라의 경우에는 일부 학자들이 주장하는 바와 같이 상속세 과세체계를 '유산취득세체계'로 운영하는 것이 최소한 이론적 측면에서 볼 때 조세부담의 형평성을 증가시킬 수 있을 것이다.

그러나 우리 나라의 경우 조세체계나 제도를 정비할 부분이 많으며, 조세행정의 투명성 확보에 아직도 많은 문제를 갖고 있을 뿐만 아니라, 그리고 서양과 달리 개인주의보다는 아직도 가족집단주의가 지배적인 문화풍토 속에서 '유산취득세체계'로의 전환은 국가의 세수감소 예상은 물론, 탈세가 만연한 우리 나라의 조세풍토하에서 부의 세습화 차단효과도 크게 기대할 수 없다. 뿐만 아니라 유산취득자 각각의 상속재산 규모를 파악하여야 하므로 세무행정의 복잡성으로 세무행정의 효율성을 떨어뜨릴 수도 있다. 납세자의 경우에도 탈세가 보편화되어 있는 풍토 속에서 세부담의 공평성 향상도 크게 기대할 수 없을 것으로 판단되므로 '유산취득과세'방식보다는 현행대로 '유산세'방식에 의한 상속세 부과가 더 합리적이라 판단된다.

유산 총액에 대하여 일괄적으로 상속세를 과세한 이후 이를 상속자들에게 배분하는 현행 유산과세방식이 완벽한 것은 아니지만 우리 나라와 같이 조세제도의 미비점이 많으며, 조세행정력의 취약성을 고려할 때, 그리고 경제거래에 있어 투명성이 제대로 확보되지 않았을 뿐만 아니라 탈세가 일반화된 사회풍토 속에서 세부담의 형평성이 강조되는 '유산취득과세형 상속세제도'는 오히려 세대 간의 부의 세습을 더 확대시키며, 부의 재분배를 악화시키고, 소득세의 보완기능을 오히려 약화시킬 가능성이 더 크다고 판단된다. 따라서 우리 나라의 상속관행 및 경제거래의 투명성이 확보되지 아니한 현실을 고려한다면 현행의 유산과세형의 유지가 바람직하다고 판단된다.[52]

52 이필우·유경문(2003), pp. 611~613.

4.3. 상속세 부담의 국제비교

상속세 부담의 국가 간 비교는 상속세 과세방식(유산과세형[53] 및 유산취득과세형[54])·세율·공제방법 등이 다르기 때문에 일률적으로 판단하기 어려우나, 우리 나라의 상속세 부담이 전반적으로 외국에 비하여 높은 수준은 아니다.

우리 나라의 상속세율(10~50%)은 〈표 8-10〉에서 보는 바와 같이 다른 선진국에 비하여 비슷한 주준이다. 한편, 최고세율(50%)이 적용되는 금액기준도 우리 나라는 30억 원으로 미국 200만 달러(약 19억 원), 프랑스 170만 유로(약 20억 원) 등 외국에 비해 높게 규정하고 있어, 우리 나라의 상속세 부담이 상대적으로 낮다고 할 수 있다.

예를 들어, 상속세 과세표준이 20억 원일 경우 미국에서는 46%를 적용하지만, 우리 나라에서는 40% 세율을 적용하며 최고세율은 과세표준이 30억 원을 초과하는 경우에만 적용된다.[55]

한편, 소득세수·상속세수·증여세수의 시계열 추이를 보면 〈그림 8-3〉과 같다. 소득세의 세수는 1981년 이후 급격한 증가를 보이고 있으며, 현재에 이르러서의 소득세세수와 상속세수, 증여세수와의 격차는 비교가 되지 않을 만큼 차이가 벌어지는 추세를 보이고 있다.

상속세 및 증여세의 세수는 1980년대 초기까지 그다지 크지 않았다. 물론 경상가격으로 계산하였기 때문이지만 실질가격으로 계산하여도 유사한 추이를 나타내며, 1980년 이후 지속적으로 증가하여 1997년에 정점을 이룬 뒤

표 8-10 주요국의 상속세율(2006)

단위: %

국 가	한 국	미 국	영 국	프랑스	일 본	독 일
세 율	10~50	18~46	40	5~60	10~50	7~50

53 유산과세형이란 피상속인(사망자) 유산총액을 기준으로 세액을 계산하고, 상속인별 지분비율로 상속세를 부담하는 방식을 말한다.

54 유산취득과세형이란 상속인별 취득재산가액을 기준으로 세액을 계산하여 상속세를 부담하는 방식을 말한다.

55 백덕현(2007), p. 103 재인용.

그림 8-3 소득세·상속세·증여세의 세수추이[56]

단위: 백만 원

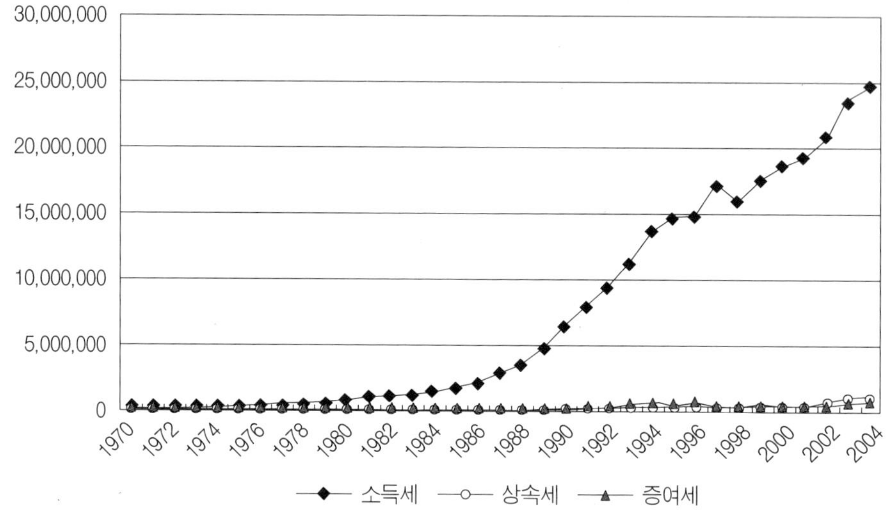

자료: 국세청, 『국세통계연보』, 각 연도.

하락하다가 다시 증가하고 있다(〈그림 8-4〉 참조).

상속세와 증여세의 세수를 1995년 이후로 관찰하면 세수의 비중이 상속세에서 증여세로 이동하고 있음을 볼 수 있다. 상속세의 경우는 1995년까지 증가하다가 이후 감소추세를 나타내고 증여세의 경우 지속적으로 증가하는 추이를 보인다.[57]

이상에서 우리 나라의 상속세 및 증여세의 세부담이 선진국에 비하여 특별히 높은 것은 아니지만, 조세수입에서 차지하는 비중이 매우 낮아 조세수입에 기여하는 기여도가 낮음을 알 수 있다.

4.4. 선진국의 상속세 폐지 움직임

최근 미국을 비롯한 주요 선진국에서의 감세정책이 자주 거론되고 있으

[56] 백덕현(2007), p. 58 재인용.
[57] 백덕현(2007), p. 59 재인용.

그림 8-4 소득세·증여세의 세수추이[58]

단위: 백만 원

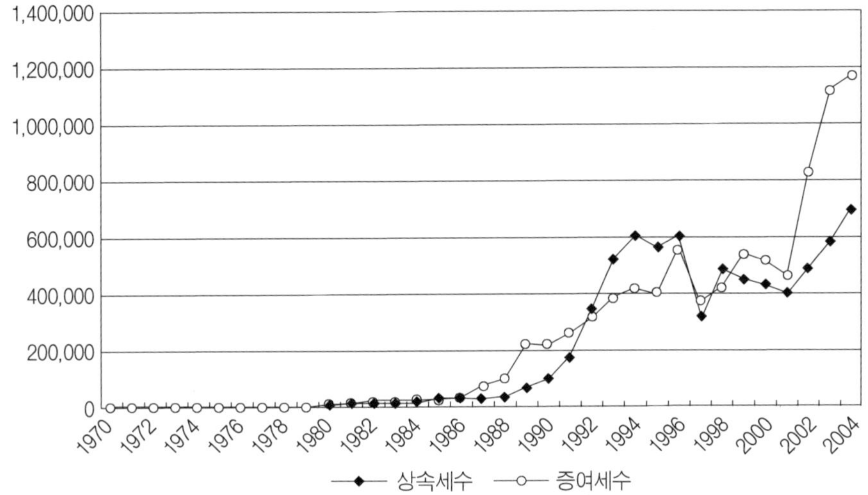

자료: 국세청, 『국세통계연보』, 각 연도.

며, 그 수단으로 상속세 및 증여세를 완화하는 추세이다. 미국의 조지 W. 부시 대통령은 대통령선거 때 상속과세제도의 폐지 및 감세정책을 공약하였다. 그리고 당선 후 2000년도에 상속과세(미국에서는 이를 유산세(Estate Tax)와 증여세(Gift Tax)로 표기함) 폐지법안을 의회에 상정하여 2001년도에 유산세(Estate Tax, 2001년도 최고명목세율 55%)의 점진적 폐지를 의결하였다. 이로써 2002년부터 2009년까지 연차적으로 유산세(우리 나라의 상속세에 해당함)와 세대생략이전세(Generation-skipping Transfer Tax)의 통합세액공제액의 면세금액을 점진적으로 증액시키고, 최고명목세율은 점진적으로 인하하는 방법을 통하여 2010년도에는 유산세(상속세)와 세대이전세를 폐지하기로 하였다. 그러나 2011년부터는 2001년도 상속세체계(최고세율 55%)로 복귀한다.

이에 공화당 측에서 상속세 영구폐지를 추진하여 2005년 4월 13일 하원은 통과하였으나 2006년 6월 8일 상원에서 부결되었다. 이에 2006년 6월 22

58 백덕현(2007), p. 59 재인용.

표 8-11 국가별 상속세 과세 여부

상속세 과세국가	상속세 폐지국가
미국·영국·프랑스·독일·일본 등 대다수 국가	캐나다·호주·뉴질랜드·이탈리아·포르투갈·슬로바키아·스웨덴

자료: 국세청, 「세금에 대한 오해와 진실」, 2006, p. 91.

일 하원에서 상속세 영구폐지 법안보다는 2011년 이후 상속세 부담을 완화하는 새로운 절충안을 상원에 송부하였으나, 상속세 감면의 혜택이 일부 부자에게만 돌아간다는 점과 재정적자문제 등을 감안하면 통과가 쉽지 않을 전망이다.[59]

어쨌든 2006년 6월 미국 상원에서 '상속세 폐지법안'이 부결되었다. 주된 이유는 전체 상속건 중 2% 미만에만 과세되는 상황에서 상속세를 폐지하면 상속세 경감효과가 특정 부유층에게만 혜택이 돌아가고 재정적자가 만성적으로 악화될 것이라는 우려 때문이라고 한다.[60]

일부에서는 캐나다·이탈리아 등 일부 국가에서 상속세를 폐지하여 '상속세 폐지'가 세계적 추세라고 주장하고 있다. 그러나 미국·영국·프랑스·독일·일본 등 대다수 국가에서 여전히 상속세를 과세하고 있는 점을 감안할 때 '상속세 폐지'가 세계적인 추세라는 주장은 설득력이 약하다.

또한 상속세를 폐지한 국가들은 우리 나라에 비해 소득세율이 매우 높거나, 상속세를 대체할 수 있는 자본이득세·부유세 등 보완적인 조세제도를 가지고 있어서, 상속세만 가지고 단편적으로 우리 나라와 비교하는 것은 문제가 있다.

1972년에 상속세를 폐지한 캐나다는 상속이 발생하는 경우 상속재산을 양도한 것으로 간주하여 자본이득세를 과세하고 있으며, 2005년에 상속세를 폐지한 스웨덴은 대신 부유세(Net Wealth Tax, 프랑스·북유럽 등에서 시행중인 조세로서, 개인이 보유하고 있는 자산총액에서 부채 총액을 뺀 순자산 총액(과세기준금액 초과분)에 대해 매년 과세하는 세금)를 시행하고 있다.[61]

---

59 김진·원종하(2006), pp. 26~27.
60 국세청(2006), p. 90.

우리 나라의 경우에는 상속세 및 증여세의 부담이 선진국에 비하여 특별히 높은 것도 아니며, 그렇다고 상속세와 증여세를 폐지하고 부유세를 도입하는 것은 더욱 어려운 현실이다. 최근 경제양극화로 빈부의 격차가 확대되는 추세인 점을 감안한다면, 우리 나라에서의 상속세 폐지는 일반국민들의 정서상 받아들이기가 어렵다고 판단되어 현행대로 존치시킴이 바람직하다고 판단된다.

4.5. 주요 상속·증여재산의 평가문제 개선방안

상속 및 증여재산 평가의 근거법률은 상속세 및 증여세법 제60조에서 제66조, 시행령 제49조부터 제63조에 있다.

각종 상속·증여재산은 시가평가가 원칙인데, 여기서 시가란 불특정 다수인 사이에 자유로이 거래가 이루어지는 경우에 통상 성립된다고 인정된 가격으로 시가가 불분명한 경우 보충적 평가방법에 의한다. 이제 상속·증여재산인 토지·건물과 주식 등 주요 재산에 대한 평가방법에 대해서 구체적으로 살펴본다.

상속세 또는 증여세가 부과되는 평가기준이 (상속개시일 또는 증여일로 하되 상속재산에 가산하는 증여재산은 증여일) 현재의 시가에 의하여 평가한다.

시가를 산정하기 어려운 때에는 평가방법(상속세 및 증여세법 제61조부터 제65조에 규정된 평가방법)에 의하여 평가한 가액에 의한다.

담보제공된 재산 등은 시가(또는 보충적 평가방법에 의한 평가액)[62]와 당해 재산이 담보하는 채권액 등을 기준으로 특례평가액을 비교하여 큰 금액으로 평가한다.

---

[61] 국세청(2006), pp. 99~100.

[62] 보충적 평가방법은 다음과 같다.
① 토지 및 주택: 개별 공시지가 및 개별(공동) 주택가격
② 건물: 국세청장이 산정·고시하는 가액
③ 주택 이외의 건물: 국세청 기준시가(공동주택·오피스텔 및 상업용 건물(이들에 부수되는 토지를 포함)) 등에 대하여 매년 국세청장이 토지와 건물의 가액을 일괄하여 산정·고시하는 가액

한편, 시가란 불특정 다수인 사이에 자유로이 거래가 이루어지는 경우에 통상 성립된다고 인정되는 가액을 말한다. 다만, 상장주식·협회등록주식은 보충적 평가방법에 의하여 평가한 가액을 시가로 본다(상속세 및 증여세법 제60조 제1항).

평가기준일 전후 6월(증여재산은 3월) 이내의 기간 중 매매가액, 감정가액, 수용·경매·공매가액은 시가에 포함하되, 평가기간 밖의 매매사례가액·감정가액 등도 평가기준일로부터 매매계약일(감정평가서를 작성한 날 또는 보상가액 등이 결정된 날을 포함한다)까지 가격변동이 없다고 인정되는 평가심의위원회의 자문을 거쳐 확인된 가액을 평가기준일 현재의 시가로 인정하며, 당해 재산과 면적·종류·용도·종목이 동일 또는 유사한 다른 재산의 매매가격 등도 시가로 인정할 수 있다.

이제 주식의 평가에 대하여 살펴보자. 상장주식(시장가치)은 평가기준일 이전·이후 각 2개월(총 4개월) 공표된 매일의 한국증권거래소 최종시세가액(거래실적 유무를 불문함)의 평균액으로 평가한다.

협회등록주식은 상장주식 평가방법을 준용하여 평가한다. 이 경우 한국증권거래소 최종시세가액은 증권업협회 기준가격으로 한다.

비상장주식은 1주당 순손익가치와 1주당 순자산가치를 각각 3과 2의 비율로 가중평균한 가액에 의한다. 다만, 부동산 과다보유 법인은 각각 2와 3의 비율로 가중평균한 가액에 의한다.

$$\text{1주당 순손익가치: } \frac{\text{1주당 최근 3년간의 순손익액의 가중평균}}{\text{순손익가치환원율(국세청장이 고시한 율)}}$$

$$\text{순자산가치: } \frac{\text{1주당 순자산가치}}{\text{발행주식 총수}}$$

이상에 소개된 바와 같이 상속 및 증여재산의 평가는 세법 중에서 가장 어려운 분야이고 이 분야를 전문으로 연구하지 않으면 정확하게 산정하기 어렵다.

재산의 평가문제에 있어서 토지·건물·상장주식과 채권은 객관적인 자료가 있으므로 다툼이 별로 없으나, 그 외 분야는 아주 전문성을 요하고 객관적인 결과를 내놓을 수 없는 경우가 많다.

원칙적인 평가방법인 시가도 거래사례 한두 개를 가지고 적용하는 경우도 있으며, 문제는 이러한 평가를 개개 조사요원이 한다. 따라서 이러한 재산평가를 객관적이며 공정하게 전담하는 행정기관이 필요하며, 지방세 등에서도 유사한 평가들이 문제가 되는데, 이를 모두 통합한 평가기관이 독립적으로 설치·운영됨이 바람직하다.

4.6. 상속·증여세와 경영권 승계문제의 개편방안

창업주의 2세가 기업승계과정에서 상속세 부담이 크기 때문에 지분율이 낮아져 경영권 승계가 어려우며, 대재산가의 편법증여 사례도 과도한 상속세 때문에 발생하는 것이라는 주장이 있다.

그러나 기업경영권은 혈연관계에 따라 세습되기보다는 주주 등 이해당사자의 신뢰확보와 경영능력 검증을 통해 물려받는 것이며, 여기에 세금문제가 걸림돌이라는 주장은 맞지 않다. 또한 소유와 경영을 분리하여 전문경영인이 기업경영을 하는 것이 세계적인 추세이며 궁극적으로 나가야 할 방향임에도 자녀에게 기업경영권을 세습하기 위해 상속세를 대폭 완화하거나 폐지하자는 것은 바람직하지 않다.[63] 다만, 가업상속이나 영농상속의 경우 그 실효성을 높이기 위하여 상속공제한도를 대폭 상향조정하도록 개편됨이 바람직하다고 판단된다. 보다 구체적인 제안을 한다면 다음과 같다.

첫째, 현행 상속재산공제제도에 의하며, "가업상속은 비상속인이 5년 이상 계속하여 영위한 사업으로서 제조업 등 일정한 요건을 갖춘 경우로 상속개시일 현재 18세 이상인 자로서 상속개시일 2년 전부터 계속하여 가업에 종사한 경우, 가업상속재산가액이 2억 원을 초과는 경우 2억 원을 한도로 한다"라고 되어 있다. 그러나 이 제도의 문제점은 사업을 시작한 지 5년밖에 안 되는 사업을 '가업(승계)상속으로 보는 것은 재고할 필요가 있다. 우리 나라의

[63] 국세청(2006), pp. 92~93.

중소기업의 평균연령이 10.6년 정도 임에 비추어 볼 때, 가업승계(기업)상속의 경우 '10년 이상' 계속하여 영위한 사업을 대상으로 하되, 그 대신 가업상속공제한도를 10억 원으로 하여 실질적 도움이 되도록 함이 바람직하다고 판단된다. 즉, "가업상속은 비상속인이 10년 이상 계속하여 영위한 사업으로서 제조업 등 일정한 요건을 갖춘 경우로서 상속개시일 현재 18세 이상인 자로서 상속개시일 2년 전부터 계속하여 가업에 종사한 경우, 가업상속재산가액이 10억 원을 초과는 경우 10억 원을 한도로 한다"라고 하여 가업상속공제한도를 대폭 상향조정해 주고, 또한 10억 원을 초과하는 경우 창업자금에 대한 증여세 과세특례제(법 제30조의5)와 같이 10억 원을 초과는 경우 30억 원 한도에서 그 초과액에 대하여 100분의 10으로 상속세를 부과하도록 상속세 공제제도를 개편한다면 가업상속(또는 중소기업의 가업승계)에 실질적 도움이 될 것으로 판단된다.

또한 조세제한특례법에서 한시적으로 허용한 '창업자금에 대한 증여세 과세특례제도'(법 제30조의5)의 경우 그 내용을 보면 다음과 같다.

> "제30조의5【창업자금에 대한 증여세 과세특례】① 30세 이상이거나 혼인한 거주자가 창업을 목적으로 65세 이상의 부모(증여 당시 부 또는 모가 사망한 경우에는 사망한 부 또는 모의 부모를 포함한다. 이하 이 조에서 같다)로부터 토지·건물 등 대통령령이 정하는 재산을 제외한 재산(증여세 과세가액 30억 원을 한도로 한다. 이하 이 조에서 '창업자금'이라 한다)을 2007년 12월 31일까지 증여받는 경우에는「상속세 및 증여세법」제53조 제1항 및 같은 법 제56조의 규정에 불구하고 증여세 과세가액에서 5억 원을 공제하고 세율을 100분의 10으로 하여 증여세를 부과한다. 이 경우 창업자금을 2회 이상 증여받거나 부모로부터 각각 증여받는 경우에는 각각의 증여세과세가액을 합산하여 적용한다"라고 되어 있다.
>
> 이를 "30억 원을 한도로, 증여과세가액에서 10억 원을 공제하고 세율을 100분의 10으로 증여세를 부과한다"로 개편한다면, 직계비속의 창업에 실질적인 도움이 될 수 있다고 판단된다.

둘째, 영농상속의 경우는 "피상속인 및 상속인 모두 상속개시 2년 전부터 영농에 종사하면서 농지·초지·산림지 등을 상속받는 경우에 영농상속재산가액이 2억 원을 초과는 경우 2억 원 한도”로 영농상속공제를 해 주고 있다. 한·미 FTA 및 앞으로 다른 국가들과의 FTA가 확대될 경우, 우리 나라의 영세한 영농업자들은 경쟁에서 도태될 수밖에 없는 실정이다. 따라서 우리 나라의 농업을 살리고 대외경쟁력을 확보하기 위해서는 영농상속의 경우 상속재산공제에 있어서 현행 ‘영농상속공제 한도 2억 원’을 ‘영농상속공제 한도를 10억 원’으로 개편해 주어야 영농후계자가 많아지고, 농업이 기업농으로 성장 발전하여 외국과의 경쟁력을 키울 수 있다고 판단된다.

또한 영농상속공제 대상에는 ‘영농에 종사하면서 농지·초지·산림지 등’으로 되어 있으나. 임업·축산업·수산업의 종사자에 대한 상속공제는 되어 있지 않다. 따라서 임업·축산업 및 수산업 후계자들에게도 같은 규모의 상속공제(상속공제한도 10억 원)를 해 준다면 이들 분야의 사업도 활성화되면서, 일자리 창출과 외국과의 경쟁력 확보에 크게 도움이 되는 개편방안으로 판단된다.

4.7. 고가의 미술품 및 골동품 등에 대한 과세기법과 조세행정상의 문제점 개선방안

현행 상속세제도는 유산세체계에 의하기 때문에 상속인수에 관계없이 세부담이 동일하다. 상속재산은 결국 상속인 등에게 귀속되어, 귀속자에 따라서 부담능력이 다른데 이를 고려하지 않는 것이 문제점이다. 현행 상속세제도와 증여세제도는 과세대상 자산을 평가하면서 아직도 상당 부분이 시가와는 거리가 있는 원가주의에 의하고 있으므로 과세형평상 문제가 있다.

상속세 및 증여세분야에서의 탈세문제는 법과 제도상의 문제라기보다는 운용상의 문제가 더 크다고 할 수 있다. 즉, 세법상으로는 상속이나 증여로 충분히 과세할 수 있으나 현실적으로 포착할 수 없는 재산의 경우 과세를 할 수 없는 경우가 많다. 그 대표적인 사례는 고가의 미술품·골동품 등을 들 수 있다.

또 다른 탈세유형이 현금을 이용한 편법증여, 제3자 명의를 이용한(명의신탁) 재산은닉이 성행하고 있다. 실제로는 재산을 수십억, 수백억 원을 가지고 호화생활을 하고 있으면서 본인 명의의 재산이 없다는 이유로 세금을 내지 않고 있는 사례들을 들 수 있다. 이러한 사례에는 사전에 불법·편법 증여가 있었기에 가능한 것이므로 법규정의 문제가 아니라 불법·편법 증여를 포착하지 못하는 과세기법과 조세행정 운용상의 문제가 있다고 볼 수 있다.

그렇다 보니 현실적으로는 등록된 재산(부동산·주식·예금 등)에 대해서만 과세가 이루어지고 있다. 따라서 새로운 과세기법과 조세행정의 운용상 혁신이 필요할 것이다. 예를 들면, 현금거래에 대한 규제를 강화하고, 금융정보분석원의 기능을 확대하여 이를 적극적으로 활용함으로써 그러한 불법거래들이 포착되고, 고가의 미술품·골동품 등의 거래도 간접적으로 포착할 수 있다.

편법·불법 상속 또는 증여시점에서는 과세를 회피할 수 있을지 몰라도 언젠가는 포착되어 세금과 함께 무거운 가산세 또는 벌금을 부과함으로써 상속 또는 증여시점에 정당하게 세금을 납부하는 것이 가장 유리하다는 것을 사회적으로 인식하도록 조세행정 운용과 제도적 보완이 필요하다.

구체적으로는 부과제척기간의 대폭 연장, 가산세제도 보완(가산세를 40%에서 100%로 인상), 재산평가방법 보완(상속이나 증여시점에서의 평가가 아니라 포착시점에서의 평가를 기준으로 과세하는 방법) 등을 고려할 수 있다.

예를 들어, 고가로 평가되는 미술품과 골동품 등 금전적 평가가 가능한 재산의 경우 상속 및 증여시점에서 신고 및 포착되지 않아 상속세나 증여세를 부과하지 못한 경우, 소멸시효기간을 두지 말고 상속 및 증여재산으로 포착 또는 인지된 시점에서 평가하여 상속세나 증여세를 과세하는 법적 장치의 마련이 필요하다고 판단된다.

4.8. 증여세제의 완전포괄주의 도입의 위헌논쟁 방지방안

공평과세 확대를 위해서는 증여세의 완전포괄주의 도입에 따른 위헌 여부에 대한 법정 논란을 배제할 수 없으므로 법개정이 반드시 필요하다고 판단된다.

우리 나라의 경우 일부 고액재산가들은 다양한 변칙적인 사전 상속 및 증여방법을 통하여 부를 무상이전하는 경우가 있다. 이러한 방법을 통한 부의 집중과 세습현상은 사회계층 간 부의 불균등을 심화시켜 많은 사회적 문제를 발생시키고 있는 실정이다.

특히, 과거 증여세의 경우 과세를 할 수 있는 13가지 유형을 증여세법에 열거하고, 이에 대하여만 증여세를 과세하는 (제한적)유형별 포괄주의를 채택함으로써 세법에 명시되지 않은 다양한 새로운 금융기법에 의한 사전 상속 및 증여의 경우 '조세법률주의'에 의하여 원천적으로 과세가 불가능하게 되어 있었다.

따라서 상속·증여세법의 획기적 개정을 통한 변칙적 사전 상속 및 증여 방법을 차단하기 위하여 '완전포괄주의' 도입이 필요하였고, 정부는 2004년 1월부터는 증여세에 한해 완전포괄주의를 택하고 있다. 완전포괄주의란 증여세법에 열거된 과세대상이 아니라도 명백하게 무상이전에 의한 경제적 이득이 발생한 경우 '실질과세원칙'에 따라 과세를 해야 한다는 것이다.

증여세에 완전포괄과세제도를 도입할 경우 과세대상과 세율은 법으로 정한다는 '조세법률주의'를 위반하는 위헌의 소지가 있어 도입을 반대하는 의견도 있다. 그러나 현실을 잘 반영하지 못하는 법이라면 '조세법률주의'라는 형식논리에 억매이기보다는 현실을 잘 반영할 수 있도록 법이 개정되어야 한다.

과거 증여세의 경우 과세를 할 수 있는 14가지 유형을 증여세법에 열거하고, 이에 대하여만 증여세를 과세하는 (제한적)유형별 포괄주의를 채택하였다. 이는 명시되지 않은 다양한 새로운 금융기법에 의한 사전 상속 및 증여의 경우 '조세법률주의'에 의하여 원천적으로 과세가 불가능함을 의미한다. 그리고 다양하게 개발된 새로운 금융기법에 의한 증여를 모두 세법에 일일이 열거한다는 것도 현실적으로 매우 어려운 실정이다.

따라서 증여세법의 획기적 개정을 통한 변칙적 사전증여방법을 차단하기 위하여 '완전포괄주의' 도입은 적절한 조치였다고 판단된다. 그러나 상속세의 경우 여전히 완전포괄주의를 채택하지 않고 있어 다양한 공제제도 등으로 상속세의 실효성에 한계를 갖는 것이 현실이다.

완전포괄주의란 증여세법에 열거된 과세대상이 아니라도 명백하게 무상이전에 의한 경제적 이득이 발생한 경우 '실질과세원칙'에 따라 과세를 해야 한다는 것이다.

조세법률주의 위배라는 논란을 피하기 위하여 우리 나라에서도 세법을 개정할 때, '세법에 증여 개념과 범위'를 미국과 같이 세법에 명확히 함으로써 조세법률주의 위법성 논란을 피할 수 있을 것이다.

미국의 경우, 내국세입법(I.R.C) 제2501조는 '증여에 의한 재산의 이전'에 대하여 증여세를 부과한다고 규정하고 있다. 그리고 제2051조의 보충규정으로 볼 수 있는 내국세입법 제2511조 a항 d에서는 "2501조에 의하여 부과되는 증여세는 재산의 이전이 신탁이든 그 밖의 것이든, 증여가 직접적이든 간접적이든, 재산이 부동산이든 동산이든, 유형이든 무형이든지 적용된다"고 규정하고 있다.

미국은 판례 중심이기도 하지만 상기와 같이 세법에 명시함으로써 우리나라와 같이 완전포괄주의 도입에 대한 조세법률주의 논란은 발생되지 않는다.

또 다른 방법은 일본 헌법 제12조에 "국민은 자유 및 권리를 남용해서는 안 되며 공공복지를 위해 이를 이용하는 경우 그 책임을 져야 한다"와 같이 조세회피를 '공공의 이익을 침해하는 개인의 권리남용 내지 악용'으로 간주한다면 상속·증여세의 완전포괄주의를 도입하여도 '조세법률주의' 위헌 시비는 완전히 벗어날 수 있다.

우리 나라 민법에도 '권력남용을 부인'하는 규정이 설정되어 있으나 상위법인 헌법과의 상·하위 법 간의 조화적 연계가 빠져 있다. 따라서 우리 나라 헌법에도 공공의 이익에 반하여 개인의 자유 및 권리를 남용해서는 안 된다는 규정을 수용하여 설치한다면 완전포괄주의의 과세제도 위헌판정 시비는 완전히 방지할 수 있다고 생각한다.

또한 선진국에서는 '일반적 조세회피 부인 원칙(General Anti-Avoidance Rule: GAAR)'이 법제화되어 있다. 납세자가 납부할 세금에 대하여 고의적으로 회피하려고 할 경우, 납세자가 과세가 부당하다는 명백한 입증자료를 제시할 수 없을 때에는 과세당국이 납세자의 이의를 부인하는 권한을 법적으로 보장함으로써 '조세법률주의'의 위헌 시비가 일어나지 않고 있다.

우리 나라에도 독일의 「조세기본법」 제42조에 '일반적 조세회피행위 부인규정'과 같이 부당한 편법적 조세회피를 인정하지 않는 조세법 개정이 요구된다. 만약에 우리 나라의 국세기본법에 독일과 같이 '일반적 조세회피행위 부인규정'을 신설하고, 개별 세법인 상속 및 증여세법에서 현행 소득세법 제

41조 및 법인세법 제52조와 같이 '부당행위 부인규정'을 둔다면 편법적 부당한 상속·증여세 회피를 방지할 수 있을 뿐만 아니라, '조세법률주의'를 위반한다는 위헌 시비도 없을 것으로 판단된다.[64]

4.9. 상속·증여제도와 관련된 기타 경제제도의 개혁방안

변칙적 상속·증여에 의한 세대 간의 부의 세습화를 차단하고, 부의 재분배기능을 강화하여 사회계층 간의 심각한 빈부의 격차를 줄이는 방법은 단순히 상속·증여세제를 강화한다고 해결될 문제가 아니다. 보다 근본적인 사회계층 간의 빈부격차문제를 줄이기 위해서는 상속세 및 증여세제와 밀접하게 연관된 다음과 같은 다른 경제제도의 개혁이 함께 이루어져야 한다.

첫째, 유명무실화된 금융실명제의 문제점을 보완 및 수정하여 금융거래가

그림 8-5 연도별·재산종류별 상속재산가액[65]

단위: 백만 원

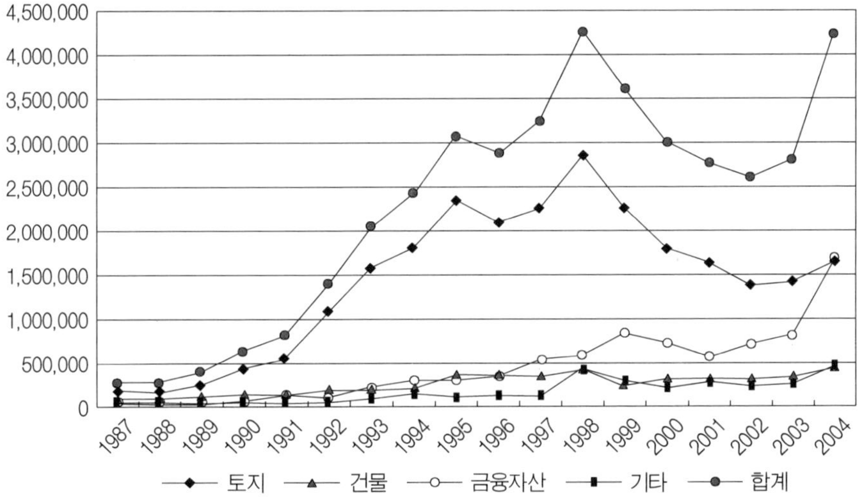

자료: 국세청, 『국세통계연보』, 각 연도.

---

64 이필우·유경문(2003), pp. 619~622.
65 백덕현(2007), p. 65 재인용.

투명할 수 있도록 강화되어야 한다. IMF사태를 맞이하면서 정치권에서는 금융실명제 때문에 돈이 돌지 않아 경제위기를 가져왔다면서 지하자금을 산업자금화한다는 명분으로 비실명 장기채권 발행을 허용하였다. 그러나 지하자금의 산업자금으로의 전환에는 소기의 목적을 달성하지 못한 것으로 평가되며, 오히려 부정축재한 재산을 합법화시켜 주는 편법으로 이용되기도 한다.

상속·증여 재산가액의 재산종류별 과세표준을 연도별로 재산종류를 토지·건물·금융자산 그리고 기타로 나누어 살펴보면 〈그림 8-5〉로 나타난다.

〈그림 8-5〉에서 주목할 것은 상속재산가액의 경우 1996년 이후로 토지의 비중이 압도적이었지만, 2004년에 와서는 금융자산의 비중이 토지의 비중을 앞질렀다.

증여재산가액 또한 상속재산가액과 마찬가지로 〈그림 8-6〉에서 토지의 비중이 압도적이었으나 2003년부터는 금융자산의 비중이 토지의 비중을 앞질렀음을 확인할 수 있다. 이러한 금융자산의 상속재산으로서의 증가는 세계화

그림 8-6 연도별·재산종류별 증여재산가액[66]

단위: 백만 원

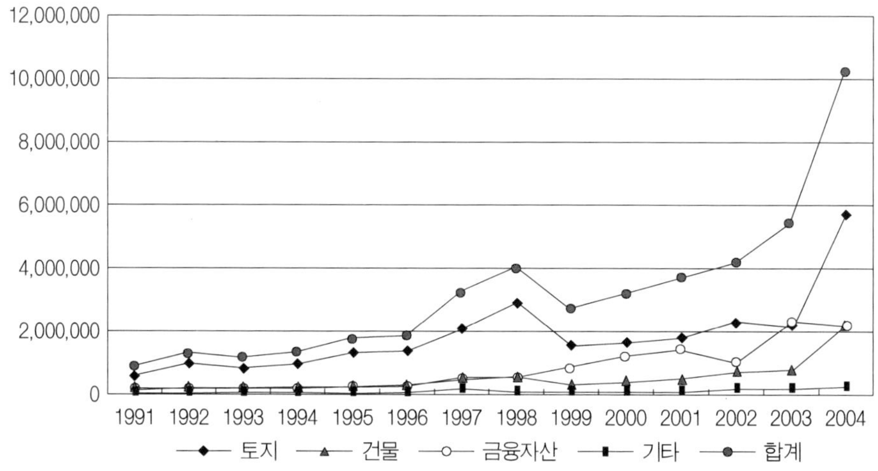

자료: 국세청, 『국세통계연보』, 각 연도.

[66] 백덕현(2007), p. 66 재인용.

추세에 맞추어 고령화·선진화에 따른 원인과 금융개방과도 무관하지 않다.

〈그림 8-5〉와 〈그림 8-6〉에서 알 수 있듯이, 상속 및 증여를 할 때 과거에는 건물이나 토지 등 부동산의 비중이 컸음에 비하여, 최근에는 금융자산을 통한 상속과 증여가 더 크게 이루어지고 있음을 보이고 있다. 특히, 금융자산을 이용한 상속·증여세의 탈세를 방지하기 위하여 유명무실해진 금융실명제의 개선과 강화가 필요하다. 이는 편법과 불법으로 이루어질 수 있는 금융자산에 대한 상속세 및 증여세에 대한 탈세를 근원적으로 방지할 수 있는 기본적 전제조건이 된다고 할 수 있다.

따라서 금융실명제를 개선하여 본래의 취지에 맞게 더욱 철저히 실시함에 있어 금융거래의 불편을 최대한 줄이는 제도의 개선과 정상적인 금융거래의 비밀은 철저히 보장을 해 주되 부정과 부패 및 불법적 사실이 있거나 의심이 가는 경우에는 일정한 법적 절차를 거쳐 철저히 조사할 수 있도록 하고 불법시에는 그에 상응하는 처벌조치가 있어야 할 것이다.

금융실명제를 가능한 한 빠른 시일 내에 본래의 취지에 맞게 개선 및 강화시킬 필요가 있다는 것은 철저한 금융실명제를 통하여 부정부패의 연결고리를 차단할 수 있으며, 불법적 지하경제를 축소시킴으로써 탈루와 탈세를 방지할 수 있을 뿐만 아니라 변칙적이며 부당한 방법에 의한 상속·증여로 부가 세습되는 것을 효과적으로 차단할 수 있기 때문이다. 또한 이는 금융자산의 소유와 이동을 면밀히 파악할 수 있으므로, 외국의 거대한 금융자본이 국내의 금융 및 자본시장에서 장난을 하여 대한민국의 금융시장이나 자본시장을 교란시키고 위기에 몰아넣고 외국의 금융자본가들이 폭리를 취하는 일을 방지할 수 있다.

금융실명제가 실효를 거두기 위하여 제도를 개선·강화할 경우에는 개인이나 법인의 소유를 불문하고 일정 기간 안에 각종 금융자산(주식, 공·사채 및 무기명채권 등)을 의무적으로 실명화시키는 조치를 취하되, 일정 기간 이후에도 실명화되지 않은 금융자산은 일체 그 가치나 소유권을 인정하지 않고, 또한 타인 명의로 된 금융자산은 일정 기간 안에 실소유자의 명의로 전환하지 않으면 차명자의 자산으로 한다는 법적·제도적 장치를 확고히 하고 예외조항을 일체 인정하지 않고 강력히 추진하여야 한다.

둘째, 부동산(토지)실명제의 강화뿐만 아니라 개인이나 기업들이 비사업용으로 과다하게 토지를 부의 증식수단으로 사용할 수 없게끔 일정 규모 이상의 토지보유자에게는 종합부동산세제와 같은 누진적 중과세가 계속 필요하다.

셋째, 금융전산망과 국세청 전산망을 연결하여 일정 규모 이상의 금융거래에 대하여는 월별 또는 분기별로 국세청에 보고되고 비정상적인 경제거래로 탈루나 탈세의 혐의가 잦은 경우, 영장실질심사와 같이 금융감독기관과 세무당국 그리고 사법기관원으로 구성된 별도 기구의 엄격한 심의를 거쳐 탈루나 탈세로 혐의가 잦은 경우에는 금융거래내역을 철저히 조사할 수 있도록 하고, 불법적인 사실이 밝혀질 경우에는 철저한 과세와 법적 조치가 있어야 할 것이다.

개인의 비밀보호도 매우 중요하지만, 그렇다고 남의 재산을 강제로 탈취 또는 착복·횡령하거나 탈루와 탈세 등 부당한 방법으로 과도한 부를 축적한 경우 국가는 도둑의 재산까지 보호해 줄 의무는 없다. 오히려 이러한 탈법적 행위를 적발하고 시정하는 것이 국가의 임무 중 하나일 것이다. 따라서 뚜렷한 범법행위와 탈세·탈루혐의가 있는 경우 금융거래자료를 모두 조회할 수 있게 할 뿐만 아니라, 금융전산망과 국세청 전산망을 연계하여 일정 규모 이상의 금융거래는 국세청에 자동으로 보고되어 필요할 경우 과세 여부의 판단자료로 사용하거나, 변칙적인 상속·증여를 통한 부의 세습화를 방지할 수 있는 제도적 장치가 필요하다 하겠다.

5 맺음말

우리 나라의 일부 고액재산가들은 다양한 변칙적인 사전 상속 및 증여방법을 통하여 부를 무상이전하는 경우가 많다. 이러한 방법을 통한 부의 집중과 세습현상은 사회계층 간 부의 불균등을 심화시켜 많은 사회적 문제를 발생시키고 있는 실정이다.

더욱이 문제가 되는 것은 부당한 축적과정을 통한 계층 간의 부의 격차는 더욱 확대되어 갈 뿐만 아니라, 부당하게 축적된 부가 다음 세대로까지 세습되어 고착화되어 가는 추세이다. 특히, 1997년 11월 외환위기 이후 빈부격차가 확대되는 추세를 보임에 따라 계층 간의 빈부격차를 완화시키는 노력의 일환으로 상속·증여세제의 개정이 필요하다.

이미 제시한 구체적인 방안들을 요약해 보면 다음과 같다.

첫째, 경제양극화와 중상층 서민들의 생활안정을 위하여 상속세 및 증여세의 일부 과세표준구간 조정과 일부 공제항목의 상향조정이 필요하다.

둘째, 상속과세 유형은 현행대로 유산세방식이 더 바람직하다.

셋째, 우리 나라의 상속세 부담은 전반적으로 외국에 비하여 높은 수준은 아니기 때문에 상속세 폐지는 바람직하지 않다. 또한 상속세 및 증여세의 부담을 낮추기보다는 현행 수준의 유지가 바람직하다.

넷째, 주요 상속·증여재산의 평가문제를 개선해야 한다. 이를 위해 재산평가를 객관적이며 공정하게 전담하는 행정기관을 설립할 필요가 있다.

다섯째, 가업상속이나 영농상속의 경우 그 실효성을 높이기 위하여 상속세 공제한도를 상향조정할 필요가 있다.

여섯째, 고가의 미술품 및 골동품 등에 대한 상속세·증여세의 과세기법과 조세행정상의 문제점을 개선해야 한다. 즉, 현금거래에 대한 규제를 강화하여 금융정보분석원의 기능을 확대하고, 이를 적극적으로 활용함으로써 불법거래들이 포착되고, 고가의 미술품·골동품 등의 거래도 간접적으로 포착할 수 있다. 또한 상속 또는 증여시점에 정당하게 세금을 납부하는 것이 가장 유리하다는 것을 사회적으로 인식하도록 조세행정 운용과 제도적 보완이 필요하다.

일곱째, 상속·증여세제의 개혁을 위한 완전포괄주의의 도입에 따른 위헌논쟁이 유발되지 않도록 우리 나라의 국세기본법에 독일과 같이 '일반적 조세회피행위 부인규정'을 신설하고, 개별 세법인 상속 및 증여세법에서 현행 소득세법 제41조 및 법인세법 제52조와 같이 '부당행위 부인규정'을 둔다면 편법적 부당한 상속·증여세 회피를 방지할 수 있을 뿐만 아니라, '조세법률주의'를 위반한다는 위헌 시비도 없을 것으로 판단된다.

여덟째, 상속·증여제도와 관련된 기타 경제제도, 예를 들어 금융실명제를 개선하여 유명무실해진 금융실명제의 개선과 강화, 편법과 불법으로 이루어질 수 있는 금융자산에 대한 상속세 및 증여세에 대한 탈세를 근원적으로 방지하는 것이다. 기본적 전제조건이 된다고 할 수 있다.

이상에서 제시한 구체적인 방안들이 실현된다면 우리 나라의 상속세 및 증여세제는 선진적인 세제로 탈바꿈할 것이라고 믿어 의심치 않는다.

참고문헌

1. 국내문헌

(1) 단행본

국세청, 『국세통계연보』, 각 연도.

______, 『간추린 개정세법해설』, 각 연도.

______, 『국세청40년사』, 2006.

국중호, 『주요국의 조세제도—일본편』, 한국조세연구원, 2004.

김유찬, 『주요국의 조세제도—독일편』, 한국조세연구원, 2004.

김중수, 『한국의 조세정책 50년』, 한국조세연구원, 1997.

김진·원종하, 『상속·증여세의 경제적 효과 연구』, 한국조세연구원, 2006.

성명재·전영준, 『소득세제의 개편방안』, 한국조세연구원, 1998.

성명재·현진권, 『세수전망과 세수추계의 개편방안』, 한국조세연구원, 1994.

이광재, 『상속·증여세의 이론과 실무』, 서울세경사, 2005.

이선성, 『세금 알고 냅시다』, 세학사, 2008.

이준구, 『재정학』, 서울: 다산출판사, 2004.

이창희, 『상속세 및 증여세법』, 사법연수원, 2003.

______, 『세법강의』, 서울: 박영사, 2004.

이태호, 『조세법개론』, 서울: 조세통람사, 1990.

이필우·유경문, 『조세론』, 서울: 법문사, 2003.

장근호, 『주요국의 조세제도—미국편』, 한국조세연구원, 2004.

정병용, 『재산과세제도 참고자료』, 재무부 세제국, 1986.

______, 『민법과 세법』, 서울: (주)영화·조세통람, 2004.

최명근, 『상속과세론』, 서울: 세경사, 1990.

______, 『취득과세형 상속과제제도 도입에 관한 연구』, 한국조세연구원 1993.

______, 『주요 선진국의 상속·증여과세개편방안과 우리의 중·단기과제』, 한국경제연구원, 2006.

최성일, 『상속·증여세 실무해설』, 서울: (주)광교, 2005.
통계청, 『국민계정』, 각 연도.
한국세무사회, 『조세법전』, 각 연도.
한국은행, 『국민소득계정』, 각 연도.
______, 『조사통계월보』, 각 연도.
한상국·배준호·이재광, 『상속·증여세제의 합리화 방안』, 한국조세연구원, 1996.
홍학표·최치덕, 『미국세법요해』, 서울: 행법사, 1994.

(2) 학위논문 및 학술논문

김광현, 「우리나라의 종합소득세와 상속세의 보완관계에 관한 연구」, 동아대학교 대학원 박사학위논문, 2001.
김길성, 「사업소득과 근로소득과세의 공평성 연구」, 건국대학교 대학원 박사학위논문, 2006.
김정옥, 「우리나라 상속과세제도의 개선방안에 관한 연구」, 박사학위논문, 1994.
김정옥·이양현, 「우리나라 상속과세제도의 개선방안에 관한 연구」, 한국세무학회, 1998.
백덕현, 「상속세 및 증여세의 소득세에 대한 보완적 기능에 관한 연구」, 건국대학교 대학원 박사학위논문, 2007.
이철송, 「상속과세의 법적형평성」, 한국조세연구소, 1994.
정영화, 「한국의 조세제도가 소득분배에 미치는 효과분석」, 건국대학교 대학원 박사학위논문, 2005.
이필우·김동건·유경문·정세정, 「상속세·증여세의 포괄적 과세방안에 관한 연구」, 한국재정연구회, 2000.
최명근, 「미국의 유산세 폐지와 정책적시사점」, 한국조세연구원, 2002.
______, 「현행 상속세 및 증여세법의 합리적 개선 방안에 관한 연구」, 한국조세연구포럼, 2003.
______, 「상속과세제도의 합리적 개편방안」, 한국경제연구원, 2006.

(3) 기　　타

김면규, 「상속세·증여세 부과의 포괄주의 논의에 대하여」, 한국세정신문, 2003.

김용옥, 「상속·증여과세 완전포괄주의 도입 신중해야」, 『월간조선』, 2003년 2월호.

______, 「상속·증여과세의 국제적 동향과 우리의 완화과제」, 국회보, 2006년 7월호.

2. 외국문헌

日本國, 「1957.12. 相續課稅制度改正に關する答申」, 稅制の拔本的見直しについての答申, 報告, 審議資 料總攬, 日本稅制調査會, 1988.

宮島洋, 『租稅論の展開と日本の稅制』, 日本評論社, 1989.

Bernheim, B. Douglas, "Does the Estate Tax Raise Revenue," Laurence H. Summers, ed., *Tax Policy and the Economy*, 1, 1987, pp. 113~138.

Brittain, John A., "Inheritance and Inequality of Material Wealth," Washington, D.C.: The Brooking Institute, 1977.

Rosen, Harvey S., *Public Finance*, McGraw-Hill, 2007.

Rudick, Harry J., "What Alternative of the Estate and Gift Taxes," Gal. L. Rev., Vol. 38, 1950.

Musgrave, R. A., *The Theory of Public Finance*, McCraw-Hill, 1959.

Musgrave, R. A. and P. B. Musgrave, *Public Finance in Theory and Practice*, McGraw-Hill, 1973.

9

에너지 · 환경세제 개편방안

김승래 · 강만옥

1 환경세제도 변천과정 및 현황

최근 고유가의 지속과 기후변화 규제에 대한 효과적인 대응방안 마련을 위한 국가적 관심이 고조되고 있다. 1990년대 초반 이후 북구 중심의 OECD 주요 선진국에서는 이미 온실가스 감축을 위하여 탄소세를 도입하고 에너지 관련 세제를 강화하는 등 시장기반의 정책수단을 적극적으로 도입·활용하고 있다. 또한 EU 주요 국가들은 일반세제와의 세수중립적인 입장에서 에너지관련 세제를 강화하고 이를 통하여 법인세·소득세·사회보장세 등을 인하하여 전반적인 조세왜곡을 최소화하고 근로유인을 제고하는 세제개편도 활발하게 시도하고 있다. 나아가 에너지관련 세수입은 에너지절약을 위한 투자, 신재생에너지 개발 및 도입을 위한 보조금 등을 위한 자금으로 환원되어 사용되기도 한다. 반면 우리 나라는 최근 1, 2차 에너지세제 개편에 따라 수송용에 국한하여 연료 간 상대가격 조정을 통한 경유에 대한 세부담 강화 이외에는, 아직까지 교토의정서 체제와 온실가스 저감 차원의 근본적인 에너지세제 개편 논의는 매우 미약한 상황이다.[1]

우리 나라는 유류제품에 대해서 교통세(교통에너지환경세) 및 특별소비세를 포함하여 교육세, 지방주행세, 부가가치세 및 관세 그리고 조세 이외의 수입·판매부과금, 안전관리부담금 및 품질검사수수료를 부과한다. 이러한 유류제품에 대한 세금체계는 1996년부터 종가세에서 종량세로 전환되어 운용되고 있다.[2] 이 중 관세는 기본관세율·잠정관세율·탄력관세율로 구분되며, 탄력관세율은 정책목적에 따라 다른 세율을 잠정적으로 적용하는 세율로 할당관세가 이에 해당된다. 그리고 휘발유와 경유에 부과되던 특별소비세는 교통세로

[1] 이에 따라 정부에서도 최근의 국제적 환경규제 강화추세에 맞추어 우리 나라의 환경관련 세제를 전반적으로 검토할 예정이다.

[2] 이러한 종량세구조는 국제원유가격의 급격한 변화에도 불구하고 관련세수를 안정적으로 확보하고 예측가능성을 제고하기 위한 것으로 대부분의 선진국에서 종량세구조를 취하고 있다.

표 9-1 에너지원별 과세현황(2007. 11)

구 분		휘발유(원/ℓ)	등유(원/ℓ)	경유(원/ℓ)	LPG(원/kg)		LNG[1](원/m³)
					프로판	LPG부탄	
관세[2]	기본	5%			3%		3%
	할당(잠정)	3%			1.5%		1%
특소세	기본	–	181	–	40	360	60
	탄력	–	134	–	–	275 (160.6원/ℓ)	–
교통에너지환경세	기본	630	–	454	–	–	–
	조정	505	–	356.21	–	–	–
교육세[3]		75.75	20.1	53.43	–	41.5 (24.24원/ℓ)	–
지방주행세[4]		164.13	–	115.77	–	–	–
부가가치세		10%					
수입부과금		16			–		19.58
품질검사수수료		0.430			0.027		–
안전관리부담금		–	–	–	4.5		3.9
판매부과금		36(고급)	23	–	–	62.283 (36.37원/ℓ)	–
세금합계[5]	금액	913.53	295.43	675.62	179.69	306.47	146.68
	가격점유율	56.87%	27.98%	48.11%	12.82%	38.1%	23.23%
소비자가격		1,606.23	1,055.96	1,404.45	1,402.09	804.48	631.37

주: 1) 서울지역 천연가스요금 평균.
2) 휘발유·등유·경유의 관세는 제품수입관세임. 그러나 우리 나라는 일반적으로 원유를 수입하여 정제해 사용하며, 원유의 관세는 기본 3%, 할당 1%임.
3) 특소세 및 교통에너지환경세의 15%. 단, 프로판 및 LNG는 제외.
4) 교통에너지환경세의 33%.
5) 관세 미포함 추정치임.

전환되어 1994~2006년까지 한시적으로 운용되어 왔으나, 최근 일몰시한이 3년 연장되어 교통에너지환경세로 2009년까지 운용된다. 이러한 세수는 교통에너지환경세법에 의거하여 도로·철도·공항 및 항만의 원활한 확충과 효율적인

표 9-2 최근 수송부문 유류세 조정 현황(2007. 7)

구 분	휘발유(744.9원/ℓ)	경유(528원/ℓ)	LPG(316원/kg)
교통세(특별소비세)	505원	358원	275원
교육세(15%)	75.75원	53.7원	41.25원
주행세(32.5%)	164.125원	116.35원	–

자료: 재정경제부(2007. 11).

관리·운영을 위해 대부분이 교통시설특별회계에 편입되어 도로, 철도, 항만, 공항의 순으로 그 재원이 배분된다.[3] 그리고 교육세는 교통에너지환경세(특소세)의 15%가 지방교육교부금에 편입되어 교육관련 사업에 지출된다. 또한 지방재정 확충을 위해 지방세법에 의거하여 2000년 1월에 신설된 지방주행세는 교통세의 26.5%로 부과되었으나, 지방세법의 개정으로 2007년 7월부터 교통에너지환경세의 32.5%로 인상되었다. 여기서 지방주행세는 화물자동차와 버스·택시업계에 유가인상 보조금의 재원마련이나 기타 목적으로 교통에너지환경세의 부가세(sur tax)로 꾸준히 인상되고 있다. 조세 이외의 부과되는 수입·판매부과금은 석유 및 석유대체연료사업법 제18조에 의거하여 석유의 수급 및 가격안정을 목적으로 2001년 3월에 도입되었으며, 고급휘발유·등유[4]·LPG 부탄 및 천연가스에 대해 리터당 36원의 범위 내에서 부과하고 있다.

먼저 우리 나라의 대표적인 에너지관련 세제로서 수송부문의 최근 유류세 현황을 살펴보면, 2007년 7월 23일 교통에너지환경세법 시행령 개정으로 기준세율에서 조정되어 휘발유의 경우 교통에너지환경세 505원, 교육세 75.75원, 주행세 164.125원 등의 세금이 부과되고 있다. 또한 경유도 교통에너지환경세 358원, 교육세 53.7원, 주행세 116.35원의 세금이 부과되며, LPG에는 특별소비세 275원과 교육세 41.25원의 유류세가 부과되고 있다.

[3] 이러한 세수는 건설교통부 교통시설특별회계로 80%(종전 85.8%), 나머지는 일반회계로 편입되어 그 편입분 중 3%는 산업자원부의 에너지 및 자원 특별회계로 15%는 환경부의 환경개선특별회계로 운용되고 있다.

[4] 최근 정부의 고유가 대응방안으로 등유와 부생연료유 판매부과금을 폐지하는 「석유 및 석유대체연료 사업법 시행령」 개정안과 등유에 대한 특별소비세(134원/ℓ)를 90원으로 인하하는 특별소비세법 개정안이 시행되었다.

표 9-3 유류관련 세수 추이

단위: 억 원, %

연 도	2002	2003	2004	2005	2006
교 통 세	94,775	100,005	100,652	102,878	108,126
특소세(유류)	16,848	22,355	26,587	25,289	22,989
주 행 세	10,634	12,658	17,503	22,925	27,095
교육세(유류)	16,743	18,354	19,086	19,225	19,667
부가세(유류)	39,253	41,913	44,890	50,295	57,229
유류세 합계	178,253	195,285	208,718	220,612	235,106
국 세	1,039,678	1,146,640	1,177,957	1,274,657	1,394,459
국세 비중	17.1	17.0	17.7	17.3	16.9

자료: 재정경제부(2007. 11).

이를 통해 정부는 최근 2006년 교통세로 10조 8,126억 원을 거두었으며, 특소세 2조 2,989억 원, 주행세 2조 7,095억 원, 교육세 1조 9,667억 원, 부가가치세 5조 7,229억 원 등 총 23조 5,106억 원을 징수하였다. 이렇게 거두어들인 유류관련 세수는 2006년 기준 국세 대비 비중은 16.9%를 차지하고 있다. 이러한 세수의 변동은 우리 나라의 유류세가 종량세체계로 되어 있어 유류관련 세수는 국제유가의 변동보다는 주로 국내소비량의 변화에 크게 의존하기 때문이다. 그리고 지금까지 이러한 유류관련 종량세율에 대한 물가조정은 이루어지지 않아, 시간이 지나면서 오히려 그 실효세율은 하락하는 경향을 보여 주고 있다. 이러한 경우 종량세율 수준이 에너지사용에 따른 외부불경제의 외부비용을 반영한다고 한다면, 물가상승시 적정세율보다 세부담이 전반적으로 과소해질 수 있다.

최근 국제유가의 급등으로 인해 서민과 중산층의 부담이 늘어날 경우에 대비하여 유류세 인하 주장이 제기되고 있는데, 이는 주로 수송용 연료인 휘발유와 경유의 소비자가격 대비 세금비중의 크기문제로 집중되어 관심을 모으고 있다. 그런데 이러한 유류세 논쟁은 주로 개인수송연료에 국한된 휘발유 및 경유관련 세부담에 관한 것으로, 최근 정부의 수송부문 1, 2차 에너지세제 개편으로 단순상대적 세부담의 조정에 대한 인식이 강하게 작용하고 있는 것

그림 9-1 OECD 주요국의 휘발유가격에서 세금이 차지하는 비중

단위: 원

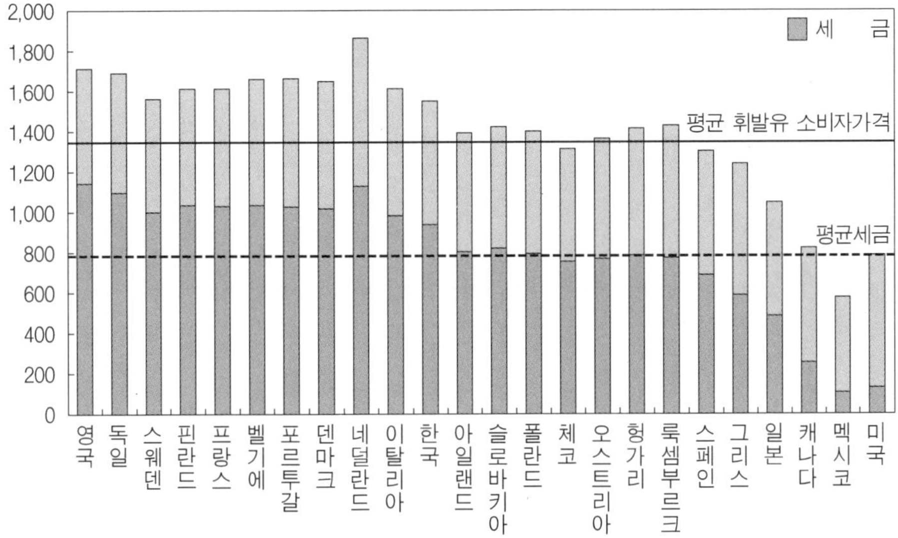

자료: Energy Detente(2007. 5), 김승래(2007b)에서 재인용.

으로 보인다.[5]

여기서 우리 나라의 에너지세 부담이 높다고 인식되고 있는 수송부문에 국한하여 우리 나라와 OECD 국가들의 에너지가격의 세금비중을 비교하면 다음과 같다. 〈그림 9-1〉에서 알 수 있듯이, 2007년 5월 기준으로 스위스·터키 및 노르웨이를 제외한 OECD 27개국의 휘발유 평균가격은 1,351원으로 이 중 세금이 53.8%를 차지하고 있고, 우리 나라의 경우는 이보다 다소 높은 1,538원이며 60.5%가 세금이다. 또한 〈그림 9-2〉에서 OECD 국가들의 경유의 평균가격은 1,222원으로 세금비중이 46.8%를 차지하고 있고, 우리 나라의 경우는 이보다 다소 높은 1,239원이며 51.1%가 세금이다. 그러나 이러한 수송용

[5] 과거 우리 나라의 1차(2001. 7), 2차(2005. 7) 에너지세제 개편은 수송용에 국한하여 유류 중 휘발유 세금이 대체로 일정한 상태(2000년 745원/리터)에서 환경오염 감소와 에너지소비 절약을 목표로 그 동안 매우 미약하였던 경유와 LPG 부탄의 상대가격을 세금을 통하여 최근까지 휘발유가격 대비 경유, LPG 부탄가격을 100 : 85 : 50으로 조정한 것이다.

그림 9-2 OECD 주요국의 경유가격에서 세금이 차지하는 비중

단위: 원

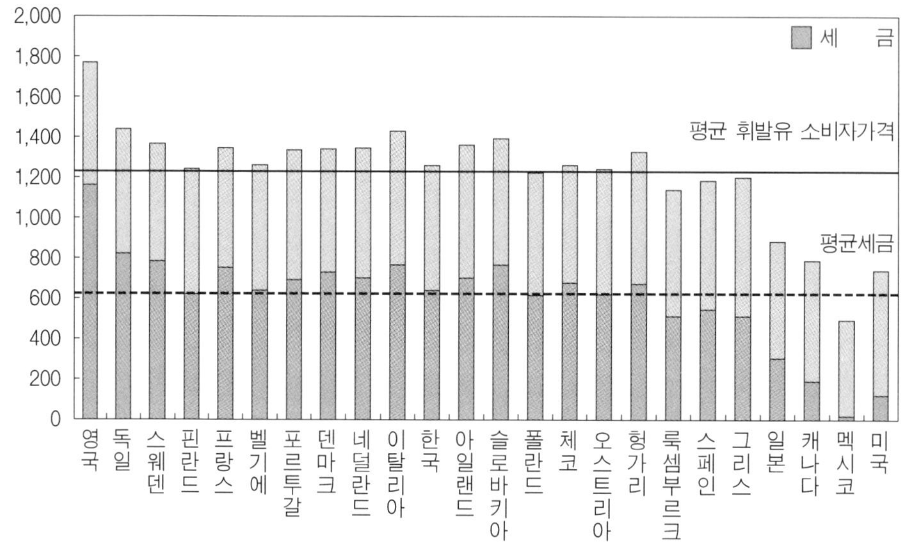

자료: Energy Detente(2007. 5), 김승래(2007b)에서 재인용.

연료부문에서 우리 나라의 유류가격 대비 세금비중은 OECD 회원국 중 휘발유 11위, 경유 12위를 차지하고 있어, 영국·독일·프랑스 등 주요 유럽 선진국에 대비하면 아직 낮은 편이다.

우리 나라는 아직까지 수송부문 이외에 산업·발전부문 등 기타 부문에서는 에너지가격의 현실화가 매우 부족할 뿐만 아니라 각종 에너지관련 보조금 지급 및 비과세 감면조치가 이루어지고 있다. 이러한 과거의 물가안정·산업지원 등을 위한 저에너지가격정책으로 인하여, 에너지소비 절감노력이나 경제구조의 환경 및 에너지효율성(에너지원단위)의 개선에 대한 경제적 인센티브는 주요 선진국과 비교하여 매우 낮은 실정이다.

그리고 우리 나라 자동차관련 세금은 〈표 9-4〉에서 보는 바와 같이, 구매단계에서 6개, 보유단계에서 2개, 이용단계에서 4개, 총 12개 세금이 복잡하게 부과되며, 수입차는 여기에 관세가 추가된다.

최근 한·미 FTA 협상에서 미국측이 대형차 위주의 수입차에 대한 세제

표 9-4 우리 나라 자동차·에너지 관련 세제

구 분		징수주체	과세표준	세율(한·미FTA 이후)
구매단계	특별소비세[1]	국 세	승용자동차의 출고가 (수입차는 관세 8% 부과 후)	0, 5, 10%[2] (0, 5, 5%)
	교육세	국 세	승용자동차 특별소비세액	30%
	부가가치세	국 세	자동차가격 (특소세 및 특소세분 교육세 부과 후)	10%
	취득세	지방세	자동차가격 (특소세 및 특소세분 교육세 부과 후)	2%
	등록세	지방세	자동차가격 (특소세 및 특소세분 교육세 부과 후)	5%
	관세	국 세	수입승용차	8%(0%)
보유단계	자동차세	지방세	승용차 배기량	cc당 80~220원 (80~200원)
	지방교육세	지방세	자동차세액	30%
이용단계	교통세[3]	국 세	휘발유 경유	리터당 630원 리터당 350원
	교육세	국 세	교통세액	15%
	주행세	지방세	교통세액	26.5%(32.5%)
	부가가치세	국 세	휘발유·경유·부탄	10%

주: 1) 기본 세율의 상하 30% 범위 내에서 대통령령으로 정하는 탄력세율(예: 2004. 3. 24부터 2005. 12. 31까지 승용차 세율 20% 인하, 4%와 8%가 적용되었음).
2) 800cc 이하 경차 면제, 2,000cc 이하 중소형 5%, 2,000cc 초과 대형 10%.
3) 제시된 수치는 기본 세율이며, 기본 세율의 30% 범위 내에서 대통령령으로 정하는 탄력세율(2007년부터 '교통에너지환경세'로 명칭변경).
4) 교육세·교통세는 목적세(한정시한)로서, 특히 교통세는 일몰시한이 3년 연장되어 '교통에너지환경세'로 2009년까지 운영되며, 세수는 건교부 교통시설특별회계로 80%(종전 85.8%), 나머지는 일반회계로 편입되어 그 편입분 중 3%는 산자부의 에너지및자원특별회계로, 15%는 환경부의 환경개선특별회계로 운용.

상의 차별 시정이라는 명목으로 우리 나라 자동차관련 세제의 개편을 요구하여 일부 관련세목에 변화가 예정되어 있다.[6] 먼저 자동차특소세는 현재 배기

[6] 이에 대한 보다 자세한 논의는 김승래·박상원(2006) 참조.

량에 따라 0%(경차: 800cc 이하), 5%(소·중형: 2,000cc 이하), 10%(대형: 2,000cc 초과)의 3단계로 차등과세되고 있는데, 이 중에서 한·미 FTA 협상타결로 2,000cc 초과의 특소세 세율을 현행 10%에서 5%로 인하하여 단일화하기로 하였다. 그리고 보유단계의 현행 자동차세는 800cc 이하(cc당 80원), 1,000cc 이하(cc당 100원), 1,600cc 이하(cc당 140원), 2,000cc 이하(cc당 200원), 2,000cc 초과(cc당 220원)와 같이 배기량에 따라 5단계로 차등과세되고 있는데, 한·미 FTA 타결로 향후 3단계인 1,000cc 이하(cc당 80원), 1,600cc 이하(cc당 140원), 2,000cc 초과(cc당 200원)로 간소화될 예정이다.

한편, 2006년 말 현재 우리 나라 중앙부처가 운영하고 있는 부담금은 총 100개 부담금이며, 이 중 환경부가 25개로 중앙부처에서 부담금수를 가장 많이 도입·운영하고 있다. 환경개선을 위한 부담금제도는 대기배출부과금(대기환경보전법 제19조, 1981년 12월)의 도입을 시작으로, 2005년에는 수도권 대기환경 개선에 관한 특별법 제20조의 규정에 의해 대기총량초과부과금[7]이 시행됨에 따라 환경부 소관 부담금은 25개로 증가하였다. 환경부 소관 부담금은 환경개선의 경제적 유인수단으로 1983년에 처음으로 대기환경보전 및 수질환경보전법에 의한 배출부과금제도가 도입된 이후 지속적으로 신설되었으며, 1990년대에는 11개 부담금이 신설되었다. 특히, 2000년 이후에 신규 도입된 중앙부처의 19개 부담금 중 9개가 환경부 소관 부담금이었다. 부담금 징수규모를 보면, 2006년 현재 중앙부처의 총부담금 징수실적 11조 9,534억 원 중 산업·정보·에너지분야에 가장 많이 사용하고 있으며(26.2%, 3조 1,336억 원), 그 다음이 환경분야(16.2%, 1조 9,425억 원), 보증·금융분야(15.1%, 1조 8,008억 원) 순이다. 이를 통해 볼 때 환경개선과 환경재정 확보라는 목적으로 도입된 환경부담금은 부담금의 개수에 비해 징수액 규모가 작을 뿐만 아니라 부담금 관리 및 운영에 따른 행정비용이 증가하고 있음을 알 수 있다.

최근 국제에너지가격 급등으로 인해 다수의 국가들은 경제정책 추진에

---

7 대기총량초과부과금은 대기오염물질 초과배출에 따른 경제적 이익을 환수하고 의무를 이행하지 않은 사업자에게 경제적 불이익을 줌으로써 의무이행사업자와의 형평성 확보 차원에서 부과하는 것으로 배출허용 총량 초과율과 위반횟수 등을 고려하여 부과금을 차별적으로 부과하도록 하고 있다.

있어서 에너지 수급문제에 직면하고 있음에도 불구하고, 에너지 및 전력보조금은 여전히 가정 또는 산업부문의 금전적 부담을 덜어 주는 데 쓰이고 있다. 현재 OECD 국가들이 매년 지출하고 있는 보조금은 4,000억 달러 이상으로 전 세계 총보조금의 2/3 정도에 해당하며, 이 금액은 OECD 비회원국가들과 비교하면 2배가량 많은 수준이다. 이러한 OECD 국가들의 보조금은 주로 농업, 에너지·전력, 교통, 제조업 등에 집중되어 있으며, 이 가운데 에너지·전력부문의 보조금은 약 1,000억 달러에 달하는 것으로 추정되고 있다. OECD·IEA 및 UNEP 등 국제기구에서는 환경친화적 세제개편(green tax reform)과 기후변화협약에 대응하기 위해 에너지와 전력부문에 대한 보조금의 개편방안을 집중적으로 논의하고 있다. 특히, OECD에서는 에너지 및 전력부문을 중심으로 환경유해보조금의 제거와 환경편익 간의 연계성 제고, 환경유해보조금의 개정과 폐지관련 장애요인 극복방안, 환경친화보조금의 도입 등에 관한 다각적인 논의가 진행중이다.

우리 나라의 보조금 지출은 농수산업, 에너지·전력, 교통, 철강 및 조선 등 다양한 경제부문에서 이루어지고 있으며, 현재 국제통상관계에서 많은 논란의 대상이 되고 있다. 이와 함께 최근 수도권 등 대도시를 중심으로 심각한 문제가 되는 대기오염물질 감축과 향후 국가적으로 큰 부담이 될 Post-2012 기후변화협상에 대응하려면 에너지 및 전력부문에서 지급되고 있는 환경유해보조금의 개편(phase-out)과 환경친화보조금의 도입(phase-in) 등에 대한 검토가 요구되고 있다.[8]

---

[8] 우리 나라 에너지부문의 환경유해보조금으로는 농업용 면세유, 연탄·무연탄의 부가가치세 면세, 유가보조금, 광진융자(금리차이), 석탄광지원 생산안정지원금, 연탄보조금 등을 들 수 있다. 환경친화보조금은 바이오디젤 보급 지원, 에너지절약시설 세액공제, 에너지이용 합리화 사업을 위한 자금지원(융자사업), 에너지자원 기술개발 지원, 신재생에너지 개발보급사업 등을 들 수 있다. 또한 전력부문의 환경유해보조금으로는 산업용·농업용·심야전력에 대한 교차보조금과 복지할인요금제가 있고, 전력산업기반기금 중 국내무연탄발전지원사업·발전소주변지원사업(전기요금 보조)·열병합발전지원사업 등이 포함된다. 다음으로 환경친화보조금은 전력산업기반기금 중 신재생에너지의 개발 및 보급과 관련된 국내외 자원개발사업, 전력산업연구개발사업, 전력효율향상사업 등이 포함된다. 이에 대한 보다 자세한 논의는 강만옥·황욱·이상용(2007) 참조.

2 개편의 필요성

우리 나라의 경우, 대표적인 환경세로서 휘발유를 비롯한 에너지제품에 부과되는 세금은 이산화탄소 및 NOx 등 환경오염물질에 대한 비용이 아직 정확하게 과세표준에 반영되어 있지 않다. 따라서 환경개선의 상위목표보다는 지역균형발전 등 지방에 대한 재원이전의 목적이나 SOC 구축 또는 교육지출을 위한 특별회계의 설치 등으로 사용되어 본연의 '환경세적 기능'을 충분히 발휘하지 못하고 있다. 에너지가격은 수요량에 영향을 주기 때문에 탄소배출비용을 에너지가격에 내재화시킨다면 에너지수요량 감소에 따른 이산화탄소 배출량 저감에 기여하는 것으로 평가된다. 그러나 이러한 소비자가격의 차이에 적정한 사회적 비용이 1차적으로 내재화되지 못할 경우, 에너지원 간 소비패턴 및 투자구조의 왜곡을 초래하여 자원배분의 효율성을 저해시킬 뿐만 아니라 환경의 질도 악화시키고 있다. 아직까지 우리 나라는 산업·발전부문 등 여러 부문에서 에너지가격의 현실화가 매우 부족할 뿐만 아니라 각종 보조금 지급 및 비과세조치가 이루어지고 있는 실정이다.

먼저, 정부의 제1차 에너지 세제개편은 에너지원 간의 가격구조 왜곡을 일부 개선한다는 측면에서는 긍정적으로 평가될 수 있지만, 환경오염 감소라는 관점에서는 보완이 필요한 조치였다. 즉, 제1차 에너지가격 개편은 비록 세율조정을 통해 에너지 간 가격차이가 많이 줄어들었으나 오염유발제품에 대한 세금은 낮은 편이었다. 특히, 수송부문의 휘발유와 경유의 상대가격은 2005년 경유승용차의 허용 등을 감안하면 여전히 낮은 수준이었으며, 이로 인해 제2차 에너지세제 개편안을 통해 경유의 상대가격을 다소 조정하게 된 것이다. 그리고 비수송부문의 경우, 중유에 대한 신규 과세는 환경개선 측면에서 긍정적인 효과를 가져올 것으로 예상하였으나, 2006년 7월에도 중유에 대한 특소세율이 리터당 20원에 불과해 환경개선효과는 미미한 것으로 나타나 이에 대한 개선이 필요하다.

표 9-5 제1·2차 에너지세제 개편 주요 내용

구 분	제1차 에너지세제 개편(2000. 7)	제2차 에너지세제 개편(2005. 7)
개편 내용	· 2000년 정부는 에너지소비 절약과 환경오염 축소를 위하여 경유·등유·석유가스 중 부탄의 세율을 2001년 7월 1일부터 2006년 7월 1일까지 6년간에 걸쳐 단계적으로 상향 조정하는 내용을 포함한 중장기 가격개편을 발표. -에너지가격의 단계별 상향조정안을 보면, 중유와 석유화학제품 제조시 부산물로 생산되는 유류에 대해서도 과세형평성을 고려해 새로이 특별소비세를 부과하며, 2006년 7월까지 경유·등유 및 수송용 LPG 가격을 인상시켜 휘발유(100%) 대비 상대가격이 경유 75%, 수송용 LPG 60%, 등유 55%, 중유 23%로 상향조정한다는 것임.	· 2005년 7월 특소세법 및 교통세법의 개편을 골자로 하는 정부의 제2차 에너지 상대가격 체계 개편안이 국회 본의회에서 가결됨에 따라 본격적으로 시행. -정부가 제1차 에너지세제 개편계획이 종료되기 전에 제2차 에너지가격 개편을 추진하게 된 것은 제1차 에너지세제 개편시 경유가격이 휘발유 차량이나 LPG 차량에 비해 연비기준으로 상대적으로 더 저렴해지자 RV를 중심으로 경유차량의 신차 등록 비중이 대폭 증가되어 대기오염에 나쁜 영향을 미치게 되었음. -또한 2005년부터 시행된 경유승용차 시판 허용은 경유차량의 증가를 추가적으로 유인하게 될 것으로 예상됨에 따라 제2차 에너지가격 개편을 추진.

2차 에너지세제 개편의 성과를 평가해 보면, 1차 에너지세제 개편 대비 2차 에너지세제 개편은 에너지사용량, 대기오염물질 배출량 및 환경오염비용 변화 등에서 모두 개선되는 효과를 가져와 정책목적을 달성한 것으로 평가되었다. 그리고 에너지사용량은 에너지가격 탄력성 및 에너지 상대가격비 변화를 이용하여 추정하여 보면, 2007년 이후부터 1차 세제개편과 대비하여 연간 581만 6,000배럴이 감소하며, 환경오염비용은 연간 약 5,576억 원이 감소하는 효과가 있다. 2차 에너지세제 개편에 따른 전국의 차량 1대당 월평균 연료사용량 추이를 보면, 경유차량의 경우 대당 1.733배럴(2003년 하반기)에서 1.568배럴(2005년 하반기), 1.478배럴(2006년 하반기)로 감소하여 고유가현상 및 2차 에너지세제 개편 등의 영향을 받고 있다고 판단된다. 최도영·이성근(2006)의 연구결과도 2007년 경유차를 선택할 확률은 2004년 대비 8~11% 하락할 것으로 전망하여 2차 에너지세제 개편을 긍정적으로 평가하고 있다.

그러나 2차 에너지세제 개편은 수송용 에너지가격 개편에 한정되어 있어 향후 가정용·상업용 및 산업용 등에 대한 에너지의 환경친화적 개편이 필요

표 9-6 제2차 에너지세제 개편 내역

구 분		2차 개편		
		휘발유	경 유	LPG부탄
현재 (2004. 10~2005. 3)	상대가격비(%)	100	70	53
	소비자가격(원)	1,365	962	730
	교통특소세 (실행세율, 원)	630 (545)	319 (287)	245 (223)
	유류세금(원)*	745	392	282
2005. 7	상대가격비	100	75	50
	소비자가격	1,365	1,025	686
	교통특소세	630	365	210
	유류세금	745	449	242
2006. 7	상대가격비	100	80	50
	소비자가격	1,370	1,098	686
	교통특소세	630	404	210
	유류세금	745	497	242
2007. 7	상대가격비	100	85	50
	소비자가격	1,370	1,165	686
	교통특소세	630	454	210
	유류세금	745	559	242

주: 유류세금에는 교통특소세가 포함됨.
자료: 재정경제부.

하다. 향후에는 수송 및 비수송부문 전반에 걸쳐 대기오염물질에 대한 사회적 비용의 반영 및 기후변화협약에 대응하여 이산화탄소 배출량 억제를 고려하는 방향으로의 세제개편이 이루어져야 한다.

또한 우리 나라의 에너지관련 과세체계가 각종 비과세 감면조치로 인해 매우 복잡할 뿐만 아니라, 관련세수의 운용에서도 교통세가 목적세로 경직적으로 운영되어 재정운영의 비효율성을 초래하고 있다. 반면, OECD 국가의 에너지원 과세체계는 주로 에너지소비 절약 및 환경오염 저감을 목표로 소비

표 9-7 에너지 및 전력부문의 사회적 비용 규모(2004년 기준)

부 문	대기오염물질 배출로 인한 사회적 비용(연간)	이산화탄소 배출로 인한 사회적 비용(연간)	합계(연간)
에너지부문	34조 1,426억 원	15조 6,153억 원	49조 7,579억 원
전력부문	12조 8,496억 원	4조 8,775억 원	17조 7,271억 원

주: 대기오염물질은 CO, NOx, SOx, PM, VOC 기준.
자료: 한국환경정책평가연구원(2007. 11) 추정치.

세와 환경세 중심으로 단순화되어 있고, 환경관련 세금은 대체로 일반회계에 편입되는 보통세로서 재정운영이 탄력적이고 효율적이다. 특히, 교통세수 운용의 경직성(도로재원 확대)은 에너지소비 절약보다는 개인승용차 이용의 과다한 확대와 더불어 수송부문의 환경효율성을 오히려 악화시키는 측면이 있다.

더욱이 우리 나라의 현행 에너지관련 가격구조 및 조세체계는 본연의 조세정책적 목표로서 에너지효율성 촉진과 환경적 외부성의 내부화 기능이 미흡하다는 근본적인 문제를 내포하고 있다. 〈표 9-7〉에서 알 수 있듯이, 우리 나라의 국내 에너지 및 전력부문의 사회적 비용규모는 큰 편이다. 이러한 큰 규모의 사회적 비용은 다양한 비과세 감면 및 보조금의 제공 및 적절한 가격정책의 실패, 그리고 적정과세정책의 결여 등으로 인해 외부불경제가 여전히 발생하고 있음을 보여 주는 사례라고 할 수 있다. 또한 조세체계가 에너지소비 절약이나 환경부하 경감보다는 교통부문 지원, 일부 산업 지원 및 지역균형발전 지원 등을 위해 매우 복잡하게 운영되고 있기 때문에 이러한 사회적 비용은 충분히 경제활동에 내부화되지 못하고 있다.

특히, 우리 나라는 과거 저에너지가격정책으로 인해, 〈표 9-8〉에서와 같이 환경 및 에너지효율성(에너지원단위)이 주요 선진국과 비교하여 매우 낮은 편이다. 최근 우리 사회는 에너지절약시책의 지속적인 추진으로 에너지 저소비형으로 전환되고 있는 추세이나 여전히 에너지소비 증가율은 높은 수준이며,[9] 에너지다소비형 산업구조, 부가가치 창출력 미흡, 에너지절약 인식부족 등으로 에너지원단위도 선진국 대비 높은 수준이다.[10] 그리고 최종 에너지소

[9] 1차 에너지소비 증가율 추이: 7.8%(1980~1990)→7.5%(1990~2000)→3.3%(2000~2005).
[10] 에너지원단위 추이: 0.327(1990)→0.358(1995)→0.373(2000)→0.355(2002)→0.348(2004).

표 9-8 에너지소비 증가율 및 에너지효율성의 국제 비교

국 가	한 국	독 일	영 국	일 본	미 국
증가율(2000~2005, %)	3.3	−0.4	0.3	0.4	0.2
국 가	한 국	일 본	미 국	영 국	OECD
에너지원단위(TOE/US천$)	0.348	0.108	0.217	0.147	0.199

주: 1) 에너지원단위(에너지소비량/GDP, 2004, IEA자료).
2) 에너지다소비 산업비중(%, 2004): 한국 28.9, 일본 21.4, 미국 24.7.

표 9-9 우리 나라 온실가스 배출관련 주요 지표

구 분	1990	1995	2000	2002	2003	1990~2003 연평균증가율
온실가스 총배출량 (백만tCO_2)	310.6	452.8	528.6	569.3	582.2	5.0%
1인당 온실가스 배출량 (백만tCO_2)	7.24	10.04	11.25	11.95	12.15	4.1%
온실가스/GDP (tCO_2/백만 원, 2000)	0.968	0.969	0.914	0.886	0.879	−0.7%

자료: 산업자원부(2006).

비는 2010년까지 연평균 2.9%씩 증가할 전망이며, 산업부문(2.3%)에 비해 수송(4.0%) 및 상업부문(4.6%) 증가율이 높으므로 수송 및 상업부문 에너지수요관리의 중요성이 부각되고 있다.

또한 우리 나라의 온실가스 배출현황을 보면, 1970년대 이후 고도경제성장에 따른 에너지소비의 증가로 온실가스 배출량이 지속적으로 증가하고 있으며, 대부분이 에너지·산업부문에서 발생한다. 2003년 온실가스 총배출량은 5억 8,220만tCO_2를 기록하여 2002년(5억 6,930만tCO_2) 대비 2.3% 증가하였으며, 이는 절대적으로 에너지소비 증가에 기인하고 있다. 1990년부터 2003년까지 온실가스 총배출량은 연평균 5.2%의 증가세를 기록하였으며, 1인당 배출량도 1990년 이후 연평균 4.1%씩 증가하여 2003년에는 1,215만tCO_2를 기록하였다. 한편, 온실가스원단위는 1990년대에 들어 1996년까지 증가추세를 보이다가 이후 지속적으로 낮아지는 경향을 보이고 있다.

그러나 당분간 온실가스 배출량도 계속 증가할 것으로 예상되어, 에너지 부문의 온실가스 배출량은 2010년에 1억 5,470만tCO_2, 2020년에 1억 8,093만tCO_2로 2003년에 대비 연평균증가율이 각각 2.4%, 1.9%에 이를 전망이다. 단, GDP에 비해 온실가스 배출량이 상대적으로 느리게 증가하여 온실가스집약도(온실가스/GDP)는 2003년에 0.24에서 2010년에는 0.21, 2020년에는 0.17로 낮아질 전망이다.

따라서 우리 나라는 전 세계적으로 새로운 패러다임으로서 등장하고 있는 '지속가능 발전'의 기본 목표에 의거하여 과거의 단순한 양적 팽창 위주의 경제성장이라기보다는 자연환경이 경제와 사회후생에 미치는 동태적 영향을 감안한 지속가능 발전을 위한 효율적인 에너지부문 관리대책의 개발이 절실한 실정이다. 특히, 지속가능 발전을 위한 1차적인 장애요인인 경제성장으로 인한 환경압력, 정보 및 지식부족으로 인한 불충분한 정책대응, 기후나 생물다양성, 수자원 등 자연자원의 남용에 효과적으로 대응할 수 있는 정부의 다양한 경제적 수단의 개발을 현행 환경관련 조세 및 재정제도의 개선 차원에서 연계하여 파악함이 요구되고 있다.

환경분야의 경우 실익적 기능이 부족하면서도 많은 부담금이 도입되고 있는 이유를 현행 부담금의 형태를 살펴봄으로써 대략적으로 파악해 볼 수 있다. 현행 환경부 소관 부담금 중 중복부과문제가 제기되고 있는 것으로는 하수도사용료와 중복부과되고 있는 환경개선부담금(수질시설물)이라 할 수 있다. 그러나 또 다른 관점인 매체별 부담금 현황을 면밀히 살펴보면, 동일 매체에 대해 서로 다른 형태의 여러 부담금이 시행되고 있는 것을 알 수 있다. 이들 부담금 중에서는 통합을 통해 운영의 효율성을 증대시킬 수 있는 부담금이 있으며, 또한 부담금적 성격보다는 조세나 행정벌적 성격의 부담금도 있는 등 새로운 부담금이 도입될 때 기존 부담과의 연계성을 적절히 검토하지 않은 모습을 보이고 있다. 현행 환경관련 부담금의 개편이 필요한 이유는 이러한 구조적 문제뿐만 아니라 개별부담금별 세부 부과체계와 부담금의 재정운영 측면 등에서도 문제점들이 나타나고 있기 때문이다.

먼저 환경부 소관 부담금의 재정운영상 문제점을 살펴보면 다음과 같다. 환경개선특별회계의 분야별 부담금 수입·지출현황을 보면 대기분야(배출부과금·환경개선부담금) 부담금 수입은 매우 높지만 세출예산은 매우 작아 수입으로는 가장 많으나 해당 분야의 세출예산규모는 적은 편이다. 특히, 대기시설물과 경유차에 부과되는 환경개선부담금은 대부분 대기오염의 개선과 무관하게 지출되고 있다. 이는 환경관련 부담금 및 부과금의 징수가 본래의 부과목적인 환경개선보다는 오히려 재원조달에 치중하고 있음을 보이는 사례라 하겠다.

이렇듯 부담금 수입과 지출의 연계성이 부족한 이유는 환경부 소관 예산이 부족하기 때문이며, 안정적 세수규모의 증대가 확보되지 않는 이상 이러한 현상은 지속될 수밖에 없는 실정이다. 그러므로 현 시점에서 부담금 도입의 목적에 맞도록 수입과 지출을 연계하기 위해서는 환경예산의 재정적 안정성을 확보하는 것이 무엇보다도 중요한 의미를 갖는다고 할 것이다.

다음으로 현행 환경관련 개별부담금의 부과적정성 문제점에 대하여 지적해 볼 수 있다.[11]

첫째, 일부 부담금에서는 (오염)원인자 부과원칙이 미흡한 경우가 있다. 환경개선부담금(경유차부문)의 경우, 원인자인 실제 사용자에게 부과되는 것이 아니라 소유주에게 부과되고 있어 부담원칙이 미흡하다.

둘째, 부과액 산정식 및 부과대상의 부적절로 인해 (오염)원인자의 배출감축 노력을 유도하지 못하는 경우가 발생하고 있다. 환경개선부담금은 개별오염원 배출자의 실질배출수준을 고려하지 않고 집단의 평균배출수준에 근거하여 부담금을 책정하고 있어 개별 오염배출자의 오염감축 노력을 적극적으로 유도하지 못하는 것으로 평가된다. 수질개선부담금에서도 유사한 문제들이 나타나고 있는데 수질개선부담금의 경우 지하수 자원의 고갈문제뿐만 아니라 폐공을 통한 지하수 및 토양오염 등을 고려해야 하기 때문에 지하수의 취수량에 근거하는 것이 합당할 것이나 현재는 판매액 근거 산정방식(종가부과방식) 또는 부분적 종량부과방식을 채택하고 있어 지하수 채취 또는 제품제조과정상의 경제적 유인효과는 없는 것으로 평가되고 있다.

셋째, 환경오염현황을 부과요율에 충분히 반영하지 못해 환경개선효과가

[11] 이에 대한 자세한 내용은 강만옥·이임호(2004) 참조.

미흡한 경우가 발생하고 있다. 수질과 대기질의 경우 오염도의 심각성을 고려해 볼 때 현재의 부과요율로는 경제적 유인기능이 미미하다고 판단되며, 폐기물부담금의 경우 부과요율이 폐기물의 실제 회수·처리비의 약 10~30%에 불과하여 추가재정부담으로 작용하고 있어 요율의 현실화가 시급한 실정이다. 그리고 생태계보전협력금의 경우 상한액 규정(5억 원)을 두고 있어 그 실질적 효과에 한계가 있는 것으로 평가된다.

마지막으로 부담금제도 운영에 과다한 행정비용이 소요되고 있으며, 징수율 또한 저조한 문제가 나타나고 있다. 먼저 최종 배출자에게 부담금이 부과되는 경우 부과·징수건수가 많아 과다한 행정비용을 소요하게 되는데, 예를 들어 환경개선부담금의 경우 부과건수가 1,000만 건에 이르고 있다. 또한 초과부과금의 경우 징수율이 저조하여 환경개선 유인효과도 제고하지 못하고 환경재정에도 도움이 되지 못하는 상황이 발생하고 있다. 그 예로 수질초과부과금의 경우 징수율이 20%에도 미치지 못하고 있다.

3 주요국의 환경세 개편동향

온실가스로 인한 지구온난화를 방지하기 위해 네덜란드·스웨덴·핀란드 등 북유럽 국가들을 중심으로 하는 OECD 국가들은 명시적 환경세를 도입·시행하였다. 북유럽 국가들을 중심으로 한 OECD 국가들은 1990년대 초부터 기존의 에너지에 대한 과세 외에도 CO_2 배출량에 비례하여 부과하는 에너지·탄소세를 도입하는 등 향후 환경 및 에너지정책의 재정지출수요 증가에 대비하고 있다. 특히, 탄소세를 도입·시행한 국가들은 배출권거래제도, 에너지효율 개선에 대한 기업의 자발적인 협정수단 등과 함께 이산화탄소 배출감소에 효과를 거둔 것으로 평가되고 있다. 또한 환경세가 목적세가 아닌 일반회계로 편입되는 보통세의 형식으로 운영되어 환경개선을 위한 투자에 활용되고 있으며, 근로소득세·법인세·사회보장분담금 경감 등의 조치를 병행하여 노동 및 자본에 대한 세부담 완화와 고용 및 투자의 증대를 유인하는 이중배당(double dividend)효과를 모색하고 있다. 국가별로 환경친화적 세제개편동향을 살펴보면 다음과 같다.[12]

핀란드는 1990년에 화석연료의 탄소함량에 따라 부과되는 탄소세를 세계 최초로 도입한 국가로, 탄소세 도입에 따른 세입은 일반예산으로 흡수되어 부분적으로 소득세를 인하하고 노동비용을 낮추는 데 이용되어 친환경적인 세제개편의 전형으로 평가되고 있다. 이러한 핀란드 탄소세의 특징은 산업에 대한 조세감면이나 환급제도가 없거나 매우 낮다는 점을 들 수 있다. 그리고 1997년 1월 1일 이후부터는 에너지세는 없애고 탄소세를 100% 부과하고 있으며, 1997년부터는 전력발전용 에너지에는 에너지·탄소세 및 예비비축비용을 면제해 주었고, 에너지관련 세제를 개편하면서 소득세율을 인하하는 친환경세제 개편을 추진하였다. 또한 1998년에는 노동과세 중심에서 에너지환경세에 법인이윤세를 추가하여 과세기준을 확대하여 세수증대를 유도하였다.

또한 스웨덴은 최초로 소득세에서 에너지 및 환경오염세로의 조세체계 전환을 시도한 국가이다. 스웨덴에서의 에너지에 대한 세율은 국가가 목표로 하는 대기오염수준을 달성할 수 있도록 결정되며, 에너지관련 세수는 세수중립원칙에 따라 소득세를 감면해 주는 데 사용하고 있다. 스웨덴 정부는 2002년에 에너지세율을 인상하여 유럽연합지침(EU Council Directives)의 최저한도 세율을 지킴으로써 EU의 조세정책 방향과 조화를 이루고 있다.

네덜란드는 1988년 「일반환경보호법」(General Environmental Provision Act)에 일반연료부과금(general fuel charge)의 신설이라는 신규 조항을 추가 시행함으로써 환경세의 기초를 마련하였다. 그리고 1989년에는 세계에서 가장 혁신적이라고 불리는 '국가환경정책계획'(National Environment Policy Plan: NEPP)을 발표하여, 2010년까지 오염물질의 배출량을 70~90% 삭감하는 것을 목표로 하였다. 이후 국가환경정책계획에서는 국가환경 개선을 위한 종합대책에 필요한 지출증가분을 보전하기 위해 일반연료부과금의 요율을 인상하였고, 연료별 이산화탄소 함유량에 비례하여 요율을 인상하는 방법을 사용하였다. 그리고

---

[12] 이에 대한 보다 자세한 내용은 김승래(2007a) 참조.

1990년에 탄소세를 도입한 네덜란드는 1996년 '에너지규제세'(Regulatory Tax on Energy)를 신설하였으며, 이로 인해 증가한 세수는 다른 세금의 감소를 유도하는 방향으로 세수를 재순환시키고 세수중립적인 입장에서 사회보장기여금의 사용자 부담분 인하와 근로소득세 및 법인세 등을 낮추는 데 사용하였다.

그리고 덴마크는 1990년 4월 발표한 『에너지 2000』이라는 보고서를 계기로 1992년 에너지소비 감소와 이산화탄소 저감을 목표로 탄소세를 도입하였으며, 휘발유·천연가스·바이오연료를 제외한 모든 유형의 CO_2 배출원에 부과하였다. 또한 1995년의 세제개편으로 에너지세 확대와 천연가스와 CO_2에 대해서 새롭게 과세대상에 포함하였으며, 에너지세 확대로 인한 증대된 세수는 고용주의 사회보장기여금을 줄이기 위해, 에너지절약에 대한 투자와 소규모 기업 및 중견기업에 대한 지원에 이용되고 있다.

일찍이 지구온난화 대책의 중요성을 인식한 영국 정부는 기후변화협약이 책정되기 이전인 1990년 9월에 발표된 『환경백서』(*This Common Inheritance*)에서 영국이 지구온난화 대책에서 세계의 리더가 될 것을 지향한다고 밝혔다. 그리고 영국 정부는 2003년에서 2050년까지의 장기적인 에너지정책의 근본이 되는 에너지백서 『에너지의 미래—저탄소 경제의 설립』(*Our Energy Future Creating a Low Carbon Economy*)을 발간하였다. 이렇게 지구온난화 대책에 앞장섰던 영국은 석탄, 가스 및 전력, LPG에 대해서 에너지세를 부과하여 왔으며, 1996년 10월 쓰레기매입세, 2001년 기후변화세(climate change levy)를 도입하였다. 쓰레기매입세로 인한 추가수입은 사회보장기여금의 사용자 부담분을 0.2%p 낮추는 데 사용되고, 기후변화세를 통한 세수입은 고용자의 국민보험 분담금의 삭감이나 재생에너지 도입을 위한 보조금, 에너지절약정책에 필요한 자금으로 환원되어 사용한다. 그리고 2002년에는 새로 채취한 모래·자갈과 바위에 대해서 새로운 환경세를 도입하였으며, 이로 인한 추가수입은 사회보장기여금의 사용자 부담분을 0.1%p 낮추는 데 이용하였다.

또한 대부분의 전력을 거의 100% 수력발전에 의존하고 있는 노르웨이는 1인당 CO_2 배출량이 유럽 평균보다 낮은 편이다. 이러한 노르웨이도 1991년 소득세를 인하하고 간접세를 강화하는 세제개편을 단행하면서 탄소세를 도입하였고, 당시의 탄소세는 탄소함유량에 비례하여 세율이 책정되지 않았고 여러 가지의 환급제도와 면세제도를 허용하였기 때문에 탄소세의 목적에는 부합하지 않았다. 노르웨이는 모든 형태의 에너지원에 일반소비세인 부가가치세를 부과하며, 부가가치세 외에 개별소비세(excise tax)와 환경관련 특별세로 유황세와 탄소세를 두고 있다. 2005년 이후 지금까지 적용되는 부가가치세율은 25%이며, 산업부문에 사용되는 에너지와 상업목적으로 사용되는 수송용 경유에 부과되는 부가가치세는 모두 환급해 준다. 그리고 개별소비세의 경우에는 황 함유량에 따라 0.05% 이하일 경우에는 면세한다. 또한 산업 및 가정용으로 사용되는 중질에너지유와 경질에너지유의 경우, 유황함유량 0.25%당 0.07NKR/ℓ의 유황세가 과세되나, 만일 최종 소비 전에 함유된 유황이 제거된다면(주로 산업용) 세금은 감면된다.

독일은 2002년 9월에 발표한 장기 에너지수급계획에서 에너지정책의 기본 방침으로 온실가스 배출량을 2050년까지 현재의 80%까지 삭감한다고 밝혔다. 그래서 독일은 1999년 석유 및 전기에 대한 세율은 단계적으로 인상하고 재생가능 에너지에 대해서는 재정지원을 강화하는 등 대대적인 친환경세제 개편을 추진하였다. 모든 석유류 제품에 일반소비세인 부가가치세(VAT)를 부과하고 있으며, 2007년 1월부터 19%의 부가가치세율을 적용하고 있다. 단, 산업 및 전력발전용으로 사용되는 에너지원과 상업목적으로 사용되는 경유에 대해서는 부가가치세를 환급해 준다. 그리고 독일은 에너지관련 특별세로서 1994년 4월부터 환경세(Eco Tax)를 도입하였고, 석유류 제품에 긴급비축기금(Contribution to Emergency Storage Fund)을 부과하고 있다. 한편, 독일은 2001년 사민당(Social Democratic Party)에 의하여 환경관련세를 기존 세제의 전환과 관련한 차원에서 더욱 강화하였다. 이를 바탕으로 환경오염을 오염자부담원칙 차원을 넘어 세수기반으로 인식하고 동시에 세수중립적 환경세제 개편의 틀 속에서 기존의 소득관련세를 감면하였다. 이에 따라 법인세는 42%에서 25%로, 개인소득세는 53%에서 42%로 각각 낮아졌다. 이를 통하여 친환경산업에 대한 투자를 촉진하고 미래형 자동차나 공공수송수단에 대한 혁신을 가속화하고, 새로운 고용창출을 유도하는 긍정적 효과를 기대하고 있다.

일본은 지난 2004년 11월에는 환경세 도입을 목표로 하는 '환경세의 구체안'을 발표하였다. 그 동안 일본은 1997년 교토의정서 발효 후 지구온난화

대책의 경제적 수단으로서 환경세의 도입을 적극 검토하였다. 즉, 2002년 6월 경제재정회의에서 발표한「경제재정 운영과 구조개혁에 관한 기본방침 2002」를 통해 지구환경문제에 대한 대응을 제시하는 등 환경세의 도입에 대해서 논의하였다. 그러나 환경성이 제출한 환경세는 부처 간의 이해관계 대립으로 인해 2007년 현재까지 이루어지지 않고 있다. 환경성은 교토의정서의 온실가스 삭감목표를 달성하기 위해 환경세 도입을 처음 주장한 2004년에는 탄소 1톤당 3,600엔을 과세함으로써 예상되는 세수입 1조 엔을 온난화 대책에 충당하는 방안을 검토하여 왔는데, 경제 및 산업계의 반발로 과세액을 낮추기로 하고 배출권거래제도 등을 도입하여 온실가스 삭감목표를 달성하기로 하였다. 그 결과 2006년 안에는 탄소 1톤당 2,400엔으로 세율을 낮추었다. 이렇게 세율을 낮춤에 따라 세수규모도 줄어 약 3,700억 엔(산업 약 1,600억 엔, 업무 및 기타 약 1,100억 엔, 가정 약 1,000억 엔)에 이를 것으로 추산된다. 또한 기업뿐만 아니라 국민들도 일상생활에서 환경부담을 줄이고자 하는 의도에서 환경가계부를 작성하기로 하였다. 환경가계부란 가정에서 사용한 에너지(전기·가스·수도·가솔린 등)를 기록하여 배출한 CO_2를 점검하는 것으로 가정에서의 CO_2 배출량 10% 감소를 목표로 한다.

최근 유럽 국가들은 자동차 운행으로 발생하는 환경오염비용을 세금에 반영시키기 위해 자동차관련 세제를 환경친화적으로 개편하고 있는 추세이다. 이러한 세제개편은 기존 세제에 저공해차량에 대한 세제혜택을 도입하거나, 현행 세제에 오염물질 배출량을 기존의 과세표준에 추가하거나 또는 오염물질 배출량을 과세표준으로 설정하는 방향으로 추진되고 있다. 기존의 과세표준에 오염물질 배출량을 추가할 경우에는 연비와 CO_2 배출량을 고려하는데, 이것은 연료효율 향상은 물론 이산화탄소 배출량 감축을 목표로 하고 있다. EU는 2010년까지는 신규로 제작되는 비사업용 차량(passenger cars)에 대해 CO_2 배출량을 현재의 175.9g/km에서 120g/km로 감축시킬 것을 목표로 하고 있다. 또한 영국은 2001년 3월에 기존의 보유단계 자동차세의 과세표준을 CO_2 배출량으로 개편하였는데, CO_2 배출량의 적용이 곤란한 경우에는 엔진크기(배기량) 기준으로 세제를 보완하고 있다. 우선 비사업용 차량에 대해서 실시하였고, 사업용 차량에 대해서는 2002년 4월부터 적용하고 있다.

미국은 연비가 특정 기준에 미달하는 신규 모델 차량에 연료과소비세(gas guzzler tax)를 부과하고 있다. 이 과세는 1980년부터 연방정부 차원에서 부과하고 있으며, 연비가 갤런당 22.5마일을 넘는 차량은 비과세하고 22.5마일 이하이면 과세된다. 연료의 과소비 여부에 따라 최고 7,500달러의 세금이 부과되어, 이 과세는 최저연비를 끌어올리는 데 기여하고 있다.

한편, 선진국에서는 디젤차에 대해서는 중과세하면서 청정연료차량에 대해서는 세제혜택을 실시하고 있다. 스웨덴의 경우 경유차의 자동차세는 휘발유차의 약 5배를 부과하고, 전기자동차에 대해서는 취득세를 면제하고 있다. 과세기준을 CO_2로 개편한 영국은 경유차의 세율에 대해서는 등급의 다른 연료 차량의 세율에 비해 3%를 추가로 부과하고 있다. 동시에 전기자동차는 최저세율인 15%보다 낮은 9%의 세율을 적용하고 있으며, 하이브리드차 및 가스차에 대해서는 더 낮은 세율을 적용하고 있다. 독일에서는 저공해차 구입을 촉진하기 위한 EURO Ⅳ 기준을 조기달성하는 차량과 CO_2를 적게 배출하는 차량에 대해 자동차세의 일정액을 감면해 주고 있다. 또한 전기자동차에 대해서는 등록시점부터 5년간 자동차세를 면제하고 있으며, 5년이 지나면 휘발유차의 1/2을 부과한다. 그리고 덴마크는 전기자동차의 취득세와 등록세를 면제해 주고 있으며, 오스트리아는 취득세를 면제해 주고 있다.

일본에서는 자동차세제와 국토교통성의 배출가스 등급분류를 상호 연계하여 자동차세제를 개편하거나 환경적으로 우수한 차량에 대한 세제혜택을 실시하여 저공해차량의 보급을 촉진하고 있다. 2004년도의 세제개편에서는 자동차세의 그린화 및 자동차취득세의 특별조치를 실시하였는데, 대상은 저배출가스 인정차(신☆☆☆, 신☆☆☆☆), 연비기준 달성차, 연비기준 +5% 달성차 및 하이브리드 자동차이다. 실시기간은 2004~2005년의 2년간이며, 경감조치의 구체적인 내용은 〈표 9-10〉과 같다. 그리고 2001~2005년도에 신차 신규등록시점으로부터 11년을 초과한 경유차(휘발유차·LPG차는 13년을 초과한 차)는 자동차세를 10% 중과세한다(하이브리드차는 제외됨). 한편, 일본에서는 「자동차 NOx·PM법」에 의해 특별대책지역 내에서 질소산화물에 적합하지 않은 자동차를 폐차하거나 기준적합차로 대체하는 경우에 자동차취득세의 세율을 추가로 경감하는 조치를 병행하고 있다.

표 9-10 일본의 자동차세 그린화 내역(2004~2005년)

구 분	신☆☆☆차(저배출가스차) (2005년 배출가스기준 50% 달성)	신☆☆☆☆차(저배출가스차) (2005년 배출가스기준 75% 달성)
2010년도 연비기준 달성차	–	자동차세 25% 감면, 자동차취득세 20만 엔 공제
2010년도 연비기준 +5% 달성차	자동차세 25% 감면, 자동차취득세 20만 엔 공제	자동차세 50% 감면, 자동차취득세 30만 엔 공제

주: 1) 전기자동차·천연가스자동차·메탄올자동차는 자동차세 50% 감면.
2) 2004년 및 2005년중에 신차 신규 등록된 경우에는 각 해당 연도의 다음 연도에 자동차세를 감면.
3) 전기자동차·천연가스자동차·메탄올자동차는 자동차취득세 세율을 2.7% 경감. 하이브리드자동차(버스·트럭)는 자동차취득세 세율을 2.7% 경감하고, 하이브리드자동차(승용차)는 자동차취득세 세율을 2.2% 경감.

자료: 일본 국토교통성.

4 환경세의 기본 원칙 및 방향[13]

환경친화적 방향으로의 세제개편은 전 세계적으로 경제성장에 따른 인구집중과 급속한 산업화로 인해 환경용량 압력이 심각하게 증대되고 있는 현실에서 지속가능 발전을 위한 정부의 바람직한 정책적 대안의 마련 차원에서 매우 중요하게 부각되고 있다. 이를 위하여 각국 정부는 전반적 세제개편 차원에서 환경보호 목표와 고용촉진, 성장잠재력 확충 등 일반경제정책적 목표의 조화를 함께 고려하고 있다. 가령, 최근 유럽 국가들은 〈그림 9-3〉에서와 같이 e점에서 이루어지는 에너지시장의 실패(market failure)를 사회적으로 바람직한 수준인 점 f로 이행하기 위하여 소득관련 과세 t_L을 완화하고 환경관련 과세 t_D를 강화하는 세제개편을 실시하고 있다. 이러한 방법은 경제구조의 환경친화적·에너지절약적 방향으로 이행을 유도하고 고용·투자 등 기타 일

13 주요 내용은 김승래(2007a, b)에서 발췌 및 인용하였다.

그림 9-3 환경친화적 세제개편의 예시

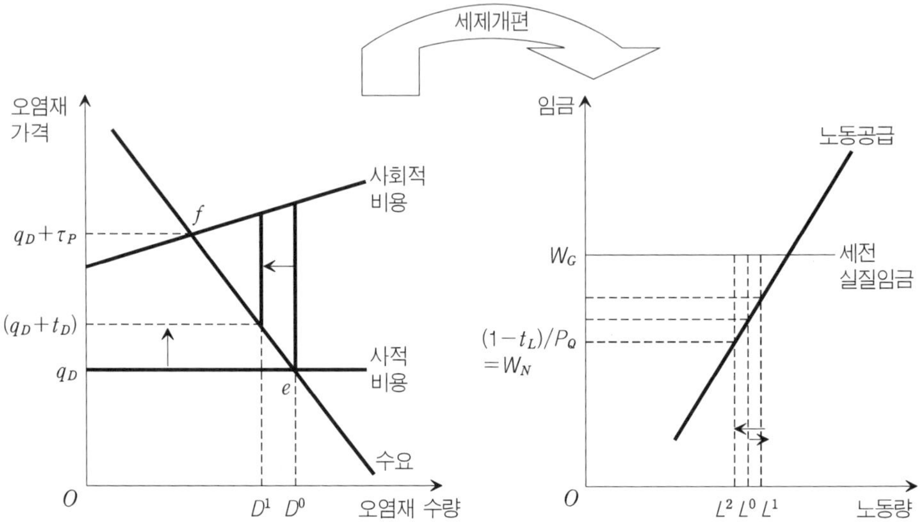

주: 오염재의 현행 과세수준= t_D, 오염재의 사회적 비용수준 MED(marginal environment damage)= τ_P.

반경제부문의 효율성을 동시에 제고해 나가는 대표적인 경제적 유인(economic incentives)수단으로 자리잡아 가고 있다.

환경친화적 세제개편에 있어서 중요한 조세원칙을 정리하면 〈표 9-11〉과 같다. 이러한 조세원칙에 따르면 각종 환경보호를 위한 정책수단을 기타 일반 경제정책 목표와 조화시키고, 환경관련 세수의 효율적 재활용의 중요성을 감안하며, 동시에 이러한 여러 가지 목표의 설정 및 재정운용방식과 관련하여 사회적으로 바람직한 수준에서의 세율설정 및 예산지원규모의 적정화를 동시에 요구되고 있다.

과거 에너지·자동차·기타 오염물질이나 환경유해행위 등에 부과되는 환경관련 세제(부담금 포함)는 특정의 환경정책목표를 달성하기 위한 수단으로서만 단순히 인식되어 왔으나, 1990년대 이후 유럽의 여러 국가에서는 이미 이러한 환경관련 세제를 〈표 9-11〉에서와 같이 여러 가지 정책목표를 동시에 달성하기 위한 '일반적' 경제정책수단으로 인식하기 시작하였다.

표 9-11 환경친화적 세제개편의 정책목표

주요 측면	내용 예시
정책목표(policy objectives) 간의 조화가 중요	· 환경보호·에너지소비 절약 측면(environmental aspects): 부정적 외부성의 교정(CO_2, 대기·수질·폐기물 오염, 교통혼잡 및 사고, 에너지안보 등) · 세부확보 및 재원조달 측면(fiscal aspects): 일반회계, 특별회계, 각종 조세지원 및 보조금 재원, 기타 공공지출 및 투자 등 · 특정 정책적 측면(socio-political aspects): 특정 부문 경쟁력 지원 및 소득재분배, 에너지소비용도별 세제 차등, 특정 산업 및 저소득층 지원(감면·면제·환급, 재정지출)
세수(tax revenue) 활용방안(환류)의 방법이 중요	· 에너지원 간 조정, 정부의 일반세입·세출구조 조정(기타 노동 및 자본관련 세수경감, 일반정부지출), 환경관련 R&D·교육투자, 에너지사업 지원, 조세지출(mitigation) vs. 재정지출(compensation) 등
사회적으로 바람직한 세율 및 예산지원의 적정 수준의 설정이 중요	· 세입 측면의 세율수준 및 세부담의 적정 배분(외부효과 내부화, 비효율성 제거, 사회적 형평성 제고 감안) · 세출 측면의 예산지원수준의 적정화(환경R&D, 신재생에너지, 친환경자동차, 신성장동력 확충, 환경산업 육성, 신기술시장 등)

자료: 김승래(2007a).

특히, 최근 EU 국가들에서 실시되어 온 노동관련 과세에서 환경관련 과세로 세부담을 이동시키는 전형적인 '환경친화적 세제개편'(environmental tax reform)의 방안은 환경에 유해한 경제행위를 줄이고 일반경제부문의 효율화를 동시에 고려하는 세제개편으로 국가적 입장에서 본다면 전반적(overall) 세부담의 변화는 없다. 이러한 전형적인 환경관련 세제의 개편방식과 관련하여 1990년대 초반 이래 가장 핵심적인 쟁점과 이슈가 되고 있는 분야는 이른바 환경관련 세제의 이중배당가설(double dividend hypothesis)에 관한 것이다. 그동안 이 분야에 대한 많은 문헌에서의 뜨거운 이론적·실증적 논쟁에도 불구하고, 최근의 문헌들은 이러한 환경친화적 세제개편을 대체로 긍정적인 방향으로 풀이하고 있다. 이러한 이중배당가설에 대한 최근 문헌의 변천을 간단히 정리하면 다음의 〈표 9-12〉와 같다.

표 9-12 환경보전과 고용의 '이중배당'(double dividend)이론 관련 최근 문헌

구 분	주요 연구	특 징
① Pigou의 최선의 상황(고전적)	Pigou(1947)	· 기존의 조세왜곡이 없는 이상적인 최선의 상황(first-best world)에서 신규 환경세의 적정 수준 t_D^*은 과세재화의 한계피해비용(marginal environmental damage, τ_P)을 모두 단순히 내부화하는 수준에서 결정. $t_D^*=\tau_P$
② 차선의 상황에서 세수재활용을 통한 매우 낙관적 관점	Tullock(1967), Terkla(1984), Lee & Misiolek(1986), Pearce(1991), Repetto *et al.*(1992), Nordhaus(1993) 등	· 환경세는 오염을 저감하는 동시에 세수의 환류(recycling)를 통하여 기존의 조세 t_L의 왜곡(pre-existing tax distortions)을 완화하여 전반적 조세체계의 효율을 제고할 수 있음(이른바, 이중배당가설, Pearce, 1992). · 따라서 차선의 환경세 수준은 피구비안 수준(MED) 이상이 필요할 수 있음. $t_D^*\gg\tau_P$
③ 차선의 상황에서 조세상충효과로 다소 비관적 관점	Bovenberg and de Mooij (1994), Goulder(1995), Parry(1995), Oats(1995), Fullerton(1997) 외 다수	· 신규 환경세는 통상적으로 기존의 조세왜곡(가령 세율 t_L과 탄력성 ε^U하)을 심화시킬 수 있으므로, 일반적으로 $M>0$인 차선의 경제에서 적정수준은 전통적 피구비안 수준(MED)보다 낮아야 함. · 이러한 경우 기존의 조세왜곡의 크기가 중요하며, 특히 조세상충효과(tax interaction effect)의 부정적 효과가 세수환류효과(tax recycling effect)의 긍정적 효과를 압도함(Bovenberg and de Mooij, 1994; Parry, 1995). $t_D^*=\dfrac{\tau_P}{(1+M)}$
④ 차선의 상황에서 일반화를 통하여 다소 낙관적 관점	Kim(2002), Goodstein(2004), Ballard *et al.*(2005), West and Williams(2004, 2007) 등	· Bovenberg and de Mooij(1994)의 결과는 모형의 가정에 강하게 의존하며, 기존 조세의 왜곡도 뿐만 아니라 노동과 오염재의 교차가격효과 ϕ, 오염재의 자기자격효과 ε_D 등의 상대적 크기에 크게 달라지며 대체로 긍정적 순효과가 더욱 큼(Kim, 2002, p. 13). $t_D^*=\dfrac{\tau_P}{1+M\left(\dfrac{\varepsilon_D-\phi}{\varepsilon_D}\right)}$ · 기존의 연구는 본 연구들의 특별한 경우에 불과(가령 $t_L=0$ 또는 $\phi=0$).

주: 환경세 도입 이전에 기존의 노동과세에서 발생하는 한계초과부담(marginal excess burden)은 한계노동세율 t_L과 노동공급탄력성 ε^U의 함수로서 $M=M(t_L, \varepsilon^U)=[1-\{t_L/(1-t_L)\}\varepsilon^U]^{-1}-1$로 표현가능. 여기서 특히 위 ③의 문헌들은 오염재와 여가수요가 상대적으로 평균적 대체재라고 가정한 특별한 경우($\phi=0$)이며, 여기서 적정 환경세 수준에 관한 식의 분모 항 $(1+M)$은 기존 조세체계 t_L의 왜곡비용에 따른 '한계공적부담비용'(marginal cost of public fund: MCPF)을 의미. 보다 자세한 내용 및 유도과정은 Kim(2002) 참조.

환경관련 세제의 이중배당가설은 부분균형모형에서 환경관련세가 Pigou(1947)의 오염배출단위당 사회적 한계피해비용(marginal social damage)의 음(−)의 외부성을 단순히 내부화하는 수준(피구비안 수준)에서 결정되는 교정세적 성격으로 출발한다. 물론 이러한 원칙은 전반적 조세체계 내에서 기존의 조세왜곡이 없는 이상적인 최선(first-best)의 상황을 전제로 하고 있다. 반면에 실제 현실과 같이 기존의 노동과세·자본과세 등 기존 조세체계의 왜곡(preexisting tax distortion)이 존재하는 차선(second-best)의 상황에서는 다음과 같은 경우를 상정할 수 있다. 즉, 이러한 경우 신규 환경관련세 도입은 오염저감(1차 배당효과)과 동시에 관련 환경세수 환류(tax revenue recycling)를 통해 기존 세제의 세부담을 경감하고 전반적 조세체계의 효율을 제고할 수 있으며(2차 배당효과), 또한 차선의 경제에서 적정 환경세 수준은 그 피구비안 수준 이상이 필요할 수 있다고 인식하게 되었다.[14]

그러나 이처럼 획기적으로 큰 반향을 일으켰던 환경관련 세제의 이중배당가설은 Bovenberg and de Mooij(1994) 등으로 대표되는 후속의 많은 일반균형분석 논문들에 의해 비판을 받게 된다. 이러한 비판의 핵심은 차선의 경제에서 기존 조세체계의 왜곡도가 중요하며, 부분균형모형과는 달리 조세체계 내에서 발생하는 환경세와 기존 조세 사이의 부정적 조세상충효과(tax interaction effect)가 환경세수의 세수환류효과(tax recycling effect)의 긍정적 효과를 압도하기 때문이라는 것이다. 더욱이 기존 조세체계의 한계왜곡비용을 감안할 경우 이러한 차선의 경제에서 환경관련 세제의 강화는 기존 조세체계를 더욱 왜곡할 수 있으므로 신중해야 하며, 적정 환경세 수준도 대체로 피구세 수준보다도 오히려 상당히(약 30% 정도) 낮아야 한다는 다소 비관적인 견해를 보이고 있다. 그러나 최근의 Kim(2002), Ballard *et al.*(2005), West and Williams(2004, 2007) 등은 보다 일반화된 일반균형모형을 이용하여, 다소 비관적인 관점의 이중배당효과를 주장한 Bovenberg and de Mooij(1994)류의 선행 논문들에 대한 재비판을 제기하였다. 이에 따르면 기존의 이중배당가설에 대하여 부정적인 결론은 모형의 근본 가정에 강하게 의존하며, 이러한 가정을 완화하여

[14] D. Pearce(1992).

모형을 현실성 있게 일반화할 경우에 환경관련 세제 도입의 긍정적 파급효과는 오히려 더욱 커질 수 있음을 이론적·실증적으로 보여 주고 있다.

또한 중장기적인 관점에서 본다면 무엇보다도 21세기는 환경보전과 경제성장이라는 정책목표 간의 조화가 중요하다. 경제성장에 따른 에너지소비의 꾸준한 증가와 이에 따른 환경오염이 심각하게 증대되고 있는 현실에서 지속가능한 발전을 위한 경제적 수단으로서 에너지세제의 역할은 매우 크게 부각되고 있다. 특히, 이러한 에너지세제의 적정화는 경제구조의 환경친화적·에너지절약적 소비패턴 및 생산구조로 이행해 나가는 필수적 수단이다.

과거 경제성장과 환경보전은 서로 충돌한다는 통상적인 인식은 전통적인 '신고전파 성장모형'(neoclassical growth model)에서 출발하고 있다. 가령 〈그림 9-4〉의 (a)에서와 같이 전통적 성장모형에서는 Pigou(1947)적 의미의 에너지관련 세제의 강화는 환경오염의 부정적 외부성(negative externality)을 내부화하여 사회후생 $W(\cdot)$을 일정 부분 증가시키더라도 경제성장 $g(\cdot)$을 항상 저해한다.[15]

그러나 우리는 장기적으로 경제성장이 단순히 인구나 기술수준의 외생적(exogenous) 증가에만 의존한 것이 아님에 유의할 필요가 있다. 1990년대 들어 새로이 등장한 '내생적 성장모형'(endogenous growth model)은 경제성장이 인적자본·R&D·지식 및 기술 등의 내생적 축적과정에 포괄적으로 의존하는 '내생적' 성장요인에 주목하고, 최근에는 특히 환경문제를 이러한 내생적 경제성장모형에 포함하여 분석하는 시도가 활발히 진행중이다.[16] 가령 〈그림 9-4〉의 (b)와 같이 에너지 과세의 강화와 이에 따른 관련세수의 환류를 통한 투자 및 기술개발 촉진이 효과적으로 조합되어 시행될 경우에 에너지세제가 강화되더라도 경제성장효과(growth effect) 함수와 사회후생효과(welfare effect) 함수가

---

[15] 이러한 전통적 성장모형에서는 생산기술의 규모에 대한 수확불변의 가정하에 환경보전정책은 경제성장을 위한 자원낭비를 유발하여 환경보전과 경제성장은 필연적으로 상충관계에 있다는 단순한 전제를 하고 있다. 즉, 오염관리를 위한 경제적 자원배분은 생산을 위축하며 소비와 자본축적의 동태적 균형수준을 낮추게 된다.

[16] 이러한 환경을 포함하는 최신 내생적 성장모형은 Lucas(1988)의 인적자본 성장모형에 환경을 추가한 Bovenverg and Smulders(1995)의 단순모형에서 본격화되었고, 최근 Hettich(1998), Fullerton and Kim(2006) 등은 이러한 모형에 '명시적인'(explicit) 조세 및 재정수단의 흐름과 역할을 포함시켜 지속가능 발전을 위한 적정 정책을 분석하였다.

그림 9-4 환경보전과 경제성장의 조화에 관한 두 가지 견해

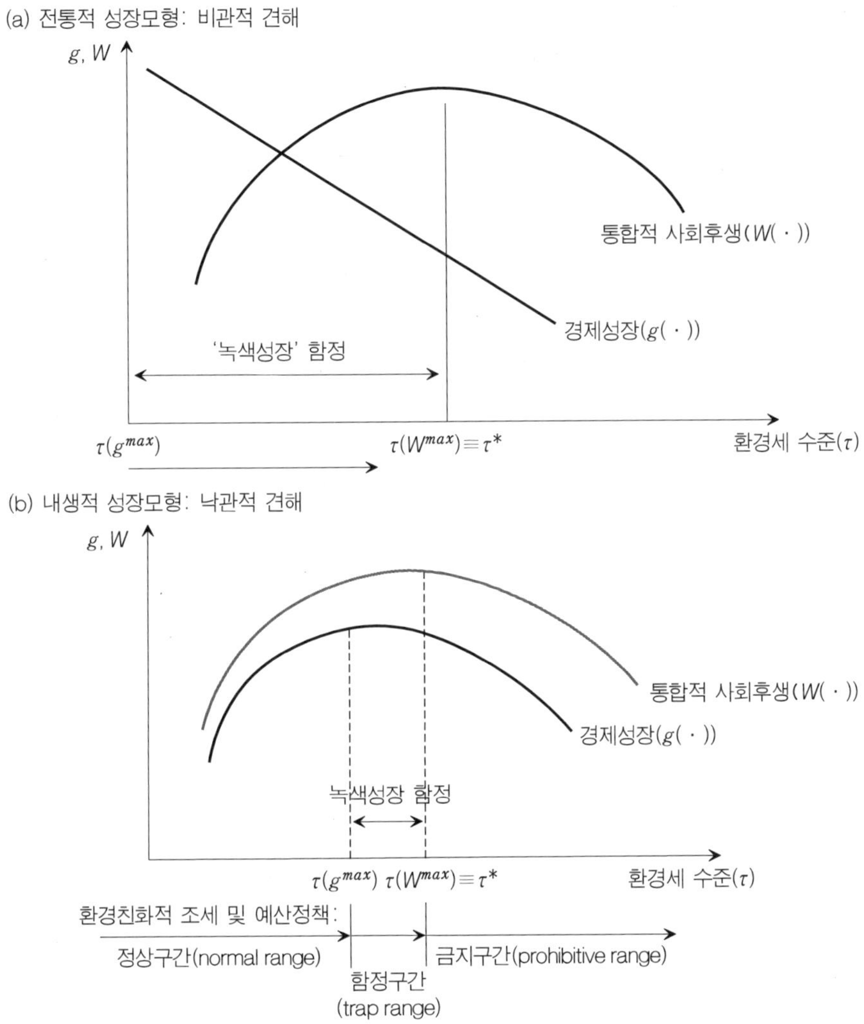

자료: D. Fullerton and S.-R. Kim(2006), p. 21.

동태적인 균형상태에서 모두 역U자형으로 나타날 수 있다. 이러한 역U자형 곡선들은 x-축에 표현된 에너지세제 τ의 강화가 어느 특정의 성장극대화점 $\tau(g^{max})$까지는 적어도 경제성장과 사회후생을 동시에 모두 증대시킬 수 있다

그림 9-5 '환경-경제-정책' 통합 내생적 성장모형의 예시: Fullerton-Kim모형

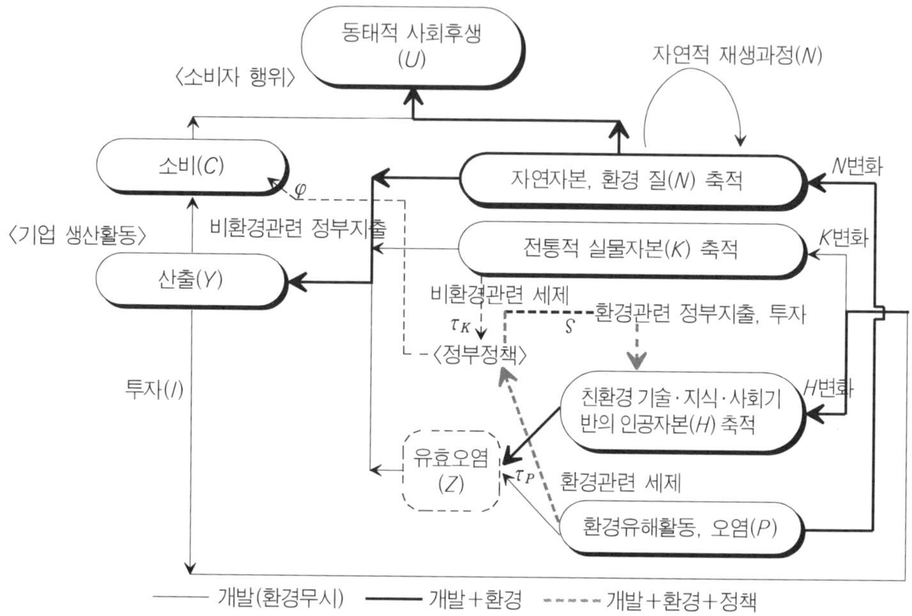

주: '가는 실선'은 기존의 전통적 성장모형에서 자연자본(환경, N) 및 친환경 인공자본(H)의 내생적 축적과정과 이에 따른 경제 내 영향 및 환류효과를 무시하는 동태적 흐름을 보여 주며, 이러한 구도 내에서는 지속가능 발전의 달성이 원천적으로 불가능함. 반면, '굵은 실선'에 의한 자연자본(N)의 효율적 관리와 친환경 인공자본(H)의 축적 촉진을 위한 경제 내 자원배분 및 투자행위를, '점선'으로 표현된 환경 및 비환경 관련 세제 및 예산지출구조의 적정 개혁(reform)이라는 정부의 정책개입을 통하여 '환경적으로 지속가능한 성장(녹색성장)'이 달성되는 흐름을 보여 주고 있음.

자료: Fullerton and Kim(2006).

는 측면에서 매우 중요한 의미를 지닌다.[17]

이러한 경우를 Bovenberg and Smulders(1995, 1996)의 단순내생적 성장모형을 확장하여 정부의 에너지관련 조세 및 재정정책의 방향과 적정 수준을 분석한 〈그림 9-5〉의 Fullerton and Kim(2006)의 모형을 통하여 살펴보면 다음과 같다.

[17] 이는 흔히 '윈-윈' 성과('win-win' outcome)로서 '녹색성장'(green growth)으로 불린다. 반면 이러한 효과는 인적자본·지식자본 등 내생적인 기술변화의 축적과정을 무시하고 환경적 외부성을 고려하지 않는 전통적인 단순성장모형에서는 기대하기 힘들다.

여기서는 기본적으로 노동(raw labor)이 기준재로 정규화(normalization)되고 사적 자본(private capital) K의 수익률이 r인 전형적인 내생적 성장모형에서 정부는 현재 분석경제의 사적 소득(rK)에 소득세율 τ_K와 환경오염(P)에 환경관련세 τ_P를 부과하여, 일반정부지출(G)의 재원을 마련하고 동시에 환경친화적 사회자본 및 기술개방관련 스톡(H)의 축적을 위한 투자를 한다고 가정한다. 이 모형에서는 전통적 경제성장모형에서는 무시된 환경·자연자본(N)이 생산의 투입요소로서 그리고 최종소비재로서 역할을 하고 있으며, 환경오염행위에 대한 에너지의 적정과세와 관련세수의 R&D 및 지식자본 축적, 사회인프라 구축 등 각종 친환경 인공자본(H)에 대한 투자를 통하여 사회의 환경유해활동에 의한 자연자본 훼손(P)을 적정 수준 이내로 유지시켜 주는 과정을 보여 주고 있다. 그리고 이러한 정책흐름하에서 기존의 전통적 성장모형과는 달리 환경보호와 지속적 경제성장이라는 두 가지 목표를 정부의 효율적 수준의 환경친화적 에너지관련 세제개편을 통해 동시에 달성할 수 있다.

이상에서 살펴본 바와 같이 우리 나라의 지속가능 발전을 위한 에너지부문의 '조세 및 재정정책의 기본 방향'으로서, 현행 에너지체계의 개편을 전반적 조세제도의 개혁과 적극적으로 연계할 필요가 있다. 그리고 에너지산업 지원의 경우 국제적 환경규제에 능동적으로 대응하여 환경친화적이고 에너지절약적인 산업생산구조로의 개편을 지원하고, 각종 에너지 신기술 개발을 촉진하고 환경산업 육성을 위한 세제 및 재정지원을 더욱 확대해야 한다. 우리 나라의 경우 신재생에너지 및 환경친화적 인프라 보급률이 크게 부족하여 향후 자원이용의 효율 증진, 신재생에너지 등 보급확대 및 자원절약형 고부가가치 산업구조로의 이행을 위한 환경친화적 소비패턴 정착과 청정산업생산기술 축적은 우리 경제의 지속가능 발전을 위한 가장 시급한 요소이다.[18]

따라서 우리 나라도 에너지관련 세제의 환경친화적 유인을 위한 시장기능적 정책수단으로서의 역할을 지속적이고 일관되게 추진하여, 전반적인 국가의 지속가능 발전전략 및 목표와의 조화가 필수적이다. 이를 위하여 우리 나

[18] 특히, 우리 나라는 국제비교에서 크게 열악한 것으로 평가되는 '에너지효율성' 및 '에너지소비의 청정성'의 획기적인 개선이 향후 국가 에너지세제 및 가격정책의 성과를 결정하는 가장 중요한 요인으로 대두되고 있다.

라는 최근 유럽에서 전반적 세제개편의 차원에서 적극 시행되고 있는 '환경친화적 세제개편'(environmental tax reform: ETR)을 참고할 필요가 있다. 이들 ETR 시행국가들과 마찬가지로 우리 나라도 에너지 및 환경관련 세수가 일반회계에 편입되어 환경친화적·에너지절약적 산업구조 개편을 위한 기술개발, 인력 및 자본투자의 재원으로 활용하여 에너지세제가 가지는 본연의 외부성 교정기능과 일반경제부문 효율성을 동시에 제고해 나가야 할 것이다.

5 구체적인 개편방안

우리 나라 에너지·환경세제 정책의 기본 방향은 환경보전과 사회통합을 통한 지속가능 발전의 달성을 위하여, 에너지세제의 환경세적 기능강화를 통한 효율성 향상(에너지세제의 외부비용 반영비율 강화)과 저소득층 에너지 복지의 형평성 제고(취약계층 직접지원 강화)라는 크게 두 가지 측면에서 단순화되어 일관되게 추진될 필요가 있다. 이러한 방향의 정책추진을 위한 주요한 과제는 다음과 같다.

5.1. 기존 세제의 외부성 교정기능 강화

우리 나라는 에너지관련 과세체계가 매우 복잡하며 산업부문·가정상업부문·에너지전환부문 등 각종 비과세 감면조치가 많이 존재하고, 명확한 근거 없이 각종 에너지원별로 조세부담이 큰 차이를 보이고 있다. 또한 환경오염물질에 대한 비용이 아직 정확하게 과세표준에 반영되어 있지 않으며, 적정한 사회적 비용이 내재화되지 못한 상태에서 에너지별 조세부담 차이는 에너지원 간 소비패턴 및 투자구조의 왜곡을 초래하고 환경도 악화시키고 있다.

원칙적으로 국제유가 변동에 따른 단기적 경기부양이나 기타 특정 요인들에 의거하여 환경관련세(에너지나 교통관련 세제)를 일정 기간 완화하는 것은 일시적 미봉책에 불과하므로, 전 세계적 추세에 발맞추어 시장기능과 외부성 교정기능에 충실하게 조세정책을 일관되게 추진하여 우리 경제 내 생산기술구조 및 소비패턴의 친환경화를 유도함이 바람직하다.[19] 이러한 경우 유럽국가들과 같이 환경보호를 위한 환경관련 과세 강화를 세수중립적 차원에서 소득세·사회보장기여금·법인세 등의 기타 일반세제의 세부담 완화와 연계하는 방안을 검토할 필요가 있다.

우리 나라의 경우 교통세(교통에너지환경세)와 기타 유류소비세는 종량세이므로 에너지세제의 실효성 확보를 위하여 물가를 반영한 조정도 고려해 볼 필요가 있다. 물가연동은 물가지수 변동이나 GDP 경상성장률 등 다양한 기준이 존재하며, 에너지과세의 실효과세율 유지 또는 소비억제를 도모하기 위해 종량세율을 물가지수에 연동하는 것이 필요하다.

또한 자동차관련 특별소비세는 승용차에 한정하여 과세되고 있으나, 자동차수요의 각종 외부비용(혼잡비용·도로파손 등)을 엄격하게 반영하기 위해 중장기적으로 비승용차부문으로 과세대상을 확대하고 과세방법의 다양화(중량·연비 등)를 고려해야 한다.

그리고 기존의 주요 오염배출 에너지원에 대한 면세 및 환경유해보조금을 점진적으로 철폐할 필요가 있다. 무연탄의 생산 및 소비가격에 대한 정부지원은 경제성·환경성 측면에서 해로운 무연탄의 생산·소비를 정부가 촉진하는 것이므로 점진적으로 제거해야 한다. 환경비용이 가장 큰 편인 유연탄과 중유에 대한 면세대우는 기후변화 관련문제 이외에도 에너지원 간 형평성과 수요관리 차원에서 적절한 과세로 개선해야 한다. 현재 석탄·LNG는 특정 정책적 필요에 따라 비과세·저율과세되고 있지만, 소비왜곡으로 인한 문제 등을 줄이기 위하여 점진적으로 정상과세로 전환할 필요가 있다.

---

[19] 국제적 환경규제와 환경보전에 대한 관심의 증대로, 세계 각국은 생산기술구조와 소비패턴의 친환경화 등 경제의 체질개선을 주요 목표로 정책을 추진하고 있으며, 특히 에너지세제의 적정화 및 관련투자의 확대를 통하여 청정에너지·신재생에너지의 개발·보급 촉진을 위한 인센티브·기술개발 촉진(induced innovation)을 지속적으로 유도해 나가고 있음에 유의할 필요가 있다.

5.2. 탄소세 도입 등 중장기적 세제개편

우리 나라에서 발생하는 온실가스의 83.4%가 에너지의 사용과정에서 발생한다는 점을 감안할 때 모든 에너지부문에서의 온실가스 저감은 매우 중요하다. 전력부문은 1차 에너지소비량의 약 30%를 차지하고 있고 전체 화석에너지의 약 20%를 사용함으로써 온실가스 배출량의 25% 정도를 차지한다. 수송 등 기타 에너지부문에서의 온실가스를 줄이기 위해서는 에너지소비 절약의 강화, 에너지효율 향상 및 탄소세 부과 등 수요관리를 통한 저감방안이 매우 중요하다. 에너지수요 관리방안 중에서 탄소세 부과 등을 통한 에너지가격체계 개편방안은 배출권거래제와 함께 온실가스 감축을 위한 매우 효과적인 정책수단으로 평가된다.

중장기적인 관점에서는 기존의 에너지관련 세제를 환경세로 통칭적으로 개편하여 환경세적 기능을 더욱 명시적으로 강화해 나갈 필요가 있다. 특히, 2013년 이후 기후변화협약의 감축의무 이행에 대비하여 CO_2 등 환경오염 억제를 위한 환경관련 세제 강화는 기존 소득관련 세제 완화와 적극적으로 연계(가령 유럽의 ETR과 같이 전반적 조세시스템의 개혁 차원)하여 면밀히 검토함이 요구된다. 그리고 이러한 방향으로의 효과적 이행을 촉진하고 범정부적 차원에서 지속가능 발전정책 수단들이 중장기적으로 통합·조율 및 관리될 수 있도록 기존의 '국가에너지위원회'의 역할을 보완하여 정부 내 조세 및 예산당국을 상설화(가령 '환경세위원회'·'지속가능발전세제위원회')하고 그 실질적 기능을 제고할 필요가 있다.

앞으로 우리 나라는 교토의정서에 따른 2차 의무이행 대상국가에 포함될 가능성이 높으므로 중장기적으로 기존의 에너지세제를 합리적으로 조정하면서 온실가스 배출감축을 목표로 하는 신규 탄소세와 같은 환경세 도입을 전반적인 세제개편 차원에서 함께 검토하는 것이 필요할 것이다. 그러나 동시에 탄소세의 도입으로 경제에 미치는 부정적인 영향을 최소화하기 위해서는 전략적 및 정책적 산업부문에 대한 세부담 경감의 보완 등이 필요할 것이며, 이에 대한 효과적인 국가 차원의 연구와 대비책도 병행되어야 한다.

5.3. 취약계층 보호를 위한 소득재분배기능과의 조화

에너지관련 세율은 정책적 필요에 따라 한시적으로 탄력세율이 적용될 수 있겠지만, 에너지소비 절약 및 국제환경규제에 따라 중장기적으로 기본 세율의 점진적인 인상이 불가피할 것으로 판단된다. 정치적 환경을 고려하여 단기적으로 교통에너지환경세를 인하하는 경우, 기본 세율(세법)이 아닌 탄력세율(시행령)을 조정하는 방법을 통해 향후 재조정이 가능하도록 해야 한다.

최근 고유가의 지속에 따라 유류세의 인하에 대한 논쟁이 가열되고 있다. 그러나 유류세의 일률적인 인하는 유류세 세수 감소로 인한 세수보전문제를 초래할 뿐만 아니라 유류세 감소(에너지가격 하락)로 인한 에너지사용량 증가가 예상되어 대기오염 악화 및 이산화탄소 배출량이 증가하는 문제를 초래할 수 있다. 또한 국민들의 에너지사용 절감의식 감소 및 산업계의 에너지효율 향상노력과 에너지효율 향상기술 개발이 저조해질 수 있다.

만약 고유가의 지속에 따른 민간부문의 세부담 경감이 특정 기간 필요할 경우에 현행 시행령 개정을 통하여 탄력세율을 최대한 조정하여 유류세를 한시적으로 인하하는 방안이 검토될 여지는 있다.[20] 현재 정부는 유류세에 20%의 탄력세율을 적용하고 있어 시행령 개정을 통하여 10%p 추가조정의 여지는 존재한다. 이러한 경우 현행의 탄력세율 30% 범위 안에서 세율인하를 고려하되 정부정책의 일관성 및 신뢰성 유지를 위해 2차 에너지세제 개편으로 인한 100 : 85 : 50의 비율을 준수해야 한다. 그리고 추가로 공동부담원칙하에

[20] 정부는 그 동안 유류세를 인하해도 기름값은 내려가지 않고 세수만 줄어들 것이 우려된다며 유류세 인하에 대해 부정적인 입장을 유지해 왔다. 그리고 최근 유류가격 상승은 모든 나라에서 공통된 사항이며 국제적으로도 세금을 인하하기보다는 가격에 반영하고 있는 추세라고 밝혔다. 또한 재경부는 2004년 12월부터 2007년 4월까지 우리 나라 휘발유가격 상승률은 11.8%로, 51%인 미국이나 37.2%인 캐나다, 19.3%인 프랑스 등에 비해 낮다며 원화 강세와 종량세체계가 완충역할을 해 유류가격 상승폭은 외국에 비해 높지 않다고 지적하였다. 그리고 재경부에 따르면 유류가격 가운데 세금비중은 우리 나라가 57.7%로, 40.9%인 일본이나 12.9%인 미국보다는 높지만, 67.3%인 프랑스나 64.7%인 영국에 비해서는 낮아 OECD 회원국 중 14위 수준이라는 것이다. 유류세를 10% 인하할 경우, 세수가 1조 9,000억 원 줄어드는 반면 유류가격은 주유소별로 자율화되어 세율이 인하되어도 유통마진으로 흡수될 가능성이 높다고 하였다. 이렇게 유류세 인하 반대 입장을 보이던 정부는 최근 고유가의 지속에 따라 2008년 3월부터 유류세를 10% 인하하였다.

정유사 및 주유소 등에 대해 마진율 조정, 공급원가 조정 등을 통한 가격인하가 가능한지 찾아보아 세부담 인하방안에 종합적으로 반영해야 한다.

한편, 에너지관련 세율은 기본적으로 환경적 외부비용을 중심으로 결정되는 것이 바람직하지만, 에너지세제 강화에 따른 저소득층 보호를 위하여 에너지 바우처제도(서비스 이용권), 생계형 사업자 유가보조금, 기타 에너지복지 프로그램 등 취약계층에 대한 효과적인 재정지원의 강화를 통하여 보완함을 고려해 볼 필요가 있다.

유류세의 일시적 완화를 통한 대책은 그 혜택의 대중적인 귀착이나 정책적 실효성(세율인하의 유통마진으로 흡수)에 대한 검증은 불확실하므로, 유류세의 수익자 부담원칙의 강화와 세출부문의 용도 등에 대한 투명성을 강화하고, 소득재분배 및 사회적 형평성의 제고를 위하여 징수된 에너지세수를 효과적으로 활용하여 세출부문의 지원대책을 마련하는 것이 세율조정보다 더욱 중요한 문제로 부각될 수 있다. 예를 들면, 서민용 연료(등유·LPG 프로판)에 대한 특소세 감면이나 환급제도, 교통세관련 주행세수(지방재정)를 통한 수송부문의 대중교통, 화물 및 운수업계에 대한 유가보조금 지원 인상, 유류관련 생업종사자 유류관련 세금 환급 및 지원 강화 및 서민용 연료에 대한 탄력적인 차등 에너지요금제도를 더욱 강화하고, 난방용 연료에너지 쿠폰제도 등 저소득층에 대하여 보다 실질적이고 직접적인 보조방안의 강구하는 것이다. 또한 유류세수나 기타 정부재정을 통하여 에너지관리공단·에너지복지재단 등 저소득층 에너지복지 직접지원을 위한 예산을 강화하는 것이다.

그리고 OECD나 EU Directive 등에 따르면 환경관련 세제의 강화에 따라 생필품적 성격이 강한 부문의 에너지소비에 대한 소득재분배기능 제고나 서민생활 보호를 위해서는 유류비용 등에 대한 '조세지출'(사전적 세금감면이나 조정)보다는 취약계층의 에너지복지 개념에 근거하여 '재정지출'(사후적 재정지원 및 직접 보조)의 수단을 강화하는 것이 바람직하다.

5.4. 환경관련 투자 및 기술개발 촉진을 위한 재원대책의 강화

중장기적으로 에너지관련 세제는 에너지소비 절감, 대기오염물질 저감,

기후변화협약 대응을 위한 이산화탄소 발생량 저감 등 원래의 에너지정책 목표를 달성할 수 있도록 세제개편 및 재원마련 대책이 이루어져야 한다. 이는 정부정책의 일관성 및 신뢰성 확보와도 연결되며, 국제적인 환경관련 세제개편 추세와도 부합된다.

특히, 세제개편뿐만 아니라 정부예산 편성에 있어 중장기적으로 우리 나라 산업구조의 에너지절약 구조로의 전환을 지원하고 친환경산업을 육성하며, 국제환경규제에 따른 온실가스 감축 및 기술개발을 추진할 수 있도록 재원마련 대책도 병행되어야 한다. 에너지관련 세수입을 통한 재생에너지 도입, 에너지절약 대책, 환경관련 기술개발 및 산업육성 등의 지원을 위한 자금으로 환원 사용이 강화되는 방안을 강구할 필요가 있다.

또한 한시적인 목적세로 운영되고 있는 교통세(교통에너지환경세)를 2009년 시한만료 후, 에너지제품에 관한 개별소비세(가령 '에너지소비세')로 전환하고, 보통세화하여 일반회계로 편입하는 방안에 대한 검토도 이루어져야 한다. 아니면 교통세(교통에너지환경세)에서 교통시설특별회계에 배분되는 목적세적 비중을 낮추고 나머지는 보통세로 전환하여 재정지출구조의 탄력을 강화할 필요가 있다. 여기서 우리는 무엇보다도 현행 교통세는 에너지소비에 따른 세금이므로 1차적인 목적은 '환경'이지 '교통·건설'의 확대가 아님에 유의해야 한다.

그리고 환경관련 세제 및 투자 전반에 걸쳐 본연의 외부성에 대한 교정의 역할을 제고하고 현재 매우 미약한 환경세로서의 인식을 가격신호기능에 충분히 담보하여, 우리 경제의 생산구조 및 소비패턴의 친환경화를 지속적으로 유도하고 이러한 과정을 국제환경규제에 대응한 국가경쟁력 강화의 새로운 동력으로 육성해 나가는 것이 필요하다.

5.5. 자동차세제의 환경친화적 개편 추진

일반적으로 자동차 이용은 미세먼지와 질소산화물 등 대기오염물질과 이산화탄소를 배출하며, 교통혼잡과 도로파손을 일으켜 상당한 사회적 비용을 야기시키고 있다. 전술한 바와 같이, 선진국에서는 환경오염비용을 야기시키는 원인자에게 자동차 이용에 대한 조세부담을 강화하여 자동차의 환경친화적 이용을 유도하고 있다. 우리 나라에서도 자동차세제를 대기오염물질과 이산화탄소 배출량을 고려한 환경친화적 세제로 개편할 필요가 있다. 현행 자동차관련 세제 중에서 오염물질 배출이 적은 자동차의 생산과 사용을 촉진하는 유일한 조치는 「지방세법」 제196조5 제1항 제2호에 근거한 전기·태양·알코올 승용차에 대해 자동차세로 연간 10만 원을 부과하고 있는 것뿐이다. 향후 세제개편시 자동차 이용에 따른 조세부담은 환경오염 정도를 반영할 수 있도록 차종별로 차등화해야 한다. 단기적으로 일본의 경우처럼 환경오염물질 저배출 및 에너지효율적인 차량에 대한 세제혜택을 부여하며 하이브리드차, 연료전지차 등 환경친화적 자동차에 대한 자동차관련 세금의 면세 및 보조금을 지급할 필요가 있다. 중장기적으로는 자동차세제와 자동차의 배출가스 등급분류를 연계하여 세제개편을 추진하도록 해야 한다. 환경세 도입시 원칙적으로는 세수중립성을 유지하도록 노력할 필요가 있으며, 일부 추가세수는 환경친화적 자동차의 기술개발 및 보급촉진 프로그램에 필요한 재정지출에 충당할 필요가 있다.

5.6. 환경관련 부담금제도 개편 추진

현행 환경부 소관 부담금제도의 개편방향은 크게 조세로의 전환, 기존 부담금 간의 통합, 행정벌로의 전환, 사용료로의 전환, 제도개선, 현행유지 등으로 구분하여 제시할 수 있다. 첫째, 조세로의 전환이 가능한 부담금은 환경개선부담금(경유차부문)과 폐기물부담금, 수질개선부담금 등이다. 우선 부과의 목적이 특정 공익사업비용의 조달이기보다는 전반적인 환경재원의 확보목적이 큰 부담금에 대해서 조세전환을 검토하고, 다음으로 오염수준이 심각한 매체와 환경개선효과가 큰 기존 부담금 중 조세와 같이 부과체계를 단순화할 경우에 그 효과를 충분히 발휘할 수 있거나 기대되는 경우, 그리고 재정조달 측면에서 부담금체제에서보다는 조세로 전환하는 것이 효과적인 경우를 조세전환의 판단기준으로 할 수 있다. 세부적으로 환경개선부담금(경유차부문)은 에너지환경세로 전환하고, 폐기물부담금은 제품환경세로, 그리고 수질개선부담금은 자원환경세로 전환할 필요가 있다. 둘째, 동일매체나 행위에 대해 부과되고 있는 부담금 중 통합으로 기존 부담금의 기능을 충분히 수행할 수 있는 부담금에 대해서는 통합할 필요가 있다. 세부적으로 대기배출부과금(기본)과 환경개선부담금(대기시설물)을 대기배출부과금, 수질배출부과금(기본)과 환경개선부담금(수질시설물)을 수질배출부과금, 수도법상의 원인자부담금과 손괴자부담금을 원인자부담금(수도), 하수도법상의 원인자부담금과 손괴자부담금을 원인자부담금(하수도) 등으로 통합할 필요가 있다. 셋째, 직접규제와 연동하여 환경적 개선을 제고하는 효과가 충분히 있으나 부과체계와 구조가 행정벌의 벌과금적 성격이 강한 총량초과부과금(3대 강), 협의기준초과부과금, 초과배출부과금(대기·수질), 축산폐수배출부과금에 대해서는 부과성격에 맞게 행정벌로 전환할 필요가 있다. 넷째, 사용료적 성격이 강하고 환경재원 조달의 기능이 없는 환경오염방지사업부담금은 환경오염방지시설 사용료로 전환할 필요가 있다. 마지막으로 생태계보전협력금·원상회복예치금·폐기물처리이행보증금·폐기물처리시설사후관리이행보증금·재활용부과금·물이용부담금은 현행 부담금체제를 유지하면서 개별적으로 문제가 있는 것으로 판단되는 경우 부과체제의 제도개선이 필요하다. 이상의 개편안에 의하면 환경관련 부담금수가 감축되며 행정비용 절감, 환경개선 증대 등의 효과를 기대할 수 있을 것으로 판단된다.

5.7. 에너지·전력부문 보조금의 환경친화적 개편 추진

국내 에너지 및 전력부문의 환경유해보조금은 환경친화적이면서 동시에 경제적 부작용을 최소화시키는 방향으로 개편할 필요가 있다. 환경에 피해를 주는 투입요소의 보조금 감축 또는 제거는 경제적 효율성 제고와 환경적 편익을 동시에 가져온다. 여기에서 경제적 효율성은 투입요소의 사용량 감소로 인해서 나타날 것이며, 또한 환경유해보조금을 제거함으로써 나타나는 투입요소의 사용량 감소는 환경적 피해를 감소시켜 사회 전체적으로 편익을 가져다준다. 또한 국내환경 질의 개선과 친환경적 산업구조로의 전환을 촉진하기 위해 환경에 유익한 보조금을 적극적으로 도입하여 운용해야 할 것이다. 우리 나라에서도 단계적인 환경유해보조금 개편을 통해 추가적인 재정수입을 환경에 유익한 보조금 지급에 재사용하는 방안을 고려해 볼 필요가 있다. 고유가 시대에 높은 화석연료 의존도를 가지고 있는 우리 나라는 향후 기후변화협약의 준수 의무화에 따른 이산화탄소 배출량 저감정책 추진 및 에너지의 안정적 공급 등의 정책목표 달성을 위해 신재생에너지를 보급·확대시키고 저탄소형 산업구조로의 전환을 위해 환경친화적 보조금을 확대하는 정책이 필요하다.

참고문헌

강만옥·이임호, 『환경관련 부담금제도 개편 및 환경세 도입방안 연구』, 환경부, 2004.

강만옥·황욱·이상용, 『에너지·전력부문 보조금의 환경친화적 개편방안 및 파급효과 연구(I)』, 한국환경정책평가연구원, 2007.

국무총리 국무조정실, 『새로운 전환—기후변화 4차 정부종합대책(5개년 계획, 2008~2012)』, 2007.

기획예산처, 『2007~2011년 국가재정운용계획』, 2007.

김승래, 「환경친화적 세제개편의 정책사례와 시사점」, 『재정포럼』, 11월호, 한국조세연구원, 2007a.

______, 「에너지세제의 정책과제와 개선방향」, 『에너지포커스』, 겨울호, 에너지경제연구원, 2007b.

김승래·김정인, 「CGE모형을 이용한 온실가스규제의 국내산업별 영향분석」, 『환경경제연구』 제6권 제1호, 한국환경경제학회, 1996.

김승래·박상원, 『자동차분야 세제개편 영향분석: 한미 FTA 관련 자동차 세제 개편을 중심으로』, 한국조세연구원, 2006.

김준한·유상희·안기철·최충규, 『국제환경규제의 영향과 대응방안』, 산업연구원, 1993.

김춘환, 「환경세의 도입방안」, 한국환경법학회, 『환경법연구』, Vol. 25, No. 1, 2003.

나성린, 『환경세 도입가능성과 그 경제적 효과: 선진국의 환경세』, 국제무역경영연구원, 1998.

대통령자문 지속가능발전위원회, 『국가지속가능발전 전략 연구』, 2005.

대한무역투자진흥공사, 『교토 의정서 발효 대비 선진국 대응 동향』, 2005.

대한상공회의소, 『기후변화협약 제대로 보기』, 경제연구총서, 2002.

산업자원부, 『교토의정서 발효, 민관합동 대응 본격 착수』, 2005.

에너지경제연구원·산업자원부, 『기후변화협약 대응을 위한 중장기 정책 및 전략에 관한 연구』, 2004.
유상희, 『기후변화협약의 국내산업에 대한 영향과 대책』, 산업연구원, 1994.
재정경제부, 『외국의 환경세 도입사례 및 정책적 시사점』, 2003.
전국경제인연합회, 『그린라운드동향과 주요업종의 대응방안』, 1994.
정현식·이해춘, 「탄소세 부과와 한국산업의 가격구조 변화」, 『환경경제연구』 제4권 제1호, 한국환경경제학회, 1995.
최도영·이성근, 「에너지세제개편이 승용차 연료선택에 미치는 영향분석」, 에너지경제연구원, 2006.
한화진, 「교토의정서 체제의 의미와 정책 방향」, 『환경포럼』 제8권 제5호, 2004.
일본환경청, 『我か國の二酸化炭素排出量らついて』, 1992.
環境省, 「環境税の具体案」, 2004.
Barro, R. and X. Sala-i-Martin, "Public Finance in Models of Endogenous Growth," *Review of Economic Studies*, 59(4), 1992, pp. 645~661.
Bovenberg, A. and de Mooij, "Environmental Levies and Distortionary Taxation," *American Economic Review*, 84, 1994, pp. 1085~1089.
Bovenberg, A. and S. Smulders, "Environmental Quality and Pollution-augmenting Technical Change in a Two-sector Endogenous Growth Model," *Journal of Public Economics*, 57(3), 1995, pp. 369~391.
Fullerton, D., "Environmental Levies and Distortionary Taxation: Comment," *American Economic Review*, 87, 1997, pp. 245~251.
Fullerton, D. and S.-R. Kim, "Environmental Investment and Policy with Distortionary Taxes and Endogenous Growth," NBER Working Paper 12070, Cambridge, MA: National Bureau of Economic Research, Inc., 2006 (also forthcoming, *Journal of Environmental Economics and Management*).
Groth, C. and P. Schou, "Growth and Non-renewable Resources: The Different Roles of Capital and Resource Taxes," *Journal of Environmental Economics and Management*, 53, 2007, pp. 80~98.

Hettich, F., “Growth Effects of a Revenue-neutral Environmental Tax Reform,” *Journal of Economics*, 67(3), 1998, pp. 287~316.

Keller, K., M. Hall, S.-R. Kim, D. F. Bradford, and M. Oppenheimer, “Avoiding Dangerous Anthropogenic Interference with the Climate System,” *Climatic Change*, Vol. 73, No. 3, Kluwer Academic Publishers, 2005, pp. 227~238.

Keller, K., S.-R. Kim, J. Baehr, D.F. Bradford, and M. Oppenheimer, “What is the Economic Value of Information about Climate Thresholds,” in Michael Schlesinger, ed., *Human-Induced Climate Change*, Cambridge University Press, 2007.

Kim, S.-R., “Optimal Environmental Regulation in the Presence of Other Taxes,” *Contributions to Economic Analysis & Policy*, Vol. 1, No. 1, Article 4, The B.E. Journal of Economic Analysis & Policy, 2002.

______, “Green Tax and Budget Reform as a Public Policy Promoting Green Growth: Principles and Applications,” UNESCAP Second Policy Forum of the Seoul Initiative Network on Green Growth, *Applications of Economic Instruments for Green Growth*, Bangkok: United Nations Conference Center, Sep. 3-5, 2007.

Lucas, R., “On the Mechanics of Economic Development,” *Journal of Monetary Economics*, 22(1), 1988, pp. 3~42.

Nordhaus, W., *Managing the Global Common*, the Economics of Climate Change, Cambridge, MA: MIT Press, 1994.

Nordhaus, W. D. and J. Boyer, *Warming the World: Economic Models of Global Warming*, Cambridge, MA: MIT Press, 2000.

OECD, *The Political Economy of Environmentally Related Taxes*, Paris: OECD, 2006.

Parry, I. W. H., “Pollution Taxes and Revenue Recycling,” *Journal of Environmental Economics and Management*, 29, 1995, S64~77.

Pearce, D., “The Role of Carbon Taxes in Adjusting to Global Warming,” *The Economic Journal*, 101, 1991, pp. 938~948.

Pigou, A. C., *A Study in Public Finance,* London: Macmillan, 1947.

Rebelo, S., "Long-run Policy Analysis and Long-run Growth," *Journal of Political Economy*, 99(3), 1991, pp. 500~521.

Romer, P., "Endogenous Technological Change," *Journal of Political Economy*, 98 (5), 1990, S71~S102.

Tahvonen, O. and J. Kuuluvainen, "Optimal Growth with Renewable Resources and Pollution," *European Economic Review*, 35(3), 1991, pp. 650~661.

West, S. and R. Williams, "Empirical Estimates for Environmental Policy Making in a Second-Best Setting," NBER Working Paper 10330, National Bureau of Economic Research, Inc., Cambridge, MA, 2004(also *Journal of Public Economics*, 91, 2007, pp. 593~617).

필자약력

곽태원

서강대 경제학과
Harvard University 경제학박사
한국개발연구원 연구위원
서울시립대 세무학과 교수
현 서강대 경제학과 교수

· 주요 논저

『법인소득 과세의 이론과 현실』, 한국조세연구원, 2005.
『토지는 공유되어야 하는가?』, 한국경제연구원, 2005.
『조세론』(제2판, 공저), 법문사, 2007.

김성태

성균관대 경제학과
University of California, San Diego 경제학박사
한국재정학회 회장
국민경제자문회의 자문위원
현 청주대 경제통상학부 교수

· 주요 논저

"Income taxation vs. consumption taxation in terms of the effect on saving," *Economics Letters* 47.
「한국 지역경제력 격차」, 『경제학연구』 제39집.
「한국 조세제도의 초과부담 추정」, 『국제경제연구』 제5권.

유일호

서울대 경제학과
University of Pennsylvania 경제학박사
한국조세연구원 원장
한국재정학회 부회장
현 한나라당 국회의원 당선인(서울 송파을)

· 주요 논저

『탈세와 세무행정』, 한국조세연구원, 2005.
"Public Finance in Korea," *Economic Development and Economic Crisis Management in Korea*, KDI School Press, 2004.
"The Fiscal Burden of Korean Reunification: A Generational Accounting Approach," joint work with Alan Auerbach, Youngjun Jun, *Finanzarchiv*, Vol. 61, No. 1, 2005.

전영준

서울대 경제학과
University of Pennsylvania 경제학박사
한국조세연구원 연구위원
인천대 경제학과 조교수
현 한양대 경제금융학부 부교수

· 주요 논저

"Redistributive Effect of Risky Taxation," *International Tax and Public Finance*, Vol. 8, No. 4, August 2001.
"Fiscal Burden of Korean Reunification: A Generational Accounting Approach," joint work with Alan J. Auerbach and Ilho Yoo, *Finanzarchiv*, Vol. 61, No. 1, 2005.
"Generational Accounting in Korea," joint work with Alan J. Auerbach, *Journal of The Japanese and International Economies*, Vol. 20, No. 2, June 2006.

이철인

서울대 경제학과
University of Michigan 경제학박사
한국조세연구원 연구위원
건국대 경제학과 교수
현 성균관대 경제학과 부교수

· 주요 논저

"Finite Sample Bias in IV Estimation of Intertemporal Labor Supply Models: Is the Intertemporal Substitution Elasticity Really Small?," *Review of Economics and Statistics*, 83(4), 2001.
"Trends in Intergenerational Earnings Mobility," with Gary Solon, forthcoming at *Review of Eco-*

nomics and Statistics.

"Investment in Human Capital and Intertemporal Substitution: New evidence on intertemporal substitution elasticity," forthcoming at *Journal of Economic Dynamics and Control.*

김성순

서울대 경제학과
서울대 경제학박사
한국재정학회 이사·감사
UCLA(1993) 및 Oxford University(2000) 교환교수
현 단국대 경제학부 교수
· 주요 논저
『공공경제론』, 지샘출판사, 1999.
『대처정부의 경제개혁: 평가와 교훈』, 지샘, 2003.
"A Study on the Structural Change of Fiscal Policy after Korean Currency Crisis," *Economic Papers*, 7(1), BOK, July 2004.

이인실

연세대 경제학과
University of Minnesota 경제학박사
한국경제연구원 금융재정연구센터 소장
국회예산정책처 경제분석실장
현 서강대 경제대학원 교수
· 주요 논저
『민주화시대의 세무행정』(2006).
『공적자금 운영 및 관리의 문제점과 개선과제』(2007).
『선진화를 위한 재정세제 개혁과제』(2008).

이영희

단국대 행정학과
Carnegie Mellon University 정책분석학박사
재정경제부 세제발전심의위원
대통령자문 국민경제자문위원
현 한국지방행정연구원 선임연구위원
· 주요 논저
「광역과 기초간 세원배분에 관한 연구」, 『한국지방재정논집』 제12권 제1호, 2007.
「부동산 보유과세 세부담의 공평성 분석」, 『지방행정연구』 제21권 제3호, 2007.
「지방분권을 위한 정부간 세원배분 발전방향」, 『한국여성경제연구』 제4집 제1호, 2007.

최병호

부산대 경제학과
Texas A&M University 경제학박사
현 부산대 경제학과 교수
　한국재정학회 연구이사
　한국지방재정학회 연구이사
· 주요 논저
「韓國財産税制改革の政治經濟學」, 『財政硏究』, 日本財政學會, 2007.
「부동산 거래세제 개편에 따른 지방재정의 주요 이슈와 대응」, 『응용경제』, 한국응용경제학회, 2007.
『재정분권과 지방재정의 적정구조』, 한국경제연구원, 2007.

원윤희

서울대 경제학과
The Ohio State University 정책학박사
현 서울시립대 세무대학원 교수
　한국재정학회 회장
　기획재정부 부담금운용심의위원회 위원
· 주요 논저
「지방분권화 시대의 지방재정 및 지방세제 발전방향」, 『한국지방재정논집』 제8권 제1호, 한국지방재정학회, 2003.
「지방자치 실시와 지방자치단체 재정행태변화에 관한 연구—서울시 자치구의 지방세 징수율을 중심으로」, 『한국행정학보』 제38권 제3호, 한국행정학회, 2004.
「바람직한 지방자치를 위한 지방세제 개편방향—재산세 공동과세 보완을 중심으로」, 『한국지방재정논집』 제12권 제3호, 한국지방재정학회, 2007.

임성일

숭실대 경제학과
University of Texas-Austin 경제학박사
지방자치단체 회계기준 심의위원
지방재정학회 편집위원장

현 한국지방행정연구원 정책연구실장
· 주요 논저
『영국의 지방정부』, 법경사, 1996.
「지방자치단체의 재정책임성에 관한 연구」, 『재정논집』 제13집 제2호, 1999.
「우리나라의 재정분권 상태에 대한 분석과 중앙·지방간 재원배분체계의 재구축」, 『한국지방재정논집』 제8권 제2호, 2003.

유경문

연세대 경제학과
연세대 경제학박사
대통령자문 조세개혁특별위원회 위원
현 서경대 금융경제학과 교수
(사)한국납세자연합회 회장
· 주요 논저
『경제학대사전』(제3전개정판, 공편저), 박영사, 1999.
『조세론』(공저), 법문사, 2003.
『분권화시대의 조세체계 개편방안』, 세학사, 2007.

김승래

서울대 공과대학
University of Texas-Austin 경제학박사
Princeton University 연구조교수(우드로윌슨스쿨)
한국재정학회 총무이사
현 한국조세연구원 연구위원
· 주요 논저
"Optimal Environmental Regulation in the Presence of Other Taxes," *The B. E. Journal of Economic Analysis & Policy; Contributions*, 2002.
"Uncertainty, Political Preferences, and Stabilization: Stochastic Control Using Dynamic CGE Models," *Computational Economics*, 2004.
"Environmental Investment and Policy with Distortionary Taxes and Endogenous Growth," forthcoming at *Journal of Environmental Economics and Management*.

강만옥

성균관대 경제학과
München대 경제학박사
삼성경제연구소 수석연구원
지속가능발전위원회 에너지·산업전문위원회 위원
현 한국환경정책평가연구원 기후변화연구실 연구위원
· 주요 논저
「환경관련부담금제도 개편 및 환경세 도입방안 연구」, 2004.
「에너지부문의 환경세 도입이 환경 및 경제에 미치는 영향」, 2005.
「에너지 및 전력부문 보조금의 환경친화적 개편방안과 파급효과 연구」, 2007.

◈ 한국 경제 선진화를 위한 세제개혁

2008년 5월 19일 초판인쇄
2008년 5월 23일 초판발행
저 자 한국재정학회 세제개편위원회
발행인 노 현 철
발행처 도서출판 해남
서울특별시 서대문구 냉천동 182 냉천빌딩 4층
전화 739-4822 팩스 720-4823
e-mail haenam30@dreamwiz.com
homepage www.hpub.co.kr
등록 1995. 5. 10 제1-1885호
정 가 20,000원 ISBN 978-89-6238-005-7

저자와
협의하에
인지생략